启航
1921

中国共产党从哪里来

王新生 著

天地出版社 | TIANDI PRESS

图书在版编目（CIP）数据

启航：1921——中国共产党从哪里来 / 王新生著. —成都：
天地出版社，2023.10（2024年1月重印）
ISBN 978-7-5455-7905-5

Ⅰ. ①启… Ⅱ. ①王… Ⅲ. ①中国共产党 - 党史 Ⅳ. ①D23

中国版本图书馆CIP数据核字（2023）第150709号

QIHANG: 1921—ZHONGGUO GONGCHANDANG CONG NALI LAI

启航：1921——中国共产党从哪里来

出品人	杨　政
作　者	王新生
责任编辑	杨永龙
封面设计	挺有文化
责任印制	王学锋

出版发行　天地出版社
（成都市锦江区三色路 238 号　邮政编码：610023）
（北京市方庄芳群园3区3号　邮政编码：100078）

网　　址	http://www.tiandiph.com
电子邮箱	tianditg@163.com
经　　销	新华文轩出版传媒股份有限公司

印　　刷	北京文昌阁彩色印刷有限责任公司
版　　次	2023年10月第1版
印　　次	2024年1月第2次印刷
开　　本	710mm×1000mm　1/16
印　　张	25.75
字　　数	369千字
定　　价	68.00元
书　　号	ISBN 978-7-5455-7905-5

引言　历史之问 / 1

第一章
苦难的旧中国

一、堕入半殖民地半封建社会深渊

傲人的中华文明 2

西欧、清朝反向发展 12

落后遭打，教训惨痛 25

二、寻找救国与民族复兴之路连遭挫折

魏源："师夷长技以制夷" 32

太平天国理想社会幻灭 34

洋务运动惨遭失败 38

戊戌变法百日夭折 40

资产阶级共和国，此路不通 49

第二章
思想文化惊雷和反帝爱国狂飙

一、北洋军阀群魔乱舞

袁世凯的 83 天皇帝梦 60

张勋上演宣统复辟丑剧 67

段祺瑞卖国、独裁，孙中山揭起"护法"旗 71

二、新文化运动——思想解放的惊雷

陈独秀擎起民主、科学大旗 76

李大钊：创建"青春之国家，青春之民族" 90

鲁迅的呐喊 96

攻击矛头集中于孔教 102

三、席卷全国的反帝爱国狂飙

尴尬的战胜国 107

天安门前的怒吼 123

"民众联合的力量最强" 131

一个重要的事件发生 147

第三章
历史打开了一扇新的大门

一、新思潮来势汹涌

令人眼花缭乱的各种社会主义流派..................156

工读互助团等试验的失败..................166

二、选择马克思主义作为救国真理

马克思主义成为新思潮中最强音..................180

马克思主义研究团体勃兴..................186

一批先进分子转变为马克思主义者..................201

唤起工人阶级的觉醒..................211

三、马克思主义者与反对者的思想交锋

李大钊与胡适，问题和主义之争..................214

社会主义是否适合中国国情的论争..................219

批驳无政府主义..................226

第四章
共产党早期组织悄然兴起

一、上海、北京共产党早期组织建立

来自苏俄的神秘客人 234

上海率先建立共产党早期组织 242

北京建立共产党早期组织 253

到工人阶级中去 259

二、长沙、武汉共产党早期组织建立

长沙建立共产党早期组织 272

武汉建立共产党早期组织 283

三、济南、广州共产党早期组织建立

济南建立共产党早期组织 296

广州建立共产党早期组织 301

四、旅日、旅法中国共产党早期组织建立

旅日中国共产党早期组织建立 312

旅法中国共产党早期组织建立 316

第五章

红船启航：
朝着中华民族复兴的方向前进

一、召开中国共产党全国代表大会提上日程

召开中国共产党全国代表大会最初的提出....................326

张太雷苏俄之行....................331

马林、尼克尔斯基到达上海....................337

各地代表聚集申城....................344

二、开天辟地的大事变

望志路 106 号迎来民族曙光....................351

法国巡捕突然搜查会场....................358

嘉兴南湖游船见证伟大开端....................367

结束语　踏上新征程 / 377

参考文献 / 385

后记 / 391

历史之问

1921 年 7 月 23 日晚,中国最大的也是最繁华的工商业城市上海,已是万家灯火。在法租界望志路 106 号(今兴业路 76 号)这座典型的石库门建筑的餐厅里,一群人围绕一张长条形的餐桌坐着。其中有穿学生装、长衫或西装的 13 个中国人,以及 2 个深眼窝、高鼻梁的外国人。

这 13 个中国人,分别是李达、李汉俊、董必武、陈潭秋、毛泽东、何叔衡、王尽美、邓恩铭、张国焘、刘仁静、陈公博、周佛海、包惠僧。年龄最小的 19 岁,最大的 45 岁,平均年龄 28 岁。毛泽东这年恰好 28 岁。他们分别代表上海、武汉、长沙、济南、北京、广州、旅日的共产党早期组织和未参加会议的陈独秀。2 名外国人,一个叫马林,一个叫尼克尔斯基,他们代表共产国际。

他们聚集在这里,是要完成一项在中国历史上惊天动地的使命——创建中国共产党。这个使命从这天晚上在望志路 106 号开始,到最后一天开会地址转移到浙江嘉兴南湖一只游船上,历经一周多的时间完成,中国历史上破天荒的无产阶级政党——中国共产党,呱呱坠地。

也就是从这时起,近代以来,一直遭到西方列强欺凌,而本国政府又

上海兴业路 76 号的中共一大会址

腐朽没落透顶，人民饱受苦难的半殖民地半封建的中国，社会内部政治生活开始悄然发生变化。

这时，在北方，直系军阀曹锟、吴佩孚与奉系军阀张作霖联合掌握着北京政权，两派军阀之间又存在着明争暗斗；在南方，孙中山在广州任中华民国非常大总统，再揭护法旗帜，率领粤军讨伐旧桂系军阀陆荣廷，拟在打败陆荣廷后北伐中原。然而孙中山最信任的身兼内务部总长、粤军总司令和广东省省长的陈炯明，野心勃勃，与他离心离德。全国大的政治格局，表现在南北两方政府的对抗上；而从全国政治特点上看，则表现在各地都被大大小小的军阀统治着。哪个军阀集团得到帝国主义国家的支持多，兵多、地盘大，它的势力就大。中国共产党的出现，开始逐渐打破这种政治格局。

中国共产党成立时，包括参加一大的 13 名代表在内，党员人数满打满算也就 58 人 [1]，在当时中国的政治舞台上，是一个很小很小的政党，实力同她要革命的对象相比，极其悬殊。帝国主义、封建主义俨然是个庞然大物，中国共产党则是一颗微粒。随便一个统治某一省甚至统治更小区域的军阀，都比她的力量大得多。然而，她有最先进、最科学的理论指导，从成立之日起，就勇敢地向旧中国反动的统治者发出挑战，要建立工农劳动者的社会。

时光如梭，1921 年，中国共产党诞生时，毛泽东恰好 28 岁，又经过 28 载的风风雨雨，在 1949 年的 10 月 1 日，他以中华人民共和国中央人民政府主席的身份站在北京天安门城楼上，庄严地宣布："中华人民共和国中央人民政府今天成立了！"在军乐团奏出的《义勇军进行曲》中，他按下了按钮，天安门广场升起了第一面鲜艳的五星红旗。同一天，登上天安门城楼的还有另一位中共一大代表董必武，当时的职务为中华人民共和国中央人民政府委员会委员。

从成立到夺取全国政权的 28 年间，中国共产党饱经磨难，屡次遭受严重挫折，又屡次英勇地奋起，开创出革命新局面。

在成立后的第一年，中国共产党就认识到党的最高纲领是实现社会主义、共产主义，但在现阶段应先进行民主革命。于是，党的二大制定了反帝反封建的民主革命纲领，响亮地向全国人民喊出了"打倒军阀！""打倒国际帝国主义！" [2] 的口号。这是近代以来中国任何阶级都提不出来的最彻底的革命纲领。

中国共产党成立后，以主要精力从事工人运动。从 1922 年 1 月开始，到 1923 年 2 月，党领导的工人运动形成第一次高潮。这次工人运动高潮的

---

[1] 参见中共中央党史研究室著：《中国共产党的九十年》，中共党史出版社、党建读物出版社 2016 年版，第 29—30 页。

[2]《中国共产党第二次全国代表大会宣言》（1922 年 7 月），中央档案馆编：《中共中央文集选集（1921—1925）》第一册，中共中央党校出版社 1989 年版，第 117 页。

起点是香港海员罢工，终点为京汉铁路工人二七大罢工。二七大罢工遭到直系军阀残酷镇压，工人有46人牺牲，300余人受伤，40余人被捕，1000余人被开除。此后，全国工人运动暂时转入低潮。党领导的工人运动，扩大了其在全国的政治影响，为掀起全国规模的大革命准备了一定的条件。

根据共产国际的决议，1923年6月，党的三大决定共产党员以个人身份加入国民党，用这种形式实现国共合作。1924年1月，国民党一大召开，第一次国共合作正式形成。国共合作，掀起了轰轰烈烈的大革命高潮。经过北伐战争，革命迅速发展到长江以南地区。中共领导的工人运动迅猛发展，党员人数到五大时已达到57967人[1]。

然而，大革命后期，在蒋介石集团、汪精卫集团先后叛变革命的情况下，中国共产党的领导机关犯了以陈独秀为代表的右倾机会主义错误，"自愿地放弃对于农民群众、城市小资产阶级和中等资产阶级的领导权，尤其是放弃对于武装力量的领导权"[2]，使大革命遭到惨痛失败。

国民党反动派实行残酷屠杀政策，大批共产党人和革命工农群众倒在血泊之中，原来生机勃勃的中国南部陷入一片腥风血雨之中。据党的六大所作的不完全统计，从1927年3月到1928年上半年，被杀害的共产党人和革命群众有31万多人。中国共产党党员数量由大革命高潮时的近5.8万人，急剧减少到1万多人。极其严重的白色恐怖，导致工农运动沉寂，革命处于低潮。中国共产党面对反动派要将革命者斩尽杀绝的严峻形势，是偃旗息鼓，还是勇敢前行、继续革命？

历史已经告诉我们，中国共产党的回答是后者——英勇无畏地担负起领导中国革命的重任。正如毛泽东所说："中国共产党和中国人民并没有被吓倒，被征服，被杀绝。他们从地下爬起来，揩干净身上的血迹，掩埋好

[1] 中共中央党史研究室著：《中国共产党历史》（第一卷）（上册），中共党史出版社2011年版，第210页。
[2]《毛泽东选集》第四卷，人民出版社1991年版，第1257—1258页。

同伴的尸首，他们又继续战斗了。"[1]党领导和组织发动了南昌起义、湘赣边界秋收起义、广州起义等一系列起义。在起义受挫之后，保留下来的部队转移到数省边界地区偏僻的山村坚持斗争，开展游击战争和土地革命，为创建红军和革命根据地奠定了初步的基础。

以毛泽东为代表的中国共产党人在农村开展武装斗争，开辟了农村包围城市、武装夺取政权的中国特色革命新道路。至1930年春，农村革命斗争已由1927年秋的星星之火发展成为燎原之势。全国红色革命根据地已经有大小十几块，红军发展到约7万人，连同地方武装共10万人，分布在赣、闽、湘、鄂、粤、桂、豫、皖、苏、浙、川等十多个省的边界地区或远离中心城市的偏僻山区。武装斗争已经成为中国革命的主要斗争形式，农村根据地已经成为积蓄和壮大人民革命力量的主要战略基地。从1930年秋到1931年秋，中央根据地及其他根据地先后粉碎了国民党军三次大规模的军事"围剿"，革命形势又一次出现生机勃勃、欣欣向荣的局面。1931年11月，中华苏维埃共和国在瑞金成立，毛泽东被选为中华苏维埃共和国中央执行委员会主席和中央执行委员会人民委员会主席。由此，毛泽东以"毛主席"著称于世，成为中国革命史上一个特殊的名词。

然而，就在革命形势喜人之时，一次严重的挫折再次降临。由于"左"倾教条主义者的错误军事指挥，中央革命根据地第五次反"围剿"失败，中央红军被迫撤离根据地，实行战略转移——长征。此后，党在南方的其他根据地也先后丢失，主力红军也先后进行长征。不仅如此，党在国民党统治区的组织也遭到严重破坏，中国革命又一次跌入低谷。

在中国革命几乎陷于绝境的时候，长征途中的中共中央在贵州遵义召开政治局扩大会议，集中全力解决当时具有决定意义的军事和组织问题，结束了"左"倾教条主义错误在党中央的统治，事实上确立了毛泽东在党

---

[1]《毛泽东选集》第三卷，人民出版社1991年版，第1036页。

5

中央和红军的领导地位，开始确立了以毛泽东为主要代表的马克思主义正确路线在党中央的领导地位，开始形成以毛泽东为核心的第一代中央领导集体，开启了党独立自主解决中国革命实际问题的新阶段。这次会议在极端危急的历史关头，挽救了党，挽救了红军，挽救了中国革命。这次会议的成果是在中国共产党同共产国际中断联系的情况下独立自主取得的，标志着中国共产党在政治上开始走向成熟。

遵义会议使中国革命柳暗花明。在遵义会议后新的党中央的领导下，各路红军战胜了各种难以想象的困难，取得了长征这一举世瞩目的伟大胜利，开创了中国革命的新局面。

遵义会议旧址。遵义会议在极端危急的历史关头，挽救了党，挽救了红军，挽救了中国革命

在日本帝国主义加紧侵略中国，企图独占中国，中华民族危机一天比一天严重，全国掀起抗日救亡高潮的情况下，中国共产党制定了建立抗日民族统一战线的策略，并为之做了不懈的努力。1937年7月7日卢沟桥事变后，中国共产党不计前嫌，与厮杀了10年、有着血海深仇的国民党进行谈判，实现了第二次国共合作。共产党领导的人民军队改编为八路军、新四军，在国民党军溃不成军的时候，逆势而上，奔赴敌后，建立抗日民主根据地，开展游击战争。

抗战进入相持阶段后，中国共产党及其领导的抗日武装在敌后的抗战岁月是十分艰苦的。日军对抗日民主根据地反复进行"扫荡"，实行残酷的烧光、杀光、抢光的政策；国民党顽固派连续制造了三次反共高潮，对共产党领导的抗日根据地进行军事包围和经济封锁。抗日民主根据地军民极其困难，几乎没有衣服穿，战士缺少鞋袜，工作人员冬天没有被子盖，甚至吃粮都十分困难。

为了战胜困难，坚持抗战，中共中央制定了大生产、精兵简政等多项政策，带领根据地军民进行了艰苦卓绝的斗争，粉碎了敌人的"扫荡"，打退了顽固派的反共高潮，终于迎来局势好转。到抗战结束时，中国共产党党员发展到120余万，人民军队发展到132万人，民兵发展到260余万人，抗日民主根据地已有19块，人口近1亿。中国共产党在全民族抗日战争中充分发挥了中流砥柱作用，越来越多的人民群众了解和认识了中国共产党。

抗日战争胜利后，原先躲在大后方的国民党统治集团倒行逆施，依靠美国的支持，把手伸得长长的，试图抢占抗战胜利果实，企图维持其一党专政，使中国继续处于半殖民地半封建社会的黑暗之中。中国共产党希望在战后建立一个无产阶级领导的人民当家做主的新民主主义国家，并为争取和平建国表现出最大的诚意，付出最大的努力，毛泽东亲自赴重庆进行和平谈判，国共双方签订了《双十协定》。

1946 年 6 月下旬，国民党统治集团依仗着总兵力约 430 万人，对比人民解放军的总兵力 127 万人达 3.4：1 的绝对优势，撕毁停战协定和政协协议，向解放区发起进攻，发动全面内战。面对气势汹汹的敌人，中国共产党领导解放区军民采取正确的战略战术，先后粉碎了敌人的战略进攻和重点进攻。1947 年 7 月，中国人民解放军开始转入战略进攻。在转入战略进攻的同时，解放区还进行了轰轰烈烈的土地改革运动。亿万翻身农民踊跃参军、支前，形成排山倒海般的推翻国民党反动统治的力量。

而这时在国民党统治区，由于国民党政府加紧对人民的疯狂掠夺和血腥镇压，激起了一场声势浩大的反内战、反饥饿、反迫害运动。这一运动与反对美国扶持蒋介石打内战的斗争结合在一起，成为群众性的爱国民主运动。在中国共产党的团结和争取下，各民主党派和许多无党派爱国人士也纷纷认清了国民党的独裁面目，日益走上接受共产党的领导、参加人民革命的道路。国民党统治集团在政治上完全孤立，已经无法逃脱失败的命运！

从 1948 年 9 月 12 日开始，至 1949 年 1 月 31 日结束，中共中央抓住战略决战的有利时机，连续组织了中国战争史上空前的，在世界战争史上也是罕见的辽沈、淮海、平津三大战役，共歼灭国民党军 154 万人，基本上摧毁了国民党赖以维持反动统治的主要军事力量，奠定了中国革命在全国胜利的基础。

1949 年 4 月 20 日，国民党当局拒绝在《国内和平协定》上签字，毛泽东主席和朱德总司令于次日发布向全国进军的命令。4 月 20 日夜至 21 日，中国人民解放军发起渡江战役，百万雄师横渡长江，国民党军苦心经营三个半月的长江防线顷刻瓦解。4 月 23 日，人民解放军占领南京，宣告了国民党反动统治的覆灭。5 月 27 日，人民解放军占领中国最大的城市——上海。为继续解放广大国土，人民解放军分路迅速向中南、西北、西南大进军，以秋风扫落叶之势消灭了国民党军残余。蒋介石集团仓皇从大陆逃往海岛台湾。

新民主主义革命在全国胜利时，中国共产党发展到 448 万党员，其领导下的人民解放军总兵力发展到 550 万。强大的中国共产党，不仅已由革命党成为占世界人口四分之一的国家的执政党，而且在国际共产主义运动中享有很高的威望。

历史表明：以理想和主义前行的中国共产党具有顽强的生命力，总是能从绝境之中奇迹般地走出来，开辟新天地；她具有坚忍不拔的毅力，任何困难难不倒，任何重压压不垮；她具有一往无前的英雄气概，任何险关和障碍都阻拦不住她前进的步伐。中国共产党是伟大的党、光荣的党、正确的党，没有中国共产党，就没有新中国，就没有中华民族的未来。

旧中国是半殖民地半封建国家，人民外受帝国主义欺压凌辱，内受封建主义压迫剥削，经济文化落后，工业基础极其薄弱，无产阶级数量很少，农民占大多数。然而，在这样看似贫瘠落后的国度里，为什么偏偏能够产生强大的以马克思主义为指导、领导人民取得革命胜利的无产阶级政党呢？而在看似土壤肥沃的工业发达的资本主义国家，却产生不出这样的无产阶级政党呢？

让我们走进 100 年前的历史深处，去寻找答案。

第一章

苦难的旧中国

一、堕入半殖民地半封建社会深渊

傲人的中华文明

我们中国是世界上最大国家之一……在这个广大的领土之上，有广大的肥田沃地，给我们以衣食之源；有纵横全国的大小山脉，给我们生长了广大的森林，贮藏了丰富的矿产；有很多的江河湖泽，给我们以舟楫和灌溉之利；有很长的海岸线，给我们以交通海外各民族的方便。从很早的古代起，我们中华民族的祖先就劳动、生息、繁殖在这块广大的土地上。

…………

在中华民族的开化史上，有素称发达的农业和手工业，有许多伟大的思想家、科学家、发明家、政治家、军事家、文学家和艺术家，有丰富的文化典籍。在很早的时候，中国就有了指南针的发明。还在一千八百年前，已经发明了造纸法。在一千三百年前，已经发明了刻版印刷。在八百年前，更发明了活字印刷。火药的应用，也在欧洲人之前。所以，中国是世界文明发达最早的国家之一，中国已有了将近四千年的有文字可考的历史。[1]

上述两段话，出自毛泽东的《中国革命和中国共产党》第一章"中

---

[1]《毛泽东选集》第二卷，人民出版社 1991 年版，第 621—623 页。

国社会"第一节"中华民族"。毛泽东酷爱中国历史,是伟大的爱国者。正是由于强烈的爱国情怀,他才接受马克思主义,走上了革命道路。他写《中国革命和中国共产党》这篇名作是在 1939 年冬季。这时,中国全民族抗战已经进行了近两个半年头,国民党蒋介石集团拼命鼓吹"以党治国""以党建国",声称"要使抗战胜利之日,即为建国完成之时"。蒋介石的意思很明白,即在抗日战争胜利后仍然继续实行国民党一党专政,继续实行他的独裁统治,使中国仍然处于半殖民地半封建的黑暗之中。中国共产党则要使抗日战争的胜利成为人民的胜利,当然不能容忍蒋介石把中国拉向半殖民地半封建社会的老路上去。为了回答"中国向何处去"的问题,向全国人民阐述中国共产党的立场和观点,毛泽东在延安杨家岭的窑洞里奋笔疾书,写下了《中国革命和中国共产党》,提出了"新民主主义"的命题。为了论证这个命题,毛泽东把"中华民族"作为第一章"中国社会"的第一节,对中华民族曾经创造的灿烂文明进行了精辟的论述,字里行间彰显一个伟大的爱国者强烈的民族自尊心和自豪感。

的确,正如毛泽东所说,中国是世界文明发达最早的国家之一。翻开世界历史,映入人们眼帘的便是熠熠闪光的古代埃及文明、古代两河流域文明(习惯上亦称巴比伦文明)、古代印度文明和古中华文明。

古代埃及文明、古代两河流域文明、古代印度文明曾一度灿烂辉煌,为人类发展作出重大贡献。然而,由于周边外族的入侵,这些文明逐渐衰落和黯灭,犹如彗星一样在黑暗的夜空中闪着耀眼的光芒,然后消失在人类历史的长河之中。

与上述几个文明古国相比,古中华文明登上人类历史舞台后,闪耀的光芒却历经 5000 年不灭。虽然这期间也曾遭遇到阴霾,但它总有力量冲破黑暗,复又露出万丈光芒。

中华文明又称大河文明,从西至东流经华夏大地的黄河、长江两大母亲河孕育了这个人类文明史上的瑰宝。

穿越时空，遥望远古约 300 万年前到 1 万年前的第四纪更新世，中国境内大部分地区气候温暖而湿润，到处都是湖泊、沼泽、森林、茂草，因而盛产各种飞禽、走兽和鱼类。这样的环境，便于初期人类采集、狩猎，符合人类生存和发展的需要。考古发现的"巫山猿人"，距今约 201 万至 214 万年。可见，远在 200 多万年以前，华夏大地就有猿人存在。距今约 170 万年的元谋人，是我国境内目前已确认的最早的古人类，他们已经能够制作工具，知道使用火。

200 余万年的寒来暑往，中华民族的远祖们为求生存，在与自然的搏斗中，也改造和发展了自己。他们生生不息，自立自强，坚韧不拔，迈过了通向文明的第一道门槛——旧石器时代，进入第二道门槛——新石器时代。

从距今约 1 万年左右，中国大部分地区陆续进入新石器时代。考古发现的新石器时代的遗址，如璀璨的星星一样遍布辽阔的祖国大地上。这个时代延续了五六千年，到距今 4000 年左右结束。这是远古历史上的"野蛮时代"，是人类由蒙昧走向文明的过渡阶段。

对于新石器时代，我国古代有许多美丽的传说。

相传，"有巢氏""构木为巢"，反映了远祖们在经济发展、氏族公社繁荣的情况下，开始走出洞穴，日益追求"安居"，艰苦建造，改善自己居住条件的情形。

传说中的"伏羲氏"（又称"庖羲氏"），是由"养牺牲以供庖厨"而得名。他教人结网捕兽捕鱼，驯养牲畜；还"教民嫁娶"。又传说他仰望天空，俯察地面，画八卦，刻文字，代替"结绳纪事"，等等。这个传说说明伏羲氏是畜牧业的发明者，反映了当时捕猎技术不断进步，所捕猎物一下子吃不完，先养起来，久而久之，野兽被驯养成牲畜的情况；也说明这时我们的远祖已经知道在木头、石片、骨片上刻画符号，帮助记忆。

"女娲氏"是传说中的一个女英雄。传说共工与颛顼争天下，共工失

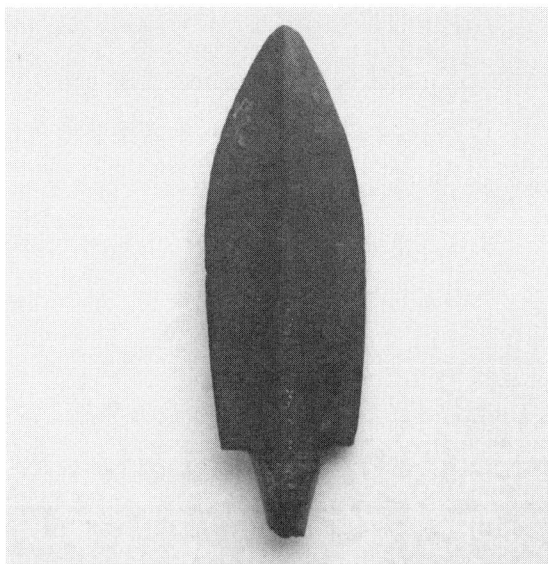

从位于我国钱塘江流域和太湖流域的新石器时代良渚文化遗址中发掘出的石箭头

败，怒而撞不周之山，导致天柱折，天倾西北，地陷东南，洪水泛滥，大火蔓延，人民流离失所。为了拯救人民，女娲决心炼石补天。经过艰苦努力，女娲炼成了 36501 块五彩石，用了 36500 块将天补好。此后，人们才得以安居。还有传说，女娲用泥巴造人，并与伏羲氏结为夫妻。这个传说反映了母系氏族公社与自然界搏斗并取得辉煌成就的情况。

传说中的"神农氏"，别号烈山氏，是农业的发明者。顾名思义，烈山就是烧山，开垦土地。相传他用木料制作耒、耜等农具，教人种植五谷；又说他尝百草，发明医药；还说他"耕而作陶"，"织而衣"；更说他设立集市，进行交易。这反映了人类社会跨进新石器时代的全盛时期。

在没有文字的情况下，这些人们口口相传的远古传说，褪去其神话色彩的面纱，展示了华夏大地新石器时代由母系氏族公社，到父系氏族公社，再到踏入阶级社会门槛的基本情况。

传说还反映了中华民族的由来。

"黄帝""炎帝""蚩尤"是我国古书记载的远古时代三个部落的首

领。传说中的黄帝为姬姓，号轩辕氏，也叫有熊氏。他的部落发祥地在陕西西北部，后来向东迁徙，沿北洛水，南下到今陕西大荔、朝邑，东渡黄河，从今天山西南部黄河之滨顺着中条山和太行山边，逐渐向东北走，后来定居在河北涿鹿附近。

炎帝部落的发祥地在陕西岐山东面，向外发展的路线大约是沿渭水东下，再顺黄河向东，到河南西南部，最后到达今山东地区。传说中的炎帝为姜姓，号神农氏。由此看，炎帝部落应是一个最早从事农业的部落。

蚩尤是九黎族的领袖。所谓九黎族，应是九个部落的联合，原是居住在我国东部的原始部落。他们活动的地区，最早在山东南部，极盛时期达到山东北部，西至河南东部和南部，南下到达安徽中部，东面一直到海边。

炎帝部落到山东地区后，打破了九黎族往日宁静的生活。两个部落为了争夺生存之地不断你来我往发生冲突。结果是"外来户"炎帝部落被本地的蚩尤率领的九黎族打败了，被迫逃往河北涿鹿，与黄帝部落联合起来，对抗蚩尤。炎、黄两个部落联合起来，力量自然大了很多。经过长期的对抗，最后九黎族在与炎、黄两部落展开的一次大的战斗中失败了，蚩尤被杀。这就是史书上所说的"涿鹿之战"。失败了的九黎族，一部分加入炎、黄两部落之中，一部分南下到达后来叫作荆楚的地方，与苗人集团融合在一起了。因此，后人也认为蚩尤是苗族的祖先。

蚩尤曾和少昊部落关系亲密，黄帝部落和处于东方的太昊、少昊两部落作战，并赢得胜利。打败蚩尤之后，黄帝与太昊、少昊修好关系，在中原地区扩大了影响。

在打败了共同的敌人蚩尤之后，炎帝企图与黄帝争夺在各个部落间的主导地位，两个部落之间的矛盾开始尖锐起来。双方在阪泉（在今河北怀来县）连续进行了三次大战，最后炎帝部落被打败了，归附了黄帝部落。这就是史书上说的"阪泉之战"。此后，这两个部落进一步结合在一起，再加上九黎族的一部分，就在中原地区定居下来。他们共同开发黄河中下游的两岸，使这个地区成为我国古代文化的摇篮。

进入阶级社会之后，这些原先不同祖先的居民，都自认为是黄帝的后代。春秋时期他们自称"诸夏"或"华夏"，有时也单称"华"或"夏"。因此，中国人也把黄帝、炎帝奉为始祖，自称"黄帝子孙""炎黄子孙"。今天，陕西黄陵县、河南新郑市每年都隆重举行祭拜黄帝大典。

古代人们认为中原居四方之中，所以把这个地区称为"中华"。随着华族和其他各族不断融合，活动范围不断扩大，在经济、文化上互相影响，关系也日益密切，中原文化逐渐扩展到各地，"中华"二字便代表了整个中国，中华民族成为我国境内各民族的总称。

约在公元前 21 世纪，禹的儿子启建立夏朝后，中国开始进入奴隶制社会，即史学界通常说的文明时代。自夏立国后，中华文明经历了夏、商、周，史称奴隶制社会时期，而其后的战国、秦、汉、三国、晋、南北朝、隋、唐、五代、宋、元、明、清，史称封建制社会时期。

从中华文明的历史长河看，中国自古以来就是一个以汉族为主体、多民族共存的国家。尽管曾出现过分为数国、多个政权并存的状况，但统一是绝大多数人的愿望，是发展趋向，最终还是走向统一。历史也证明，国家统一才强大，才能发展，才能经济繁荣，社会安定，人民安居乐业。中华文明绵延不绝，统一的、多民族国家在其中起了极其重要的作用。

自夏朝进入奴隶制社会后，经过商代的发展，至西周，进入繁荣时期。春秋战国时期，奴隶制开始瓦解。政治上，各诸侯国争霸战争和霸主政治是集中表现。分封制瓦解，新兴地主阶级的政治经济实力增强，各诸侯国先后开始变法运动，新的封建制度在各国逐步确立。经济上，井田制迅速瓦解，农业、手工业和商业均获得一定发展，并推动土地所有制发生变化。在思想文化上，形成"百花齐放，百家争鸣"的局面，为中华文明的发展留下宝贵的财富。

在这个时期，中国向世界文明作出的贡献有：

1. 甲骨文。从殷墟发现的刻在龟甲和兽骨上的文字，被称为"甲骨文"。由甲骨文发展演变的汉字，是中华民族文化最核心、最有代表性的标志，并对日本、朝鲜、越南等产生了重要影响，是我国对人类文字的重要贡献。

2. 青铜冶炼技术。最具有代表性的是"后母戊"大方鼎，重832.84公斤，造型雄伟，花纹瑰丽，属世界文化中的奇珍异宝。

3. 大型水利工程。最著名的是都江堰，秦昭王时期，被任命为蜀郡守的李冰及其儿子带人在前人鳖灵开凿的基础上修建。建成之后，2200余年来，成都平原受益于这一工程，成为古今闻名的"天府之国"。2000年，都江堰被联合国教科文组织列入"世界文化遗产"名录。

4. "司南"的发明。司南是用来定位方向的仪器，最早的可靠记载来自战国时期末年的《韩非子》一书，是最早的指南针。司南的发明，对世界历史的发展产生了不可估量的影响。此外，中国在天文、历法、数学方面也处于领先地位。

先秦文明为我国进入封建社会后的文明发展提供了雄厚的基础，因而，自秦始皇统一中国后，中华文明呈爆发式发展，走在世界的前列。

秦王嬴政于公元前221年统一六国后，建立了中国历史上第一个统一的、多民族的、中央集权的专制主义国家。嬴政创立了皇帝制度，自称"始皇帝"，希图秦朝的江山万世不倒。由于实施暴政，秦朝只统治了短短15年便被推翻了。尽管如此，秦始皇政治上采取中央集权，实行郡县制；经济文化上承认土地私有权，统一度量衡、货币、文字，修筑以首都咸阳为中心的驰道、直道和通西南夷的"五尺道"，实现车同轨；军事上北击匈奴，南开五岭。这些措施把中国历史推进到了一个新阶段。刘邦建立的汉朝，吸取了秦二世灭亡的教训，与民休养生息，注意恢复和发展生产，社会经济很快得到恢复和发展，出现了社会稳定、经济比较繁荣富庶的局面。

秦、汉两朝是封建社会的成长时期。秦、汉之后，中华文明经历了三国两晋南北朝的大分裂后，迎来了农业革命最灿烂的时代。唐朝是一个享誉世界文明史的朝代，唐帝国是当时世界上最先进、最开放、最繁荣的国度。此时，中国的封建社会进入最繁荣的时期。而这时，欧洲处于封建专制的中世纪时代，伊斯兰文明正在兴起，美洲的玛雅文明从发展走向衰落。在唐朝之后，中华文明的发展步伐开始放缓，但直到清朝中期依然保持着一定的世界领先地位。

从秦、汉经盛唐，再由宋、元、明到清中期，中华文明对世界文明的发展作出了突出的贡献，主要有：

1.造纸术、印刷术、火药的发明。这三大发明加上战国时期司南的发明，是中华文明助推世界文明向前发展的强大动力。

2.丝绸之路的开辟。中国是世界上最早发明养蚕、缫丝、织绸的国家。西汉时期，张骞奉汉武帝之命，两次出使西域，开辟了中国到中亚、西亚以及到土耳其、印度等地的陆路交通。由于这条横贯亚洲的中西陆路交通主要是运销我国的丝绸而闻名于世，所以中外历史学家称它为"丝绸之路"。后来中国又在东南部开辟了一条海上"丝绸之路"。"丝绸之路"作为连结中西方的纽带，历史上在政治、经济、文化交流方面发挥了巨大的作用。"丝绸之路"的开辟，对世界文明的发展的影响是深远的，直到今天仍然在发挥重要作用。

3.瓷器的发明与制造。我国是瓷器的故乡，瓷器远销海外，受到世界各地人民的喜爱。在英文中"China"（中国）一词也有"瓷器"的意思。我国瓷器为世界人民的生活增添了亮丽的色彩，是世界文明史中瑰丽的花朵。

4.旷世工程万里长城的修建和京杭大运河的开凿。这两大工程都是中华民族勤劳、勇敢、智慧的结晶，是人类的伟大工程，是中华民族留给世界的宝贵遗产。尤其是万里长城，是中华民族享誉世界的标志性的建筑。

除上面所列举的之外，我国还有以《史记》为代表的记载历朝历代历史的源远流长的历史学；有从上古一路走来，在中国社会发展的各历史阶段高峰迭起，大家、名家辈出，各类文学体裁不断涌现的文学；有自隋唐开始直至清朝末年，长达 1300 年之久的科举取士制度。科举取士，是当时世界上最先进的人才选拔制度，具有重大的历史意义。中国封建社会达到空前繁荣，遥遥领先于欧洲和其他地区，科举取士无疑起了重要的作用。这也得到西方历史学家的承认。我国的书法艺术和绘画艺术，在世界艺术中独树一帜。我国的雕塑艺术成就也很巨大，著名的有开凿于北魏的大同云冈石窟、洛阳龙门石窟，开凿于前秦的甘肃敦煌莫高窟，以及南宋的大足石刻，都是享誉世界的艺术宝库。

在科学技术探索和发明方面，中国在天文、历法、医学、数学、建筑、地理等领域，均领先于世界。如唐朝僧人一行于 724 年与梁令瓒合作，创造了黄道游仪，以观察日、月、星辰的位置和运动情况，发现了恒星位置移动的现象。这比英国天文学家哈雷在 1718 年提出恒星自行的观点要早 994 年；一行在同年对地球子午线进行实测，在世界上是第一次，比外国早约 90 年。宋代苏颂的《新仪象法要》中记载了他所创造的水运仪象台，这是世界上最古老的天文钟。又如南北朝时的祖冲之，在刘徽"割圆术"基础上，精确计算出圆周率在 3.1415926 和 3.1415927 之间。祖冲之求得的圆周率数值精确到小数点后七位，直到 1427 年阿拉伯人阿尔·卡西才打破这一纪录。再如，明代造船和航海业居于世界领先地位。郑和下西洋，最远抵达红海口的亚丁和非洲东岸的摩加迪沙，比哥伦布发现新大陆早将近 90 年，比达·伽马绕过好望角到达印度早 93 年。

尤其值得称道的是，中国在医药学方面也独树一帜。秦汉时期，中国医药学已建立了完整的体系。唐朝时我国医学达到了一个新高峰，孙思邈著的《千金方》，总结了医学理论、治疗经验，收集了 5300 多个药方。孙思邈由于在药物学和医学上的巨大贡献，被后世尊称为"药王"。659年，苏敬等人集体编修的图文并茂的药物学专著《唐本草》，是唐朝医药学又一杰出成就。该书53卷，收集药物844种，是世界上第一部由国家颁定的药典，比西欧最早的1494年意大利《佛罗伦萨药典》早835年。明万历年间李时珍的《本草纲目》，收入药物1892种，药方11097个，附图1100多幅。该书在系统总结中国古代医药学成就的基础上有所创新，并对药物加以分类，详尽记载了各自的产地、形状、气味、制作配方、效用、忌讳等情况。这部伟大的医药著作，在世界医药科技史上占有重要的地位。中医中药是中华文明对世界医药学发展的重要贡献，1953年12月毛泽东曾指出："我们中国如果说有东西贡献全世界，我看中医是一项。"[1]1958年10月11日，毛泽东在一个文件上批示："中国医药学是一个伟大的宝库，应当努力发掘，加以提高。"[2]

一步一步地追寻着中华文明发展的足迹，我们可以自豪地认识到，祖国的万里锦绣河山，是我们的祖先从远古开始，一代又一代坚持不懈，顺应自然，改造自然，开垦出来，建设起来，保卫出来的。为了这片可爱的土地，我们的先人流下了汗水、鲜血，献出了智慧。中华民族是勤劳的、勇敢的、智慧的、不屈的、和平的、友好的、无私的、开放的。中华文明是人类文明中最精彩、最辉煌的部分，是人类文明发展最坚实的阶梯，曾在1000余年间走在世界的前列，起着引领的作用。在960多万平方公里的土地上，无论你站在哪里，都会感受到中华民族的优秀民族精神的力量，都会感受到中华文明的力量，一种民族自豪感、一种民族自信会在胸间油然而生。你会愿意为她而生、为她而死、为她献出一切。毛泽东曾在一首

---

[1] 中共中央文献研究室编:《毛泽东年谱（1949—1976）》第二卷，中央文献出版社2013年版，第205页。

[2] 中共中央文献研究室编:《毛泽东年谱（1949—1976）》第三卷，中央文献出版社2013年版，第462页。

词中写道："江山如此多娇，引无数英雄竞折腰。"[1]鲁迅先生也曾在一首诗中写道："我以我血荐轩辕。"[2]正是这种情怀，使中华文明得以延续不灭，中华民族繁荣昌盛。

西欧、清朝反向发展

公元 5 世纪，西罗马帝国灭亡，日耳曼人在西罗马帝国的废墟上相继建立封建国家，标志着西欧进入封建社会。封建制度在西欧的形成和发展，是罗马奴隶制生产关系没落和日耳曼原始社会瓦解两者有机结合的产物。当时的欧洲，希腊罗马文化、基督教文化和日耳曼文化并存与融合。随着基督教势力的扩大，产生于罗马后期的基督教神学发展成为人们观察一切问题的依据。一切意识形态的形式都从属于基督教神学，正如恩格斯指出的："中世纪的历史只知道一种形式的意识形态，即宗教和神学。"[3]可以说，中世纪欧洲的政治思想也被宗教神学光环笼罩着，无论是维护教权的思想，还是维护俗权的思想，都是从《圣经》或基督教的历史上寻找依据。人们反封建制度必然表现在反对教会，凡革命的社会政治理论必然就是神学的异端邪说。黑暗神权统治下的欧洲中世纪，落后于中国、印度、伊朗、阿拉伯帝国等东方国家。这段历史，被那些坚持"欧洲中心论"的西方历史学家羞羞答答地称之为"黑暗时代"。

在黑暗中度过了 10 个世纪之后，欧洲的情况开始发生了变化。15 世纪末，由于商品经济的发展，货币的需要量激增。货币不仅是商品交换的媒介，也是财富和权力的象征。中世纪的西欧，最初实行银本位制，15 世

---

[1]《毛泽东诗词选》，人民文学出版社 1986 年版，第 61 页。
[2]《鲁迅著译编年全集》（壹），人民出版社 2009 年版，第 113 页。
[3]《马克思恩格斯选集》第四卷，人民出版社 2012 年版，第 242 页。

纪以后，逐渐过渡到金本位制，金银同是国防和贸易支付手段。于是，西欧的国王、贵族和商人就像发疯了一样到处追逐黄金和白银。拥有大量的黄金、白银，成为他们的梦想。哥伦布曾形象地说："黄金是一个奇妙的东西。谁有了它，谁就成为他想要的一切东西的主人。有了黄金，甚至可以使灵魂进入天堂。"

事情就是这样，当某种东西成为大家梦寐以求的对象时，这种东西就愈发显得稀缺。欧洲产金不多，而银主要产于德国。从 15 世纪后半期起，德国的产银量不断增加，但仍然不能满足日益增长的需求。而西欧商人在同东方的贸易中运进价格昂贵的丝绸和香料，又使贵金属大量外流。一些国家为了缓解贵金属短缺，一再下令禁止金银出口，但仍不能解决问题。就在西欧对黄金、白银无限渴望的时候，一本《马可·波罗游记》[1] 勾起了他们寻找黄金的狂热欲望。

出生于意大利威尼斯城大商人之家的马可·波罗曾随父亲尼古拉和叔叔玛窦到中国，居住了 17 年，元世祖忽必烈曾两次派遣他巡视各地，甚至命他出使南洋各地。回到威尼斯后，他由于参加与热那亚争夺垄断地中海贸易控制权的战争而兵败被俘，被关在热那亚监狱里。在监狱中，他给别人讲他在东方的见闻。同狱的比萨城文学家鲁思梯谦对马可·波罗讲的东方之行极感兴趣，于是，就有了马可·波罗口述，鲁思梯谦用当时欧洲流行的法文记录的《马可·波罗游记》。

连马可·波罗本人也不会想到，他这本游记一问世，立即轰动了欧洲，人们争相传阅，很快用几十种文字翻译传抄，出现了上百种版本。《马可·波罗游记》共有四卷：第一卷，记述马可·波罗一行从威尼斯至元上都的旅途见闻；第二卷，记述蒙古大汗忽必烈、宫殿、都城、政事，以及马可·波罗巡视云南至缅甸的情况和巡视杭州、福州、泉州等城的情

---

[1] 又名《东方见闻录》，有的译为《马可·波罗行纪》。

况；第三卷，记述中国邻国日本、越南、印度和印度洋沿岸诸岛；第四卷，记述成吉思汗后裔鞑靼宗王之间的战争及北亚。全书记述城市 100 多个，把每地的气候、物产、风俗习惯、贸易、宗教信仰以及朝政都作了详尽介绍。

由于马可·波罗在元大都居住多年，在游记中对气势恢宏的元大都和富丽堂皇的宫殿作了细致的描述，使人有身临其境之感，非常向往。书中对中国南方城市杭州也作了不吝美词的赞扬，称："行在所供之快乐，世界诸城无有及之者，人处其中，自信置于天堂。"游记还记述中国已使用纸币交易，用煤作燃料。

《马可·波罗游记》对中国等国繁华富庶情况的描述，激起西方冒险家们觊觎东方的强烈欲望。尤其是游记中关于中国遍地都是黄金，以至于用金砖铺地的描述，更使他们垂涎，抑制不住到东方探险的冲动。而这种冲动，促进了欧洲航海事业的发展，最终导致新航路的开辟。

15 世纪科学技术水平的提高和地理知识的进步，使远航成为可能，为开辟新航路准备了必要的条件。此时，欧洲人已经能制造适宜远航的多桅快速、载重百吨甚至千吨的大船。我国发明的指南针，经阿拉伯人之手于 14 世纪传入欧洲，已被普遍应用于航海事业，水手们在茫茫大海上再也不怕找不到方向了；古希腊地理学家托勒密的地圆说日益被人们接受；1477年佛罗伦萨地理学家托塔斯内里绘制的世界地图，把中国和日本画在欧洲的西方，坚信从欧洲向西可以到达东方。热那亚水手克里斯托弗·哥伦布读了《马可·波罗游记》之后，就被东方的富庶迷住了，决定西航，前往盛产黄金、香料的中国和印度。1492 年、1493 年、1498 年和 1502 年，哥伦布率船四次西行，发现了美洲，并开辟从西欧通往美洲的新航路，结束了美洲与其他洲隔绝的状态，为西班牙海外掠夺和殖民扩张奠定了基础。

在哥伦布发现美洲之前，葡萄牙人组成的探险队抵达非洲西岸一些地方。1487 年，巴托洛缪·迪亚士率领三只船沿非洲西岸继续南下，第一次绕过非洲南端到达非洲东海岸。1498 年 5 月 20 日，葡萄牙贵族瓦斯科·达·伽马的船队到达印度西海岸的卡利卡特。此后，达·伽马又在1502 年、1524 年两次率船队去印度，并被葡萄牙国王任命为印度总督。达·伽马的航行开辟了西欧直航印度的新航路，促进欧亚事业和航运的发展，同时也开始了西方殖民者对东方的血腥掠夺。

受到西班牙国王支持的麦哲伦率领五艘船，从 1519 年 9 月 20 日起至1522 年 9 月 6 日止，历时三年，完成了人类历史上第一次环球航行。麦哲伦环球航行从动机上讲是追逐财富，在新发现地对当地居民的征服和掠夺是血腥的，但此举无可辩驳地证明"地圆说"是正确的，为人们地理知识的丰富和科学的发展作出了重大贡献。

在新航路开辟前，欧洲有两大贸易区，即地中海贸易区和北海、波罗的海贸易区，意大利位于地中海贸易区的中央，威尼斯、热那亚和佛罗伦萨的商人在地中海贸易中起主导作用。威尼斯的金币杜卡特和佛罗伦萨的金币佛罗林，是当时国际通用货币。佛罗伦萨有发达的羊毛工业，它从英国和西班牙进口优质羊毛，加工成呢绒，远销欧洲各地及地中海东岸，正是这个领域里出现了资本主义最初的萌芽。德国正好夹在地中海贸易区和北海、波罗的海贸易区的中间，也是国际贸易的必经之地。意大利商人将购自东方的货物经德国运销北欧。至于北海、波罗的海贸易，主要掌握在汉堡、吕贝克等北德意志城市。这种有利的地理条件，促进了商业的繁荣和城市的发展。在莱茵河和多瑙河畔，在北海和波罗的海沿岸，在陆地商道附近，德国的城市有两三千个。纽伦堡和科隆是最大的两个城市，分别有 4 万至 5 万居民，其次是汉堡、吕贝克、奥格斯堡、乌尔姆、斯特拉斯堡和慕尼黑等。在德国南方的城市里，有许多国际闻名的大商人和垄断公司。

新航路开辟后，欧洲贸易区的格局有了新的改变。欧洲的主要商路和贸易中心西移到大西洋沿岸，十分有利于尼德兰、英国和法国的商业发

从 15 世纪开始，欧洲各国热衷于在海上开辟新航路，以便把自己的殖民触角延伸到世界各地

展。尼德兰的阿姆斯特丹、安特卫普、布鲁塞尔，英国的伦敦、利物浦，法国的巴黎、波尔多、拉洛塞尔和南特等城市日益繁荣。尤其是英国，毛纺织业成为主要工业部门。为此，英国发生了史称"羊吃人"的圈地运动。由于毛纺织业的发展，羊毛的需求量不断扩大，价格不断上涨，养羊比种植粮食作物更加有利可图。从 15 世纪晚期开始，为追逐财富，黑心的英国贵族地主用暴力把农民从小块租地上赶走，同时霸占原来农民公用的草地、山林、沼泽，赶走原有的农民，用篱笆圈围大片土地，让那里生长牧草，用以养羊。这个行动，被称为"羊吃人"。圈地运动以野蛮的手段使农民与土地分离，造就了资本主义生产所要的、可以"自由支配"自己劳动力的一无所有的劳动者，为资本主义原始积累、国内市场进一步扩大提供了条件，靠圈地起家的贵族成为资产阶级化的新贵族。

　　新航路的开辟和殖民掠夺，引起了商业革命和价格革命，与西欧资本主义的兴起是相互促进的。商业革命，是指商业扩大、商品种类增多、经营方式改变和商业中心转移，开始形成世界市场。欧洲与亚洲、非洲之间的商业扩大了，并开始与美洲有了商业联系。亚、非、美洲的众多商品，开始大量出现在欧洲市场上。新的金融机构如股份公司和交易所相继出现。从殖民地掠夺的大量贵金属，源源不断流入欧洲，引起物价飞涨，被称为价格革命。物价上涨使靠工资生活的工人实际购买力下降，日趋贫困。按传统方式征收定额货币地租的封建地主收入减少了。新兴的资产阶级、新贵族靠使用廉价的劳动力和高价出售产品得到好处。价格革命是资本原始积累的因素之一，并使阶级矛盾日益尖锐复杂，加速了封建制的没落和资本主义的发展。

　　随着资本主义的产生，主要由资本主义工场主和农场主组成，也有一部分来自富裕中农和贵族的资产阶级，开始形成并登上历史舞台。资产阶级需要为其服务的新文化，于是他们在思想文化领域内发动了一场反封建、反教会的新文化运动。这场新文化运动是从复兴古希腊、罗马文化开始的，因而被称为"文艺复兴"。文艺复兴运动最早发源于 14 世纪的意大利，以后逐渐扩大到西欧各国，一直持续到 17 世纪中期。

　　"文艺复兴"一词，最早是由 16 世纪意大利艺术家乔治·瓦萨里在《意大利艺苑名人传》里提出来的，原意是"再生""复活"或"复兴"，即古代文化艺术的复兴，后来被西欧各国学者沿用。实际上，文艺复兴运动不是古典文化艺术的简单复兴，而是资产阶级新文化的萌芽，是新兴资产阶级利用古典文化作为反封建反教会的武器，吸收其有利于自己的因素并加以改造，从而创造出为自己利益服务的新文化。文艺复兴运动是一场新兴资产阶级的思想解放运动，为欧洲早期资产阶级革命作了思想准备，也为欧洲近代资本主义文化奠定了基础。

　　文艺复兴运动的指导思想是人文主义思想，提倡以人为中心，研究与人有关的世俗学问，如艺术、语言、历史、哲学等新学问，反对天主教的蒙昧主义、禁欲主义和来世主义。人文主义者提倡理性，追求科学知识，号召人应该不断地学习知识，探索自然，寻求科学真理，以造福人类，提出"知识就是力量"的口号，使科学从神学的束缚下解放出来。

阿里格利·但丁，是意大利文艺复兴的先驱，其代表作《神曲》标志着意大利文艺复兴运动的开始。弗兰齐斯科·彼特拉克是人文主义鼻祖，代表作是抒情诗集《歌集》。乔万尼·薄伽丘是意大利民族文学的奠基者，代表作有小说集《十日谈》。意大利文艺复兴运动早期艺术方面最著名的人物，是画家、雕刻家乔托·地·班多涅。他的主要成就是壁画，最有名的有《金门相会》《逃亡埃及》《犹大之吻》和《哀悼基督》。他开创的人文主义思想内容和写实主义的创作方法，为欧洲近代现实主义绘画开辟了道路，被誉为"欧洲绘画之父"。马萨乔是另一位著名画家，代表作有《失乐园》和《纳税钱》。

意大利文艺复兴运动后期艺术空前繁荣，涌现出一批杰出的艺术大师。列奥那多·达·芬奇，被称为是"文艺复兴时代最完美的代表人物"，最著名的作品有《最后的晚餐》和《蒙娜丽莎》。米开朗琪罗·波那罗蒂是著名雕刻家、画家、建筑师和诗人，最著名的代表作是雕塑《大卫》和《摩西像》。拉斐尔·桑西是杰出的画家和建筑师，代表作是《西斯廷圣母像》。

这一时期，还出现了杰出的政治思想家、历史学家、文学家和军事家尼柯罗·马基雅维利，代表作有《君主论》《罗马史论》《战争的艺术》等。托马索·康帕内拉是杰出的思想家和空想社会主义的鼻祖，代表有《太阳城》。

15 世纪中叶，文艺复兴运动传播到德国、法国、英国、西班牙和尼德兰等地，这些国家和地区也兴起了蓬勃的文艺复兴运动，涌现出一大批人文主义思想家、文学家和艺术家。如法国文学家拉伯雷，代表作讽刺小说

《巨人传》；西班牙文学家塞万提斯，代表作《堂吉诃德》；英国剧作家莎士比亚，代表作《哈姆雷特》《仲夏夜之梦》等，他们三人被称为文艺复兴后期的"文坛三杰"。

从 15 世纪末起，近代自然科学开始产生。这既是文艺复兴运动的一项重大成就，也是文艺复兴运动的重要内容。近代自然科学的兴起是从天文学革命开始的，并对欧洲的宗教神学产生了强大的冲击。因此，天文学革命是在宗教神学的残酷迫害下不屈进行的。

尼古拉·哥白尼是波兰伟大的天文学家，他写的《天体运行论》一书，创立了"太阳中心说"（"日心说"）。他以大量的事实推翻了统治欧洲 1000 多年的"地心说"。天主教会把哥白尼的"日心说"视为异端邪说，1616 年罗马教皇宣布《天体运行论》为禁书，并对哥白尼学说的支持者进行残酷迫害。乔尔丹诺·布鲁诺是意大利著名天文学家和哲学家，他继承和发展了哥白尼的学说，提出新的宇宙理论。布鲁诺的新宇宙观挑战了神学，必然遭到教会极端仇视，1600 年，他在被宗教裁判所囚禁八年后，被判处火刑，在罗马的鲜花广场被活活烧死。伽利略，意大利伟大的天文学家、物理学家和力学家。他根据自己对天体运动的长期观测，写成《关于两大世界体系的对话》一书，进一步论证哥白尼学说的科学性，从根本上动摇了天主教会的神权统治，因而触怒教会，遭到软禁。约翰·开普勒，德国杰出的天文学家和数学家。他通过对天体的长期观测和研究，提出了行星运动三大规律，丰富和发展了哥白尼的"日心说"，从数学和物理学的角度证明了哥白尼学说的正确性，从而使它更加接近真理。

随着自然科学的发展，新的唯物主义哲学也发展起来，代表人物有英国的弗兰西斯·培根和法国的勒奈·笛卡尔和荷兰的别涅狄克特斯·德·斯宾诺莎。培根是近代第一个唯物论哲学家，著有《学术的进展》《新工具》和《论科学的价值与增长》。笛卡尔是法国著名哲学家、数学家和物理学家，著有《方法论》《形而上学的沉思》和《哲学原理》

等。斯宾诺莎是荷兰伟大的唯物主义哲学家和无神论者，主要著作有《神学政治论》《伦理学》《知性改进论》等。

随着文艺复兴的广泛开展，人们的思想观念得到了大解放，特别是唯物主义给基督教以极大冲击。基督教由于其本身越来越腐化，教皇的权威已受到各国世俗政权的怀疑，教会内部也逐渐积聚了一股改革力量，终于酿成以德国为起点的 16 至 17 世纪的宗教改革运动。继德国马丁·路德的宗教改革后，法国出现了加尔文教派，瑞士出现了再洗礼派，并传入尼德兰。此后，路德教派又传入北欧，挪威、丹麦、瑞典相继改奉路德教派。经过宗教改革以及德国农民战争的打击，天主教会在政治、经济上的权力大为削弱，宗教事务的一部分权力逐渐转移到世俗诸侯之手。宗教改革实质上是一场思想解放运动，属于早期资产阶级的反封建斗争，沉重打击了欧洲封建统治的支柱天主教会，极大地解放了人们的思想，为欧洲资本主义的发展扫清了道路。

思想的解放必然引起政治方面的要求，1566 年爆发了处在西班牙反动统治下的尼德兰资产阶级革命和民族解放战争。这场革命至 1609 年结束。尼德兰革命是历史上第一次成功的资产阶级革命，它在欧洲打开了一个缺口，建立了第一个资产阶级共和国——荷兰共和国。但这场革命很不彻底，封建土地所有制没有彻底废除，革命仅在北方取得胜利，而且政权落在大资产阶级和贵族手里，还未能对世界历史的走向产生深远影响。

从 1640 年爆发的英国资产阶级革命，到 1688 年的"光荣革命"，经过近半个世纪，英国建立了代议制的君主立宪政体。英国资产阶级革命沉重打击了英国封建专制统治，开辟了世界史上资产阶级代替封建地主阶级的新时代，其影响远远超过尼德兰资产阶级革命，从而成为世界近代史的开端。

17 世纪后半期至 18 世纪后期，是法国封建专制制度由极盛走向衰败的时期。这时法国工商业发展比较迅速，仅次于英国，居欧洲第二位。随着工商业发展，法国资产阶级逐渐形成。资产阶级思想在意识形态方面的反映，就是18世纪发生的启蒙运动。

18世纪20年代至70年代的法国启蒙运动中，涌现出伏尔泰、孟德斯鸠、狄德罗、卢梭等杰出的思想家。他们从"人的眼光"出发，以"天赋人权"为旗帜，以自然法、契约论为武器，勇敢地向封建专制、教会和宗教猛烈进攻。启蒙运动实际是用科学反对迷信，用思考代替天启，用理性反对愚昧无知，用人权代替神权，目的就是要由资产阶级掌握国家权力，保障资产阶级利益。启蒙运动为此后的法国大革命乃至各国资产阶级革命提供了强大的思想理论武器。

1789年7月至1794年7月的法国大革命具有世界意义，是世界近代史上规模最大，范围最广的资产阶级革命。它不仅结束了法国1000多年的封建统治，还从根本上动摇了欧洲封建专制制度的基础。

马克思曾把英国资产阶级革命和法国大革命看成是"欧洲范围"的革命，指出："这两次革命不仅反映了发生革命的地区即英法两国的要求，而且在更大程度上反映了当时整个世界的要求。"[1]此后，欧洲各国相继进行资产阶级革命，建立了代议制君主立宪政体或共和政体的资产阶级政权。

资产阶级政权的建立，为资本主义生产力的发展提供了政治保障。英国从纺织业开始进行工业革命。1733年，钟表匠凯伊发明了飞梭，使生产率提高了6倍。1764年，织工兼木匠哈格里夫斯发明了装有多个纱锭的"珍妮机"，编织效率提高了18倍。此后，童工出身的克隆普顿制成了新水力纺纱机。牧师卡特莱特在1785年制成了水力织布机，不仅省去了人力，而且使织布效率提高了40倍。随着棉纺织业的发展和工业革命的推进，英国近代资本主义大工厂开始出现。

然而，水力机械必然受制于自然水利资源、气候、季节变化等，动力

---

[1]《马克思恩格斯选集》第一卷，人民出版社2012年版，第442页。

问题成为工业革命进一步发展的瓶颈。

1763 年，瓦特改良蒸汽机，解决了自然条件对工业发展的限制，冲破了动力问题的瓶颈，推动了所有工业部门的发展和进步。

蒸汽机问世后，不仅迅速应用于棉纺织业，而且迅速推广到其他工业部门，重工业和交通运输业也很快发展起来。1784 年，柯尔特采用煤混合氧气炼铁及搅炼和碾轧的方法，使生铁产量提高 15 倍。此后，工业革命由轻工业阶段进入重工业阶段。1807 年，美国人富尔顿发明蒸汽机船"克莱蒙特"号。1811 年英国仿造蒸汽机船成功，用于内河和沿海航运。1811 年蒸汽机船横渡大西洋成功，使远洋航运进入一个新阶段。1814 年，斯蒂芬森发明铁路机车。1825 年从斯托克顿到达林顿的世界上第一条铁路建成。此后，铁路迅速遍及英国。

从 18 世纪中叶到 19 世纪初，英国工业革命的第一块"多米诺骨牌"从纺织业开始，以一系列生产机器的发明和改良、生产技术方法的进步为基础，迅速建立起全国性的工业体系。工业化布局随着交通运输的发展而迅速扩大，推动工业城市由沿海向内陆扩展。轻工业迅速发展的同时，也推动重工业得到确立和发展，农业发展则因工业发展需要而进一步纳入工业发展的体系中，工业化无孔不入地深入到各行各业之中。至 19 世纪三四十年代，大机器生产在纺织业中已经取得主要地位，机器制造业进入机械化阶段，标志着工业革命在英国的完成。

英国工业革命造成社会生产力急速发展，各主要工业部门的劳动生产率和生产产量都呈十倍以上的增长。1820 年，英国占世界工业生产总额的50%，世界贸易的 18%；1839 年，英国的煤产量相当于法国、比利时、普鲁士总和的三倍。到 19 世纪中叶，英国成了响当当的世界工厂。

借助人口流动，技术、产品输入等方式，英国工业革命的成果向欧洲大陆和美洲传播，法国、德国、美国、荷兰、比利时、意大利等国也在 18世纪末到 19 世纪初经历了工业革命的历程。工业革命使世界进入一个全新的时代。

自 15 世纪末，西方的世界越来越精彩，发展越来越迅速，站在了人类文明发展的潮头。而汉唐以来灿烂辉煌、一直领先世界的中华文明，却逐渐黯淡下来，失去昔日的光辉。

1644 年，李自成率领农民起义军占领北京。关外的满族政权乘李自成立足未稳，进入山海关，先后打败李自成和各地的反抗势力，统一了全国。清朝前期是强盛的，曾出现"康乾盛世"，但在中期开始走向衰败。

清朝是少数民族统治的全国政权，在统一的过程中又屡屡遭到反清势力的顽强反抗，矛盾十分激烈，因而清廷在进一步强化君主专制体制的同时，加紧了对思想的控制，实行文化专制统治。一方面，为笼络汉族地主阶级和知识分子，清廷倡导尊孔崇儒，科举取士，并注重发挥礼乐教化控制思想；另一方面大兴文字狱。文字狱起始于康熙，雍正当朝后不断发展，到乾隆当朝后达到了无以复加的程度，许多汉族知识分子惨遭杀戮。大兴文字狱的结果是知识分子战战兢兢，脱离现实，一门心思钻到儒家经书中去，形成了龚自珍《己亥杂诗》中形容的"万马齐喑究可哀"的沉闷局面，严重地阻碍了思想文化领域的繁荣发展。

清初为了防备以台湾为根据地的郑成功与内地反清势力结合起来，朝廷采取了严厉的海禁政策。康熙二十四年统一台湾后，开放海禁，但对船只大小及运载物品等作了严格的限制。同时清政府对西方殖民势力始终存有戒心，在沿海各要地设炮台，对外国商船严加控制。1684 年起清政府设立闽、粤、江、浙四大海关分地域管理对外贸易。进入 18 世纪，葡萄牙、西班牙、荷兰等老牌殖民主义势力逐渐衰落，经历了资产阶级革命的英国取得了"海上霸主"的地位。到了 18 世纪中叶，英国完成工业革命，使用大机器生产迅速提高生产率，在对清朝的贸易中很快压倒其他西方国家。英国运来的商品主要是毛织品、金属、玻璃、钟表以及从印度转贩的棉花，但在中国缺乏市场。而中国的茶叶、生丝、大黄、陶瓷、土布，却在欧洲有广泛的市场。中英贸易中中国一直保持顺差，因而大量白银流入中国。为了倾销商品、输出资本和掠夺中国财富，西方殖民者不断制造事端。1757年，清政府下令只留广州一处海关，实行闭关锁国政策，这一政策虽有抵御、防范西方殖民势力，维护国家主权和统一的一面，但总体上看，这一政策是消极有害的：其一，限制了对外贸易和航海事业的发展，并因此影响一些经济部门的发展，阻碍了资本主义因素的成长。其二，限制了中外文化交流，妨碍了中国学习、掌握世界先进的思想文化和科学技术。其三，这种消极的对外防御，实际是一种鸵鸟政策，只能抵挡一时，并不能扭转中外力量对比，更不能从根本上挡住殖民势力的侵略。相反，由于清政府脱离世界潮流，愚昧自大，严重阻碍了中国发展，中国与西方资本主义国家差距越来越大。

中国在明朝中后期出现了资本主义萌芽，而到了清朝前期，资本主义萌芽在规模、数量、分布领域和范围等方面已取得一定进展。然而，清政府推行重农抑商政策，以维护建立在自给自足基础上的封建经济，加上残酷的封建剥削以及人口增长，导致农民极端贫困，购买力极其低下，限制了手工业品的销路，从根本上阻碍了商品经济和资本主义萌芽的发育成长。

很明显，西方凭借着文艺复兴、启蒙运动、资产阶级革命、工业革命，在蒸汽机轰隆隆的声音中飞速发展时，处在东方的中国，对世界形势的变化浑然不觉，君主专制统治依旧顽固，发展的车轮停滞不前。中国落伍了，被西方先进的资本主义国家远远地甩在后面。

资本主义的本质是不择手段地掠夺财富，处在落后的封建主义统治下的中国，民族危机已经悄悄来临。

落后遭打，教训惨痛

当世界在发生前所未有的巨变时，清政府却浑然不知，仍然自我陶醉在"天朝大国"的美梦之中，过着醉生梦死的生活。到了19世纪三四十年代，统治中国的清王朝由盛而衰的颓势愈益加深，政治腐败，军备废弛，财政拮据，社会动荡，陷入了危机四伏的境地，成为一个泥足巨人。在弱肉强食的竞争法则之下，幅员辽阔，资源丰富，人口众多，却又越来越孱弱的中国，成为西方列强虎视眈眈的对象。最先向中国发动战争，咬下第一口肥肉的，是当时世界上头号资本主义国家英国。

英国由于对华贸易打不开市场，便丧心病狂地利用一种特殊的商品——鸦片，作为打开市场的工具。

鸦片输入中国比较早，但开始只是作为治病的药物，且数量不大。到了18世纪后半期，特别是英国东印度公司独占了鸦片贸易后，把印度的鸦片大批运到中国来。1800年（嘉庆五年），鸦片输入中国是4570箱，到了1838年（道光十八年），已经激增到40200箱。据估计，1835年中国吸食鸦片的人数达200万以上。可见鸦片的流毒已经严重泛滥。鸦片输入激增，造成中国白银每年以数千万两计外流，清政府财政经济出现严重危机；同时，城市工商业和农村生产力遭到很大破坏，人民体质日益衰弱，生活更加贫困。英国殖民者的罪恶目的达到了！

鸦片泛滥，激起广大人民的反对，就连清朝统治集团内部一些有识之士、爱国官员也纷纷提出禁烟主张，林则徐就是其中最有代表性的人物。

林则徐是清政府难得的有识之士，在北京为官时就与比较开明的地主阶级知识分子如黄爵滋、龚自珍、魏源等人提倡经世之学，主张改革现状。1837年到1838年，他在湖广总督任上时，就采取了有效的措施，在

25

湖南、湖北两省实行严厉的禁烟措施，有力地打击了烟毒的泛滥。林则徐曾上奏道光皇帝，指出：如果不把鸦片严加禁绝，将来国家不但无人可以当兵，而且也将无钱维持财政开支。当时清政府内部分成禁烟派和反对禁烟派，争论很激烈。道光皇帝考虑到如果不禁烟，他的皇帝宝座有可能被鸦片冲垮，于是任命林则徐为钦差大臣，节制广东水师，前往广东禁烟。林则徐到达广东后，采取雷厉风行的禁烟行动，收缴英国鸦片贩子2万余箱鸦片、美国鸦片贩子1500余箱鸦片，于1839年6月3日至25日在虎门销毁。此即震惊中外的"虎门销烟"。为纪念这一中国人民反抗外国侵略的行动，1958年落成的天安门广场人民英雄纪念碑碑座第一幅浮雕，便是"虎门销烟"。

1839年8月，当中国禁烟的消息传到英国后，曼彻斯特、伦敦、利物浦、利兹等大城市的资产阶级大亨们狂热地发出侵华战争的叫嚣，主张要用侵略战争把中国变成英国资产阶级掠夺原料的基地和倾销商品的市场。

1840年2月，英国政府决定派出所谓"东方远征军"开往中国。4月，英国议会正式通过了发动战争的议案，派兵侵略中国。6月，由义律率领的船舰40余艘，载士兵4000余人陆续开到中国广东海面，鸦片战争爆发。由于这时已任两广总督的林则徐率领军民做好了准备，严阵以待，英军不仅没有得逞，反而吃尽苦头。于是，英国侵略军北犯福建厦门。这时由两广总督调任闽浙总督的邓廷桢，也做了充分准备，英军在厦门也未得逞。英军接着北上，攻陷浙江定海。8月，英军抵达天津白河口。

清朝最高统治者道光皇帝，对于英军嚣张侵略是战是"抚"（清政府阿Q式的语言，即求和）摇摆不定，先是听信投降派的主张，将抵抗派林则徐、邓廷桢革职，重用琦善等投降派，后又重用奕山、奕经等昏庸无能的官僚率兵出师广东、浙江抵抗，遭到严重失败。最奇葩的是湖南提督杨芳。他被道光任命为参赞大臣，协助奕山赴广东抵抗英军。杨芳先于奕山到达广州，见英舰于珠江上横行无阻，炮火猛烈，竟认为这是"邪术"，

虎门销烟（油画）。虎门销烟从一定程度上遏制了鸦片在中国的泛滥，大大增加了中国广大民众对鸦片危害性的认识，使很多人看清了英国向中国贩卖鸦片的本质，唤醒了中国人的爱国意识

于是想出一条"妙计"，命令地方保甲收集民间马桶，载于木筏之上，防御乌涌炮台。英舰来攻之时，杨芳命人将木筏放向英舰，企图破其"邪术"。这种愚蠢的做法哪能阻挡住英舰！结果英军长驱直入，逼近广州城郊。

1842 年 6 月，英军进入长江，先后攻陷宝山、上海、镇江，于 8 月闯入南京江面。8 月 29 日，清政府的代表耆英、伊力布全部接受英国提出的议和条款，签订了中国近代史上第一个屈辱的不平等条约——《南京条约》，主要内容有：（1）中国割让香港岛给英国；（2）赔偿英国鸦片费 600 万银元，商欠 300 万银元，军费 1200 万银元；（3）开放广州、福州、厦门、宁波、上海等五处为通商口岸，英国可以派出领事等官；（4）中国需与英国商议中国进出口的税率；（5）英国商人在各口岸可以自由和中国人交易。

《南京条约》签订后，中英双方在广东继续谈判关税税率和其他有关问题。1843年7月22日，中英《五口通商章程》在香港公布。10月8日，中英在虎门签订了《五口通商附粘善后条款》（即《虎门条约》）。英国又通过《虎门条约》获得了领事裁判权、片面最惠国待遇、可以在通商口岸租赁土地及房屋等项特权。

《南京条约》如同一把刀子在中国的躯体上划开了第一道伤口之后，美国、法国、俄国等侵略者便张着血盆大口接踵而来。1844年7月3日，中美签订了《望厦条约》。美国从这个条约中除享有英国在《南京条约》中所取得的各项有关特权外，还取得了以下几项重要权益：（1）扩大领事裁判权的范围，美国人在中国与中国人或其他各国人之间发生的一切诉讼，都由美国领事审理；（2）进一步加强协定关税，规定中国日后变更关税税则，必须与美国领事协商得到同意；（3）美国兵船可以到中国沿海各港口"巡查贸易"；（4）美国可以在通商口岸建立教堂、医院等。10月24日，中法签订《黄埔条约》，法国获得了中英、中美条约中规定的各项特权。11月11日，清政府又在法国的胁迫下，同意取消对天主教的禁令，准许他们在各通商口岸自由传教。

中国北方的强邻沙俄，也利用鸦片战争后清政府力量削弱的时机，明目张胆地对中国东北和西北地区进行侵略活动。1851年8月6日，沙俄强迫清政府签订了《伊犁塔尔巴哈台通商章程》，其中规定：（1）开放伊犁和塔城对俄通商，允许俄国商人修筑住房、货栈，免税贸易；（2）俄国可以派驻领事，管理该国贸易事宜，享有领事裁判权。

鸦片战争的失败，是中国落后于世界发展潮流尝到的第一枚苦果。号称"天朝上国"的大清王朝，被区区48艘战舰、4000名英军打败，签订了《南京条约》，又同美、法、俄签订了不平等条约，这是中华民族历史上的奇耻大辱，是中国人民心中永远不能忘却的痛！

中国历史由鸦片战争起发生拐弯。战前，中国在政治上是个独立自主的国家；战后，由于外国资本主义势力的侵入，中国的领土开始被割裂，主权的完整开始遭到破坏，中国已经丧失了独立自主的地位。战前，中国在经济上是自给自足的封建经济占统治地位的国家；战后，外国商品源源不断地涌入中国，逐渐破坏了中国自给自足的封建经济基础，使中国日益成为资本主义世界的附庸。中国社会一步一步向半殖民地半封建社会堕去。

由鸦片战争开始的中国近代史，是每个中国人读起来都心情十分沉重的历史！

外国资本主义列强的欲壑是无底的，它们并不因为从《南京条约》等不平等条约获得的特权而满足，总是伺机发动新的侵略战争，得到更多的罪恶利益。1857 年至 1900 年，西方列强又先后发动了一系列侵略中国的战争，其中有英法发动的第二次鸦片战争、中法战争、中日甲午战争和八国联军侵华战争。

1856 年至 1860 年的第二次鸦片战争，英、法不仅获得了大量侵略权益和战争赔款，而且还将北京西北郊圆明园内的奇珍异宝掠夺一空。为了掩盖其罪行，英军于 1858 年 9 月 9 日纵火烧毁全园建筑。圆明园，这个经过清政府 100 多年经营，汇聚中国人民血汗的结晶，综合中西建筑艺术，聚集古今艺术珍品而成的皇家宫殿和园林，在罪恶的大火中变成了废墟。相信今天到圆明园遗址公园游园的人们，目睹当年英法侵略者野蛮的罪恶之后留下的残垣断壁，会引起一阵阵扎心的痛。那一块块大小不一、残缺不全的汉白玉，无声地警示着人们，落后遭人欺凌的境遇是多么惨！

在第二次鸦片战争中，英、法明火执仗侵略中国，而沙俄就像贼一样，偷偷地对中国干着见不得人的侵略勾当。1858 年 5 月，沙俄利用第二次鸦片战争的机会，以武力要挟和外交讹诈为手段，逼迫黑龙江将军奕山签订了不平等的中俄《瑷珲条约》，将黑龙江北岸中国 60 多万平方公里的领土划归俄国。清政府对《瑷珲条约》没有认账，并对奕山等人予以处分。1860 年 11 月，沙俄以调停第二次鸦片战争"有功"为由，逼迫奕诉签订中俄《北京条约》。这个条约除迫使清政府确认《瑷珲条约》外，还规定乌苏里江以东地区 40 余万平方公里的中国领土割让给俄国；俄国在库伦（今蒙古国乌兰巴托）、张家口、喀什噶尔等地免税贸易，设立领事并享有领事裁判权。1864 年 10 月，在俄国武力威胁和外交讹诈下，清政府被迫在《中俄勘分西北界约记》上签字。经过这个勘界条约，巴什喀什湖以东、以南的中国领土，包括原属中国内湖的斋桑湖、特穆尔图淖尔等广大地区，皆被沙俄割占，总面积达 44 万多平方公里。沙俄是第二次鸦片战争中的最大获利者，以十分卑鄙的方式，侵占了我国 144 万多平方公里土地。

第二次鸦片战争的失败，清政府越来越听命于西方列强，成为其附庸和工具，使中国更加迅速地堕向半殖民地半封建社会的深渊。

更可气的事是发生在 1884 年至 1885 年的中法战争。侵略中国的法军，在镇南关被时任广西提督的 70 岁老将冯子材打败，法军被歼灭 1000 多人。法军仓皇后撤，连谅山也只得放弃。按说，中国取得了胜利，应该扬眉吐气，签订有利于中国的条约，然而，清政府却愚蠢地认为这是求和的好机会，竟不顾中国军民的反对，于 1885 年与法国签订《中法新约》，规定中法两国派员会同勘定中国和越南北圻的边界，中国以后需要修建铁路时应与法国"商办"，同意法国在云南、广西、广东三省的中越边界开埠通商。法国势力由此深入我国西南边疆。

1894 年至 1895 年的中日甲午战争，通过"明治维新"走上资本主义发展道路的日本，逼迫清政府签订了《马关条约》，不仅获得了清政府承认其对朝鲜的控制，割让辽东半岛[1]、台湾全岛及所属各岛屿和澎湖列岛等一系列侵略权益，而且获得了 2 亿两白银（接近于清政府全年财政收入的三倍）这个在当时来说近乎天文数字的赔款。清政府为了偿还赔款，更加

---

[1] 1895 年 4 月 23 日，俄、法、德三国出于自己的利益和目的，分别照会日本政府，要求其退出辽东半岛。日本被迫退还辽东半岛，向中国索取了 3000 万两白银为"赎辽费"。

疯狂地盘剥本国老百姓，同时大借外债，使人民陷入更大的贫困之中。而日本则用这些通过强盗手段得到的巨额赔款，发展与军需有关的工业，使自己迅速跻身帝国主义列强行列，更加野心勃勃地走上加紧侵略中国和称霸亚洲的道路。

甲午战争，中国耻辱地败给新起的日本，清政府进一步暴露了腐败无能的嘴脸，加剧了列强瓜分中国的民族危机，使中国又一次加速堕向半殖民地半封建社会的深渊。

1900年以镇压义和团运动为名的英、美、法、德、俄、日、奥、意等八国联军侵华战争，遭到中国军民英勇抵抗，但清政府屈膝投降。八国联军占领京津地区，烧杀抢掠，所犯罪行骇人听闻，罄竹难书。

侵略者于1901年9月7日逼迫清政府签订《辛丑条约》。这个条约的主要内容是：（1）清政府向各国赔款白银四亿五千万两，以关税、盐税和常关税作为担保，从1902年1月1日算起，分39年还清，加上利息，共九亿八千多万两白银。此外，各省地方赔款还有2000万两白银。（2）在北京设立"使馆区"，中国人民不准在这个区域内居住，帝国主义各国可以在这里驻兵。（3）大沽炮台以及从北京到大沽的炮台一律拆毁。从北京到山海关铁路12个战略要地，准许各国派兵驻守。（4）惩办在义和团运动中和帝国主义作对的官吏，永远禁止成立或加入反帝性质的各种组织。

《辛丑条约》是各帝国主义国家对中国人民的无以复加的一次大勒索，巨额赔款像妖魔鬼怪张着血盆大口，要贪婪地吸干中国人民的血液。清政府无耻地表示："量中华之物力，结与国之欢心。"它彻底投降帝国主义列强，成为"洋人的朝廷"，忠实地帮助帝国主义统治和压榨中国人民。

《辛丑条约》的签订表明，中国已经成为几个帝国主义国家共管的半殖民地国家，完全堕入了半殖民地半封建社会的深渊，有着五千年文明的中华民族，在黑暗、饥饿、贫穷中挣扎。帝国主义和中华民族的矛盾，封建主义和人民大众的矛盾，成为近代中国社会的主要矛盾。而帝国主义和中华民族的矛盾，乃是各种矛盾中最主要的矛盾。

落后必然挨打，这是中国近代历史留给人们永远抹不去的惨痛记忆！

推翻帝国主义和封建主义的统治，实现民族独立和人民解放；彻底改变国家贫穷落后的面貌，实现国家繁荣富强和人民共同富裕，是中华民族面临的两大历史任务。实现中华民族复兴，是中国人民共同的梦想。

历史呼唤仁人志士、新的政治力量带领中国人民，去完成两大历史任务，实现伟大梦想。

二、寻找救国与民族复兴之路连遭挫折

魏源："师夷长技以制夷"

西方列强与中国封建统治者互相勾结，把中国变为半殖民地半封建社会的过程，也是中国有识之士寻找救国与民族复兴之路的过程。

有五千年文明历史的中华民族，其最具代表性的特点，是不屈服于外来侵略、蹂躏。当国家、民族受到外来侵略处于危险的时候，总有一些先进分子、杰出人物站出来，带领人们同侵略者搏斗，保卫自己的国家和民族。毛泽东曾指出："中华民族的各族人民都反对外来民族的压迫，都要用反抗的手段解除这种压迫。他们赞成平等的联合，而不赞成互相压迫。在中华民族的几千年的历史中，产生了很多的民族英雄和革命领袖。"[1]

---

[1]《毛泽东选集》第二卷，人民出版社 1991 年版，第 623 页。

19 世纪中叶，当世界处于大变局之中时，清朝统治下的中国却是一潭死水。第一次鸦片战争失败，中国被来自遥远的地球那边的英国区区 4000人打败，给这潭死水掷下了一块巨石，激起阵阵涟漪。封建官僚和地主阶级知识分子中一些人感到，为了认真对付这些"夷人"，必须对他们进行一番切实了解，因而开始寻求有关各国列强的新知识。

最早认识到要了解西方各国列强的是禁烟民族英雄林则徐。林则徐被清政府任命为钦差大臣派到广州后，就找人翻译了一些外国书报上的材料。他除利用一部分材料写成《四洲志》一卷外，又把这些材料交给了志同道合的好朋友魏源。魏源继续搜集资料，在 1842 年出版了一部 50 卷的《海国图志》。到了 1847 年，魏源又将《海国图志》扩充为 60 卷；在1852 年又进行扩充，成为 100 卷的巨著。同一时期，福建的徐继畬根据自己所收集到的地图和其他书籍，经过五年的努力，在 1849 年出版了一部10 卷本的《瀛环志略》。《海国图志》《瀛环志略》是中国最早系统介绍世界各国，特别是西方各国历史、地理的两部书。

魏源是中国近代史上最早明确提出向西方学习的人。他认为，要想打败西方列强，必须"师夷长技以制夷"。那么，西方的"长技"到底是什么呢？他认为："一、战舰，二、火器，三、养兵练兵之法。"简而言之就是"船坚炮利"。为此，他建议在广州建一所造船厂、一所枪炮厂。其他地方，可以允许商民自愿办造船厂、机械厂。在魏源看来，只要在广州官办一所船厂、一所枪炮厂，中国的海防问题就解决了；只要一声号召，各地商民就能蜂拥而起办起船厂、机械厂来制造民用的船舶和机器。魏源的建议在当时没有得到多大的响应。现在看，魏源提出的建议是不切合实际的空想，但他提出向西方学习，并看出技术在社会发展中的作用，是非常可贵的，也是非常了不起的。

徐继畬在《瀛环志略》里介绍了英国资产阶级议会以及欧洲各国的商业、航海等情况，为中国了解西方社会提供了一幅模模糊糊的画面。很明

魏源从忧时忧民的学者转而为放眼看世界的先驱

显，这时中国人对西方的了解，属于雾里看花。

从当时整个社会来看，能够意识到西方技术领先于中国的人还不多，绝大多数封建官僚和地主阶级知识分子还沉溺在"天朝"大国的优越感之中，朝夕浑浑噩噩。林则徐、魏源等发出的了解西方、学习西方的声音在各种盲目狂妄自大的声音中，显得是那么细弱，但其毕竟顺应了时代的潮流。随着历史进程不断向前，这种声音在不断地加大。

太平天国理想社会幻灭

第一次鸦片战争后，中国门户洞开，西方资本主义的廉价商品潮水般涌进中国市场，严重冲击着沿海通商口岸及其附近地区的传统手工业。鸦片不禁了，输入量年年激增，由此而引起的白银外流、银贵钱贱等问题，愈加严重。清政府为了支付战费和赔款，对百姓的搜刮名目繁多，压得人民喘不过气来。雪上加霜的是，1846 年至 1850 年，黄河流域和长江流域各省连续遭遇严重的水旱灾害，两广地区也是水、旱、蝗灾不断。封建压迫、外国侵略、各种灾害叠加，人民群众没法活了，纷纷走上反抗的道路。各种社会问题的长久积压、交互作用，终于导致了中国近代史上规模最大的一次农民革命运动。

洪秀全，广东花县人，1814 年生于一个贫寒家庭。1836 年，他到广州第二次应试落第后，在广州街头得到一本梁发著的宣传基督教的小册子《劝世良言》，但未读，收藏起来。1843 年第三次到广州应试仍未中举，回到家中一病 40 余天。在昏迷之中，洪秀全出现幻觉，见了"上帝"。"上帝"说洪秀全是他的"次子"，并把他介绍给"胞兄"耶稣，嘱咐他仗剑"下凡除妖"。病好之后，他便捡起《劝世良言》读起来。根据书中的内容，结合病中的幻觉，以及看到的社会充满的腐朽、黑暗和不公正现象，他创立了"拜上帝会"，自称耶和华之子、基督之弟，下凡拯救世人。

最早参加"拜上帝会"的冯云山，系洪秀全的同乡、同学。最初他们在家乡附近各村镇间活动。他们将村私塾中供奉的偶像和孔子牌位撤去，触怒了当地有势力者，只好背井离乡，远游他方。1844 年，洪秀全、冯云山辗转来到广西贵县赐谷村一带传教。当年 10 月，洪秀全回花县，从事"拜上帝会"的教义创造和阐发工作。冯云山到贵县邻近的桂平紫荆山区活动。

回到花县之后，洪秀全把原始基督教义和中国农民朴素的平等、平均思想结合起来，先后写了《原道救世歌》《原道醒世训》《原道觉世训》等阐发"拜上帝会"教义的作品。

1847 年 8 月，洪秀全与冯云山在桂平紫荆山区会合。由于冯云山的卓越活动，这时"拜上帝会"已经拥有 3000 多信徒，并有杨秀清、萧朝贵、石达开等一批骨干力量。1851 年 1 月 11 日，这天是洪秀全 38 岁生日，"拜上帝会"正式在金田宣布起义，建号"太平天国"。起义后，洪秀全称天王，为太平天国最高领袖。

太平天国建立后，起义军在对清军作战中连连取得胜利，先后占领永安州（今蒙县）、全州，进入湖南。同年 9 月进攻长沙未克，转道益阳、岳州，向湖北挺进。1853 年 1 月，太平军占领湖北省城武昌。之后，太平军顺江而下，水陆两路并发，先后克九江、安庆、芜湖，所到之处，清军望风披靡。3 月 19 日，起义军一举攻克南京，在这里定都，改为"天京"。

太平天国定都南京后，进行了一系列的政权建设和社会改革，其中最重要的一项是颁布《天朝田亩制度》，这是一部农民革命的伟大纲领。

《天朝田亩制度》的主要内容有两个方面：其一，提出了彻底的反封建的土地纲领。规定土地分配的原则是："凡天下田，天下人同耕。此处不足，则迁彼处；彼处不足，则迁此处。凡天下田，丰荒相通，此处荒则移彼丰处，以赈此荒处；彼处荒则移此丰处，以赈彼荒处；务使天下共享天父上主皇上帝大福，有田同耕，有饭同食，有衣同穿，有钱同使，无处不均匀，无处不保暖也。"关于分田的具体办法，是将田分为九等，按人口多少，好坏搭配分。由此可见，《天朝田亩制度》集中体现了农民要求的绝对平均和公正。其二，规定了社会组织方案。以家庭为基本组织细胞，每 25 家为一个单位。25 家每年收成之后，除每人食用和作为种子用的留下外，全部交给国库，个人不得私有。25 家的婚娶吉喜等事，由国家开支，老幼无依的人由国家抚养。由此实现"处处均匀，人人保暖"的理想社会。

《天朝田亩制度》继承和发扬了历代农民战争"均贫富""均田免粮"的主张，把农民反对封建土地制度的要求提到前所未有的高度，对于农民参加革命是具有强大吸引力的。但其废除私有财产，取消商品流通，是一种不切合实际的空想，根本行不通。

在太平天国后期，出现了一个耀眼的亮点，即洪秀全的族弟、被封为干王、总理全国政事的洪仁玕向洪秀全提出了一个统筹全局的方案——《资政新篇》。

在《资政新篇》中，洪仁玕主张在政治方面，要制定法律、制度，认为英国之所以强大，就是法好。他反对"结党联盟"，强调要"自大至小，由上而下，权归于一"。他还认为，西方国家"技艺精巧，国法宏深"，应该允许同外国通商；在不干涉内政的条件下，欢迎外国人来传授工艺技术。他的主张，实际上就是要建设一个新的国家，不应当再走中国传统的老路，而应该向西方国家学习。具体说来，就是发展工业，开采矿藏，发展交通，创办银行，发行纸币，设立邮局、报馆、医院等；准许私人投资、奖励发明创造。此外，他还认为应该反对"不务实学，专事淫文"，应革除像女子缠足这类的落后习俗。总之，洪仁玕的主张就是要建立一个实行资本主义制度的社会。

洪仁玕在"向西方学习"这一点上，超过了同时代的一些地主阶级知识分子。他不仅重视中外文化交流和吸收外国先进科学技术，而且主张采取西方资本主义国家的一些制度，这是具有进步意义的。洪秀全对《资政新篇》提出的大多数主张是赞同的，并将该书作为太平天国的官书刊行，书上还附有洪秀全的眉批。但《资政新篇》最大缺陷是没有触及反封建的根本问题——土地问题。他提倡实行资本主义，但不知道反封建与发展资本主义之间的关系，与当时动员农民参加推翻清政府的斗争相脱节，因而没有起到实际效应。

1864年6月1日，洪秀全病逝，他的儿子幼天王洪天贵福即位，继续支撑被清军重重围困下的天京危局。7月19日，天京陷落。幼天王与洪仁玕转战浙赣边境，10月，幼天王与洪仁玕被俘牺牲。

洪秀全建立的太平天国把中国两千多年封建社会的农民革命战争发展

到最高峰。但是，洪秀全虽然从西方那里借来一个"上帝"，结合农民的平均主义思想，也赞同洪仁玕提出的实行资本主义的方案，却无法克服本身的局限性，不能提出科学的革命纲领。定都天京后，以洪秀全为首的领导集团即开始腐化堕落，互相倾轧，分裂争斗，所采取的一些措施过于严苛或空想，无法操作，导致太平天国在中外反动派的联合绞杀下失败，洪秀全建立太平天国理想社会的愿望最终幻灭。

洋务运动惨遭失败

在镇压太平天国农民起义的过程中，一些掌握实权的清朝官僚如曾国藩、李鸿章、左宗棠等，对西方的洋枪洋炮的作用有了切身的体会。尤其是李鸿章，在上海得到了买办势力和外国侵略者的支持，觉得还是洋枪、洋炮这样的热兵器比中国传统的大刀、长矛等冷兵器杀伤力要强得多。同时，两次鸦片战争失败，使他们逐渐地认识到，中国正面临着几千年来的"大变局"，传统的老一套已经不能应付新的形势，必须学习西方列强的科学技术，才能挽救摇摇欲坠的封建统治。于是，他们提倡和主导以学习西方科学技术、引进机器生产为中心内容的"富强"运动。人们通常把这些活动称为"洋务运动"，称这些人为"洋务派"。洋务派在中央有恭亲王奕䜣和军机大臣文祥，在地方主要是封疆大吏曾国藩、李鸿章、左宗棠、沈葆桢，以及后起的张之洞等。

洋务运动初期是办军事工业。主要有：

（1）署理两江总督李鸿章办的江南制造总局和金陵制造局。江南制造总局主要生产枪支、大炮、弹药，以及钢铁、舰船，为当时国内最大的兵工厂。金陵制造局主要制造大炮和弹药，大部分供淮军及北洋三省使用，小部分调拨给南洋和沿江各省。

（2）闽浙总督左宗棠办的福州船政局。这是当时最大的船舶修造厂，专门制造和修理船舰。

（3）通商大臣崇厚办的天津机器局。

（4）湖广总督张之洞在汉阳办的湖北枪炮厂。

洋务派所建这些封建性的、买办性的官办军事工业，从设计施工、机器安装、生产技术直到原料燃料供应，完全依靠外国。其经营管理是非常腐败的，完全是封建官僚衙门那一套，机构庞大，讲究排场，不讲实效。所生产出来的武器弹药，成本十分高昂，并且质量非常差，只能用于镇压当时手执冷兵器的捻军起义军等，在对付外来侵略者的战争中则根本不管用，一败涂地是常态。

19世纪70年代到80年代中期的中法战争这段时间，日本、英国、沙俄、法国等纷纷侵略中国的边疆和海防。洋务派为了应付这种局面，直接向外国购置了许多枪炮，并先后向英、德、美、法购置大小数十艘军舰，加上福州船政局、江南制造总局造的船，分别建立了福建水师、南洋水师和北洋水师。其中最强的为北洋水师，一直由李鸿章统辖。

洋务派在兴办军事工业和建立新式海军的工程中，遇到了许多麻烦。首先是钱的问题。由于支付两次鸦片战争失败的赔款和镇压太平天国和捻军等人民起义的庞大军费，清政府国库里的银子已经见了底。而创办军事工业和从外国那里购置军舰，哪一样不需要大把大把的银子？洋务派想方设法筹措经费，仍然捉襟见肘。其次，后勤方面缺少必要的支援。新的防务体系需要大量的煤铁供应以及运输、电信等事业的配套支持，不解决这些问题，新的防务体系之间的链条就会断掉，难以维持下去。与此同时，洋务派对向西方学习的认识也较前深入了一步。他们觉察到，西方列强的"长技"除了船坚炮利外，还在于它们雄厚的经济实力。因而，从19世纪70年代到90年代，洋务派创办了20多个民用企业，其中少数几个采取官办方式，个别一度采取官商合办外，其余都采取了官督商办方式，轮船招商局、开平矿务局、电报局和上海织布局是四个最重要的官督商办企业。官督商办企业对外国资本主义存在着很大的依赖性，从机器采购、安装到运转，大都依靠外国技术人员，有的企业在资金周转方面还要依靠外国洋行或银行的贷款。因而，官督商办企业根本无法同外国资本主义企业竞争。

客观地讲，洋务派创办的近代工业，在一定时期内对于刺激中国资本主义发展，学习西方科学技术，培养新技术人才，还是起了作用的。但是，清政府像一棵从根到主干都要腐朽、枯死的树一样，嫁接一些外来的新鲜的枝枝节节，是无法让它起死回生的。现实很残酷，洋务派建的福建水师，拥有 11 艘军舰，在中法战争中被法国舰队击毁 9 艘，几乎全军覆没。李鸿章引以为豪的北洋水师，在中日甲午战争中全军覆没，只剩下南洋水师这根独苗。洋务运动热热闹闹搞了 30 年，高喊"求强""求富"口号，但在无情的事实面前像肥皂泡一样破灭。

戊戌变法百日夭折

就在洋务派创办官督商办企业的时候，中国社会内部出现了一些商办企业，主要为机器修理、缫丝、面粉、印刷、火柴、轧花等行业。1869 年至 1894 年，商办企业大约有 50 多家，资本有 500 余万元。这些企业主要是由一部分官僚、地主和商人（包括买办商人在内）直接投资创办的，还有一些是由原来的旧式手工工厂或大作坊因开始采用机器生产而转化为近代企业的。

很明显，这些商办企业主要是轻工业，一般投资很少，规模较小，设备简陋，技术落后。尽管如此，这些最早的民族资本主义代表着当时中国先进的生产力。

中国资本主义从诞生之日起，就在外国资本主义和本国封建主义双重压迫的夹缝中生存，和它们之间存在着很大的矛盾。但它为了避免遭受破产的命运，求得自身的发展，又不得不左依右附，乞求外国资本主义和本国封建主义的庇护和支持。因而，中国资本主义非常软弱，缺乏彻底反帝反封建的勇气。

随着近代资本主义企业的产生，中国出现了反映新兴民族资产阶级利益的早期维新思想。王韬、薛福成、马建忠、郑观应、陈炽、何启、胡礼垣等，是早期维新思想的代表人物。他们具有反对外国资本主义侵略的爱国思想，谴责西方列强逼迫清政府签订不平等条约，特别是对这些条约中规定的最惠国待遇、领事裁判权、协定关税等条款，表示了极大的不满，认为这些规定严重侵犯了中国主权，给中国带来无穷的祸患。他们还指出，外国列强对华进行的经济掠夺，是中国日益贫弱的主要原因，主张中国不仅应当讲求武备，以对付西方列强的"兵战"，而且应该发展民族工商业，同它们进行"商战"。

早期维新派初步认识到，中国贫弱的根源，在于封建专制主义的统治。他们认为，随着社会的不断向前发展，一个国家的政治制度也必然会发生变化。薛福成介绍了英国资产阶级议会中的两党制，马建忠评价了西方资产阶级"三权分立"的政治学说。郑观应、何启、胡礼垣等明确提出了在中国建立议会制度的主张。他们一致向往西方资产阶级君主立宪制度，认为这是西方资本主义国家富强的根本原因。他们的要求和主张，反映了新兴民族资产阶级要求参政的愿望。

早期维新派反对外国资本主义的侵略，但对外国侵略者的认识是很模糊的，幻想通过外交谈判的途径，取消它们在华享有的种种特权。他们反对封建专制主义统治，要求发展资本主义，但不敢触及封建土地制度。尽管他们具有软弱性和妥协性，但已经认识到要学习资本主义政治制度，超越了洋务派，把中国人向西方学习的认识向前又推进了一步。

1895 年，中国被过去一直比自己落后的"蕞尔小国"日本战败，举国哗然。4 月，清政府准备与日本订立《马关条约》的消息传到北京，此时各省举人正在北京参加会试，听到这个消息立时愤怒万分。在这些举子中，有一个叫康有为的人，1888 年曾上书皇帝，请求变法，但被当政大臣认为文字"过火"而被截留。这次他看到群情激愤，正是鼓动上书的大好机会，于是便和学生梁启超等四处联络，约集 18 省应试举子，在松筠庵开会。由于时机抓得好，开会那天，多数应试举子都到了，有 1000 多人。康有为是会议的召集者，年龄也长，时年 37 岁，与会者便推他起草上书光绪皇帝的奏疏。康有为不负众望，花了一天两夜，写成洋洋洒洒的万言书。万言书写成之后，在上面签字的举子达 1300 多人。这份万言书除送给光绪皇帝外，还广为传抄，很快传播开来，轰动京城。由于汉代地方举荐人才是由公家备车送往京城，后来就用"公车"来称呼进京应考的举子，所以这次上书就被称作"公车上书"。

在万言书中，康有为提出了"拒约、迁都、变法"等主张，指出割让台湾，就会引起英、俄、法等列强瓜分中国，因此必须拒绝在条约上签字。他请求光绪皇帝亲下诏书，检讨国家政策的得失，提拔有才能的人，鼓励人们奋发图强；迁都到长安；训练强大的陆海军，增强国防。他又强调，这些只是暂时应敌的措施，如果要从根本上使国家富强起来，就必须进行变法，即进行政治、经济、文化等方面的改革。

那么，如何进行改革呢？康有为开出的药方是"富国、养民、教民"。富国、养民就是发展经济，要求清政府积极修铁路、开矿，制造轮船机器，奖励创造发明，举办邮政，发行钞票，鼓励人民去经营农、工、商业；教民就是进行文化教育改革，开办学堂，设立报馆。康有为还强调指出，中国贫弱落后的重要根源是政治上君与臣隔绝，臣与民隔绝，上下意见不能畅通，提出要用"议郎"制度来根本改变这种情况。办法就是从全国每 10 万户中公举一个博才多学、直言敢谏的人作"议郎"，作为皇帝

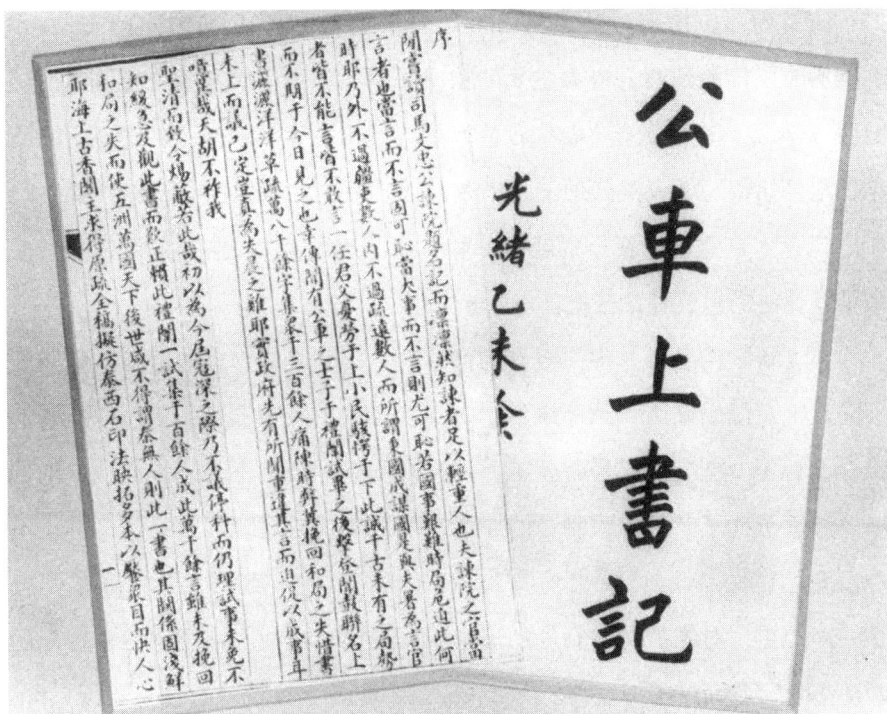

"公车上书"失败了，但是它拉开了维新变法运动的序幕

顾问。凡遇重大事情，由皇帝召集议郎会议，根据大多数人的意见作出决定，付诸实行。这样看来，议郎有点像议员，议郎会议有点像议会。

康有为万言书中提出的主张，是一个带有资产阶级性质的改良主义纲领，反映了新兴资产阶级和一些开明地主的要求，他们幻想在封建统治制度之下，在政治、经济、文化方面学习西方资本主义的一些长处，使中国发展资本主义，走上富强的道路。

5月2日，举子们把万言书送到都察院，都察院推说皇帝已经在条约上盖了印，拒绝把万言书送给光绪皇帝。公车上书虽然没有能够阻止《马关条约》签订，光绪皇帝也没有看到万言书，但康有为所提出的资产阶级改良主义的政治改革要求，却在全国各地广泛地传播开来。康有为因公车上书而名声大噪，成为全国聚焦的改良派领袖人物。

康有为，广东南海县人，1858年出生于书香之家。1879年，他在香港游历时，接触到西方资本主义的物质文明，觉得中国要独立富强就应该向西方学习，对清政府要做些政治改革，逐步萌生变法自强的念头。1884年，他开始编写《人类公理》一书，设计心目中的理想社会。1891年，他在广州万木草堂讲《新学伪经考》和《孔子改制考》。这两部著作是他主张维新变法的重要理论依据。

在《新学伪经考》中，康有为怀着对"祖宗之法，莫敢言变"的强烈不满，把东汉以来历代封建统治阶级奉为经典的《古文尚书》《逸礼》《左氏春秋》等，统统说成是新朝王莽的国师刘歆为帮助王莽篡汉而伪造的，因而湮灭了孔子"托古改制"的原意。他把历代封建统治阶级视为神圣不可侵犯的古文"经典"，公然宣布为"伪经"，这在当时的思想领域不啻是一声惊雷，对维护封建制度的理论依据提出了挑战。清朝统治者曾先后两次下令，严禁这本书流传。

在《孔子改制考》中，康有为从资产阶级改革政治的要求出发，用资产阶级的政治思想附会公羊学派[1]的学说，用公羊学派的"据乱、升平、太平"三世学说来解释历史发展的趋势，认为社会必然沿着"据乱、升平、太平"三个阶段向前发展，"据乱世"就是西方的君主专制时代，"升平世"即君主立宪时代，"太平世"即民主共和时代。按照此说，君主专制制度是可改变的，这就为维新变法找到了理论根据。

康有为还在《孔子改制考》中宣称："六经"全是孔子所作，其中所记载的有关尧、舜的"盛德大业"，都是孔子假托古圣先王的言论来宣传尊孔的政治观点和主张的。康有为给孔子穿上一个主张"改制"的衣服，目的在于把孔子打扮成一个资产阶级历史进化论和民权平等思想的倡导者，把自己的变法思想说成是阐发久被湮灭的孔子学说中的"微言大义"，用

---

[1] 公羊学派：儒家经学中专门研究和传承《春秋公羊传》的一个学派。

以证明他主张的维新变法，不但没有违背孔子的遗教，而且是孔子的道统真正的继承者，是完全合乎"圣人之道"的。可以说，这是康有为打出孔子托古改制的旗号，为维新变法制造理论依据和历史根据。

在万木草堂，康有为还讲了《人类公理》这部书，即后来刊行的《大同书》的初稿。书中列举了人类社会的种种不合理现象和人们身受的苦难。为了改变这种状况，康有为描绘出一幅无私产、无阶级、无家族、无邦国、无帝王、人人相亲、人人平等的"大同"世界的理想社会图。他当然不能科学地解释造成阶级压迫、剥削的原因，因而只能把公羊三世说、中国古代的大同思想和资产阶级的自由、平等、博爱思想以及接触到的空想社会主义学说片段掺合在一起，幻想出一个"大同世界"来。

"公车上书"后不久，康有为考中进士，被授予工部主事，又连续两次上书光绪皇帝。虽未就职工部，但身份不同了，这两次上书，都递到了光绪手中。光绪看了，大加赞赏，认为康有为的主张有利于挽救清朝统治的危局，因而非常重视，命令誊抄分送慈禧、军机处和各省督抚。

光绪皇帝名为亲政，但他并未掌握实权。而中央和地方的实权则掌握在名义上退居颐和园养老的慈禧和一批极力维护旧制度的顽固派大官僚及一部分洋务派手中。年轻气盛的光绪皇帝想施展拳脚，实现自己的抱负，却被慈禧死死地捆住手脚。康有为主张维新变法，光绪觉得正好可以借此实行某些改革，从慈禧手中夺取统治大权，推行新政，改变清朝危机四伏的窘况。光绪的老师、协办大学士、户部尚书翁同龢同康有为频繁接触后，对康有为十分欣赏。于是，以康有为为首的维新派，决定以光绪皇帝及其幕僚为靠山，推行维新运动。

为了争取更多的士大夫与知识分子支持和参加变法，康有为等人还在北京、上海、湖南、广东、天津等地创办报刊，组织学会，开办学堂，大力宣传维新思想，为变法图强大造舆论。其他地方也涌现出许多学会、学堂和报刊。据不完全的统计，1895年至1898年全国各地所设立的学会、学堂、书局、报馆达 300 多所，其中大多数是维新派办的。

梁启超、谭嗣同、严复是当时维新派中著名的政论家、理论家、思想家、宣传鼓动家。梁启超参与撰稿、编辑的《中外纪闻》及其主笔的《时务报》，谭嗣同所著的《仁学》，严复译的《天演论》等，在维新运动中产生了重要影响。

1897 年 11 月，德国悍然出兵强占中国胶州湾。康有为闻讯，急匆匆由上海赶往北京。从这年 12 月至第二年一二月，他连续三次上书光绪。在这三次上书中，康有为分析了当时的国际和国内形势，指出民族危机的严重性，强调变法维新、救亡图存已经到了刻不容缓的地步。翁同龢在光绪面前极力推荐康有为。光绪谕令对康有为的条陈随到随送，不得阻拦扣压，同时令总理衙门呈送康有为所著的《日本变政考》《俄罗斯大彼得变政记》等书。

康有为受到光绪赏识，维新派因此大受鼓舞，他们联络和发动各省旅京人士，相继成立粤学会、关学会、闽学会、蜀学会，接着又有保滇会、保川会、保浙会，等等。这年春天，参加会试的举人从全国各地来到北京，康有为等人积极奔走，由御史李盛铎出面和康有为共同倡议，建立了保国会。

这时，以光绪为首的"帝党"和以慈禧为首的"后党"争夺统治大权的斗争日益激烈，光绪决定利用不断高涨的维新运动推行新政。6 月 11 日，光绪颁布"明定国是"诏书，宣布变法。6 月 16 日，光绪第一次召见康有为，商讨和确定变法的步骤和措施。召见之后，光绪特许康有为专折奏事，并任命他为总理衙门章京上行走，这是一个六品衔的官职。不久，梁启超也得到光绪的召见，被任命为六品卿衔，受命办理译书局事务。7 月 20 日，维新派人士杨锐、刘光第、林旭、谭嗣同被光绪赏四品卿衔，任军机章京，参与新政。维新派走到了中国政治舞台的中央。

光绪根据康有为等人的建议，连续颁布了几十道改革诏令。从 6 月

11 日到 7 月下旬，光绪颁布的新政主要为经济、军事、文教方面的改革。经济方面有：保护农工商业，设立农工商局，切实开垦荒地，提倡开办实业，奖励新发明、新创造；设立铁路、矿产总局，修筑铁路，开采矿产；设立全国邮政局，裁撤驿站；改革财政，编制国家预算，等等。文教方面有：改革科举制度，废八股，改试策论；设立学校，开办京师大学堂；设立译书局，翻译外国新书；允许自由设立报馆、学会；派人出国留学、游历，等等。军事方面有：训练海、陆军，陆军改练洋操，裁减旧军，以及力行保甲，等等。7 月下旬至 9 月下旬，新政主要为政治方面，主要改革有：删改则例，裁汰冗员，取消闲散重叠的机构；准许旗人自谋生计；准许百姓向朝廷上书，等等。

光绪的新政诏书像雪片一样颁布了下去，但那些在中央握有实权的大臣们和地方上的封疆大吏们，除了湖南巡抚陈宝箴还能认真执行，其他绝大多数都是看慈禧脸色行事的人，或敷衍了事，或根本不动。因此，光绪的新政外表看似热热闹闹，但基本上都是纸上的空文。

光绪在紫禁城内忙着推行新政，慈禧在颐和园也没闲着，与荣禄等密谋发动政变。在光绪推行新政的第四天，即 6 月 15 日，慈禧就逼着光绪干了三件最不愿意干的事。第一件，是迫使光绪下令免去自己的老师翁同龢军机大臣等一切职务，赶回老家。翁同龢是光绪的智囊，光绪的许多主意都是他出的。慈禧把老谋深算的翁同龢赶走，等于对光绪和维新派釜底抽薪，打击相当大。第二件，是迫使光绪下令，授任新职的二品以上大臣，须到皇太后面前谢恩。这时慈禧已经归政，照清朝旧例她是不能召见大臣的。这一违反旧例的规定，目的在于把用人大权抓在自己手里，使光绪无法破格用维新派。第三件，强迫光绪任命荣禄署理直隶总督，不久又由署理改为实授，并加文渊阁大学士衔，统帅董福祥甘军、聂士成武毅军和袁世凯新建陆军。与此同时，慈禧又派亲信把北京城内外和颐和园的警卫权统统抓到自己手里。这三件事，为此后慈禧发动政变做了准备工作。

形势十分紧张，维新派要想防止慈禧发动政变，军队是硬实力。光绪是个光杆皇帝，维新派是一群只能耍笔杆的书生，没有掌握军队，急得团团转，又想不出什么好办法。病急乱投医，维新派在掌握枪杆子的人中寻找，想把掌握新建陆军7000余人的袁世凯拉过来。9月16日，光绪召见了袁世凯，赏以侍郎衔，专办练兵事宜。但袁世凯很快向荣禄、慈禧出卖了光绪。

9月21日凌晨，慈禧发动政变，将光绪囚禁在中南海瀛台，宣布重新"训政"，继而搜捕和镇压维新派。康有为逃亡香港，梁启超逃亡日本。被捕的维新派很多，其中杨深秀、杨锐、林旭、刘光第、谭嗣同、康广仁等6人于9月28日被斩于北京菜市口，史称"戊戌六君子"。其余不少有牵连的人，或被流放边疆，或被监禁，或被罢官。

慈禧发动政变后，光绪的新政措施除京师大学堂被保留外，其他全部被取消。"戊戌变法"仅维持103天便夭折了。

在19世纪末年帝国主义掀起瓜分中国恶浪的时候，以康有为为代表的资产阶级维新派，为变法救亡而奔走呼号，要求维护民族独立和发展资本主义，对封建统治产生了一次强烈的冲击，在当时历史条件下，是有进步意义的。

戊戌变法之所以这么快就失败了，最主要的原因是维新派软弱没有力量。维新派的力量与以慈禧为代表的顽固派力量相比，实在太悬殊了！维新派幻想既不推翻清政府的封建统治，又不触动帝国主义，仅依靠一个光杆皇帝，实行自上而下的改革，走上民族振兴、国家富强的道路，其结果只能是失败。戊戌变法的失败说明，资产阶级的君主立宪制，在中国水土不服。

资产阶级共和国，此路不通

戊戌变法失败的血的教训，使许多追求进步的知识分子认识到改良主义在中国没有出路，开始寻找新的救国方案。一场新的革命风暴又开始酝酿，而拉开这个革命大幕的是一个叫孙中山的人。

孙中山，名文，号逸仙，在从事革命活动中曾化名"中山樵"，后来即以"中山"为号。他 1866 年生于广东省香山县（今中山市）翠亨村一个贫苦的农民家庭，学生时代就非常关心国家大事。1884 年至 1885 年的中法战争之后，严重的民族危机使他产生了反清思想，孙中山经常和同学们讨论时局，称赞洪秀全为"反清第一英雄"，并以"洪秀全第二"自居，喜欢与具有反清传统的会党分子及进步青年交朋友。当时正值资产阶级思潮兴起，他受到一定影响。他于 1892 年毕业于香港西医书院。1893 年在广州行医期间，他曾向陆皓东、郑士良提议创设兴中会，以"驱除鞑虏，恢复中华"为宗旨，但未建立机构。

1894 年夏，孙中山与陆皓东结伴到北方游历，由广州过上海到天津。在上海，孙中山会见了郑观应和王韬这两位早期维新思想家。王韬给孙中山介绍了时任直隶总督、北洋大臣李鸿章门下的一个幕僚。孙中山到天津后，通过这个幕僚向李鸿章上书，提出革除时弊的政治主张。洋务派老官僚李鸿章怎会把孙中山这个毛头小伙的主张放在眼里？孙中山这个上书没有引起他的重视，被搁置一边。

这时，中日战争已经爆发，清朝军队节节败退，日本侵略者如入无人之境。由此，孙中山进一步看清了清政府的腐朽和没落，得出了必须以暴力推翻清朝统治的结论。这年冬，他到檀香山后，组成中国最早的资产阶级革命小团体——兴中会。成立这个组织，标志着孙中山揭起了推翻清朝统治的大旗。旋即，孙中山回到香港，于 1895 年 2 月成立兴中会总部。兴中会的秘密誓词提出了"驱除鞑虏，恢复中华，创立合众政府"的革命纲领，决心推翻清政府，建立资产阶级共和国。

兴中会成立后，立即把武装夺取政权作为革命第一要务，先后组织了广州起义、惠州起义等，均告失败，但博得了许多人的同情。孙中山领导的革命事业逐渐获得了更多人的支持。

1905 年 7 月，孙中山由欧洲抵达日本，于 8 月 20 日在东京成立中国同盟会，自任总理，制定了"驱除鞑虏，恢复中华，建立民国，平均地权"的政治纲领。10 月，同盟会出版了机关刊物《民报》，孙中山在《民报〈发刊词〉》中，将同盟会的 16 字纲领概括为"民族、民权、民生"三大主义，即所谓三民主义。其中，民族主义包括"驱除鞑虏，恢复中华"两项内容；民权主义的内容是"建立民国"；民生主义的内容为"平均地权"。

同盟会有比较完整的政治纲领和领导机构，是一个全国性的资产阶级革命政党。其成立标志着中国近代民主革命进入一个新阶段。

孙中山领导的同盟会成立后，继续把武装起义作为推翻清政府的主要手段，从 1906 年至 1908 年，先后组织发动了萍（乡）浏（阳）醴（陵）、潮州黄冈、惠州七女湖、钦州防城、镇南关、钦州上思、云南河口等七次起义，都失败了。

同盟会重视武装斗争，这是值得赞扬的。但是，他们组织发动的起义，都是单纯的军事冒险，不注意发动群众，依靠群众。由于没有群众的支持，起义失败是不可避免的。但孙中山及其领导的同盟会那种勇敢战斗，不怕流血牺牲，屡败屡战的精神是非常可贵的。毛泽东指出："从孙中山组织革命的小团体起，他就进行了几次反清的武装起义。到了同盟会时期，更充满了武装起义的事迹，直至辛亥革命，武装推翻了清朝。"[1] 可

---

[1]《毛泽东选集》第二卷，人民出版社 1991 年版，第 545 页。

见，孙中山领导的同盟会进行武装起义，对毛泽东的影响是很大的。

1908年11月，蹊跷的事发生了，光绪和慈禧相隔一天先后死去。由于光绪没有儿子，不满3岁的溥仪继承皇位，改元宣统，由其父醇亲王载沣摄政。

这时，清政府已经处于风雨飘摇之中。1910年4月，长沙发生了大规模的抢米风潮，此事件震动全国。湖北、江西、安徽、江苏、直隶、奉天等地也先后发生了饥民暴动和抢米风潮。5月，山东莱阳发生了抗捐斗争，参加者达四五万人。1911年4月，黄兴等领导了广州起义。尽管这次起义又失败了，但沉重打击了清朝统治者。这年还发生了保路运动，尤其以四川的反抗最为激烈。6月，川汉铁路股东在成都组织了保路同志会，各府州县纷纷响应，成立保路分会，参加人数达数十万。7月15日，署理四川总督赵尔丰逮捕保路同志会和川路股东会负责人，枪杀请愿群众数十人，造成流血大惨案。广大人民彻底愤怒了，迅速掀起全川武装暴动。同盟会会员龙鸣剑等联络会党组成保路同志军进攻成都。同盟会会员吴玉章和王天杰等在荣县宣布起义，建立革命政府。清政府免去赵尔丰职务，任命川汉、粤汉铁路督办大臣端方署理四川总督，自湖北带兵前往镇压。部分鄂军西调不久，武昌便响起了起义的枪声。

四川保路运动发生后，湖北武汉的革命团体文学社和共进会认为发动起义的时机已经成熟，便于9月24日联合起来，组成湖北革命军指挥部，推定文学社负责人蒋翊武为总指挥，共进会负责人孙武为参谋长，两团体重要骨干刘复基、彭楚藩为军事筹备员。原定在中秋节（10月6日）起义，因准备不足，又决定起义推迟10天。然而，意外发生了。10月9日，孙武等在汉口俄租界宝善里14号制造炸弹，操作出了问题，弹药爆炸。孙武头部受伤，被送入医院，其他人仓促转移。该处藏有为起义准备的旗帜、符号、文告、印信等，被听到爆炸声赶来的俄国巡捕搜去。俄国巡捕立即报告清朝当局，起义领导机关及其主要人物因此暴露。清政府连夜抓

坐落于四川成都市中心人民公园的
辛亥秋保路死事纪念碑

捕刘复基、彭楚藩、杨洪胜等 20 余人，蒋翊武幸运逃走。

次日凌晨，湖广总督瑞澂下令杀害刘复基、彭楚藩、杨洪胜三人，并继续搜捕革命党人，严禁新军各部互相往来。顿时，武汉三镇上空弥漫着令人窒息的恐怖气氛。

虽然起义的指挥机关受到了破坏，但下层革命党人和新军中的革命士兵却不愿坐以待毙。10 月 10 日晚，驻武昌城内黄土坡的第八镇所属工程第八营的革命党人熊秉坤、金兆龙等打响起义第一枪。他们打死反革命军官，冲向楚望台军械库夺取弹药。军械库守军中的革命士兵纷纷加入起义队伍。革命军一举占领了楚望台。接着，步、炮、辎重各营和军事学堂约五个营的兵力，纷纷起义，齐集楚望台，临时推举原日知会会员、队官吴兆麟担任指挥，向总督衙门发动攻击。经过一晚血战，革命军占领了总督衙门、藩库等重要机关。湖广总督瑞澂破墙逃到停泊在长江的"楚豫"舰上。11 日拂晓，武昌被革命军全部占领。11 日晚和 12 日晨，驻汉阳、汉口的新军先后起义，武汉三镇完全为革命党人所控制。起义胜利后，成立了湖北军政府，原清朝第二十一混成协协统黎元洪被推举为都督，湖北立宪派首领汤化龙任政事部部长。

武昌起义推倒了清政府在一个省统治的第一块"多米诺骨牌"，立即发生了连锁反应，分布在各省的革命党人纷纷发动新军和会党起义，成立军政府，宣告独立。到 11 月份，先后独立的有湖南、陕西、江西、山西、云南、上海、浙江、江苏、贵州、安徽、广西、福建、广东。清政府共有 24 个省区，宣布独立的已经有 13 个省，外加一个上海市，清政府的覆亡已经指日可待了。

革命形势的迅速发展，半数以上的省份宣布独立，客观形势上要求一个统一领导机构，作为革命的领导中心。11 月初，宣告独立的各省代表开始讨论组织临时中央政府。谁来出任中央政府的最高领导人，就当时的威望来讲，先后组织兴中会、同盟会，并坚持领导反清武装斗争的孙中山应是众望所归。

武昌起义爆发时，孙中山还在海外。他在美国中部科罗拉多州的旅途中，从报纸上看到武昌被革命党占领的消息。这时他如果经太平洋回国，20 多天即可到上海。但他认为应该先从外交方面争取支持起义，待此问题解决后再回国，并认为外交方面英国是关键，因此他从美国来到英国。在英国，一些报纸上已经有中国革命胜利后，共和国首任总统将由孙中山担任的说法。他在英国为阻止四国银行团对清政府提供巨额贷款进行交涉，并想同银行商谈革命政府借款的问题。英国方面表示，不再贷款给清政府；至于革命政府，等正式成立后才能商谈借款问题。于是孙中山取道法国回国，12 月 25 日抵达上海。4 天后，在南京的各省代表会议进行临时总统选举。与会的 17 个省代表，每省代表投一票，孙中山以 16 票当选，只有浙江省代表没有投他的票。1912 年 1 月 1 日，孙中山就任临时总统，宣告中华民国成立。

武昌起义后，清朝府于 10 月 12 日下令从北洋六镇中抽调两个镇，由陆军大臣荫昌统率，经河南南下湖北镇压起义。14 日，清政府又以袁世凯补授湖广总督，命他带领北洋军镇压武昌起义。两年前，因为袁世凯戊戌变法时出卖过光绪皇帝，摄政王载沣掌握大权后，便以袁世凯有"足疾"为由，将他赶到河南彰德（今安阳市）养病。野心勃勃的袁世凯根本没有把清政府开出的湖广总督价码放在眼里，以"足疾"未愈为理由，拒绝赴任。

再说荫昌率领南下的军队，以第四镇和第五镇为主力，编成两个军，他本人兼任第一军统领，冯国璋任第二军统领。冯国璋是袁世凯一手提拔起来的心腹大将，唯袁世凯之命是从，根本不听荫昌的指挥。10 月 27 日，清政府鉴于进攻武汉三镇受挫，湖南、陕西、江西等省又相继起义，不得不给袁世凯更大的权力，任命袁为钦差大臣，节制湖北水陆各军。但这仍没有满足袁世凯的胃口，他要求清政府向他交出军事和政治上的全部权力。

袁世凯一方面向清政府施压，一方面又命令冯国璋加强对武汉革命军的进攻。10 月 28 日，冯国璋部占领汉口大智门火车站。11 月 1 日，北洋军占领全汉口。袁世凯此举是为了向清政府证明只有他才能收拾局面，同时也是为了向革命阵营显示一下他的军事实力。

在袁世凯的压力下，摄政王载沣以宣统名义下"罪己诏"，解散皇族内阁，任命袁世凯为内阁总理大臣，组织"责任内阁"。

清朝的军政大权落入袁世凯的囊中后，他立即走马到任，在湖北前线指挥北洋军攻占汉口，之后北上组织内阁。11 月 27 日，北洋军又攻陷汉阳，武昌形势陡然紧张。然而，袁世凯不急于攻占武昌，而是利用南北对峙的局面，继续抬高自己的身价，试图夺取全国最高权力的宝座。

这时，各帝国主义国家之间矛盾重重，武昌起义后革命形势的飞速发展和清政府大厦将倾的局面，使它们开始寻找新的代理人，袁世凯很快进入它们的视线。它们对革命派施加压力，引诱和胁迫革命党人与袁世凯举行"和谈"，实际上是强迫革命党人将政权交给袁世凯。

英国公使朱尔典于11月26日与袁世凯密谈后，由英国驻汉口领事出面，向湖北军政府提出南北议和的建议。湖北军政府内掌握重要权力的旧官僚政客和立宪派竭力主张与袁世凯妥协，一部分革命党人也赞同与袁世凯的代表谈判。12月初，南北双方达成停战协议。12月18日，南北双方代表唐绍仪、伍廷芳在上海进行和谈。

帝国主义国家对谈判横加干涉。12月20日，在上海的俄、英、美、日、法、德六国总领事向双方代表提出照会，威胁南方革命派必须尽速和解。此后，它们又动用报纸，大造舆论压力，说如果谈判破裂，由革命派负责，甚至威胁如果谈判不成功，就要实行武装干涉。

由于帝国主义公开出面支持袁世凯，对革命派大肆进行武力恫吓，立宪派这时更是危言耸听，宣扬一旦外国列强干涉，中国就有亡国灭种危险。软弱的中国资产阶级在此种情况下，觉得不妥协就会大祸临头，被迫屈服。于是，南北双方达成协议，革命党人同意出让政府，袁世凯则同意宣布赞成"共和"，并逼迫清帝退位。

1月26日，袁世凯指使他的北洋军将领们联名发表通电，要求清帝立即退位，确定共和政体。2月12日，清帝宣布退位。第二天，袁世凯声明赞成"共和"，孙中山向临时参议院提出辞职。15日，临时参议院选举袁世凯为临时大总统。

孙中山在辞去临时大总统时，为巩固辛亥革命的成果作出了最后的努力。他提出了奠都南京、新总统到南京就职和遵守《中华民国临时约法》三项条件，以防止袁世凯独裁，把中国纳入资产阶级民主政治轨道。

孙中山知道袁世凯不肯离开他的老窝，特派蔡元培等为专使，北上迎接袁世凯到南京就职。袁世凯当然知道孙中山的用意，表面上给蔡元培等人以盛大的欢迎，表示愿意南下就职，背地里却在想法找借口不离开北京。袁指示部下在北京、天津、保定等地搞兵变，造出一个京畿不稳，他不能离开的假象。孙中山得知北京等地出现兵变的情况，决定出兵平乱，由黄兴等发出率兵北上的通电。这时，帝国主义又一次扮演了龌龊的角色，出面支持袁世凯，从各地调兵前往北京，故意制造紧张气氛。南京临时政府内的立宪派和旧官僚经不住帝国主义的恫吓，都反对孙中山奠都南京的主张。许多革命党人也都暴露了其软弱性，成了立宪派和旧官僚们的应声虫。孙中山等处于孤立的地位，被迫迁就退让。3月6日，临时参议院决议允许袁世凯在北京就职。

对于参议院通过、以孙中山名义公布的《中华民国临时约法》，奸诈的袁世凯采取了阳奉阴违的手段。他知道，只要第一步达到在北京就职的目的，位置坐稳了，大权在握，《临时约法》他想怎么捏就怎么捏。因此，他一方面表示拥护《临时约法》，另一方面又说以后要对它进行"修改"，为此后废弃这个约法埋下伏笔。4月1日，孙中山正式解除临时大总统职务。他任这个职务，满打满算，也就是90天，位子尚未暖热，就被袁世凯给篡夺了。

孙中山领导的辛亥革命，是20世纪中国发生的第一次历史性巨变。这是一次比较完全意义上的反帝反封建的民族民主革命。它不仅推翻了清王朝的封建统治，而且结束了统治中国几千年的君主专制制度，在中国大地上树起了民主共和的旗帜，有力地促进了中华民族的觉醒。由于领导这场革命的中国民族资产阶级的软弱和政治上的不成熟，没有形成坚强的领导核心，提不出一个足以广泛动员占全国人口绝大多数的工农群众参加革命运动的、明确的反帝反封建的政治纲领，也由于帝国主义和封建势力在中国的统治力量非常强大，袁世凯在帝国主义国家的支持下，轻易就窃取了辛亥革命的果实。

从根本上看，辛亥革命既未能铲除帝国主义和封建势力在中国统治的根基，也没有改变中国深层的社会结构，更没有改变中国半殖民地半封建社会的性质，只是以袁世凯为代表的北洋军阀取代了清王朝，其他一切照旧。无情的事实，把孙中山的资产阶级民主共和国方案撞击得粉碎。资产阶级民主共和国，在中国行不通！

历史呼唤中国的有识之士，去寻找新的救国救民真理，探索新的道路；历史呼唤比资产阶级及其政党同盟会更先进更有力量的阶级及其政党承担领导中国革命的重任。

第二章

思想文化惊雷和反帝爱国狂飙

一、北洋军阀群魔乱舞

袁世凯的 83 天皇帝梦

袁世凯在北京就职后，就开始为实行自己的独裁专制做准备。南京临时参议院为了限制袁世凯的权力，搞了一个责任内阁制，即大总统发布命令时，须有国务总理副署。袁世凯觉得责任内阁制碍手碍脚，便想法破坏它。凡是内阁总理任命的人员，他千方百计阻挠，弄得内阁总理干不下去。他先后换掉了唐绍仪、陆徵祥，直到换上了他的亲信赵秉钧，内阁完全被他控制才算了事。

为了稳定政局，袁世凯邀请孙中山、黄兴二人北上会谈。8 月下旬，他先把孙中山请到北京，待以上宾之礼，共商国家大计。孙中山表示希望袁世凯做 10 年大总统，而自己将全力从事铁路建设。袁世凯封了孙中山一个"全国铁路督办"的官名。黄兴到北京后，主要是与袁世凯谈建立政党内阁，袁满口答应。孙中山、黄兴前脚刚走，袁世凯后脚就找人编造孙、黄二人的所谓"隐私"，印成小册子，在各处散发，诋毁他们。

1912 年 12 月到 1913 年 2 月，第一届国会选举在全国范围内进行。同盟会的领袖之一宋教仁，特别醉心于资产阶级的议会组织，主张改组同盟会，扩大其组织，以求在国会中占多数议席，从而能自己组成内阁。他的主张得到了黄兴的支持。1912 年 8 月间，宋教仁将同盟会改组成国民党，仍以孙中山为领袖。果然，国民党在国会议席选举中获得了大多数。宋教仁踌躇满志，认为大局已定，成立以他为首的国民党内阁指日可待。他从

宋教仁（1882—1913），湖南桃源人。中国民主革命家

湖南转道上海、南京回北京，一路宣传政见。1913 年 3 月 20 日，宋教仁在上海火车站遭到暗杀，重伤而死。袁世凯电令江苏地方官吏"速缉凶犯，穷究主名，务得确情，按法严办"。然而，"穷究"的结果，是查出主使行刺的正是袁世凯，直接布置暗杀的是国务院总理赵秉钧。

宋案真相大白，举国哗然。孙中山从宋教仁的鲜血教训中猛然醒悟，主张立即讨伐袁世凯。然而，国民党人却意见不一，黄兴主张法律解决；广东都督胡汉民正与陈炯明争夺广东地盘，对于是否讨袁漠不关心；安徽都督柏文蔚准备与袁世凯妥协；湖南都督谭延闿持观望态度。只有江西都督李烈钧拥护孙中山的主张。

刺杀宋教仁后，袁世凯立即准备用武力镇压国民党人。打仗需要钱，4 月 26 日，袁世凯指派赵秉钧等同英、法、德、日、俄五国银行团谈判，签订了 2500 万英镑的善后大借款合同。国民党议员以国会为武器，反对袁世凯签订善后大借款合同，表示未经国会同意，此项借款不合法，不能承认。袁世凯立即指使民主党、共和党、统一党合并，组成进步党，与国民党抗衡；同时授意听他命令的北方各省都督通电斥责国会反对借款就是"无理取闹"。这些都督们都手握枪杆子，于是，国民党议员们噤若寒蝉，不敢再吭声了。

得到帝国主义的支持，又压服了国民党议员们，袁世凯口气硬了，攻击孙中山、黄兴除了"捣乱"没有别的本事，声称自己承担受四万万人民之托的重任，不能听任捣乱，谁要捣乱另组政府，即举兵讨伐。6月，袁世凯借口李烈钧、胡汉民、柏文蔚通电反对善后大借款，下令免他们的职，并派兵南下，进入江西，讨伐反对他最坚决的李烈钧。

7月12日，李烈钧在江西湖口誓师，组织讨袁军，发表讨袁通电。黄兴在南京逼使江苏都督程德全宣布讨袁。上海、安徽、湖南、广东、福建等省和重庆先后宣布独立。此即国民党的"二次革命"。国民党人的讨袁行动一开始就不统一，处于被动挨打局面。8月18日，北洋军攻陷南昌，占领江西。南京方面，由于部分讨袁军被袁世凯收买，发生内变，国民党军队被迫退守临淮关。黄兴于7月29日离开南京，被迫反袁的程德全便宣布取消讨袁。9月1日，袁军张勋部攻占南京。与此同时，上海、安徽的讨袁军也被袁军击败。接着，其他各地相继取消独立。不到两个月，南方各省国民党军队的讨袁行动全被袁军打垮，"二次革命"遭到失败。建立民国的元勋孙中山、黄兴被袁世凯加上"乱党"的罪名，严令通缉，被迫再次逃亡日本。

镇压"二次革命"后，袁世凯为了把临时大总统的帽子换成正式的，拉拢在国会中占多数的国民党议员，假惺惺地说要尊重议员的权利。这批留在北京的国民党议员与进步党议员合作，成立了宪法起草委员会，共同制定宪法草案。袁世凯不想等这些议员们慢吞吞地制定宪法，然后再按照宪法规定的程序选举总统，于是指使梁士诒收买一些议员，于9月18日成立公民党，在国会内大肆活动，要求先选举总统，后制定宪法。同时，他又示意各省都督通电提出相同的要求，给国会施加压力。宪法会议扛不住了，于 10 月 4 日违反法定程序，在宪法制定前草草公布了《大总统选举法》，定于 6 日进行选举。

选举这天，袁世凯派便衣军警与地痞流氓组成了数千人的"公民团"，严密包围会场，叫嚷："今日非将公民所属望的总统选出，不许选举人出议场一步。"议员们开始不那么听话，袁世凯不够法定票数，怎奈选不出总统不让吃饭，直到第三次投票之后，袁世凯才当选为总统。投票结果宣布后，会场外的"公民团"才在一片"袁大总统万岁"的呼喊声中撤走。已经饿了 14 个小时、饥肠辘辘的议员们终于可以去填饱肚子了。

10 月 10 日，袁世凯特意在故宫太和殿举行就职仪式，俨然皇帝登基。这是袁世凯为恢复帝制放出的第一只试探气球。

当选了大总统，政党和国会对袁世凯已经没有用了，而且还碍手碍脚的。10 月 25 日，也就是就职才半个月，袁世凯便通电各省军政长官，要求一致反对宪法草案，给国会议员扣上了"国会专制"的帽子。11 月 4 日，他以国民党议员和李烈钧有联系为借口，下令解散国民党，撤销国民党议员的资格。国民党议员在国会中占多数，这样一来，国会就不足法定人数，无法开会，名存实亡。1914 年 1 月 10 日，袁世凯一不做二不休，干脆下令取消国会。各地方的自治会和省议会随即通令取消。

取消国会后，袁世凯于 3 月召开了他一手操纵的约法会议，在 5 月 1 日炮制了一部《中华民国约法》。这个打着袁氏印记的约法把总统的权力扩大到与皇帝相似的程度：改责任内阁制为总统制；撤销国务院，在总统府内设政事堂作为办事机构，政事堂以国务卿为首脑，首任国务卿是袁世凯的把兄弟徐世昌；成立代行立法机关的参政院，由袁世凯任命 70 多人组成。参政院为袁世凯修改了《大总统选举法》，其中规定：总统任期改为 10 年，连选连任无限制；总统任期届满时，若认为政治上有必要，不必改选，即可连任；总统继任人由现任总统推荐，被推荐者并无限制。这样，袁世凯不仅成为终身总统，而且可以传子孙，除了不叫皇帝，其他和皇帝是一模一样。这是袁世凯为恢复帝制放出的第二只试探气球。

这时的民国，被袁世凯祸害得只剩下一块招牌，其他已经荡然无存。然而，袁世凯就连这块招牌也觉得刺眼，恨不得马上把它换下，恢复帝制，戴上皇冠，穿上黄袍，坐上太和殿的龙椅。

袁世凯的心思，各帝国主义国家自然看得透透的。它们希望袁世凯能够加强对国内的控制，以便通过他来扩大它们在华的侵略势力。1914年前后，德、英、美等国先后怂恿袁世凯称帝。日本也以支持袁世凯称帝为交换条件，借以夺取大量权益。

7月，第一次世界大战爆发，欧洲几个帝国主义国家都卷了进去，无力顾及东方。日本一看机会来了，企图独占中国。8月23日，日本对德国宣战，派军队在山东半岛登陆，向德军侵占下的青岛和胶济铁路沿线进兵，夺取德国在山东的侵略地位。袁世凯不敢得罪日本，宣布"中立"，并划出战区以供日本作战，听任日本武装占领青岛及胶济铁路全线。

1915年1月，日本驻华公使日置益向袁世凯提出"二十一条"，作为支持袁世凯称帝的交换条件。袁世凯看到西方列强正忙于欧战，在华势力相对减弱，而日本势力迅速扩张，认为只有取得日本的支持，才可以恢复帝制，于是派外交总长陆徵祥、次长曹汝霖与日本代表秘密谈判。5月9日，袁世凯接受了"二十一条"的无礼要求。

接受了"二十一条"后，袁世凯加紧了恢复帝制的活动。8月，袁世凯的宪法顾问美国人古德诺在上海《亚细亚报》上发表一篇《共和与君主论》，说什么中国"大多数人民智识不甚高尚""无研究政治之能力"；辛亥革命"由专制一变而为共和，此诚太骤之举动，难望有良好之结果"。由此，古德诺得出了"中国如用君主制，较共和制为宜"的结论。袁世凯另一个法律顾问日本人有贺长雄发表了《共和宪法持久策》，更露骨地鼓吹中国须由袁世凯做皇帝。两个洋法律顾问大造中国必须实行帝制舆论，是袁世凯放出的第三只试探气球。

袁世凯想称帝，一些"抬轿子"的人便蜂拥而出。就在古德诺发表《共和与君主论》不久，杨度[1]、孙毓筠、刘师培、严复、李燮和、胡瑛等6人，组织了"筹安会"，公开鼓吹恢复帝制。世人称他们为筹安会"六君子"。筹安会通电各省军政长官及各地商会、教育会、尊孔团体，要他们派代表进京讨论国体问题。袁世凯在各地的走狗喽啰们也进行配合，函电响应。由于参政会召开在即，筹安会决定改讨论为投票。然而，各地代表到京需要一定时间。筹安会等不及了，就以各省旅京人士名义，分别组成各省公民请愿团。不仅如此，为袁世凯称帝摇旗呐喊的人们，还组织了"乞丐请愿团""妓女请愿团"，真是乌烟瘴气。

9月6日，袁世凯示意国体问题应"征求多数国民之公意"。袁世凯心腹梁士诒在9月19日成立"全国请愿联合会"，向参政院请愿，要求以国民会议为解决国体问题的机关。次日，参政院议决在11月21日召集国民会议。梁士诒等为早日把袁世凯抬上龙椅，再次请愿。10月2日，参政院制定《国民代表大会组织法》，决定由国民大会来解决国体。10月8日，袁世凯公布了《国民大会组织法》。

为了确保国民大会的代表是帝制派，代表选举都是在各省军政长官的监督下选的，并在当地进行所谓国体投票。在11月20日前，全国各区投票全部完毕。12月11日，参政院汇集了全国国民代表共1993人所投的票，全部都是拥护君主制的，并附有同样文字的"推戴书"，一致委托参政院，"恭戴今大总统袁世凯为中华帝国皇帝，并以国家最上完全主权奉之于皇帝，承天建极，传之万世"。参政院于当日以最快的速度，用"国民代表"的名义上书劝进。这本来是袁世凯授意安排的，但他却表现得似乎自己不愿当皇帝，将劝进书退回，并假惺惺地说："今若帝制自为，则是

---

[1] 后来转变，参加革命，并加入中国共产党。

背弃誓词，此于信义无可自解者也。"参政院当然会想到袁世凯把劝进书退回，立刻心领神会地在当日召开会议，决定再劝进，在 15 分钟内便草拟了长达 2000 字的第二次劝进书，并宣读通过，立即呈进。

袁世凯急于当皇帝，这次没有推辞，装作不得已的样子收下了劝进书。12 日，袁世凯发布命令，承认帝制。13 日，他在居仁堂接受百官朝贺，封黎元洪为武义亲王。31 日，袁下令 1916 年改为"中华帝国洪宪元年"，准备于元旦正式登上皇帝宝座。

袁世凯低估了人民的力量，也没有想到共和制已经深入人心。就在他满心欢喜准备登上皇帝宝座时，人民积压了两年的反袁烈火燃烧起来了！12 月 25 日，云南已宣布独立，组成讨袁的"护国军"。1916 年元旦这天，袁世凯在新华宫受百官朝贺时，云南军政府宣告成立，发布讨袁檄文。1 月 27 日，贵州宣布独立。继贵州之后，广西、陕西、浙江等省先后宣布独立。在孙中山领导的中华革命党压力下，广东被迫独立。其他如福建、湖北、四川、安徽、奉天等地，也都有中华革命党人的活动。

看到中国反袁烈火越烧越旺，帝国主义也来了个向后转，拒绝继续支持袁世凯称帝。袁世凯手下心腹大将段祺瑞和冯国璋，原本盼望能继袁之后出任大总统，袁世凯复辟帝制，断了他们的盼头，因而他们对袁世凯建立世袭王朝一开始就很消极。在袁世凯积极策划复辟帝制期间，段祺瑞离开长期担任的陆军总长之职，托病隐居到北京西山；冯国璋以江苏将军的身份，在南京拥兵观望。当看到反袁形势发展迅猛、袁世凯的统治大厦有倒塌危险时，冯国璋意图以自己为中心来维护北洋军阀的传统势力，于是便同江西、浙江、山东、湖南等省将军共同施压袁世凯，迫使其取消帝制，并密电其他各省将军以求同意。直隶将军朱家宝把冯国璋的密电转给了袁世凯。心腹大将背后给他捅刀子，袁世凯不由得脊背阵阵发凉。3 月 22 日，袁世凯灰溜溜地撤销帝制，次日废除"洪宪"年号。4 月 21 日，他请段祺瑞出山，出任国务卿，组织责任内阁。袁世凯此举是想借用段祺瑞的力量渡过暂时的难关，即便皇帝当不成，仍然能够赖在大总统的位置上。而段祺瑞则想利用这个机会从袁世凯手中接管政权。

5 月 8 日，独立各省军人在广东肇庆成立军务院，宣布由他们来指挥全国军政。这时，全国舆论纷纷声讨袁世凯，认为"袁逆不死，大祸不止"，号召"扑杀此獠，以绝乱种"。海外华侨也发出通电，要求将袁世凯执行国法。5 月 9 日，孙中山发表《讨袁宣言》，号召不仅要打倒袁世凯，而且要将同袁世凯一样的人都打倒。袁世凯成了过街老鼠，人人喊打。

袁世凯不甘心束手就擒，要做最后挣扎，于 5 月 29 日发表"宣布帝制案始末"的申令，把帝制罪责全部推给别人，同时策划军队由川、湘向西南护国军反攻。四川将军陈宦和湖南将军汤芗铭，都是袁世凯的心腹爪牙，但他们迫于形势，也在 5 月下旬先后宣布独立。他们的独立，使袁世凯的军事挣扎计划落空，成为压倒袁的最后一根稻草。6 月 6 日，袁世凯在全国人民的唾骂声中可耻地死去。

袁世凯的皇帝梦做了 83 天便结束了。事实证明，当历史车轮滚滚向前时，任何人想开倒车，都是注定要失败的。

张勋上演宣统复辟丑剧

袁世凯死后，黎元洪继任大总统，段祺瑞任国务总理。这时，段祺瑞和冯国璋的争斗激烈起来。以段祺瑞为首的皖系，得到日本帝国主义的支持，随着日本侵华势力在第一次世界大战中的扩大，皖系势力迅速膨胀起来。段祺瑞利用掌握的中央大权，控制了皖、鲁、浙、闽、陕等省广大地盘，俨然以袁世凯的继承人自居。以冯国璋为首的直系以英、美帝国主义为靠山，控制着苏、赣、鄂等省长江流域最富庶的地区。1916 年 10 月他被国会选为副总统后，为保存自己的实力和地位，仍不肯离开自己的老巢南京去北京。

黎元洪虽然是大总统，但是个空架子，实际权力掌握在段祺瑞手中。黎元洪不甘心当一个傀儡，想利用冯国璋与段祺瑞之间的矛盾，来同段祺瑞争斗。此即后来史书上说的"府院之争"。

1917 年 2 月，德国宣布将以潜艇无限制封锁海面。美国宣布对德绝交，准备参战，要求中国采取与它一致的行动，并提议借款给中国做参战军费。美国这一主张获得亲美的黎元洪的同意，国会也通过了与德国绝交案。日本唯恐落在美国后边，积极怂恿段祺瑞参战，并许诺借款给他训练参战军。段祺瑞一听，觉得借参战为名可以用借款扩充自己的军事实力，对自己在内争中有利，便积极主张参战。

看到段祺瑞倒向日本一边，原本主张中国参战的美国又改变了主意，指使黎元洪等进行抵制。段祺瑞的参战主张在国会得到了研究系议员的支持，而黎元洪则得到了非研究系的多数议员支持。段祺瑞借参战为名扩充武力的企图，被冯国璋看得清清楚楚，于是冯国璋明确表示反对参战。其他地方的督军也多数持反对态度。有了冯国璋以及地方督军们反对段祺瑞，黎元洪胆子壮起来了，于 5 月份下令将段祺瑞免职。

段祺瑞下台后到天津，指使安徽、奉天、山东、福建等八省军阀宣布脱离中央，并在天津设立独立各省总参谋部，要以武力反对黎元洪。以冯国璋为首的江苏、江西、湖北等省军阀虽然反对段祺瑞的参战主张，却没有积极表示以武力支持黎元洪。没有硬实力支撑的黎元洪这下慌了，求助于驻在徐州的军阀张勋。张勋表示愿意带兵入京调停。

张勋原名和，字少轩、绍轩，号松寿老人，江西奉新人。1884 年在长沙参加清军，随军进入广西参加中法战争。曾为广西提督苏元春部参将。中日甲午战争爆发，他随四川提督宋庆调驻奉天。1895 年，他隶属袁世凯，任新建陆军工程营管带、行营中军。他 1899 年升总兵，1901 年调北京，多次担任慈禧、光绪的扈从。1909 年宣统即位后，他任江南提督，率巡防营驻南京。辛亥革命时，他被清廷任命为江苏巡抚兼署两江总督、南洋大臣。

张勋死心塌地忠于清朝，在辛亥革命后，仍要求其部属保留辫子，因此，他的军队被称为"辫子军"。袁世凯当政时，张勋因镇压"二次革命"有功，被袁封为"上将军"。他以徐州、兖州为地盘，全力扩充"辫子军"。在四五年内，"辫子军"扩充到 2 万人，为复辟清朝准备了资本。1916 年 6 月，袁世凯死后，张勋在徐州召开过两次北方各省代表会议，成立"省区联合会"，自任盟主，作为复辟清朝活动的基础。

张勋愿意调停"府院之争"，是想进京借机拥戴溥仪复辟。1917 年 6 月，他率领 3000 名"辫子军"北上到达天津后，与段祺瑞进行会谈。段祺瑞知道张勋北上的目的，想借张之手解散国会，把黎元洪赶下台，然后自己来享受成果，因而表示愿与之"合作"，极力怂恿张勋入京。张勋被段祺瑞玩弄于股掌之间，颇有螳螂捕蝉、黄雀在后的味道。

于是，张勋电告黎元洪，必须解散国会，否则无法调停。黎元洪一直以遵守《临时约法》自我标榜，接到张勋电报，这才如梦方醒，知道落入圈套。但手里无兵的他，已经无力挽救，只好在 6 月 12 日下令解散国会。14 日，张勋率领辫子军趾高气扬地进了北京。

张勋入京后的第一件事，就是跑到故宫向废帝溥仪叩头请安。清朝皇室、王公贵族和那些遗老遗少们早就盼望着复辟，张勋这一举动立刻让他们兴奋起来。一时间，"恢复祖业""光复旧物""还政于清"的声音甚嚣尘上。

维新变法时的风云人物康有为，在辛亥革命后已经完全沦为清朝余孽。他与劳乃宣、胡思敬等在南北各大城市成立"孔教会""孔道会""经学会""读经会"等团体，著书立说，反对民主共和，为清室复辟大造舆论。康有为曾积极参加反袁运动，目的是复辟清室，实行他朝思暮想的

"虚君立宪"。护国运动结束时，康有为撰写《为国家筹安定策者》一文，高唱复辟论。梁启超立即写《辟复辟论》驳斥康有为，师徒二人反目。风闻张勋入京复辟清室，康有为急忙化装潜入北京，为张勋出谋献计。6月下旬，复辟活动进入高潮。

7月1日，经过一番仓促准备，张勋正式宣布溥仪复辟，恢复清朝旧制，改年号为宣统九年。张勋自任所谓首席内阁议政大臣，大权独揽。康有为被封为"弼德院"副院长，溥仪复辟的"上谕"由他修改并宣布。这天，北京街头挂出了龙旗，那些曾经被迫剪去辫子的遗老遗少，戴着假辫子，穿上清朝袍服，摇头晃脑，招摇过市，庆贺大清"一统重建"。整个北京城光怪陆离，乌烟瘴气。

张勋宣布复辟后，黎元洪逃到东交民巷日本使馆，一面通电由冯国璋代行总统职务，一面重新任命段祺瑞为国务总理。

复辟消息传出后，全国民情激愤，痛斥张勋叛国。北京有十几家报纸停刊，以示抗议。上海、天津、武汉等处报纸，纷纷刊登声讨复辟通

1917年7月1日，张勋进京后，解散国会，公然复辟。7月2日，段祺瑞在天津组织"讨逆军"，进京讨伐张勋。图为"讨逆军"进攻紫禁城

电。参与复辟的人物，其家乡亲属也遭到人们的唾骂。孙中山在上海发表了《讨逆宣言》，表示坚决反对清室复辟，反对军阀统治，维护民主共和制度。

段祺瑞看到借张勋之手解散国会和驱逐黎元洪的目的已经达到，便与冯国璋联合宣布张勋"祸乱民国，复辟帝制"的罪行，组织"讨逆军"，自任总司令。7 月 2 日，段祺瑞在天津马厂誓师，进军北京。张勋入京时只带了 3000 "辫子军"，留在徐州的"辫子军"因山东军阀隔断交通而无法北上，无力抵抗段祺瑞的"讨逆军"。7 月 12 日，"讨逆军"攻入北京，张勋逃入东交民巷荷兰使馆；康有为逃入美国使馆，后又化装逃出北京；溥仪再次宣布退位；其他复辟参与者也作鸟兽散。这时，北京满大街都是"辫子军"逃命时剪下的辫子，成为一大奇观。

逆历史潮流而动的人，必然会遭到历史的嘲弄，张勋复辟丑剧上演了仅 12 天便草草收场。

段祺瑞卖国、独裁，孙中山揭起"护法"旗

段祺瑞重返北京后，以"再造共和"的大功臣自居，得意扬扬，以国务总理的身份把持中央政府。

随着国会的解散和黎元洪被赶走，对德参战的绊脚石已被搬开，段祺瑞政府于 1917 年 8 月 14 日对德宣战。段祺瑞是日本帝国主义的走狗，此举明显对日本有利。

这时，美国已经参加世界大战，愿意与日本在中国问题上暂时妥协。11 月 2 日，美国国务卿蓝辛与日本外务相石井菊次郎在华盛顿签订《蓝辛—石井协定》。其中，美国承认日本在中国有"特殊利益"，日本再次承认美国的"门户开放"政策。这个协定表明，美日两国在中国问题上相

斗，美国输了一招，日本取得独占中国的有利条件。在日本的支持下，段祺瑞政府以"参战"为名，向日本进行大宗借款，组成所谓"参战军"，扩充皖系势力，推行"武力统一"的政策。从1917年1月至1918年9月，日本内阁首相寺内正毅的谋士西原龟三以"私人身份"六次来华，经手八笔借款，合计1.45亿日元。这些借款通常被称为"西原借款"。

日本借这么多款给段祺瑞，自然要拿更多的回报。段祺瑞在拿到这些借款的同时，把中国的权益大量出卖给日本。如他以"铁路借款""矿山借款"等名目，将东北吉长、吉会铁路和所谓满蒙五铁路以及吉林、黑龙江两省的森林、金矿都抵押给日本；以"无线电台借款""有线电报借款""电话借款"等名目，把中国的电讯事业交给日本控制；通过"参战借款""军械军火借款"，日本为段祺瑞训练和装备了3个师、4个旅的"参战军"，让日本掌握对"参战军"的指挥权；"军械借款"规定，将中国军队所使用的枪炮的口径、必要的机要部分及子弹的规格，均按照日本规格实行统一；段祺瑞答应将中国的兵工厂及各省煤铁大矿归日本控制和垄断，作为借款抵押。在段祺瑞的政府和军队中，有大量日本"顾问""教官"。这些人其实是间谍、军国主义分子，日本通过他们加强了对中国政治、军事、经济等方面的控制。

1918年，日本提出霸占山东各项权利的要求后，段祺瑞政府为换取日本的支持，竟然表示"欣然同意"。这成为日本赖在山东，不肯将其交还中国的口实。

俄国十月革命爆发后，段祺瑞政府于1918年5月与日本订立了《中日陆军共同防敌军事协定》和《中日海军共同防敌军事协定》。通过这两个协定，日本取得了在中国驻军和军队自由出入中国东北与蒙古的特权。协定签订后，七八万日军开进东北，把侵略势力进一步扩张到东北三省的北部，迅速代替了沙俄在东北的侵略地位，为日后日本侵占整个东北三省埋下了伏笔。

日本通过支持段祺瑞政府获取了巨大利益。内阁首相寺内正毅在下台后曾十分得意地说：本人在任期间，借与中国之款，三倍于此前之数，实际扶植日本对于中国之权利，何止十倍于二十一条。寺内的话，从另外一个方面证明段祺瑞卖国已经超越了他的老上司袁世凯。

段祺瑞大肆卖国，遭到全国人民的坚决反对。在日本留学的中国学生最早得到了段祺瑞与日本签订军事协定的消息，他们在东京举行游行，抗议协定的签订。日本政府出动军警殴打和逮捕中国留学生。留日学生纷纷罢课回国，组织救国团体，进行爱国宣传。北京、天津、上海、福州等地学生积极开展斗争，要求废除中日间的军事协定。

段祺瑞"武力统一"政策，威胁到南方一些小军阀，于是广西的陆荣廷和云南的唐继尧联合谴责北洋军阀解散民元国会[1]，破坏《临时约法》，否认段祺瑞政府的合法性。而段祺瑞为了实行个人独裁，拒绝恢复国会和《临时约法》，并与研究系政客勾结，准备召集由各省军阀指派代表的临时参议院。

1917 年 7 月，寓居上海的孙中山到达广州。海军总长程璧光这时也率海军第一舰队由上海开赴广州，向北京政府宣告独立，追随孙中山"护法"。在孙中山"护法"的号召之下，原国会的一部分议员也南下来到广州。8 月间，孙中山召集到达广州的原国会议员 150 多人讨论国会开会问题。因不足法定人数，称"非常国会"。会议决定成立军政府，通过军政府组织大纲，宣布在《临时约法》未恢复以前，中华民国之行政权，由大元帅行使。9 月 1 日，非常国会选举孙中山为大元帅，唐继尧、陆荣廷为元帅，与北京段祺瑞政府相对立。孙中山宣布段祺瑞为民国叛逆，出兵北伐，开始了"护法"战争。段祺瑞下令通缉孙中山等人。这样，南北分裂的局面形成了。

---

[1] 指中华民国第一届国会。

随着"护法"战争的爆发，北洋军阀政府内部又发生了新的"府院之争"，即代理总统冯国璋同段祺瑞之间的争斗。与旧"府院之争"不同的是，黎元洪没有自己的军队，冯国璋有自己的军队。这是北洋军阀直系同皖系之间的斗争。

段祺瑞任命他的心腹大将傅良佐为湖南督军，准备取湖南为进攻两广的基地。但他调直系军队去打先锋，让直系军队为他卖命，削弱其实力，他好在后面享受果实，此举加深了直、皖两派系之间已有的矛盾。因此，段祺瑞高唱"武力统一"，冯国璋则高唱"和平统一"，并指示湖南前线的直系军队消极怠战。

11月，直系军队自动退兵，要求停战。属于直系的直隶、江苏、江西、湖北督军们联合通电，主张和平解决南北问题。

段祺瑞武力统一南方的政策遭到直系反对，于是段辞职，采取以退为进的策略。在日本的支持下，段祺瑞又被任命为"参战督办"。他施展手段，以两湖地盘和副总统宝座为诱饵，诱使属于直系的直隶督军曹锟率兵南下。1918年2月，冯国璋以"巡视"为名出京，实际是要回到老巢南京去，纠集力量反段。冯国璋要干什么，段祺瑞当然清楚。冯国璋行至安徽蚌埠时，即被段祺瑞的心腹爪牙安徽督军倪嗣冲控制，逼迫他下令向南方出兵。冯国璋无奈只得返回北京，命令曹锟等进攻湖南。

3月，段祺瑞为了拉拢奉系军阀张作霖，给张一批军火。拿人家的手短，张作霖便站到段祺瑞一边，派兵进山海关内对冯国璋施加压力。皖系各省督军也同时要求恢复段祺瑞职务。此时，冯国璋处于不利地位，被迫任命段祺瑞为国务总理。

重新拿到国务总理大印后，段祺瑞气更粗了，雄心勃勃地要实现武力统一南方的计划。吴佩孚是曹锟部下一员悍将，攻下了长沙，但段祺瑞食言，任命皖系张敬尧为湖南督军。这下子可惹恼了曹锟、吴佩孚。吴佩孚到达衡阳后，便按兵不动，暗中与"护法"阵营中的西南军阀勾结，共同对抗皖系。

西南军阀本来就不真正支持孙中山的"护法"主张，他们只是想在自身力量不足的情况下，利用孙中山的名义与段祺瑞抗衡。他们与直系军阀勾结后，不但不听孙中山的号令派兵北伐，反而认为孙中山成了他们政治活动上的障碍，开始排挤孙中山。1918 年 1 月，两广和滇、黔等省军阀在广州成立"西南自主各省护法联合会"，与孙中山的护法军政府相对抗。5 月，非常国会决定修改军政府组织法，取消大元帅制，改为七总裁制，推举岑春煊、孙中山、唐继尧、陆荣廷、伍廷芳、唐绍仪、林葆怿等 7 人为总裁，岑春煊为主席总裁。这样，护法军政府的实权操在了西南军阀手中。

孙中山没有就职，不久辞去总裁这个空名。5 月 21 日，孙中山离开广州去上海。在离开广州前他发表宣言，愤懑地指出："南与北如一丘之貉。"至此，护法运动失败。

辛亥革命后，在北洋军阀黑暗的统治下，人民生活十分痛苦，正如毛泽东指出的："国家的情况一天一天坏，环境迫使人们活不下去。怀疑产生了，增长了，发展了。"[1] 先进的中国人，已经开始认识到"从前的革命老办法非改变不可，我们要从头做起。"[2] 依靠什么力量，怎样才能挽救国家的危亡，是当时先进的中国人在思考的问题。

[1]《毛泽东选集》第四卷，人民出版社 1991 年版，第 1470 页。
[2]《吴玉章回忆录》，中国青年出版社 1978 年版，第 109 页。

二、新文化运动——思想解放的惊雷

陈独秀擎起民主、科学大旗

辛亥革命后，北洋军阀头子们一个个粉墨登场，上演了一幕幕丑剧。在他们的黑暗统治之下，中华民国的招牌摘了又挂，挂了又摘，然后复又挂上。虽然中华民国的招牌还在，但占统治地位的仍旧是封建的经济、政治，在思想领域里占统治地位的还是封建思想。

孙中山的中华民国临时政府成立后，进行了文化教育改革，提倡以"自由平等博爱为纲"的"公民道德"；禁用清政府学部颁布的教科书，新编教科书必须合乎"共和民国宗旨"，废止"有碍民国精神及非各学校应授之科目"，小学禁读经科，等等。袁世凯窃国后，于1914年规定"各学校均应崇奉古圣贤，以为师法。宜尊孔尚孟，以端其基而致用"。在教育内容上，规定"中小学均加读经一科"。这样，中华民国临时政府的文化教育改革荡然无存。

袁世凯在称帝前就提倡祭天祭孔，通令全国恢复"尊孔读经"，企图在"保存国粹"的幌子下，加强对人们的思想控制。在袁世凯的倡导下，社会上冒出了"孔道会""孔教会""尊孔会"等名目繁多的团体。前清的遗老遗少是这些团体的主要成员。

在一片甚嚣尘上的"尊孔"声中，康有为十分活跃。他俨然以当代孔圣人自居，宣称"灭国不足计"，而灭孔教"是与灭种同其惨祸"，提倡以"孔教"为"国教"。他利用人们对辛亥革命后局势的失望情绪，攻击资产阶级革命派"全法欧美而尽弃国粹",诋毁民主共和与自由平等观念,企图使人相信只有重建封建礼教的权威,中国才能得救。

袁世凯对宣传资产阶级民主思想的媒体进行严重摧残。民国初年时,全国约有报纸 500 家左右。自"二次革命"后,袁世凯的倒行逆施,遭到不少进步媒体的抵制、抨击。因而这些进步报刊遭到查封,主编、主笔、记者或被捕,或被枪杀,报纸数目急剧减少。还能够继续出版的报纸噤若寒蝉,报道的内容大多是反动落后的东西。

袁世凯死后,其继任者仍然倡导封建主义思想,"孔教会""尊孔会"这类团体依然到处活动。封建主义的三纲五常、忠孝节义等说教,加上崇拜鬼神的愚昧封建迷信,再加上低级趣味的文艺,相互交织起来,形成束缚人民思想、扼杀民族生机、有利于封建军阀统治的精神枷锁。

在封建思想泛滥之时,一个叫陈独秀的人挺身而出,勇敢地向封建主义发起了挑战。

陈独秀,字仲甫,号实庵,谱名庆同,官名乾生,1879 年 10 月 9 日生,安徽怀宁(今安庆)人。一生曾用过许多笔名、化名,最早使用"独秀"的名字是在 1914 年 11 月 10 日出版的《甲寅》杂志发表他的两篇文章:一篇题为《〈双枰记〉叙》,署名"独秀山民";另一篇题为《爱国心与自觉心》,署名"独秀"。为什么这样署名?陈独秀事后对人说是老家安庆城西南有座独秀山,自己是山下一居民,故而这样署名。

陈家世代书香,祖父陈章旭曾为盐提举衔候选知县,但未放实缺,常在外教书或作幕僚。其父陈衍中为优廪贡生,江苏补用府经历,曾先后在桐城、苏州等地教书,34 岁那年在苏州染病而死。这时陈独秀才两岁。5 岁时,陈独秀过继给叔父陈衍庶做嗣子。陈衍庶是陈家最高学历者,在 1875 年中举,初任知县,因治河有功,先后升任知州、知府、道台,1908 年辞官回乡。靠当官腰包鼓起来的陈衍庶,在辽宁彰武、安徽贵池广置田产;在北京琉璃厂开古玩铺,并在奉天开分店;在安庆有铺面近 10 家。

陈独秀（1879—1942）是新文化运动的倡导者，中国共产党主要创始人和早期领导人，曾任中国共产党总书记

陈家随着陈衍庶的发达，成为安庆的名门望族。

自幼没有父亲的陈独秀随祖父读儒家经典四书五经。祖父对聪明的陈独秀期望值很高，因而对他要求很严，若背书背不出，便要狠狠打他一顿。而陈独秀生来脾气倔强，无论祖父怎样使劲打，他总一声不哭，以至于祖父气得骂道：这个小东西，将来长大成人，必定是一个杀人不眨眼的凶恶强盗，真是家门不幸！

1889 年，祖父去世，家里给陈独秀请过好几个塾师，他都不大满意。到十二三岁时，陈独秀的大哥陈孟吉教他读书。陈独秀不喜欢八股文，陈孟吉了解他的脾气和爱好，除让他温习经书外，新教《昭明文选》。这本书是南朝梁代文学家萧统选编的一部大型诗文总集，选录先秦至梁朝 800 年间各种文体文章的代表作，其中主要的是诗文、辞赋和杂文。陈独秀初读《昭明文选》时，也不太感兴趣，但后来慢慢读进去了，从此也就更加看不起八股文了。

尽管这时已经是晚清时期了，对于读书人来说，参加科举，考中秀才、举人、进士，仍是唯一的出路。只要走这条路，就必须把四书五经倒背如流，并且会做八股文。因为无论是考秀才还是考举人，题都是从四书五经里出的，答卷方式必须是八股文。令陈独秀头疼的是，他母亲对他走科举之路寄予很大希望。陈独秀的父亲未曾考取举人，成为一生遗憾。母亲曾对陈独秀说：好好读书，将来书读好了，考中个举人，替你父亲争口气。

1896 年，在母命难违的情况下，陈独秀只好硬着头皮参加了考取秀才的县试和府试。这两次考试，陈独秀虽然都通过了，由于他没有在八股文上下功夫，名次都很低。按照科举制度规定，考中秀才要过三关，即县试、府试和院试。在最后一关的院试中，考题是"鱼鳖不可胜食也材木"的截答题。所谓截答题，是科举制度的一种出题方式，即从四书中截取某一句中的下半句与下一句中的上半句，拼凑成一个题目。这种考试，要求考生将四书每一句话都要死记硬背下来。陈独秀院试的题目截自《孟子·梁惠王》中的"谷与鱼鳖不可胜食，材木不可胜用，是使民养生丧死无憾也"。

陈独秀拿到题目，一看不通，便决定用不通的文章对付不通的题目。他把《文选》上所有鸟兽草木的难字和《康熙字典》上荒谬的古文，不管三七二十一，牛头不对马嘴、上文不接下文地拼凑成一篇文章，算是交了卷。

陈独秀考完后回家，把文章的稿子交给大哥看。大哥看完后，皱着眉头足足一个钟头没有吭声，认为弟弟这次考试肯定是砸锅了。然而，奇迹出现了，看不懂陈独秀文章的考官，不敢说自己看不懂，怕别人说自己没有学问，竟给了最高分。这样，陈独秀以院试第一名高中秀才。从此，陈独秀更加鄙视科举制度。

考中秀才的第二年，即 1897 年，陈独秀为了满足母亲希望儿子中个举人的心愿，在大哥的陪同下，到南京参加江南会试。考试共三场九天，是一个令人煎熬的漫长过程。考试期间，陈独秀目睹了科举制度下种种丑陋的现象。陈独秀这次应考，不像考秀才没有多少准备，而是进行了一番准备，并且对八股文也下了一些功夫，结果却名落孙山。对此，他并没有感到懊丧，反而感到意外获益。自此，他与科举制度彻底决裂，接受康有为、梁启超的维新思想。

1898 年，百日维新失败，促使一些先进的人物抛弃改良主义，寻找新的出路，陈独秀就是其中之一。

1901 年 11 月，22 岁的陈独秀东渡日本，到东京自费留学。1900 年，在东京的中国留学生自办了一个杂志《译书汇编》，专门翻译卢梭的《民约论》、孟德斯鸠的《万法精理》、穆勒的《自由原理》、斯宾塞的《代议政体》等西方资产阶级民主思想的著作。留日学生秦力山、沈云翔接受了这些思想，于 1901 年在东京创办《国民报》，宣传资产阶级的天赋人权、自由平等，提倡推翻清王朝。陈独秀到东京后，如饥似渴地阅读西方资产阶级民主思想的著作和宣传这些思想的文章。

1902 年春，陈独秀从日本回到安庆，联合潘赞化等人在安庆北门大拐角头藏书楼发起演说会，传播新思想；旋又组织青年励志学社，每周聚会，相互共勉。陈独秀还打算创办《爱国新报》，旨在探讨国家贫弱及西方国家强盛的原因，以求唤起广大同胞的爱国精神。陈独秀等人的活动遭到安庆官府的迫害，他被迫再次东渡日本。

9 月，陈独秀到达东京后，进入成城学校学习军事；同年冬，他加入反清革命团体青年会，走上了"造反"的道路。1903 年 4 月间，因参与惩罚清政府派到日本约束留学生的学监的行动，陈独秀与邹容、张继被迫返国。

这时，国内爆发了反对沙皇俄国企图永远霸占中国东北三省的拒俄运动。陈独秀由上海回到安庆后，即与人筹备组织安徽爱国会，举办爱国演说活动，积极发动安庆地区的拒俄运动。5月17日，爱国演说会在安庆藏书楼举行。虽然天公不作美，下起了滂沱大雨，然而听众却空前地多。陈独秀首先发表演说，表示决不允许帝国主义瓜分中国，如果俄国霸占东三省，坚决与俄国死战到最后一人。

陈独秀的演说点燃了与会者的爱国热情，接着，潘赞化等20余人相继发表演说。演说完毕，陈独秀倡议成立安徽爱国学社，得到大家一致同意，当即公推陈独秀、潘赞化等7人马上起草社章。社章起草完后，当即向大家宣布，当场就有126人参加。

清政府对爱国学生们的拒俄运动非常恐惧。陈独秀受到安徽当局的通缉，逃到上海，协助章士钊办《国民日报》，揭露清政府的昏庸腐败和社会上种种不平等现象。

躲过风头之后，1904年陈独秀又从上海返回安庆，与人一起创办《安徽俗话报》。这是陈独秀主办的第一份报纸。《安徽俗话报》兼有报纸和杂志的特点，是个32开本的半月刊，每逢初一、十五出版。每期40页，共约1.5万字，设有论说、要闻、本省新闻、历史、地理、教育、实业、小说、诗歌、兵事、卫生等16门类。除论说这一门类是政论文章，其他大多数是文艺和科普方面的文章，通过文艺作品和科学知识，该报向读者宣传反对帝国主义、反对封建专制思想，抵制愚昧和恶俗。

陈独秀在《安徽俗话报》上发表约50篇文章，其中有论文、诗歌、小说、历史故事等，已经开始宣传科学与民主了。

《安徽俗话报》办得非常出色，深受读者欢迎，初创时销售1000份，不到半年就增至3000份，名列全国白话报的首位，除安徽本省，还发行到上海、北京、河北、辽宁、山东、江苏、湖北、江西等地。

主办《安徽俗话报》是陈独秀此后创办《青年杂志》、发动新文化运动的预演。

同年10月，陈独秀到上海，参加暗杀清政府大官僚的暗杀团体爱国协会。11月19日，革命党人万福华在上海刺杀前广西巡抚王之春未成，当即被捕入狱。次日，章士钊去狱中探望，暴露目标，革命党的机关被查抄，章士钊、黄兴、张继等10余人被捕。尽管这些人经蔡锷营救，获得释放，但暗杀活动只得停止。陈独秀又于1905年1月回到安徽芜湖。

回到芜湖后，陈独秀一面继续办《安徽俗话报》，一面在安徽公学教书，培养反清革命志士。这年夏天，陈独秀等发起建立岳王会，陈独秀任会长。岳王会在新军中发展会员，扩大自己的力量，以待时机，发动武装起义。1908年11月14日、15日，光绪和慈禧先后死去，消息传到安徽后，岳王会认为起义时机成熟，推熊成基为起义总指挥，于19日起义。起义军1000余人与清军激战三昼夜，最后失败，岳王会力量因此受到极大削弱。

1906年暑假之后，陈独秀到芜湖皖江中学教书。由于进行革命活动，陈独秀被人告发，1907年春，他又到东京，入正则英语学校学习英语。1909年9月，他回国居于杭州，以研究学问和教书为主，未参加政治活动。

1911年武昌起义爆发后，11月8日，安徽也宣布独立。军政府的都督几经更迭，孙毓筠于12月12日被临时议会选为都督。孙毓筠就职后，电召陈独秀返回安庆，就任都督府秘书长。陈独秀就任后，力主大刀阔斧进行改革，兴利除弊，施展政治抱负，为此常与同事发生口角。1912年4月，他主动辞去秘书长一职，重办安徽高等学堂，并任校长。

6月间，陈独秀到浦口，劝说柏文蔚返皖主政。下旬，柏文蔚返皖接任安徽都督兼民政长，任命陈独秀为都督府秘书长。

孙中山发动"二次革命"后，陈独秀协助柏文蔚制订讨袁计划，并起草《独立宣言》。安徽宣布独立后，陈独秀来到芜湖，指责当地驻军首领龚振鹏残暴，滥杀无辜民众。恼羞成怒的龚振鹏将陈独秀抓了起来，准备枪决。陈独秀第一次面临死亡威胁，却面无惧色，高喊："要枪决，就快点吧！"由于一个叫张永正的旅长坚决不同意枪决陈独秀，并以兵力相迫，陈独秀才免遭龚振鹏毒手。

9 月间，"二次革命"失败，袁世凯心腹倪嗣冲任安徽都督兼民政长。10 月 21 日，倪嗣冲发出通告，捉拿革命党人，陈独秀被列为第一"要犯"。陈独秀逃往上海，军警没有抓住他，便抄了他的家，嗣父陈衍庶多年收藏的字画，悉数被抄走。

从陈独秀的上述经历，不难看出他的身上有这几个特点：其一，封建主义的叛逆者，对封建思想文化的腐朽没落性有深刻的认识；其二，顺应当时的历史潮流，不断接受新思想，由改良主义者成为资产阶级民主主义者，是中国先进分子中的杰出人物；其三，坚定的革命斗士，从反清到反对袁世凯，不畏强暴，勇敢地向黑暗的统治者进行挑战。

正是由于以上几点，随着历史新的大潮掀起，陈独秀开始走向万人瞩目的政治舞台中央。

1914 年 7 月，陈独秀第五次东渡日本，进入雅典娜法语学校学习法语，同时帮助章士钊编辑《甲寅》杂志。次年 6 月中旬，他回到上海。"二次革命"失败之后，面对袁世凯及其后的北洋军阀统治和思想文化倒退逆流，陈独秀苦苦思索，得出的结论是：要救中国，首先得进行思想革命。

如何进行思想革命？陈独秀决定从办杂志入手。起初，陈独秀希望上海亚东图书馆负责印刷和发行。然而，亚东图书馆经费困难，无力承担，其经理汪孟邹介绍同业老友陈子沛、陈子寿兄弟开办的群益书社承担。7 月 5 日，经与陈氏兄弟商定，陈独秀办一杂志，编辑费、稿费每期共计 200 元。这个即将问世的杂志就是对中国思想文化领域产生重要影响的《新青年》。

1915 年 9 月 15 日，陈独秀在上海创办《青年杂志》。陈独秀在创刊号上发表《敬告青年》一文，这是新文化运动的宣言书。他满怀激情地宣称：

青年如初春，如朝日，如百卉之萌动，如利刃之新发于硎，人生最可宝贵之时期也。青年之于社会，犹新鲜活泼细胞之在人身。新陈代谢，陈腐朽败者无时不在天然淘汰之途，与新鲜活泼者以空间之位置及时间之生命。人身遵新陈代谢之道则健康，陈腐朽败之细胞充塞人身则人身死；社会遵新陈代谢之道则隆盛，陈腐朽败之分子充塞社会则社会亡。[1]

面对国家饱受帝国主义宰割、军阀政府统治黑暗、人民生活在水深火热之中的状况，陈独秀把国家"脱胎换骨"的希望寄托在进步青年身上，"涕泣陈词""惟属望于新鲜活泼之青年，有以自觉而奋斗耳！"那么，如何自觉奋斗？陈独秀说："自觉者何？自觉其新鲜活泼之价值与责任，而自视不可卑也。奋斗者何？奋其智能，力排陈腐朽败者以去，视之若仇敌，若洪水猛兽，而不可与为邻，而不为其菌毒所传染也。"他指出："敏于自觉、勇于奋斗之青年，发挥人间固有之智能，决择人间种种之思想，——孰为新鲜活泼而适于今世之争存，孰为陈腐朽败而不容留置于脑里，——利刃断铁，快刀理麻，决不作牵就依违之想，自度度人，社会庶几其有清宁之日也。"[2]

青年如何辨别改造社会的新思想与陈腐朽败的旧思想，陈独秀给出了6条标准：1.自主的而非奴隶的；2.进步的而非保守的；3.进取的而非退隐的；4.世界的而非锁国的；5.实利的而非虚文的；6.科学的而非想象的。尤其是最后一条更为重要，他特别指出："近代欧洲之所以优越于他族者，科学之兴，其功不在人权说下，若舟车之有两轮焉。今且日新月异，举凡一事之兴，一物之细，罔不诉之科学法则，以定其得失从违；其效将使人

---

[1] 陈独秀：《敬告青年》，中国社会科学院近代史研究所编：《五四运动文选》，生活·读书·新知三联书店1959年版，第1页。

[2] 陈独秀：《敬告青年》，中国社会科学院近代史研究所编：《五四运动文选》，生活·读书·新知三联书店1959年版，第2页。

间之思想云为，一遵理性，而迷信斩焉，而无知妄作之风息焉。"[1] 由此，他明确揭示了民主与科学在推动历史前进中的作用，揭起了民主与科学的大旗。

陈独秀这篇文章，是自己从摒弃封建主义思想逐渐成为革命民主主义者以来思想发展的经验总结。他向青年们所号召的、所要求的正是他自己曾经做过并有切身体会的。尽管他写这篇文章的思想武器仍然是资产阶级民主主义和进化论，但他把国家的前途命运寄托在青年身上，号召青年把改造国家的重任担在肩上，自觉奋斗，不断接受新思想，去唤起人们的觉醒，是符合当时中国社会发展的潮流的。

如果将《敬告青年》概括为几个主题词的话，应为：新青年、新思想、新社会。此后，中国历史发展趋势也确如陈独秀期望的，一大批爱国青年接受新思想，又不断否定与选择，最终选择无产阶级最先进的真理，走上了彻底改变国家旧状况的道路。

《敬告青年》一文如漆黑寂静的夜空中突然响起的一声惊雷，在中国思想文化界起到了振聋发聩的作用，拉开了新文化运动的大幕。

当时，上海基督教青年会办有周报《上海青年》，《青年杂志》出版后，他们写信给群益书社，称《青年杂志》和他们的《上海青年》名字雷同，要求《青年杂志》改名。他们提出这么一个问题，坏事反而变成了好事。1916 年 3 月 3 日，陈子寿征得陈独秀的同意，将《青年杂志》从这年9 月 1 日出版的第二卷第一号起，正式改名为《新青年》。《新青年》作为杂志名字，比《青年杂志》更为符合陈独秀办刊的宗旨，名字更响亮。

1916 年 12 月 26 日，著名教育家蔡元培被北京政府任命为北京大学校长。蔡元培，字鹤卿，又字仲申、民友、子民，浙江绍兴府山阴县（今绍

---

[1] 陈独秀：《敬告青年》，中国社会科学院近代史研究所编：《五四运动文选》，生活·读书·新知三联书店 1959 年版，第 7 页。

兴）人，清光绪十八年（1892 年）进士。1900 年起，蔡元培逐渐接受西方新思想，1902 年开始从事反清革命活动，1904 年在上海组织建立光复会，1905 年被孙中山委任为同盟会上海分会负责人，1912 年 1 月中华民国临时政府成立时，任教育总长，1915 年与李石曾、吴玉章等发起组织华法教育会，倡导中国学子到法国勤工俭学。

接到北京政府教育部要其任北京大学校长的电报后，蔡元培由法国回国，先到上海。听说蔡元培要到北京大学当校长，多数朋友劝他不要去，说北大太腐败，去了如果不能整顿，反而坏了自己的名声。也有少数朋友认为，既然知道北大腐败，更应该去整顿，即使失败了，也算尽了心。蔡元培听从了后者的意见，于 1917 年 1 月 4 日到校就职。

蔡元培任北大校长后，提倡"思想自由，兼容并包"的办学方针，大刀阔斧进行改革，聘请有真才实学的人担任北大教授。文科学长在北大的地位非常重要，谁来担任，这是让蔡元培伤脑筋的一件事。

也是机缘巧合，陈独秀进入蔡元培的视线。这时，陈独秀与汪孟邹为了开办书局之事来京，住在西河沿中西旅馆 64 号房间。有两个人向蔡元培推荐了陈独秀。一个是沈尹默。他后来在谈到此事的经过时说：

> 蔡先生来北大后，有一天，我从琉璃厂经过，忽遇陈独秀，故友重逢，大喜。我问他："你什么时候来的？"他说："我在上海办《新青年》杂志，又和亚东图书馆汪原放合编一部辞典，到北京筹款来的。"我问了他住的旅馆地址后，要他暂时不要返沪，过天去拜访。
>
> 我回北大，即告诉蔡先生，陈独秀来北京了，并向蔡推荐陈独秀任北大文科学长。蔡先生甚喜，要我去找陈独秀征其同意。不料，独秀拒绝，他说要回上海办《新青年》。我再告蔡先生，蔡云："你和他说，要他把《新青年》杂志搬到北京来办吧。"我把蔡先生的殷勤之意告诉独秀，他慨然应允，就把《新青年》搬到北京，他自己就到北

大来担任文科学长了。[1]

另一个向蔡元培推荐陈独秀的是汤尔和。汤尔和是陈独秀留学日本时的同学，1913 年创办北京医学专门学校并任校长。据沈尹默说，他见到陈独秀后立即告诉了汤尔和，汤很同意推荐陈独秀到北大。关于汤尔和向蔡元培推荐陈独秀任北京大学文科学长之事，蔡元培本人是这样说的：

> 我到京后，先访医专校长汤尔和君，问北大情形。他说："文科预科的情形，可问沈尹默君；理工科的情形，可问夏浮筠君。"汤君又说："文科学长如未定，可请陈仲甫君；陈君现改名独秀，主编《新青年》杂志，确可为青年的指导者。"因取《新青年》十余本示我。我对于陈君，本来有一种不忘的印象，就是我与刘申叔君同在《警钟日报》服务时，刘君语我："有一种在芜湖发行之白话报，发起的若干人，都因困苦及危险而散去了，陈仲甫一个人又支持了好几个月。"现场听汤君的话，又翻阅了《新青年》，决意聘他。从汤君处探知陈君寓在前门外一旅馆，我即往访，与之订定；于是陈君来北大任文科学长……[2]

由于都是多年之后的回忆，沈尹默和蔡元培的说法不尽一致。但可以说明，蔡元培诚恳聘陈独秀为北大文科学长，答应陈独秀把《新青年》搬到北京来办，并且亲自到陈独秀的住处造访，陈独秀才到北大任职的。史实证明，无论蔡元培也好，陈独秀也好，都作出了正确的抉择。

---

[1] 沈尹默：《我和北大》，中国社会科学院近代史研究所编：《五四运动回忆录》（续），中国社会科学出版社 1979 年版，第 165—166 页。

[2] 蔡元培：《我在北京大学的经历》，中国社会科学院近代史研究所编：《五四运动回忆录》（上），中国社会科学出版社 1979 年版，第 174 页。

《新青年》是五四运动的号角，也是宣传马克思主义、宣传反帝反封建思想的主要阵地

　　陈独秀任北大文科学长，受到了广大学生的热烈欢迎。他在北大文科雷厉风行实行改革，很快出现一派新气象。随着陈独秀入职北大，《新青年》编辑部也迁到北京。起初，《新青年》仍由陈独秀主编。从1918年1月15日出版的第四卷第一号起，改为同人刊物。李大钊、鲁迅、胡适、钱玄同、刘半农等人都参加到编辑部中来，并成为主要的撰稿人。沈尹默回忆："《新青年》搬到北京后，成立了新的编辑委员会，编委七人：陈独秀、周树人、周作人、钱玄同、胡适、刘半农、沈尹默。并规定由七个编委轮流编辑，每期一人，周而复始。"[1]

　　《新青年》的编辑队伍空前强大，编委们个个都是新文化运动的风云人物，因而其传播新思想、新文化的特点更加鲜明，影响力更大。《新青

---

[1] 沈尹默：《我和北大》，中国社会科学院近代史研究所编：《五四运动回忆录》（续），中国社会科学出版社1979年版，第166页。

年》和北京大学成了新文化运动的中心。

《新青年》高扬民主与科学的大旗，向封建主义的专制迷信及旧道德、旧文学开战，引起了封建卫道士的仇视和围攻。他们"把'新青年'看作一种邪说、怪物，离经叛道的异端，非圣无法的叛逆"。对此，陈独秀旗帜鲜明地回击："本志同人本来无罪，只因为拥护那德莫克拉西（Democracy）和赛因斯（Science）两位先生，才犯了这几条滔天的大罪。要拥护那德先生，便不得不反对孔教、礼法、贞节、旧伦理、旧政治。要拥护那赛先生，便不得不反对旧艺术、旧宗教。要拥护德先生又要拥护赛先生，便不得不反对国粹和旧文学。"表示："我们现在认定，只有这两位先生可以救治中国政治上、道德上、学术上、思想上一切的黑暗。若因为拥护这两位先生，一切政府的压迫，社会的攻击笑骂，就是断头流血，都不推辞。"[1]

《新青年》在全国青年学生中产生了巨大的影响。当时在湖南省立第一师范学校读书的毛泽东后来回忆说：

在 1917 年，我和几个友人发起了新民学会。……同时，在中国其他部分，像这类的激进团体都由那时在中国政治上占有势力的战斗青年纷纷组织起来。

这许多团体大半都是在陈独秀编辑的著名的新文化运动杂志——《新青年》影响下组织起来的。我在师范学校读书时，就开始阅读这本杂志了，并且十分崇拜陈独秀和胡适所作的文章。他们成了我的模范，代替了我已经厌弃的康有为和梁启超。[2]

---

[1] 陈独秀：《"新青年"罪案之答辩书》，中国社会科学院近代史研究所编：《五四运动文选》，生活·读书·新知三联书店 1959 年版，第 194—195 页。

[2] ［美］埃德加·斯诺笔录，汪衡译、丁晓平编校：《毛泽东自传》，中国青年出版社 2013 年版，第 51 页。

时为北大中文系学生的杨振声深有体会地说："象春雷初动一般，《新青年》杂志惊醒了整个时代的青年。他们首先发现了自己是青年，又粗略地认识了自己的时代，再来看旧道德、旧文学，心中就生出了叛逆的种子。一些青年逐渐地以至于突然地，打碎了身上的枷锁，歌唱着冲出了封建的堡垒，确实感到自己是那时代的新青年了。"[1]

时为北大学生的杨晦说："历史最久、传播民主主义文化最有影响的刊物是《新青年》。……《新青年》是五四时期新文化运动的先锋和旗帜。"[2]

恽代英等当时曾给《新青年》编辑部写信，称："我们素来的生活，是在混沌的里面，自从看了《新青年》渐渐的醒悟过来，真是像在黑暗的地方见了曙光一样。"[3]

一大批青年学生在《新青年》的影响下，走上爱国、民主与反封建主义的道路，日后逐渐成为中华民族解放的骨干力量。作为《新青年》的创办者陈独秀，也开始进入人生最精彩的篇章。

李大钊：创建"青春之国家，青春之民族"

如果说陈独秀是新文化运动的发起者、旗手、主将的话，李大钊则是陈独秀最得力的战友。

李大钊，字守常，原名耆年，字寿昌，1889 年 10 月 29 日生于河北乐亭县大黑坨村。父亲李任荣在李大钊出生前 7 个月已经病逝，他是遗腹

---

[1] 杨振声：《回忆五四》，中国社会科学院近代史研究所编：《五四运动回忆录》（上），中国社会科学出版社 1979 年版，第 260 页。

[2] 杨晦：《五四运动与北京大学》，中国社会科学院近代史研究所编：《五四运动回忆录》（上），中国社会科学出版社 1979 年版，第 221 页。

[3] 任建树：《陈独秀大传》，上海人民出版社 1999 年版，第 115 页。

李大钊（1889—1927），河北乐亭人，中国最早的马克思主义者，中国共产党的主要创始人和早期领导人

子。在李大钊 1 岁多时，母亲竟也撒手人寰。因此，苦命的李大钊是在祖父李如珍的抚养下长大成人的。

1895 年，6 岁的李大钊被祖父送进本村私塾，读四书五经，走当时读书人都走的路。1905 年，已经 16 岁的李大钊到永平府参加科举考试。正当考试进行期间，府中接到了清政府取消科举入仕制度的谕旨。这一突然变故，使李大钊的人生之路由此改道。他与其他参加考试的部分生员一起转入永平府中学读书。

李大钊进入永平府中学这年，学校改为官办学堂，课程除传统的经学、文史外，还有英文、数学、外国地理和历史、格致学、外国政治学等"新学"科目。这些科目为李大钊接触与了解科学知识和此后报考高一级学校准备了条件。

1907 年夏，面临秋季毕业后的去向问题，李大钊约两三个同学一道去天津，准备报考那里的高一级学校。他们了解到天津的北洋军医学堂、长芦银行专修所和北洋法政学堂正在招生。李大钊同时报了北洋法政学堂和长芦银行专修所两个学校。结果，两个学校都考上了，他选择了最想读的北洋法政学堂。

北洋法政学堂是直隶总督兼北洋大臣袁世凯授命创办的，建成于 1907 年 4 月，同年 7 月开始招生，李大钊是第一届学生。该校学制 6 年，其中前 3 年是预科，后 3 年是正科。

在北洋法政学堂读书的 6 年时光里，李大钊如饥似渴地读各类新知识的书籍。为了勉励自己学习，他还将自己的名字改为"钊"，意为努力、勤勉，并为自己取字"守常"。

在北洋法政学堂学习期间，李大钊目睹中国社会发生的大变局，开始产生反对清朝统治和反抗外国帝国主义的民族意识。辛亥革命的果实被袁世凯窃取后，他很快就对北洋政府的统治失望。不久，他开始参加社会活动，1912 年冬参加了中国社会党。中国社会党的宗旨是：在"不妨害国家存立范围内主张纯粹社会主义"，具体纲领主要有：赞同共和；融化种界；改良法律，尊重个人；破除世袭遗产制度；组织公共机关，普及平民教育；振兴直接生利之事业，奖励劳动家；专征地税，罢免一切税；限制军备，鼓励军备以外之竞争，等等。李大钊之所以参加中国社会党，是因为这些纲领与他当时的理想比较接近。

1913 年 2 月 2 日，中国社会党天津支部成立，李大钊被推举为支部干事。由于北洋政府内务部迟迟不发批文，警察厅屡加干涉，支部工作一直无法开展。8 月 6 日，中国社会党北京支部负责人陈翼龙因与国民党联络，准备在北京发动反对袁世凯的活动，被捕后惨遭杀害。次日，中国社会党被北洋政府宣布为非法，勒令解散。由此，李大钊第一次以参加政党的形式从事社会活动即告结束。

1914 年 1 月，李大钊在孙洪伊、汤化龙的资助下，东渡日本，踏上留学之路。同年 9 月 8 日，李大钊入日本早稻田大学政治本科读书。

李大钊到日本不久，结识了著名学者、报人章士钊。章士钊于1914年5月主编出版了《甲寅》月刊。自结识章士钊后，李大钊的文章也屡屡在《甲寅》上发表。

此时，陈独秀正帮助章士钊编辑《甲寅》。尽管陈独秀、李大钊与章士钊都熟识，但陈、李之间并无接触，两人之间首先始于文字接触。1914年11月，《甲寅》发表了陈独秀的《爱国心与自觉心》一文。文章在指出中国面临被列强瓜分的危险，并对北洋政府及其官员的腐败黑暗进行了无情的鞭挞后，却又对国人悲观，认为国人没有爱国心和自觉心。陈独秀对国人在国家民族危机、政治黑暗的情况下麻木的状态感到痛心，想用刺激的方式唤起国人的爱国意识。然而，这种方式不太恰当，让人不理解，反而助长了国内的悲观厌世之风。李大钊读了陈独秀的文章后，虽然不同意他的看法，却能够理解他的心情。于是，李大钊写了《厌世心与自觉心》，发表在1915年8月10日出版的《甲寅》上。他的文章在承认陈独秀观点有合理成分的同时，又加入了自己的积极见解，呼吁人们不要放弃爱国信念。没有资料说明陈独秀在看到李大钊文章后是什么态度，但从后来两人成为亲密战友的情况看，陈独秀对李大钊的文章应是赞许的。陈独秀、李大钊这两位对中国现代历史产生重大影响的人物，就是在讨论爱国心的碰撞中开始交往的。

陈独秀回国创办《青年杂志》后，李大钊在日本读到了这个杂志。陈独秀的《敬告青年》一文，无疑给了他很大启发。他在1916年9月1日出版的《新青年》第二卷第一号发表《青春》一文。在这篇文章中，他把"青春"一词不再只用于青年，而是赋予了自然的、人的和人类社会的多重意义，认为任何国家、民族都有一个由盛到衰的兴亡过程，历史上许多国家曾兴盛一时，但后来都衰落了、灭亡了，"曾几何时，一代声华，都成尘土矣"。那么，"由历史考之，新兴之国族与陈腐之国族遇，陈腐者必败；朝气横溢之生命力与死灰沉滞之生命力遇，死灰沉滞者必败；青春之国民与白首之国民遇，白首者必败，此殆天演公例，莫或能逃者也"。中国"自黄帝以降，赫赫然树立独立之帜于亚东大陆者，四千八百余年于兹矣。历世久远，纵观横览，罕有其伦。稽其民族青春之期，远在有周之世，典章文物，灿然大备，过此以往，渐向衰歇之运，然犹浸衰浸微，扬其余辉，以至于今日者，得不谓其为民族之光欤？夫人寿之永，不过百年，民族之命，垂五千载，斯亦寿之至也"。因而，他指出："吾之国族，已阅长久之历史，而此长久之历史，积尘重压，以桎梏其生命而臻于衰敝者。"至于中国国家民族今后能否在世界上立足，"不在白首中国之苟延残喘，而在青春中国之投胎复活"。为此，他提出了"青春中华"的目标，号召广大青年"本其理性，加以努力，进前而勿顾后，背黑暗而向光明，为世界进文明，为人类造幸福，以青春之我，创建青春之家庭，青春之国家，青春之民族"。[1]

尽管李大钊这篇文章的思想武器仍是进化论，没有更新的思想武器，但他通过分析世界文明古国的兴衰尤其是中国历史发展的兴衰，认为历史悠久的国家，由于陈腐的传统积压太重，以至于桎梏了生命力，因而越来越衰落。对于中国来说，能否在这世界上生存、立足，不在于旧中国能够延续多长时间，而在于彻底改造，铲除旧传统，创造青春中国。李大钊这个理念，实际上提出了有着 5000 年文明史的中国，在远落后于世界各先进国家、饱受列强欺凌、处于被瓜分境地下，如何实现民族复兴的道路问题。尽管他没说靠什么思想武器能够创造"青春中华""青春中国""青春之国家""青春之民族"，但只要有这个理念，寻找到新的能够救中国的思想武器是迟早的事。

1916 年 5 月，李大钊回国，先到上海，不久到北京，先后参与创办《晨

---

[1] 李大钊：《青春》，中国社会科学院近代史研究所编：《五四运动文选》，生活·读书·新知三联书店 1959 年版，第 37、38、43 页。

钟》报，协办《宪法公言》，主笔《甲寅》日刊。1918 年 1 月，在北京大学图书馆主任章士钊的推荐下，李大钊代替章士钊担任北京大学图书馆主任，并成为《新青年》编委之一。李大钊与陈独秀，这两个此前惺惺相惜的文友自此成为最亲密的同事、战友，对新文化运动的发展及此后中国政治的发展无疑起到了重要的作用。

1917 年 11 月 7 日（俄历 10 月 25 日），在列宁领导下，俄国取得了社会主义革命的伟大胜利。俄国十月革命的胜利，是人类历史上一个划时代的事件，极大地改变了 20 世纪世界的进程。中国是俄国的近邻，十月革命胜利的消息自然很快传到中国，引起了李大钊的关注。

李大钊为什么关注俄国十月革命呢？其原因是他在日本早稻田大学留学期间，有位名字叫安部矶雄的老师给了他很大影响。安部矶雄曾参加过日本早期工人运动，是日本社会民主党的重要发起人之一，翻译过共产主义的开山之作《共产党宣言》，是当时日本最有名的社会主义学者之一。安部矶雄在早稻田大学讲课时，常常用社会主义的观点讲经济学。李大钊听安部矶雄讲课时，对其中的社会主义观点非常入耳，意犹未尽时常常在课下与他交流。就这样，李大钊对社会主义有了初步的认识。

当时北洋政府视布尔什维克党为"过激派""洪水猛兽"，严禁"过激主义"的传播。1918 年 7 月 1 日，李大钊在《言治》季刊第三册发表《法俄革命之比较观》，热情赞扬俄国革命。他指出："俄罗斯之革命是二十世纪初期之革命，是立于社会主义上之革命，是社会的革命而并着世界的革命之采色者也。""内足以唤起其全国之自觉，外足以适应世界之潮流。"认为俄国革命"冲决'神'与'独裁君主'之势力范围，而以人道、自由为基础，将统制一切之权力，全收于民众之手"。并且很有眼光地说："俄罗斯之革命，非独俄罗斯人心变动之显兆，实二十世纪全世界人类普遍心理变动之显兆。"表示"吾人对于俄罗斯今日之事变，惟有翘首以迎其世界新文明之曙光，倾耳以迎其建于自由、人道上之新俄罗斯之消息，而求所以适应此世界的新潮流"。[1]

李大钊对俄国十月革命的欢呼、赞扬，对这场革命对于世界发展的影响的判断，无疑是具有远见的。这时，走俄国的道路，接受马克思主义真理的想法，已经在李大钊脑海中露出苗头。

尽管这时在新文化运动中像李大钊这样倾心于俄国十月革命的人还不多，但在思想界已经出现一个小口子，随着历史的急速发展，这个口子会越来越大，最终形成巨大的潮流。

鲁迅的呐喊

1918 年 5 月 15 日，《新青年》第四卷第五号上发表了一篇署名为"鲁迅"的白话小说《狂人日记》。小说以一个患有"迫害狂"病症者的口吻写道：

> 凡事总须研究，才会明白。古来时常吃人，我也还记得，可是不甚清楚。我翻开历史一查，这历史没有年代，歪歪斜斜的每页上都写着"仁义道德"几个字。我横竖睡不着，仔细看了半夜，才从字缝看出字来，满本都写着两个字是"吃人"！
>
> …………
>
> 易牙蒸了他儿子，给桀纣吃，还是一直从前的事。谁晓得从盘古开辟天地以后，一直吃到易牙的儿子；从易牙的儿子，一直吃到徐锡林；从徐锡林，又一直吃到狼子村捉住的人。去年城里杀了犯人，还

---

[1] 李大钊：《法俄革命之比较观》，中国社会科学院近代史研究所编：《五四运动文选》，生活·读书·新知三联书店 1959 年版，第 147、149 页。

有一个生痨病的人，用馒头蘸血舐。

…………

不能想了。

四千年来时时吃人的地方，今天才明白，我也在其中混了多年；大哥正管着家务，妹子恰恰死了，他未必不和在饭菜里，暗暗给我们吃。

我未必无意之中，不吃了我妹子的几片肉，现在也轮到我自己……

有了四千年吃人履历的我，当初虽然不知道，现在明白，难见真的人！

……

没有吃过人的孩子，或者还有？

救救孩子……[1]

鲁迅在这篇小说里，通过"狂人"的嘴把中国封建势力的家族制度和礼教的毒害，无情地揭露出来，进行尖锐深刻的抨击。小说在读者面前，展开了一幅丑恶的封建社会图画。在这个存在着封建等级制度的社会里，人与人之间的关系，不是什么表面上好听的"仁义道德"，而是血淋淋的"吃人"的关系。封建统治者从旧礼教中找出冠冕堂皇的理由，作为他们吃人的"理论"依据。这种"吃人"的关系，不但在社会上普遍地存在着，就是在封建家族中也一样存在。

《狂人日记》是鲁迅向封建主义发出的挑战书，由此奠定了他在中国革命现实主义文学史上的基石地位。

鲁迅是谁，他的笔为什么如此犀利？

---

[1]《鲁迅著译编年全集》（叁），人民出版社 2009 年版，第 21、25、27—28 页。

鲁迅（1881—1936）是新文化运动的伟大旗手，也是中国现代文学的奠基人之一

鲁迅，浙江绍兴人，1881年9月25日生，原名周樟寿，后改名周树人，字豫才。其父周伯宜，是读书人，曾经考中过秀才。母亲鲁瑞，娘家是农村的，靠自修获得了看书的能力。"鲁迅"这个笔名的"鲁"就是取自母亲的姓。祖父周介孚，在鲁迅出生时是一个翰林院编修，正在北京做官。祖母姓蒋，是一位很会讲故事的老人。周家有水田四五十亩，不愁生计，是殷实富足之家。

鲁迅7岁开始读书，有一个快乐的童年时代。13岁时，周家发生了一件天大的事，祖父周介孚因为科场案，被清政府下狱。封建社会对科场案件的处罚是非常严酷的，一人犯案，弄不好就要满门抄斩。处在巨大恐惧之中的周家大人怕株连到孩子们，就把鲁迅及弟弟送到离城30多里的皇甫庄大舅父家避难。避难期间，周家少爷鲁迅与乡下农民的孩子们成了要好的小伙伴。

半年之后，风头没有那么紧了，鲁迅又回到了绍兴城。不久，不幸的事情又发生了，父亲周伯宜病倒了。自从祖父出事后，每年秋天都有可怕的消息传来，于是周家就赶紧凑钱汇到杭州或北京，托人设法营救。这样，一年又一年，周家的经济力量就渐渐支持不住而濒于破产。在这样压抑的日子里，周伯宜时常喝闷酒，借酒浇愁，身体也慢慢坏了下去。为了给周伯宜治病，周家先后请了两个中医，诊费很高，开的药稀奇古怪，却不治病。结果病不但没有治好，周伯宜的身体反而越来越差，最终还是去世了。在这几年当中，鲁迅几乎每天出入于当铺和药店之间，把家里所有值钱的东西当了给父亲治病。童年那快乐的时光一去不复返，他从一个富足人家的小少爷变成困顿之家的落魄少年。

这时，正值清政府在中日甲午战争中失败，割地赔款，给人民带来深重灾难。腐败的政府对外屈膝投降，对内实行专制统治。封建家庭的衰落，亲人的死亡，旧社会人们的冷漠，使鲁迅开始认识这个腐朽的社会。

1898 年 5 月，鲁迅考入设在南京的江南水师学堂。这时，他把原名樟寿改为树人。12 月，他请假回家一次，在母亲的催促下，参加了一次会稽县的县试。这个经历，同陈独秀差不多。鲁迅对博取功名不感兴趣，只是母命难违才参加了县试。待到府试时，鲁迅放弃了，仍回江南水师学堂学习。在江南水师学堂学习不到一年，鲁迅觉得这个学校不大适合他，就在第二年春季开学时，转入江南陆师学堂附设的矿务铁路学堂学习。

维新变法运动尽管失败了，但在其直接影响下，新的学堂开始兴办，新思潮开始兴起。鲁迅在矿务铁路学堂开始接触一些新的进步思潮。他像其他先进的中国人一样，寻找拯救祖国的真理。严复翻译的《天演论》引起了鲁迅极大的兴趣，他一口气把这本书读完。通过这本书，鲁迅接受了达尔文的进化论，将其作为反帝反封建的思想武器。

1902 年 3 月，鲁迅从矿务铁路学堂毕业，后面的路怎么走，是他面临的一个问题。恰巧这时江南督练公所要选派学生出国留学，鲁迅和另外四位同学一同被派往日本。到日本后，他先是在东京弘文书院补习日文，两年多之后，于 1904 年 9 月离开东京，进入仙台医学专门学校读书。至于为什么学医，主要是父亲被庸医治死，他决心学医，以期学成回国后用自己的医术救治像他父亲那样被误治的病人。

鲁迅在仙台医学专门学校学习的第二年，一件事情的发生打断了他的人生发展轨迹。事情是这样的：在这一学年里，学校新增加了一门细菌学。教这一门课程时，是用电影来显示细菌的。当有关细菌课的片子放完时，还没有到下课时间，校方便放映几段时事片子。这时，日俄战争刚刚结束，日本取得胜利，放映的片子大都是宣传日本战胜俄国的战绩。在一部片子里，有中国人出现的镜头，根据解说是：一个中国人给沙俄军队当侦探，被日军抓住要枪毙，而围观的一群中国人神情麻木。在课堂里看电影的学生只有鲁迅是中国人，除了他，所有学生都在鼓掌欢呼。这欢呼，是每看完一部片子都有的，但这次，鲁迅听了特别刺耳。在此之后，鲁迅的心情不再平静，他吃不下饭，睡不着觉。他苦苦思索，为什么一样是体格健壮的人，却显出麻木的神情？！围观自己的同胞被杀，竟然无动于衷？！这个刺激对鲁迅极为深刻，他的结论是："凡是愚弱的国民，即使体格如何健全，如何茁壮，也只能做毫无意义的示众材料和看客，病死多少是不必以为不幸的，所以我们的第一要著，是在改变他们的精神。"[1] 在他看来，医治人们的精神疾病比医治他们的身体疾病更重要。于是，他决定弃医退学，从事文艺运动，以唤起人们精神上的觉醒。

1906 年夏天，鲁迅从仙台回到东京，开始从事革命文学活动，曾发表《文化偏至论》等论文，抨击资产阶级改良主义主张，支持以孙中山为首的资产阶级革命派。1908 年，他参加光复会。辛亥革命后，他曾任中华民国南京临时政府和北京政府教育部部员、佥事等职，并在北京大学、北京女子师范大学等校兼职授课。

---

[1]《鲁迅著译编年全集》（肆），人民出版社 2009 年版，第 650 页。

鲁迅于 1912 年 5 月到北京后，住在宣武门外南半截胡同内绍兴会馆一间叫藤花馆的小屋子里。他在这里住了整整四年，之后搬到绍兴会馆内一个叫作补树书屋的院子里。

据说在这个院子里此前有一个女人吊死在一棵槐树上，没有人敢住。鲁迅学过医，解剖过尸体，不迷信，就搬过来住了。1918 年 2 月下旬的一天晚上，鲁迅正在抄古碑，钱玄同来看望他，顺便还带来了一本《新青年》。他翻了翻鲁迅的古碑抄本，问："你抄了这些有什么用？"鲁迅回答："没有什么用。"钱玄同有些不解："那么，你抄它是什么意思呢？""没什么意思。"钱玄同建议："我想，你可以做点文章……"

鲁迅明白钱玄同的意思了，知道钱参与编辑《新青年》，为了扩大影响，正在寻找"友军"。他对钱玄同说："假如一间铁屋子，是绝无窗户而万难破毁的，里面有许多熟睡的人们，不久都要闷死了，然而是从昏睡入死灭，并不感到就死的悲哀。现在你大嚷起来，惊起了较为清醒的几个人，使这不幸的少数者来受无可挽救的临终的苦楚，你倒以为对得起他们么？"

钱玄同反驳："然而几个人既然起来，你不能说决没有毁坏这铁屋的希望。"

经钱玄同的要求，鲁迅答应为《新青年》写文章。他以两年前一个来北京的姨表兄患有"迫害狂"病症为原型，写了《狂人日记》这篇小说，并且第一次用"鲁迅"的笔名。

自从在《新青年》发表《狂人日记》开始，鲁迅便一发而不可收，陆续发表了十余篇小说，其中在五四运动爆发前发表的还有《孔乙己》《药》。1922 年 12 月，他将这些小说结集，以《呐喊》为书名出版。他在《呐喊》的自序中这样写道："在我自己，本以为现在是已经并非一个迫切而不能已于言的人了，但或者还未能忘怀于当日自己的寂寞的悲哀罢，所以有时候仍不免呐喊几声，聊以慰藉那在寂寞里奔驰的猛士，使他不惮于前驱。"[1] 很明显，他发表这些小说，是想用自己的呐喊唤起人们的觉醒，勇敢地向黑暗的旧制度、旧思想开展斗争。

鲁迅不仅以短篇小说为武器唤起人们的觉醒，还使用了另一种武器——杂文。杂文这种文体，虽然不少文学家也用，但用杂文作为对旧制度、旧思想的斗争武器，鲁迅是第一人。鲁迅之所以用杂文作为武器，是认为这种文体短小精悍，写起来也快，能够针对性更强、更及时地发挥匕首般的战斗作用。

鲁迅的杂文在《新青年》上发表时，是作为"随感录"出现的，随感随写，不拘形式。它针对要害，及时地给予对手致命的一击，决不无的放矢。

鲁迅的短篇小说、杂文在新文化运动中独树一帜，吸引了广大读者，特别是众多青年读者，对他们的心灵上产生了极大的震撼。

攻击矛头集中于孔教

袁世凯提倡、北洋军阀政府掀起的尊孔读经逆流，是倡导民主、科学的新文化运动的大敌。因此，新文化运动要发展、要将人们从旧思想的桎梏中解放出来，不得不把攻击的矛头集中指向统治中国 2000 多年的以纲常名教为核心的封建思想文化，特别是北洋军阀政府所尊奉的孔教。

陈独秀在 1916 年 10 月至 12 月，连续在《新青年》上发表《驳康有为致总统总理书》《宪法与孔教》《孔子之道与现代生活》3 篇文章，对当时以当代圣人自居、推行尊孔最为卖力气的康有为的种种谬论进行有力的驳斥。

---

[1]《鲁迅著译编年全集》（肆），人民出版社 2009 年版，第 652 页。

在《驳康有为致总统总理书》中，陈独秀针对康有为提出要把孔教定为国教的主张，指出：康有为锐意提倡"别尊卑、重阶级、事天尊君、历代民贼所利用之孔教"，是"惟恐中国人之'帝制根本思想'"被人们抛弃。他依据西方国家资产阶级革命以来主张的信教自由理念，认为"信教自由，已成为近代政治之定则。强迫信教，不独不能行之本国，且不能施诸被征服之属地之人民"。对于康有为自夸的"三周大地，游遍四洲，经三十国，日读外国之书"，陈独秀讥讽他"实不通外国文，于外国之论理学、宗教史、近代文明史、政治史，所得甚少"。[1]

《宪法与孔教》一文针对要把尊孔条文写入宪法的主张，指出孔教与宪法格格不入，不能写入宪法。强调："欲建设西洋式之新国家，组织西洋式之新社会，以求适今世之生存，则根本问题，不可不首先输入西洋式社会国家之基础，所谓平等人权之新信仰，对于与此新社会、新国家、新信仰不相容之孔教，不可不有彻底之觉悟，猛勇之决心，否则不塞不流，不止不行！"[2]

《孔子之道与现代生活》一文，从现代经济生活和现代伦理关系上论证了孔教不适于现代生活。现代经济生活，是"个人独立主义"，与此相适应，现代伦理学也是"个人人格独立"，"社会风纪，物质文明，因此大进"。然而，孔教宣扬的是"父母在，不敢有其身，不敢私其财"。这都不符合现代的"个人独立之道。"[3] 文章反映了当时中国资本主义发展的要求，说明了反对封建伦理道德的社会意义。

对于北洋军阀政府宪法草案中规定的"国民教育以孔子之道为修身大

---

[1] 陈独秀:《驳康有为致总统总理书》，中国社会科学院近代史研究所编:《五四运动文选》，生活·读书·新知三联书店 1959 年版，第 44、45 页。

[2] 陈独秀:《宪法与孔教》，中国社会科学院近代史研究所编:《五四运动文选》，生活·读书·新知三联书店 1959 年版，第 55 页。

[3] 陈独秀:《孔子之道与现代生活》，中国社会科学院近代史研究所编:《五四运动文选》，生活·读书·新知三联书店 1959 年版，第 61、62 页。

本"一条，1917 年 1 月 30 日，李大钊在《甲寅》日刊上发表《孔子与宪法》一文，一针见血地指出："孔子者，数千年前之残骸枯骨也。宪法者，现代国民之血气精神也。以数千年前之残骸枯骨，入于现代国民之血气精神所结晶之宪法，则其宪法将为陈腐死人之宪法"。他形象地比喻孔子是"历代帝王专制之护符"，指出"专制不能容于自由"，将孔子之道载入宪法，是"专制复活之先声"。[1]

鲁迅在发表《狂人日记》后不久，又发表了《我之节烈观》，无情地鞭挞了封建主义的三纲之中的夫为妻纲。他指出：在封建社会，"女子多当作男人的物品。或杀或吃，都无不可"。甚至男人死后，女子被一同殉葬。他抨击"女应守节男子却可多妻的社会，造出如此畸形道德"，认为节烈这事是极难、极苦的，女子是不愿节烈的，指出节烈是"不利自他，无益社会国家，于人生将来又毫无意义的行为，现在已经失了存在的生命和价值"，号召"要除去虚伪的脸谱。要除去世上害己害人的昏迷和强暴"，将女子从节烈的枷锁下解放出来，享受"正当的幸福"。[2]

1919 年 3 月，鲁迅还在《每周评论》上用"庚言"的笔名，连续发了《敬告遗老》《孔教与皇帝》《旧戏的威力》3 则《随感录》，对孔教及尊孔派、前清遗老、封建文化进行了辛辣抨击。

在新文化运动中，吴虞也是一个猛烈批孔的风云人物。吴虞是四川新繁人，早年留学日本，回国后长期在成都教书。1917 年 2 月 1 日出版的《新青年》第二卷第六号上，发表了吴虞的《家族制度为专制主义之根据论》一文。文章指出："儒家以孝悌二字为二千年来专制政治与家族制度联结之根干，而不可动摇。"认为中国长期停滞于"宗法社会之中而不能前

[1] 李大钊：《孔子与宪法》，中国社会科学院近代史研究所编：《五四运动文选》，生活·读书·新知三联书店 1959 年版，第 78 页。
[2]《鲁迅著译编年全集》（叁），人民出版社 2009 年版，第 56、57、59 页。

进"，"推原其故，实家族制度为之梗也"。[1]

吴虞看到鲁迅发表的《狂人日记》后，非常赞同，写了一篇《吃人与礼教》，发表在《新青年》第六卷第六号上。他在文中说："我觉得他这日记，把吃人的内容和仁义道德的表面看得清清楚楚。那些戴着礼教假面具吃人的滑头伎俩，都被他把黑幕揭破了。"吴虞列举了一些例子来证明鲁迅的说法，在文章最后说："我们如今，应该明白了！吃人的就是讲礼教的！讲礼教的就是吃人的呀！"[2]

吴虞批孔的激烈言辞，在当时思想界曾震动一时，陈独秀称他为"蜀中名宿"，胡适赞他为"四川只手打孔家店的老英雄"。

新文化运动的思想家们对于孔教的这些批判，不仅是极其勇敢的，也是充满理性的。诚如李大钊所指出："余之掊击孔子，非掊击孔子之本身，乃掊击孔子为历代君主所雕塑之偶像的权威也；非掊击孔子，乃掊击专制政治之灵魂也。"[3]

与狠批孔教相联系，新文化运动开启了文学革命。胡适在 1917 年 1 月 1 日出版的《新青年》第二卷第五号上发表《文学改良刍议》一文，提出文学改良的八项主张："一曰，须言之有物。二曰，不摹仿古人。三曰，须讲求文法。四曰，不作无病之呻吟。五曰，务去烂调套语。六曰，不用典。七曰，不讲对仗。八曰，不避俗字俗语。"[4]陈独秀随即写了《文学革命论》，发表在 1917 年 2 月 1 日出版的《新青年》第二卷第六号上，高张"文学革命军"大旗以示声援。他在文章中提出了三大主义："推倒雕琢

---

[1] 吴虞：《家族制度为专制主义之根据论》，中国社会科学院近代史研究所编：《五四运动文选》，生活·读书·新知三联书店 1959 年版，第 84、86 页。

[2] 吴虞：《吃人与礼教》，中国社会科学院近代史研究所编：《五四运动文选》，生活·读书·新知三联书店 1959 年版，第 141、145 页。

[3] 守常：《自然的伦理观与孔子》，《甲寅》日刊 1917 年 2 月 4 日。

[4] 胡适：《文学改良刍议》，中国社会科学院近代史研究所编：《五四运动文选》，生活·读书·新知三联书店 1959 年版，第 67 页。

的、阿谀的贵族文学，建设平易的、抒情的国民文学""推倒陈腐的、铺张的古典文学，建设新鲜的、立诚的写实文学""推倒迂晦的、艰涩的山林文学，建设明了的、通俗的社会文学"，并认为："今欲革新政治，势不得不革新盘踞于运用此政治者精神界之文学。"[1]

文学革命的实质，是用民主主义的新文学，反对封建主义的旧文学。白话文取代文言文通行于世，是文学革命同时也是新文化运动取得的显著成果之一。鲁迅用白话文写小说、文章、新诗，是把文学革命的形式和内容相结合的典范，李大钊、陈独秀都开始用白话文写文章、写诗，钱玄同、刘半农、周作人等也积极参加了这场文学革命。

新文化运动还批判了封建迷信思想，宣传了自然科学。针对上海一帮封建文人创办封建迷信团体"上海灵学会"，专门研究人鬼之理、仙佛之道，陈大齐发表《辟"灵学"》、陈独秀发表《有鬼论质疑》、易白沙发表《诸子无鬼论》等文章，钱玄同、刘半农也以随感录的形式，同灵学会有鬼论进行坚决的斗争。在他们的斗争下，灵学会刮起的有鬼妖风此后不敢在新文化的论坛上兴风作浪。

新文化运动对中国封建传统文化的勇猛冲击，形成了一场前所未有的启蒙运动和空前深刻的思想解放运动。毛泽东曾称赞新文化运动为"自有中国历史以来，还没有过这样伟大而彻底的文化革命"[2]。

新文化运动从根本上说，主要仍是资本主义的新文化反对封建主义的旧文化的斗争。新文化运动参加者的思想水平和在斗争中所致力的侧面不同，后来在思想上和政治上的发展道路也有很大差异。总的说来，他们在思想上一般还没有超出资产阶级民主主义的范围。他们号召人们冲破封建主义牢笼，目的还是要把中国引向资本主义道路。由于阶级和时代的局

---

[1] 陈独秀：《文学革命论》，中国社会科学院近代史研究所编：《五四运动文选》，生活·读书·新知三联书店1959年版，第80—81、83页。
[2]《毛泽东选集》第二卷，人民出版社1991年版，第700页。

限，他们在思想认识和思想方法上还存在这样或那样的缺点，比如，存在着绝对肯定或绝对否定的偏向，把传统与现代、中国与西方绝对对立起来，表现为在某些问题上否定中国的一切，而肯定西方资本主义国家的一切，忽视中国文化和社会的特殊性，不善于把中国的传统文化的精华和糟粕加以区别，而把复杂的文化现象作简单化的处理，缺乏科学的分析和批判能力，等等。

尽管存在这样或那样局限，新文化运动的大方向是正确的，态度是坚决的，有力打击和动摇了长期以来封建正统思想的统治地位。它如寂静黑夜中响起的惊雷，唤醒了一代青年，使中国的知识分子尤其是广大青年受到一次西方民主和科学思想的洗礼，从而打开了遏制新思想涌流的闸门，在中国社会上掀起一股生机勃勃的思想解放潮流。正是它，为即将到来的一场爱国狂飙奠定了思想基础，为适合中国社会需要的新思潮特别是为马克思主义在中国的传播，创造了有利条件。

三、席卷全国的反帝爱国狂飙

尴尬的战胜国

1918 年 11 月 11 日，随着德国宣布投降，历时 4 年多、给世界人民带来深重灾难的第一次世界大战以协约国的胜利宣告结束。

由于段祺瑞政府在 1917 年 8 月 14 日对德宣战，中国成了战胜国之一。在鸦片战争后的对外战争中，中国历来是战败国，这次成为战胜国，让北京政府欣喜若狂。为了庆祝协约国的胜利，北京政府做出两个举动：

一是宣布从 11 月 28 日至 30 日在北京举行三日大庆，在故宫太和殿前广场举行了四五个小时的阅兵典礼，所有在京的北洋军都参加受阅，由大总统徐世昌率领国务总理段祺瑞及陆军部长等官员检阅，并请各国公使参加观礼。检阅完毕后，北京政府要人及各国公使又共同至中南海总统府举行宴会，佳肴美酒，轻歌曼舞，现场气氛令人陶醉。

二是将克林德碑由东单牌楼的北边迁到中央公园（今中山公园）。克林德原是驻华公使，义和团运动时经过东单北边时被清兵杀死。义和团运动被镇压后，清政府与帝国主义签订屈辱的《辛丑条约》，其中有两条是向德国赔礼道歉与竖立牌坊。根据《辛丑条约》，清政府在东单牌楼的北边建立克林德碑，北京人称为"石头牌坊"。克林德碑迁到中央公园大门内，改为"公理战胜"碑。

当德国战败的消息传到北京后，民间也进行了庆祝活动。北京各学校于 11 月 14 日至 16 日连续放假 3 天，庆祝胜利。大街小巷彩旗招展，鼓乐喧天。特别是在东交民巷和天安门一带，人流拥挤，一片欢腾。15、16日两日，北京大学在天安门举行讲演大会。28 日至 30 日，北京各学校又

"公理战胜"碑矗立在北京中央公园（1928 年改名为中山公园）内

放假 3 天，更大规模地参加了北京各界的庆祝大会。这 3 天的每天下午，北京大学都在中央公园举办讲演会，讲演者不仅有教职员，而且有学生。

这时，许多人很天真，认为协约国胜利了，中国作为一个战胜国可以扬眉吐气一把，甚至幻想能够借此废除外国在华的特殊权益。因此，不少人在演说中认为协约国的胜利是"公理战胜强权"。1918 年 1 月 8 日，美国总统威尔逊在国会演说中提出了 14 条，其中有：此后无论何事，不得私结国际之盟约。凡外交事项，均须开诚布公执行之，不得秘密从事；除却各种关于经济之障碍物，使利益普及于爱和平及保障和平之各国；对于殖民地之处置，须推心置腹，以绝对的公道为判断。殖民地人民之公意，当与政府之正当要求共适权衡。此种主义，各国须绝对尊重，不得丝毫假借；国无大小，一律享同等之权利。在美国康奈尔大学、哥伦比亚大学先后留过学、对美国社会崇拜得五体投地的胡适，在演讲中吹嘘威尔逊的 14 条，宣扬协约国的胜利是美国的胜利，在群众中散布对美国的幻想。

胡适在讲演中称："这一次协商国所以能大胜，全靠美国的帮助。美国所以加入战国，全是因为要寻一个'解决武力'的办法。""美大总统所主张，协商各国同声赞成的'解决武力'的办法"，就是"把各国私有的武力变成了世界的公有武力，就是变成了世界公有的国际警察队"。[1]

威尔逊满嘴的漂亮话，再加上胡适的刻意美化，的确有不少人受到迷惑。11 月 30 日晚，北京大学的学生举行提灯游行，竟到段祺瑞的住宅门前表示祝贺。北京各校的学生，有不少跑到美国使馆门前高喊：威尔逊大总统万岁！甚至连陈独秀也在《每周评论》的发刊词中认为："美国大总统威尔逊屡次的演说，都是光明正大，可算得现在世界上第一个好人。"[2]

这时，人们把威尔逊骗人的鬼话当真，看不清无论是协约国还是同盟

---

[1]《北京大学日刊》1918 年 11 月 27 日。
[2]《每周评论》第一号，1918 年 12 月 22 日。

国，其实是一路货色，都是帝国主义。第一次世界大战，是帝国主义国家之间的相互争夺，是非正义的战争，无论谁胜，都不会给殖民地、半殖民地人民带来任何好处。

也有少数人头脑清醒，李大钊就是其中之一。他的讲演与别人的讲演完全不同，而是语出惊天。他说：

> 我们这几天庆祝战胜，实在是热闹的很。可是战胜的，究竟是那一个？我们庆祝，究竟是为那个庆祝？我老老实实讲一句话，这回战胜的，不是联合国的武力，是世界人类的新精神。不是那一国的军阀或资本家的政府，是全世界的庶民。我们庆祝，不是为那一国或那一国的一部分人庆祝，是为全世界的庶民庆祝。不是为打败德国人庆祝，是为打败世界的军国主义庆祝。[1]

那么，第一次世界大战的结果是什么呢？李大钊认为："一个是政治的，一个是社会的。""政治的结果，是'大……主义'的失败，民主主义战胜。"他指出："'大……主义'就是专制的隐语，就是仗着自己的强力蹂躏他人欺压他人的主义。有了这种主义，人类社会就不安宁了。大家为抵抗这种强暴势力的横行，乃靠着互助的精神，提倡一种平等的自由的道理。这等道理，表现在政治上，叫民主主义。"而"民主主义的战胜，就是庶民的胜利。""社会的结果，乃在资本主义失败，劳工主义战胜。""劳工主义的战胜，也是庶民的胜利。"他还极有远见地指出："一个事件的发生，是世界风云发生的先兆。一七八九年的法国革命，是十九世纪中各国革命的先声。一九一七年的俄国革命，是二十世纪中世界革命的先声。"

对于即将在法国巴黎召开的"和平会议"，李大钊在演讲中提出要大

---

[1]《李大钊选集》，人民出版社 1959 年版，第 109 页。

家警惕持"大……主义"的阴谋政治家将其开成分赃会议,"断不许有带'大……'臭味,或伏'大……主义'根蒂的条件成立。即或有之,那种人的提议或那种条件,断归无效。这场会议,恐怕必须有主张公道破除国界的人士占列席的多数,才开得成。"[1] 很明显,李大钊并不看好这个"和平会议"。

同一天,李大钊还写了一篇《Bolshevism 的胜利》的文章,指出:"这回胜利,究竟是谁的胜利?""我们庆祝,究竟是为谁庆祝?""对于德国军国主义的胜利,不是联合国的胜利,更不是我国徒事内争托名参战的军人,和那投机取巧卖乖弄俏的政客的胜利,而是人道主义的胜利,是平和思想的胜利,是公理的胜利,是自由的胜利,是民主的胜利,是社会主义的胜利,是 Bolshevism 的胜利,是赤旗的胜利,是世界劳工阶级的胜利,是二十世纪新潮流的胜利。""我们对于这桩世界大变局的庆祝,不该为那一国那些国里一部分人庆祝,应该为世界人类全体的新曙光庆祝;不该为那一边的武力把那一边的武力打倒而庆祝,应该为民主主义把帝制打倒,社会主义把军国主义打倒而庆祝。"他认为,"俄罗斯式的革命,可以说是二十世纪式的革命。象这般滔滔滚滚的潮流,实非现在的资本家的政府所能防遏得住的。"

在文章中,李大钊这样预见:

由今以后,到处所见的,都是 Bolshevism 战胜的旗。到处所闻的,都是 Bolshevism 的凯歌的声。人道的警钟响了!自由的曙光现了!试看将来的环球,必是赤旗的世界!

……Bolshevism 这个字,虽为俄人所创造,但是他的精神,可是二十世纪全世界人类人人心中共同的觉悟的精神。所以 Bolshevism 的

---

[1]《李大钊选集》,人民出版社 1959 年版,第 109、110、111 页。

胜利，就是二十世纪人类人人心中共同觉悟的新精神的胜利！[1]

100 多年过去了，读着李大钊的讲演和文章，仍然感觉到那种穿越时空的强音，仿佛看到那个留着平头、戴着一副深度近视眼镜、身着长衫向黑暗势力宣战的斗士，站在讲台上，迎着初冬冷风，面对台下黑压压的听众，慷慨激昂地告诉大家，不要听信那些无耻军阀、政客们的欺骗，走俄国革命的道路，中国才能摆脱被压迫的命运，获得民族解放。

当时对协约国抱有幻想的听众们，可能还认识不到这个北京大学教授的主张是正确的，甚至对此不屑一顾。但这个先进的中国人密切注视世界的大变局，敏锐抓住俄国十月革命给被压迫民族带来的新曙光，打开了中国摆脱枷锁、走上自由解放的大门。此后的中国历史发展进程，很快证明了李大钊的远见卓识。

李大钊的演讲和文章表明，马克思列宁主义真理已开始在中国的泥土里播撒下种子。

1919 年 1 月 18 日，第一次世界大战的战胜国在法国巴黎召开和平会议。会议是在美、英、法、意、日五大国操纵下举行的，其中，美国总统威尔逊、英国首相劳合·乔治、法国总理克里孟梭是"三巨头"。

1 月 11 日，以陆徵祥为团长的中国代表团抵达巴黎。中国代表团有 5 位全权代表，分别为北京政府外交总长陆徵祥、南方政府代表王正廷、驻英国公使施肇基、驻美国公使顾维钧、驻比利时公使魏宸组。此外，代表团成员还包括驻法国公使胡惟德、驻丹麦公使颜惠庆、驻意大利公使王广圻、参事严鹤龄。驻法国公使馆参赞岳昭燏担任秘书长。代表团的组成几乎包括了所有驻欧美主要国家的公使，可以说是"外交精英"尽出。另外，代表团还有 17 名专家、5 位外籍顾问和部分行政技术人员。代表团总

---

[1]《李大钊选集》，人民出版社 1959 年版，第 112、113、117、118 页。

计 52 人，真可谓浩浩荡荡，规模、阵容空前。

国内各政治派别也对巴黎和会非常关注，派出要人赴巴黎，其中有研究系的梁启超、张君劢、蒋方震、丁文江，国民党方面的汪精卫、张静江、徐谦，以及旧交通系的叶恭绰等。

可见，无论是政府方面，还是政党团体，都对巴黎和会充满了期待。巴黎和会自开幕起，就成为中国各界的聚焦点，人们盼望从这里给国内传来令人振奋的好消息。

中国代表团兴冲冲而来，即被当头泼了一盆冷水。操纵巴黎和会的英、法等国，在参会席位问题上决定，协约国凡参战各国在和会上的席位分为三类：第一类是英、法、美、意、日五国，每国 5 席；第二类是战争中提供某些援助的国家，每国三席；第三类是协约国阵营中的其他成员，每国 2 席。当初协约国拉中国参战时曾许诺，如果中国参战，战后将在和会上以大国相待。英、法两国驻华公使在照会中也确认了这个许诺。因此，中国代表团在赴巴黎时信心满满，认为英法会兑现诺言，所以代表团中有 5 位全权代表。不料，席位一公布，中国竟列在第三类，只有两席。这显然令中国代表团失望。

中国代表团不甘心只有两个席位，陆徵祥亲自去找法国外长和据悉将任和会主席的法国总理。法国总理和外长称他们原先的许诺不算数了，并告诉陆徵祥，一个国家在和会上的地位是要由该国在战争中为协约国所做过的努力来确定的。中国代表团当时获悉，巴西有发言权的代表已由两席增至三席，陆徵祥以此为据，同法国外长争辩，强调也应照此对待中国。法国外长的解释是：中国对协约国方面实际帮助甚少，而巴西海军曾巡弋南大西洋，保护了协约国运军火的船只，对协约国贡献甚大。陆徵祥碰了一鼻子灰而回。

按照陆徵祥的安排，顾维钧和施肇基分别到美国代表团和英国代表团就席位问题进行磋商。美国代表团表示支持中国的要求，但并无实际行动，只是开了一张空头支票。英国代表团的态度和法国差不多，施肇基也吃了闭门羹。

巴黎和会的会议分三种：全体会议、最高委员会和审议各种专门问题的委员会。表面上，一切会议决议都要由全体会议通过，实际上决定一切重大问题的是最高委员会。最高委员会由英、美、法、日、意五国各出两名代表组成，称"十人会"。

中国代表团最初向"十人会"提出了七项希望条件：（1）废弃势力范围；（2）撤退外国军队、巡警；（3）裁撤外国邮局及有线无线电报机关；（4）撤销领事裁判权；（5）归还租借地；（6）归还租界；（7）关税自主权。中国代表团原来拟定的提案中还有"铁路统一"一条。此条遭到北京政府交通总长曹汝霖的极力反对，说是实现此条，必然陷入英、美的阴谋。于是，代表团将此条删去。

中国留欧学生非常关注巴黎和会，派出代表向中国代表团要求必须向和会提出废除"二十一条"。中国代表团遂又提出请求和会取消1915年5月25日的中日协约（既二十一条）及换文的陈述书。

但是，上述两项提交到"十人会"时，都遭到了拒绝，认为不在和会讨论之列。

巴黎和会一开始，中国代表团连续两次碰壁，给人们心头蒙上一层阴云。

1月27日，正进午餐的中国代表团得到一个消息，说中国代表团将被邀请出席下午的"十人会"会议，阐述自己的立场。透露消息的人称：日本已经在上午的会上阐述了自己的立场，它要接管其已经占领的德国在山东的租借地。这是一个突然的消息，中国代表团毫无准备。顾维钧回忆说：

> 这个消息对每个就餐的人来说，都不啻一个晴天霹雳。当时在场

的有施肇基博士、王正廷博士、魏宸组先生、胡惟德先生和岳昭燏先生。所有的代表，包括陆总长在内，都已习惯于共进午餐，并利用进餐时间商议工作。陆总长引人注目地没有出席。他是因患病卧床，未能参加午餐聚会。岳先生当即主动地给迪塔斯塔先生打电话。迪塔斯塔是法国驻瑞士大使，和会秘书长、法国总理克里孟梭的密友。岳先生带回消息说，迪塔斯塔正在准备邀请函，一俟签字即送达代表团。这就进一步证实了刚才威廉士先生打来的电话。代表团全部内争这下似乎都从在座者的头脑中消失了，人人保持着沉默。我充分意识到，同时，我断定别人也都充分意识到，中国代表出席下午会议的重要性。[1]

中国代表团离开北京前夕，国内各界强烈要求北京政府在巴黎和会上力争收回山东权益。但在北京政府要人讨论与会方针的会议上，段祺瑞以中国宣战过迟，不应当提出过多要求为由，主张不提归还山东的要求，只待"随机应付"即可。段祺瑞是亲日派，同日本做的交易自己是最清楚的。由于政府的方针是不提山东问题，因而代表团对山东问题没有什么具体对策。

中国不提，倒是日本先把山东问题提出来了。对于日本的要求，英、美、法等国首脑，个个心里都明镜似的，明白日本有独霸中国的企图。美国主张"门户开放"，列强在华"机会均等"，不希望日本独占中国。英、法也不愿看到这样的结果。由于它们之间的矛盾斗争，美国总统威尔逊表示应当听听中国代表团的意见。

由于只能有两名代表参加会议，中国代表团经过一番推选，决定由王

---

[1] 顾维钧:《巴黎和会的历史真相（上）》，陈占彪编:《五四事件回忆》，生活·读书·新知三联书店 2014 年版，第 28—29 页。

正廷和顾维钧参加下午的"十人会"会议。顾维钧当时极力推举王正廷与施肇基参加会议，但施肇基竭力推辞，并对顾维钧说："该去的话，就该你去。因为你一直在研究准备这个议题。"王正廷也坚持要顾维钧参加会议，并在会议上发言。这样，顾维钧也就无法推辞了。

下午3时，王正廷和顾维钧准时到会。这是中国代表第一次出席"十人会"会议。

会议是在法国外交部会议厅举行的，由法国总理克里孟梭主持，参加会议的有英国首相劳合·乔治、外交大臣阿瑟·贝尔福，美国总统威尔逊、国务卿蓝辛，意大利首相奥兰多、外长桑里诺。日本出席的代表为牧野、西园寺。

克里孟梭先让日本代表团陈述日本政府观点。之后，日本代表牧野又发表了一个十分简单的声明，声称日本尊重日中之间的成约，并说山东问题应在日、中两国之间，以双方所商定之条约、协议为基础来解决。他还陈述了日本在战争期间为协约国事业而作出的贡献。

日本代表牧野陈述完毕后，克里孟梭请中国代表考虑是否对日本声明作一答复，或者需要一定的时间作准备。顾维钧和王正廷商议了一下，然后由王正廷告诉克里孟梭，将由顾维钧答复日本的声明，但需要时间以准备中国的声明。克里孟梭表示，"十人会"将很高兴能在明天听取中国方面的声明。随即宣布会议休会。

1月28日，"十人会"会议仍在法国外交部会议厅进行。这次会议，山东问题是议事日程上的唯一问题。克里孟梭请中国代表按照前一天的商定宣读中国声明。王正廷起立，宣布由顾维钧来陈述中国政府的观点。于是，克里孟梭请顾维钧发言。

此前顾维钧一直研究山东问题及处理办法，经过一个晚上的准备，显得十分从容。他没有用讲稿，侃侃而谈，指出：青岛问题，关系四万万国民之大问题。胶州租借地、胶州铁路及其他一切权利，应直接交还中国。

1919 年 6 月 28 日，各战胜国在巴黎近郊的凡尔赛宫签订了《凡尔赛和约》。和约将战前德国在山东的特权转交给日本，严重损害了中国的利益，中国政府代表（北洋政府代表）拒绝在和约上签字

青岛完全为中国领土，当不容有丝毫损失。3600 万之山东人民，有史以来，为中国民族，用中国语言，信奉中国宗教。胶州租界地与德国，起因于教案问题，德国以武力要挟强占，中国迫不得已而为，已属世界周知之事。如就地势论之，胶州为中国北部之门户，亦为沿岸直达国都之最捷径路，胶济铁路与津浦路相接可直达首都，于国防上中国亦断然不容他国之争执。以文化言之，山东为孔孟降生中国文化发祥之圣地。以经济言之，山东以 25000 英里之狭地，容 3600 万之居民，人口既已稠密，竞存已属不易，其不容他国之侵入殖民，固无讨论之余地。如本会承认之民族领土完整原则，胶州交还中国，为中国当有之要求权利。

针对日本代表牧野提出的中日两国间已有交换胶州湾交还之约、胶济铁路也有成约的说法，顾维钧指出：日本代表所提出之约定办法，想系指 1915 年 21 款要求所发生之条约及换文而言。当时情形，谅诸君尚能记忆，中国所处地位极为困难，此项条约换文，经日本送达最后通牒，中国始不得已而允之。即舍当时成立之情形而言，此项约章既为战事所发生之问题，在中国视之至多亦不过为临时暂行之办法，仍须由和平会议为最后之审查解决。纵令此项条约换文全属有效，而中国既向德国宣战，则情形即大不相同，根据情势变更原则，亦为今日所不能执行。当时中国虽被迫而允许将来日本与德所定处置德国在山东各项权利之办法，一概加以承认。然此项条件并不能使中国不得加入战局，也不能使中国不以交战资格加入和平会议，所以也不能阻止中国向德国要求将中国固有之权利直接交还中国。况且中国对德宣战之文，业已明显声明中德间一切约章，全数因宣战地位而消灭。约章既如是而消灭，则中国本为领土之主，德国在山东所享胶州租借地暨他项权利，于法律上已经早归中国。

由于此前对山东问题有研究所得，顾维钧在半个多小时的发言中，既据法言理，又叙述清楚、言词妥帖，并且非常策略地撇开中日间一切密约的束缚，从山东的历史地理、经济文化诸多方面陈述中国对山东无可争辩的主权，博得了除日本代表外其他国家代表的喝彩。坐在前排的代表中，许多跑过来与顾维钧和王正廷握手。

顾维钧发言后，克里孟梭说，他希望得到一份刚才中国代表陈述的书面声明，并要求中国代表在两三天内交来。顾维钧提出，中国代表团想提出一份尽可能充分的声明，需要一定的时间来和本国政府联系，以得到必要的资料，希望时间再多几天。最后，克里孟梭同意给一周时间，在一周的最后一天，须将附有中日所签订的各种协定和声明送至"十人会"。

中国代表在离开会场时，一些外国代表将顾维钧和王正廷围住，说他们对中国这一声明印象极好，这对中国可是个好兆头。

"十人会"的活动虽说是秘密的，但各主要协约国及参战国都有自己的新闻发布官。这些新闻发布官习惯于在会议结束后接见媒体代表。于是，白天的会议新闻到晚上就在当地的报纸上刊登出来。中国代表在巴黎和会"十人会"会议的声明得到各大国一致赞扬的消息很快也传到了国内，北京政府首脑、各省当局、山东省公职人员和学生联合会，纷纷给中国代表团发出贺电。人们曾经郁闷的心情又被乐观情绪代替了，认为中国的辩论将会获胜。国内群情振奋，对巴黎和会的期望值又一次达到顶峰。

回到代表团驻地后，顾维钧当晚向陆徵祥和其他代表作了汇报。大家开会讨论声明的总纲。会议对总纲本身讨论得并不多，大家都认为顾维钧一直在研究这个问题，知道该写些什么。

从1月29日至2月13日，顾维钧执笔，很快完成了中国代表团关于山东问题的声明。但按照克里孟梭要求提供中日签订的各种协定却遇到了麻烦。事情是这样的，中国代表团带来的中日协定资料，都放在一个大箱子里。然而，这个大箱子神秘地失踪了。顾维钧断定，这个箱子是被日本情报部门蓄意窃走的。没有办法，只好向外交部要。外交部通过电报的形式，将这些协定发到代表团。

中国代表团的声明以《中国要求胶澳租界地、胶济铁路暨德国所有其他关于山东权利之直接归还之说帖》为题，连同所附的中日间的各项密约、条例、外交文书共19件，送交"十人会"。中国代表团认为，"十人会"会用一定时间来讨论声明并作出结论。顾维钧在回忆中说："我们最初获得的印象是很好的。在进行论辩后的几周之内，无论是在宴会上，还是和友邦代表见面时，谈话总是给我们以鼓舞，使我们认为，中国的论辩已经获胜。"[1]

尽管这时中国上下都对巴黎和会抱很大希望，但国内有些人对和会召开以来美、英、法的表现已经产生了怀疑。陈独秀在2月2日的《随感

[1] 顾维钧：《巴黎和会的历史真相（上）》，陈占彪编：《五四事件回忆》，生活·读书·新知三联书店2014年版，第34页。

录》中说："我们对于参战，简直算没有出力。如今在和平会议席上，提出无数的要求，固然可耻；但是在各国方面，要把这个理由来拒绝中国，难道公理战胜强权的解说，就是按国力强弱分配权利吗？"他对美国总统威尔逊也不相信了，说："威尔逊总统的平和意见十四条，现在也多半是不可实行的理想，我们可以叫他做威大炮。"[1]

从2月至4月，巴黎和会的议题转入到德国问题和成立国际联盟问题。中国把希望寄托在威尔逊身上，而威尔逊一门子心思都在他的建立世界新秩序计划上。成立国际联盟是他长期以来追求的目标，只要能达到这一目的，别的问题都是次要的，是可以妥协的。为了获取各大国对成立国际联盟的支持，山东问题在威尔逊心中已算不上什么。

4月16日，"五人会"[2]会议讨论山东问题，中国代表被禁止参加。会上，美国代表提出德国在中国的权利、利益，由和会暂收。这项提议遭到日本代表的拒绝。会议讨论时，英、德、意代表都保持缄默，无果而终。次日，和约起草会开会，美国代表又提出德国在中国的各项权利、利益交五国共管的建议，再一次遭到日本拒绝。

4月22日，中国代表团接到通知，威尔逊、劳合·乔治和克里孟梭约见中国代表团。陆徵祥和顾维钧到美国代表团威尔逊的寓所参加了会见。顾维钧在回忆中说：

> 我们注意到，威尔逊、劳合·乔治和克里孟梭表情严肃，这是一个不祥之兆。克里孟梭提议由威尔逊总统代表他们大家讲话。威尔逊首先讲述和会面临着众多问题，而其中有些问题又是如何难以找到解决办法，山东问题就是一个最困难的问题；接着，他说，法国和日本

---

[1]《陈独秀著作选编（1919—1922）》（第二卷），上海人民出版社2009年版，第36、37页。
[2] 这时"十人会"已经缩小为"五人会"，参加者仅限国家首脑，外长已不参加了。

早有协议在先，在和会上支持日本关于山东问题的要求，由于插进来这一情况，问题愈发难以解决了。他所代表的美国现在是唯一在山东问题上不受任何协议约束的国家。他说，现在提出的这个解决方案，最高会议希望能被中国接受，它也许不能令中国满意，但是在目前情况下这已是所能寻求的最佳方案了。然后，他便讲述这一方案：日本将获有胶州租借地和中德条约所规定的全部权利，然后再由日本把租借地归还中国，但归还之后仍享有全部经济权利，包括胶济铁路在内。这就是最高会议所同意的方案内容。威尔逊说，当然，中国可能不待他们的陈述就已经完全了解。这可能并不合乎于中国的愿望，但是，目前"会议"的其他成员国处境十分困难，最高会议所能求得的最佳结果也只能如此了。威尔逊所说的其他成员国是指法国、英国和意大利。法国和英国以前曾答应支持日本要求，意大利则已退出和会。[1]

威尔逊讲完之后，陆徵祥让顾维钧代表他讲话，因为这样可以使威尔逊直接从英文来理解意思。

顾维钧告诉威尔逊：我们非常失望，方案非常不公平。这种方案只能使中国人民大失所望，而且无疑将在亚洲播下动乱的种子。我们的观点是，这样的方案对中国和世界和平都无所补益。

顾维钧还向威尔逊指出，这个方案只字未提日本归还它在山东全部权利的时间表。总之，中国要求不由日本而由德国直接归还这些权利，这是我们要求的要点，也是我们关于山东问题备忘录中的要点。

威尔逊表示，他理解顾维钧所讲的话，但是由于美国国内形势所致，

---

[1] 顾维钧：《巴黎和会的历史真相（下）》，陈占彪编：《五四事件回忆》，生活·读书·新知三联书店 2014 年版，第 41 页。

这已是能够为中国谋得的最佳方案了。威尔逊的意思很明白，希望中国把这杯苦酒咽下去。

劳合·乔治对陆徵祥和顾维钧说：我想提个问题：中国是愿意接受中日之间早先制订的那个方案呢？还是于深思熟虑之后决定采纳刚才所谈的新方案？

劳合·乔治所说的前一个方案指的是作为"二十一条"的产物又被1918年9月中日换文再次认可的中日条约，后一个方案则指明确日本只能得到中德条约中原定的经济权利，而不享有胶州租借地。

顾维钧将劳合·乔治的意思告诉陆徵祥，并提醒说：这种选择是极不公平的，两种方案均无法接受。陆徵祥表示完全同意。

威尔逊问克里孟梭是否有话要讲，克里孟梭表示完全同意劳合·乔治刚才的发言。

顾维钧在与陆徵祥商量后表示：劳合·乔治所提的问题使中国进退两难。这两种方案都不公平，既不利于中国，也无助于世界和平。日本的目标在于亚洲，山东是具有重要战略位置的沿海省。日本获得在山东的经济权益，只能为其实现建立东亚帝国计划大开方便之门。

最后，威尔逊表示：中国代表团或许愿意对我刚才就解决方案所说的话再作考虑，或许能够进一步理解到，该建议是目前形势下所能得到的最佳方案。威尔逊话里有话，意为你们不接受的话，有更糟糕的方案在等待着你们。

4月24日，中国代表另备说帖，分送威尔逊、劳合·乔治和克里孟梭，提出4项办法：1.胶州为交还中国起见，先交五国暂收；2.日本承认于对德和约签字日起一年内实行上条之交还；3.中国重视日本因胶州军事所有费用等，愿以款项若干作为报酬，其数额由四国公决；4.胶州湾全部开作商埠，如有需要之处，亦可划一区域作专区，任缔约国人民居住通商。中国这个办法尽管往后又退了一大步，但还是被拒绝了。

4月29日，英、法、美三国会议，讨论山东问题，日本代表被邀出席。30日，三国会议继续召开，议定了巴黎和会关于山东问题的条款。条款完全接受日本的提议，将战前德国在山东的一切权利、特权都由日本接管。中国代表指出，"此次和会条件办法，实为历史所罕见"，并对和会这种办法提出抗议。然而，北京政府屈从帝国主义列强的压力，竟考虑在这个丧权辱国的和约上签字。

中国以"战胜国"身份兴冲冲参加巴黎和会，忙碌了几个月一无所获，而日本接管战前德国在山东的特殊权益却被明文规定了下来。这是什么逻辑？这是强盗逻辑！这不是公理战胜强权，而是强权扼杀公理！巴黎和会完全是帝国主义列强的分赃会议。帝国主义列强把中国耍弄于股掌之间，不能不引起中国人民的极大愤怒！

天安门前的怒吼

中国代表团在巴黎和会上外交失败的消息很快就传到了国内。5月1日，上海《大陆报》首先刊登了这个消息。次日，北京政府大总统徐世昌的顾问和总统府外交委员会委员兼事务长的林长民，在北京《晨报》发表文章，证实了此事。

5月3日，各报传出中国外交失败的原因，是曹汝霖、章宗祥、陆宗舆等与日本秘密订立高徐、济顺两铁路协定时双方有一换文，里面表示"欣然同意"日本占领青岛的办法，以致中国代表受此四字的约束而完全失败。北京各界人士得知中国外交失败的噩耗，无不怒火燃烧，各校学生更加义愤填膺。

还在4月下旬，闻知中国代表团在巴黎和会上交涉山东问题接连受挫的消息，北京各学校学生已决定在袁世凯与日本签订"二十一条"卖国条约的 5 月 7 日举行示威游行，以示抗议，并曾通电全国各报馆各团体，望于是日举行国耻纪念，协力对外，以保危局。但 5 月 1 日以来，坏消息接二连三传来，已经等不到 5 月 7 日了。许德珩回忆：

> 四月底，巴黎和会决定了要把德国强占我们的山东"权利"，判给日帝国主义强盗继承。同时还拒绝了取消袁世凯与日本所订的二十一条卖国条约。五月一日，我们得到这个晴天霹雳的消息，参加在国民杂志社的各校学生代表，当天下午在北大西斋饭厅召开了一个紧急会议，讨论办法。高工的一个学生代表，当场咬破手指，写血书，大家激昂得眼里要冒出火来。于是决定五月三日（星期六）晚上在北河沿北大法科大礼堂（现在的三院礼堂）召开全体学生大会，北京各校学生都派代表参加。并推定北大法科四年级学生廖君做主席，推文科学生黄日葵等三人做记录，推我起草宣言。[1]

5 月 3 日晚，到会的有：北大全体学生，清华、高等师范、中国大学、朝阳法学院、工业专门学校、农业专门学校、法政专门学校、医药专门学校、商业专门学校、汇文学校、高等师范附中、铁路管理学校的代表。会上群情激愤，北大学生刘仁静，拿一把菜刀要当场自杀，以激励同人。北大法科有个叫谢绍敏的学生，当场咬破中指，写下"还我青岛"的血书。会上发言的有丁肇青、谢绍敏、张国焘、许德珩，以及各校学生代表夏秀峰等许多人。会议共决出四条办法：（1）联合各界一致力争；（2）通电巴黎专使，坚持和约上不签字；（3）通电全国各省市于 5 月 7 日国耻纪念日举行群众游行示威运动；（4）定于 5 月 4 日（星期日）齐集天安门举行学

---

[1] 许德珩：《五四运动在北京》，中国社会科学院近代史研究所编：《五四运动回忆录》（上），中国社会科学出版社 1979 年版，第 214—215 页。

生界大示威。

会议在讨论第二天游行时如何对曹汝霖、章宗祥、陆宗舆三个卖国贼采取行动时，有同学建议可以像中国留日学生对付时任驻日公使章宗祥那样，把白旗送到三个卖国贼家里去。

还在 4 月中旬时，中国留日学生从中国驻日公使馆一位同情学生爱国运动的人员那里，听到卖国贼章宗祥准备当日下午乘火车回国述职的消息，于是 300 多名留日学生设法挤进火车站月台，在章宗祥上车时高呼："打倒卖国贼！""打倒章宗祥！""还我山东权益！"等口号，并向章宗祥扔掷小白旗。章宗祥见状，狼狈不堪地赶快钻进车厢里。对于此事，陈独秀曾在 4 月 27 日的《随感录》中带有调侃口吻地写道："驻日章公使回国的时候，三百多中国留学生，赶到车站，大叫卖国贼，把上面写了'卖国贼''矿山铁道尽断送外人''祸国'的白旗，雪片似的向车中掷去，把一位公使的夫人吓得哭了。其实章宗祥他很有'笑骂由他笑骂'的度量，只苦了他的夫人。"[1]

大家一致觉得这个办法可行，决定第二天示威游行给卖国贼送白旗。当夜，住西斋的学生一夜没睡，用竹竿做旗子，长竹竿挂上大旗子，短竹竿挂上小旗子，第二天北大学生每人手里都有一个旗子。许德珩写好宣言后，把自己的白布床单撕成条幅，书写标语。大家一直忙到天亮。

5 月 4 日，天气晴朗，刮了几阵不大不小的风。

鉴于 5 月 3 日晚一些学校不知道，没有参加会议，5 月 4 日上午，中等以上各校又在堂子胡同法政专门学校开会，决定于当日下午 1 时半各校学生到天安门广场集合，然后整队出发游行；并规定游行路线由天安门出中华门，先到东交民巷，向美、英、法、意四国使馆陈述青岛必须归还中国的意见，促使他们注意，并电告该国政府；然后转入崇文门大街、东长

[1]《陈独秀著作选编（1919—1922）》第二卷，上海人民出版社 2009 年版，第 83 页。

安街、赵家楼曹汝霖住宅，将制作的白旗投入曹宅，表达群众的愤怒。

为了下午 1 时的游行，北大学生在上午 10 时提前吃饭，饭后到马神庙二院大讲堂前面集合，按班级排队，由班长领队，总数 1000 多人，拿着白旗，从北池子过南池子向天安门行进。队伍前面，举着一幅白布对联，跟挽联一样：

> 卖国求荣，早知曹瞒遗种碑无字；
>
> 倾心媚外，不期章惇余孽死有头。[1]

途中，北大学生游行队伍高呼"外争主权，内除国贼""惩办卖国贼""收回青岛""收回山东权利""拒绝在巴黎和会上签字""中国是中国人的中国""废除二十一条""抵制日货"等口号。市民争相出来观看，马路两边挤满了人。

北大游行队伍向天安门行进途中，被北京政府教育部的代表和几个警察拦住了，不准他们参加游行。学生代表邓中夏、黄日葵等同教育部的代表展开了一段时间的辩论，最后突破阻拦，队伍才急速向天安门进发。当北大的队伍到达天安门时，其他学校的游行队伍已经到了。大家对北大游行队伍的到来报以热烈的掌声。

下午 1 时，北京 13 所大中专学校的学生 3000 余人齐集在天安门前华表周围。他们多数穿着长衫，也有穿黑短制服的。大家手拿旗子，高呼口号。不少人发表了慷慨激昂的演讲，向围观的群众说明示威游行的意义。于是，许多群众开始参加到游行队伍之中。

经过一个来小时的集会演讲之后，学生们决议先向各国公使馆游行示

---

[1] 杨晦：《五四运动与北京大学》，中国社会科学院近代史研究所编：《五四运动回忆录》（上），中国社会科学出版社 1979 年版，第 223 页。

五四运动中北京街头的学生游行队伍

威，再向总统府请愿，要求惩办卖国贼曹汝霖、章宗祥、陆宗舆，拒绝在巴黎和约上签字。下午2时许，游行队伍开始向外国使馆区东交民巷进发。

游行队伍由天安门出中华门行至东交民巷西口，被阻拦于铁栅栏之外。铁栅栏外面站着不少警察，里面有十几个端着枪的美国士兵。游行的领队上前交涉，没有效果。

由于当时不少学生仍对美、英抱有幻想，事前准备了一份英文《陈词》，派罗家伦等四人为代表，送交美国公使。由于是星期天，美国公使馆不上班，一位值班工作人员接见了学生代表，表示愿收下《陈词》，代转外交使团。这几位学生代表见状，只好放下《陈词》回来了。

被阻于东交民巷西口的3000名青年学生，在初夏的烈日之下晒了足足两个小时。他们的心被深深刺痛了：在自己国家的首都，都没有通行的自由！使馆界，是我们的耻辱。他们痛恨帝国主义和热爱祖国的情绪更加高涨。

游行队伍离开东交民巷后向北拐，从利通饭店的后面穿行过去，到东长安街。当时，大家最痛恨的是三个亲日派卖国贼：交通总长曹汝霖，曾是袁世凯政府的外交次长，同日本公使日置益交涉签订"二十一条"的中国代表；驻日公使章宗祥，他是北京政府出卖胶济铁路经营权和济顺（济南到顺德）、高徐（高密到徐州）两铁路建筑权给日本的经手人；币制局总裁陆宗舆，他是1915年驻日公使，向日本进行各种借款的经手人。按照原定计划接下来要到总统府请愿，要求惩办三个卖国贼。激愤难平的学生游行队伍中有人提议：我们到赵家楼直接找卖国贼算账去！这个提议得到了大家的一致赞同。担任游行总指挥的傅斯年怕发生意外，极力阻止大家，但没有人听。于是，游行队伍改道向赵家楼胡同曹汝霖家去。

当时，大多数学生不知道赵家楼这个地方，纷纷互问："赵家楼在哪里？""谁住赵家楼？"听说赵家楼就是曹汝霖住的胡同后，大家便高兴地加快了脚步，并且响亮地高呼口号："打倒卖国贼！""惩办卖国贼！"

学生游行队伍沿着东长安街经东单牌楼，往北走米市大街进入石大人胡同，穿过南小街进大羊宾胡同，出东口沿宝珠子胡同北行到前赵家楼西口，再由此往东到达曹宅。在向赵家楼行进的途中，学生们又散发了许多传单，其中一张传单上写道："民贼不容存，诛夷曹章陆；泣告我同胞，患莫留心腹。"学生们边行进边宣传，沿街市民伫立观望，非常感动，多有拍手表示赞同，有的人还掉了眼泪。

这天中午，曹汝霖、章宗祥应徐世昌之邀在总统府参加宴会。下午3时左右，两人回到了赵家楼曹家，由警察总监吴炳湘加派了200名警察到曹宅守卫。曹汝霖、章宗祥回到曹宅不久，也是亲日派的陆军部航空司长丁世源和一个名叫中江丑吉的日本新闻记者也来到曹宅。曹、章二人怎么也没有想到，没过多久，游行的学生们会到曹宅来示威。

下午4时，学生游行队伍到达赵家楼胡同。吴炳湘派来的警察如临大敌，把胡同口封锁住，队伍不得进去。学生与警察进行交涉，说："我们是爱国学生，来这里是和曹总长谈谈国事，交换意见，要他爱中国。我们学生手无寸铁。你们也是中国人，难道你们不爱中国吗？"经过说服，警察放学生进了胡同。来到曹宅门口，只见朱门紧闭，一排警察守在门前。学生们高喊："卖国贼曹汝霖快出来见我们！"无论学生们怎么要求，曹汝霖躲在里面就是不出来。杨晦回忆说："其实，他当时出来了，也许大家就骂他一顿卖国贼之类，丢下旗子走开，也难说。门却始终紧紧地关着。大家有气无处发泄，就用旗杆把沿街一排瓦房上前坡的瓦，都给揭了下来，摔了一地，却没留下一片碎瓦，全被我们隔着临街房屋抛进院里去了。"[1]

学生上前叩击大门时，遭到了警察的阻拦。双方发生争执，一些学生与警察讲理，一些学生绕院而行，寻找进入曹宅的办法。他们最初想从后门进去，但又觉得不行，怕调动中队伍走散了。最后决定派三人搭人梯，从事先探明的窗子里爬进去。湖南籍的高师学生匡日休（即匡互生）个子高，站在曹宅临街的窗户底下，登上窗台把窗户打开，跳了进去。接着，湖南籍的罗章龙、易克嶷、吴雨铭、罗汉等，陕西籍的李子洲、刘天章、杨钟健、杨明轩、呼延震东、郝梦九等十几名学生也从窗子跳了进去。曹宅院子里站着一排军警，枪上都上了刺刀。警察未奉上级命令，不敢开枪，不敢动武。从窗子里跳进来的学生，有几个人给警察宣传爱国反日，其他几个人乘其不备，将大门打开，人流立刻像潮水一样涌了进来。

愤怒的学生进入曹宅之后，没有找到曹汝霖。没有找到人，大家就砸东西。曹宅客厅、书房门窗玻璃，屋中陈设的精美花瓶等物件，都被学生砸了个稀巴烂。有的学生还把床上的绸子被子给撕烂。那么，曹汝霖明明在曹宅中，为什么学生们没有找到呢？难道他上天了不成？原来，曹汝霖

---

[1] 杨晦：《五四运动与北京大学》，中国社会科学院近代史研究所编：《五四运动回忆录》（上），生活·读书·新知三联书店1979年版，第224页。

当时躲进了一间小屋子里。这间小屋子放着一些箱子之类的杂物，一面和曹汝霖老婆的卧室相通，一面又和他两个女儿的卧室相通。学生们在曹的女儿卧室中没有见到人，就把当时还不多见的西洋式铁床杆给拆了。然后，他们拿着铁床杆转到曹汝霖老婆的卧室，问曹汝霖去哪里了。曹汝霖的老婆回答说曹到总统府去吃饭，还不知道回来没有。学生们就离开了，从一个月洞门转到东边的院子。这样，曹汝霖逃过了学生们的一顿痛揍。

学生没有搜到曹汝霖，却搜到了一个穿西服套装的人。有人喊道："这是章宗祥呵！"没有找到曹汝霖，大家的怒火正没处发，一听说是章宗祥，马上你一拳我一脚，把他打倒在地。正打得来劲的时候，突然跑过来一个人。这人是日本新闻记者中江丑吉，死命地保护住章宗祥。学生打章宗祥的头，他就用身体遮住章的头，打章的脚，他用身体挡在章的脚前。有人认出他是日本人，喊道："这是个日本人！"大家怕闹出个国际交涉来，把章宗祥打个半死，才让这个日本人把他护送走了。

过了一会儿，学生们又搜到曹汝霖的父亲和姨太太。大伙儿不约而同地痛骂了他们一顿，骂他父亲为什么养出这样一个卖国贼的儿子。

曹汝霖的宅院里停有一辆小汽车，愤怒的学生们把汽车捣毁了，仍不解气，就从汽车房里找到一桶汽油，泼在客厅和书房里。匡日休取出早就准备好的火柴，点燃了汽油，顿时火就烧起来了。

曹宅起火后约半个小时，警察总监吴炳湘、步军统领李长泰即率领大批军警赶到。这时，已经将近下午 6 时，学生已经大部分离去。军警逮捕了尚未离去的学生 32 人。

学生们痛打章宗祥、火烧赵家楼的消息，很快在北京城内不胫而走。

5 月 5 日，北京各大中专学校学生宣布实行罢课，并通电各方请求支援，营救被捕学生。5 月 6 日，北京中等以上学校学生联合会成立。

北京政府虽然在两天后释放了被捕学生，但对学生的政治要求置之不理，而且逼走了同情学生爱国运动的北大校长蔡元培，并下令禁止学生干预政治，扬言要严厉镇压学生的爱国运动。5月19日，北京2.5万名学生再次宣布总罢课。他们组织"十人团"，走上街头向群众讲演，发行《五七日刊》，扩大爱国宣传，并开展提倡国货、抵制日货、组织护鲁义勇军等活动，坚持斗争。

北京学生的反帝爱国行动，很快得到全国其他地方的同情和声援，形成了一场前所未有的伟大的反帝爱国狂飙。

"民众联合的力量最强"

五四运动爆发前的1919年4月6日，毛泽东从上海回到长沙。他是在上海送走了湖南赴法勤工俭学的学生后，回到湖南长沙的。

还在1918年的6月，毛泽东从湖南省立第一师范学校毕业，面临着今后生活道路选择的问题。恰在这时，蔡元培、李石曾等在北京组织华法教育会，搞留法勤工俭学运动。曾在湖南省立第一师范学校任教的杨昌济这时在北京大学任教，把这个消息传到湖南长沙。这时的湖南政局很混乱，政权不断更迭，教育受到很大摧残，无学可求。毛泽东和好友蔡和森、萧子升都觉得这是一条出路，便发动新民学会会员赴法勤工俭学，并派蔡和森到北京打前站。蔡和森到北京同杨昌济商量后，又拜访了蔡元培，两次写信促毛泽东等邀集志愿留法的同学迅速北上。

8月15日，毛泽东和萧子升、张昆弟、李维汉、罗章龙等24名青年坐火车离开长沙，于8月19日到达北京。这时，到达北京准备赴法的湖南青年学生已经有四五十人。由于出国的准备没有做好，一时还不能赴法，一部分人情绪不安，有的甚至口出怨言。毛泽东劝大家耐心地等待，并反复说明必须做好准备，不可在没有准备以前就盲目行动。他和蔡和森与有关方面接洽，使大家都能入留法预备班学习法语，并分头筹备旅费，办理出国手续。

毛泽东和同来北京的一些学生都很穷，每个月六七块钱的伙食费都拿不出来。杨昌济通过李大钊安排毛泽东到北京大学图书馆当一名助理员，每月8块钱的薪水，也就是够吃饭。后来，毛泽东在回忆这时候的生活说："我自己在北平的生活是十分困苦的。我住在一个叫三眼井的地方，和另外七个人合住一个小房间，我们全体挤在炕上，连呼吸的地方都没有。每逢我翻身都得预先警告身旁的人。"[1]

在北京期间，毛泽东亲眼见到了新文化运动的著名人物组织的活动，也结交了一些名人学者。他组织在京的十几个新民学会会员在北大同蔡元培和胡适座谈，并结识了陈独秀，受到很大影响。1918年11月15日，李大钊的《庶民的胜利》《Bolshevism的胜利》两篇文章刊登在《新青年》上，毛泽东从此开始具体了解十月革命和马克思主义。

毛泽东还认识了谭平山、王光祈、陈公博、张国焘等后来颇为著名的人物，并同湖南籍的北大中文系学生邓中夏建立了真诚的友谊。

在北京，毛泽东眼界大开，思想大进，为领导湖南长沙的五四运动创造了有利条件。

1919年3月中旬，由于母亲病重，毛泽东从北京动身回湖南。为欢送赴法勤工俭学的湖南青年，归途中他绕道上海。当时，大家认为他也会到法国去，但是，在法国邮船将要从上海出发开往法国的前几天，毛泽东告诉大家：我决定不去法国。大家都非常惊奇，七八个月来，他的全部时间和精力都用在留法勤工俭学的宣传、组织和准备工作上。现在万事俱备，就要起程，他却作出这样的决定，是很难令人理解的。"这是为什么呢？"

---

[1]［美］埃德加·斯诺笔录，汪衡译、丁晓平编校：《毛泽东自传》，中国青年出版社2013年版，第55页。

毛泽东说：我觉得我们要有人到外国去，看些新东西、学些新道理、研究些有用的问题。我觉得关于自己的国家，我所知道的还太少，假使我把时间花费在本国，则对本国更为有利。

这时，报纸上天天传来巴黎和会中国外交失败的消息，北京、上海等全国各地的青年学生正酝酿争回青岛、反对北洋军阀政府卖国外交政策的运动。毛泽东回到长沙后，母亲的病经过医治，已经大为好转。于是，他抽出更多的时间研究时事，并同长沙的教育界、新闻界和青年学生开展各种联络活动。

毛泽东找到在修业小学任教的老同学周世钊，说："北京、上海等地的学生正在因外交失败消息而引起悲痛和愤怒，正在酝酿开展爱国运动，湖南也应该搞起来。我想在这方面做些工作。"[1] 周世钊得知毛泽东这时还没有固定居住的地方，就劝他到修业小学来，说这地方适宜，便于与外面联系，且还可以在学校里教几点钟的课。毛泽东同意了，过几天就带着简单的行李搬到修业小学，在高小部每周教 6 个小时的历史课，其余时间，进行联络活动。

新民学会成立一年来，陆续吸收了一些进步的大中学生和中小学教师作会员，长沙几个主要学校的教师和学生中差不多都有新民学会会员。毛泽东分别走访他们，讲述自己几个月来在北京、上海的经历，并向他们介绍自己接触的一些值得敬佩的人物。在谈到国内外形势时，毛泽东认为由于外交问题的影响，全国的人心都很不安，青年学生更将有具体行动。毛泽东表示：我们新民学会会员决不可能站在旁边看热闹，要立即行动起来。他又约集所有在长沙的会员到楚怡小学何叔衡那里开了半天会。会上，他对欧战后的世界局势，南北军阀混战的情况，湖南军阀张敬尧的罪

---

[1] 周世钊：《湘江的怒吼》，中国社会科学院近代史研究所编：《五四运动回忆录》（上），中国社会科学出版社 1979 年版，第 425 页。

毛泽东（1893—1976），马克思主义者，无产阶级革命家，中国共产党、中国人民解放军和中华人民共和国的主要缔造者和领袖。图为青年时期的毛泽东

恶，以及在新思潮的激荡下全国人民的觉悟逐渐提高的事实，都作了详细的分析和说明。他还对如何组织青年学生的力量，如何与张敬尧进行斗争提出了意见。参加会议的人都觉得受到很大启发，增强了在长沙开展爱国运动的信心。

北京学生在5月4日的爱国壮举很快就传到了湖南长沙。毛泽东广泛地与新闻界、教育界人士交换对时局的看法和湖南人民支持北京学生、反对卖国外交的具体意见。这些人正因受到张敬尧的严密控制，爱国运动搞不起来，心情十分苦闷。听了毛泽东的话，大家觉得心胸豁然开朗，都表示愿意按照他提出的奋斗目标去努力做。

5月7日，长沙各学校进行"五七"国耻纪念游行，游行队伍被张敬尧的军警强行解散。5月9日，长沙报纸冲破张敬尧的新闻封锁，纷纷报道了北京学生的爱国运动。中旬，北京学生联合会派邓中夏回湖南联络，向毛泽东、何叔衡等介绍了北京学生运动的情况，提出改组已有的湖南学生联合会，以便发动湖南学生响应北京的学生爱国运动。5月23日，毛泽东约集新民学会会员蒋竹如、陈书农、张国基等几个人商议后，决定通过新民学会会员的活动，每个学校推举一个或两三个代表，于25日上午到楚怡小学开会。

5月25日，蒋先云、易礼容、彭璜、柳敏等20余名各校学生代表汇集楚怡小学。毛泽东向他们介绍了邓中夏后，便由邓中夏通报北京学生运动情况。会议最后决定：成立新的湖南学生联合会，发动学生总罢课。

5月28日，新的湖南学生联合会正式成立。学联设在湖南商业专门学校，该校学生、新民学会会员彭璜任会长。学联的工作人员大多是新民学会会员。毛泽东所住的修业小学离商业专门学校很近，有时他就住在这个学校就近指导工作。可以说，毛泽东是这个富有战斗精神的新学生组织的实际领导者。

6月2日，湖南学生联合会召开全体大会，议决全省各校学生从3日起，一律罢课。次日，湖南长沙的第一师范、湘雅医学校、商业专门学校等20个学校学生举行总罢课。4日，长沙《大公报》发表了学联的罢课宣言。宣言指出："外交失败，内政分歧，国家将亡，急宜挽救"，湖南学生"力行救国之职责，誓为外交之后盾"。[1]宣言还向政府提出拒绝巴黎和约、废除中日不平等条约等要求，并呼吁：请斩曹章陆以谢天下！随之，罢课行动席卷全省，反帝爱国运动进入高潮。

此后，毛泽东又和学联干部利用暑期放假，组织青年学生到城乡、车站、码头，做反日宣传。各学校还组织了许多话剧团，日夜排练有爱国意义的新剧。这些新剧演出后起到了很大的爱国教育作用。在全国爱国运动和长沙抵制日货运动的影响下，国货维持会和爱国讲演团普遍在全省组织

---

[1] 中共中央文献研究室编：《毛泽东年谱（1893—1949）》（修订本）上卷，中央文献出版社2013年版，第41页。

起来，积极开展活动。

7月9日，在毛泽东的指导下，由学生联合发起的湖南各界联合会成立。联合会以"救国十人团"为基层组织。当月，"救国十人团"就已经发展到400多个。

这时，长沙各校出版了10多种刊物，如《新思潮》《女界钟》《岳麓周刊》等，但影响都不大。在毛泽东提议下，湖南学生联合会决定创办《湘江评论》，并聘任毛泽东担任主编和主要撰稿人。经过10多天的准备，《湘江评论》创刊号在7月14日正式出版。它"以宣传最新思潮为主旨"，辟有《东方大事述评》《西方大事述评》《湘江杂评》《放言》《新文艺》等栏目，全用白话文。

毛泽东在为《湘江评论》撰写的创刊宣言中指出："世界什么问题最大？吃饭问题最大。什么力量最强？民众联合的力量最强。什么不要怕？天不要怕，鬼不要怕，死人不要怕，官僚不要怕，军阀不要怕，资本家不要怕。"他反对各种强权，主张平民主义，用民众联合的方法，向强权者做持续的"忠告运动"，实行"呼声革命""无血革命"。毛泽东在同期发表的《陈独秀之被捕及营救》一文中，指出：人们"迷信神鬼，迷信物象，迷信运命，迷信强权。全然不认有个人，不认有自己，不认有真理"，这是科学思想不发达和政治不民主的结果。文章对陈独秀十分推崇，称之为"思想界的明星"。[1]

毛泽东为编辑《湘江评论》倾注了大量心血。这时正是酷暑季节，而长沙又是中国著名的"火炉"之一，毛泽东常常不顾蚊虫肆虐，挥汗奋笔疾书，直忙到夜深人静。一个多月内，他竟为《湘江评论》写了40篇文章。文章写好了，还要自己编辑，自己排版，自己校对，有时还得亲自上

[1] 中共中央文献研究室编：《毛泽东年谱（1893—1949）》（修订本）上卷，中央文献出版社2013年版，第41、42页。

街叫卖。尽管很忙，生活很苦，但毛泽东浑身是劲。

毛泽东在《湘江评论》上发表的最重要的、最能够体现他这时思想的文章，是长篇论文《民众的大联合》，连载于第二至第四期上。这篇文章的开篇就指出："国家坏到了极处，人类苦到了极处，社会黑暗到了极处。补救的方法，改造的方法。教育，兴业，努力，猛进，破坏，建设，固然是不错，有为这几样根本的一个方法，就是民众的大联合。"

文章认为："古来各种联合，以强权者的联合，贵族的联合，资本家的联合为多……到了近世，强权者，贵族，资本家的联合到了极点，因之国家也坏到了极点，人类也苦到了极点，社会也黑暗到了极点，于是乎起了改革，起了反抗，于是乎有民众的大联合。""民众的大联合"之所以能够取得"政治改革""社会改革"的胜利，是"因为一国的民众，总比一国的贵族资本家及其他强权者要多。"

那么，如何实现民众大联合？文章提出先实现各行各业的"小联合"，在"小联合"的基础上"求到共同利益的方法"，即找到共同点，再实现"民众的大联合"。同时，"民众的大联合"需要唤起民众的觉醒。文章分析了辛亥革命及其以后中国和世界发生的大变局，尤其是在"俄罗斯打倒贵族，驱逐富人，劳农两界合立了委办政府"后，全世界为之震动，发生了匈牙利、德国、奥地利、捷克等国的革命，以及英、法、意、美等国的工人大罢工，亚洲的印度、朝鲜的民族革命，特别指出：中国"异军特起"，在"长城渤海之间，发生了'五四'运动。旌旗南向，过黄河而到长江，黄浦汉皋，屡演活剧，洞庭闽水，更起高潮。天地为之昭苏，奸邪为之辟易。"最后，文章指出："我们觉醒了！天下者我们的天下。国家者我们的国家。社会者我们的社会。我们不说，谁说？我们不干，谁干？刻不容缓的民众大联合，我们应该积极进行！"

毛泽东在文章最后宣称："我们中华民族原有伟大的能力！压迫愈深，反动愈大，蓄之既久，其发必速，我敢说一怪话，他日中华民族的改革，将较任何民族为彻底，中华民族的社会，将较任何民族为光明。中华民族的大联合，将较任何地域任何民族而先告成功。"他号召："诸君！诸君！我们总要努力！我们总要拼命向前！我们黄金的世界，光荣灿烂的世界，就在面前！"[1]

这篇文章表明了当时的毛泽东具有这样几个突出特点：其一，对中华民族的历史非常了解，尤其对中华民族不屈从于压迫和侵略的优秀品质有很深刻的认识；其二，对中国和世界发展大势，特别是俄国十月革命对世界和中国的影响，有十分深刻的了解和正确的判断；其三，对五四运动产生的影响作了正确的判断；其四，总结了中国和世界历史发展的经验，特别是近代以来发生的重大历史事件的经验，得出了改造国家和社会需要民众的大联合的结论，从而找到了中国革命的力量所在。

这篇文章反映出毛泽东目光敏锐、善于深入思考，他后来能够根据中国国情，带领中国共产党和中国人民，实现了新民主主义革命的伟大胜利，在这篇文章中已显示出端倪。

《湘江评论》在湖南产生了很大影响，创刊号最初印了 2000 份，立刻卖完，再印 2000 份，仍然不能满足读者的需要。不少湖南进步青年，如任弼时、郭亮、萧劲光等，就是在《湘江评论》的直接影响下开始觉悟的。不仅如此，北京、上海、成都的一些报刊，也转载过《湘江评论》的文章。

《湘江评论》的影响越大，越为反动统治者所不容。8 月中旬，《湘江评论》第五期刚印出，就被湖南督军张敬尧以宣传"过激主义"为名查禁，湖南学生联合会也同时被强行解散。

由于事先得知张敬尧有此举动，毛泽东布置学联工作人员离开，将重

---

[1] 毛泽东：《民众的大联合》，中共中央党史资料征集委员会编：《共产主义小组》（下），中共党史资料出版社 1987 年版，第 490、491、493、497、498、500 页。

要文稿和学联印信转移走，未受损失。当晚，毛泽东同留守的学联骨干在何叔衡处秘密开会，决定：各校学生暂不用学联的名义；学联活动要秘密进行；将查封《湘江评论》情况通告报界；回乡的学生要揭露张敬尧的暴行；函达全国学联和各界联合会争取支援；积极准备驱张。此后，毛泽东和学联其他负责人到岳麓山继续进行活动。

从 9 月开始，毛泽东就把主要精力用于驱张运动。

经过五四大潮的洗礼，毛泽东对中国社会的思想认识、发动组织和领导才能、斗争艺术，都有很大提升，为此后开展革命活动积累了经验。

当毛泽东在湖南把学生反帝爱国运动搞得轰轰烈烈的时候，比毛泽东小 5 岁的周恩来在天津也把学生爱国运动搞得如火如荼。

周恩来是在 1919 年 4 月底时从日本回国的。少年时的周恩来在东北读书，目睹国家饱受外国列强的侵略，即立下了"为中华之崛起而读书"的大志。1917 年 6 月，以优异成绩从天津南开中学毕业的周恩来，决定到日本留学。9 月，他在临行前夕，写下了《大江歌罢掉头东》这首抒发救国情怀的诗篇：

大江歌罢掉头东，邃密群科济世穷。

面壁十年图破壁，难酬蹈海亦英雄。

到日本后，周恩来在东京进入东亚高等预备学校补习大学考试的科目，主要是学习日语，也复习一些其他课程，准备报考东京高等师范学校和东京第一高等学校。

在从天津起程赴日本的时候，有朋友送周恩来一本《新青年》第三卷第四号。他在赴日途中阅读这本杂志，十分喜欢。到东京后，他又从南开创办人严修的儿子严智开那里见到《新青年》第三卷的全部，借回去阅读后受到一些启发，但由于其他原因，又放下了。初到东京，周恩来由于个人境遇和叔父的去世，再加上身处异国他乡倍感孤单寂寞，一度十分苦闷。在极端苦闷之中，他重新把《新青年》第三卷找出来看。他被其中宣传的新思想强烈地吸引了，连续几天，把《新青年》第三卷仔细看了一遍。他在日记中写道："晨起读《新青年》，晚归复读之，于其中所持排孔、独身、文学革命诸主义极端的赞成。"[1]《新青年》中的新思想使他豁然开朗。

1918 年春夏，就在他积极准备参加入学考试之际，一场突发的爱国运动改变了周恩来在日本的全部生活。

5 月 16 日，段祺瑞政府不顾人民的反对，同日本政府秘密签订了《中日共同防敌军事协定》。在东京的中国留学生非常愤慨，许多学生罢学归国，先后达 400 人。5 月 21 日，北京十几所学校学生举行示威游行，并派代表到上海，组成学生爱国会（后改为学生救国会）。此事成为次年五四运动爆发的原因之一。

具有强烈爱国心的周恩来再也无法沉下心来备考，他参加各种集会，散发爱国传单。5 月 19 日，他参加了留学生中的爱国团体新中学会。由于积极参加爱国活动，对 7 月 2 日至 3 日的东京第一高等学校招生考试未作多少准备，周恩来没有被录取。

7 月 28 日，周恩来回国探亲，在国内待了一个多月，于 9 月 4 日重返东京。在他归国这段时间，日本发生了席卷全国的米骚动。这场骚动的规模在日本历史上是空前的，把日本社会结构的内部矛盾尖锐地暴露出来，因而使社会主义思想得到更广泛的传播。周恩来阅读了日本宣传社会主义的两部著作，即著名经济学家、京都帝国大学教授河上肇的《贫乏物语》和幸德秋水的《社会主义神髓》。幸德秋水的这部书与片山潜的《我的社

---

[1] 中共中央文献研究室编：《周恩来传》（一），中央文献出版社 1998 年版，第 34 页。

会主义》是日本早期宣传马克思主义最重要的著作，在日本思想界影响巨大。这时，国内马克思主义的著作还没有一本被完整地翻译成中文，列宁的著作更是连一篇译文也没有。对于许多不能直接阅读外文的中国人来说，接触马克思主义是相当困难的。周恩来靠着能直接阅读英文和日文书籍的便利条件，在日本阅读了宣传马克思主义的书籍。尽管还不能说这时的他已经是马克思主义者，但比起国内的绝大多数知识分子，他应该是接触马克思主义更早、更多的青年。

1919 年 1 月，河上肇办的《社会问题研究》创刊，从第一期开始连载河上肇的《马克思社会主义的理论体系》。周恩来是这个刊物的热心读者。

3 月，周恩来得知母校南开学校即将创办大学部的消息后，决定回国学习。回国时，他的行李箱中还装有河上肇的书籍。4 月底，他回到天津。

在日本一年零七个月的时间，周恩来不仅增加了生活阅历，认识了日本社会，更重要的是思想发生飞跃，已经走在同龄的进步青年前边，因而成为天津五四学生爱国运动的灵魂人物。

五四运动爆发后，天津学生于 5 月 5 日响应，投入运动。5 月 7 日，天津各校学生举行示威游行；14 日，天津中等以上学生联合会成立，谌志笃、马骏为正副会长；23 日，15 所大中学校 1 万多名学生罢课；25 日，以女校学生为主体的天津女界爱国同志会成立，刘清扬、李毅韬为正副会长，郭隆真、张若名、邓颖超为评议员。在天津学生联合会和女界爱国同志会的领导下，学生们组织讲演队，到公共场所讲演，沉痛诉说巴黎和会上中国外交失败的经过，揭露北洋军阀政府的卖国罪行，要求各界奋起救国，在天津产生了巨大的影响。

周恩来回到天津后，由于他还没有入学，便以校友的身份天天到南开去，参加学生们的爱国活动。这时，南开校方拉拢曹汝霖等担任校董，借以换取捐助经费。周恩来在给留日南开学生的信中揭露此事，说："倘要接

周恩来（1898—1976），马克思主义者，无产阶级革命家，党和国家主要领导人之一，中华人民共和国开国元勋。图为就读天津南开中学时的周恩来

近卖国贼，从着他抢政府里的钱、人民的钱，实在是羞耻极了。"[1]在各方舆论的压力下，校方此事未成。

6月下旬，天津学生联合会为把运动坚持下去并引向深入，决定创办《天津学生联合会报》。周恩来虽然还没有入学，但他在南开曾先后主办《敬业》和《校风》，具有办报的才能和经验，于是谌志笃、马骏邀请他来主编《天津学生联合会报》。周恩来爽快答应，说：《学生联合会报》是非常必要的，要想学生爱国运动能坚持下去，必须注重爱国教育。我所以回来，就是为了参加救国斗争，负此责任义不容辞。他随即搬进南开学校，带头举行话剧义演，募集办报经费，并筹划解决纸张、印刷、出版、立案等问题。

在《天津学生联合会报》创刊前，为了扩大宣传，《南开日刊》在7

[1] 中共中央文献研究室、南开大学：《周恩来早期文集（1912年10月—1924年6月）》上卷，中央文献出版社、南开大学出版社1998年版，第417页。

月 12 日刊登了周恩来起草的《天津学生联合会报发刊旨趣》。在文中，他把五四反帝爱国运动同日本的米骚动和朝鲜的独立运动并提，认为都是"受世界新思潮的波动，在东亚历史上增加些国民自觉的事绩"，宣布：《〈天津学生联合会〉日刊》"本'革心'同'革新'的精神立为主旨"，"本民主主义的精神发表一切主张"。要求稿件"对于政府的政策有指导同监【督】的责任"，"文字以浅白为主"，"新闻的记载以有关于社会生活、人类进步为范围"，"介绍现在最新思潮于社会"，[1] 等等。

这篇"发刊旨趣"发表后，天津各大报纸纷纷转载，引起强烈反响，订阅达四五千份。

7 月 21 日，《天津学生联合会报》正式创刊。周恩来以《革心！革新！》为题撰写了发刊词，提出了自觉地改造思想和改造社会的主张。许多同学看了，都认为写出了自己心中的要求。马骏看后，高兴地说："看！看！这篇社论真带劲哪！这比我们站在几千人面前大喊一阵，可有用得多咧！"

《天津学生联合会报》本来是对学生宣传爱国运动的，由于内容丰富，言论精辟，社会各界的爱国人士也争相购买阅读。这份报纸在言论中大力提倡男女平等，打破压迫妇女的封建礼教，为妇女争取平等和自由等权利，女界爱国同志会的会员们因此感到这份学生报给了女同学以极大的鼓励。

当时协助周恩来办《天津学生联合会报》的潘世纶在回忆中说：

周恩来当时办报的确很辛苦。他不仅全盘负责《学联报》，白天还要出去开会、做宣传工作，虽然每天编报休息得很晚，可是第二天还得照常起来，因为早晨我们要去卖报（也交给报童卖）。周恩来一

[1] 中共中央文献研究室、南开大学：《周恩来早期文集（1912 年 10 月—1924 年 6 月）》上卷，中央文献出版社、南开大学出版社 1998 年版，第 419、420 页。

边卖报一边还在马路边演讲。

周恩来当时的生活也是很艰苦的。他上中学时生活就很清贫，常常靠些师友的接济。我们编报时他的生活也很俭朴，下午没有吃饭就去编报，晚上饿了就买点烤白薯或者烧饼吃。我们俩人从来没有一起下饭馆。周恩来平常穿件半旧的兰布大褂，冬天围个围脖。他从不嫌脏嫌累，每天从家步行到办报的地方，虽然有电车也很少坐，经常编完报半夜步行回家。

…………

周恩来编《学联报》是很认真的。他写的社论，尖锐泼辣，有的放矢，总是针对天津五四爱国运动的具体情况发表意见，战斗性很强。在报上不断揭露日本帝国主义侵略中国的罪行和阴谋，使人们认识日本帝国主义的本质，而对它不抱幻想。《学联报》还不断揭露卖国政府对外屈辱妥协、对内压迫人民的反动嘴脸。周恩来在报上曾经公开号召推倒安福派，推倒军阀，推倒安福派靠山——外国帝国主义，唤醒人民，奋起斗争。

《学联报》经常用新闻报道、评论等形式，反映天津各界人民抵制日货斗争的情况。揭露资产阶级的动摇妥协性，敦促商人抵制日货，鼓舞各界人民的斗争士气。《学联报》还很注意报道当时国内外的时事消息，有时周恩来亲自翻译外国的文章，在报上转载。报纸经常刊登全国各地爱国运动的发展情况，并且大力提倡男女平等，反对压迫妇女的封建礼教。《学联报》以其鲜明的战斗姿态，赢得天津学生和各界人民的欢迎，只要卖报的报童一在大街上出现，很快就被人们围住，争相购买。有时报纸印出得晚一点，人们就会问："怎么没见学联报？"在周恩来主持下，《学联报》影响越来越大，每期要印几千份，最多日销一、二万份以上。北京、上海都知道《天津学生联合会报》。它把天津学生界团结在反帝反封建的大旗之下，成了宣传反帝爱国的有力武器，成了天津学生爱国运动的领导工具。[1]

山东是日本帝国主义侵略的直接受害地区，因此山东济南的反日爱国运动格外高涨。山东镇守使马良是亲日军阀，五四运动爆发后，北京政府任命他为山东戒严司令。马良以残酷的手段镇压山东人民的爱国运动，解散了救国团体，逮捕和毒打青年学生。8月间，马良杀害了回教救国会的会长马云亭和其他两位领导人。山东爱国团体特派代表来到天津，要求天津各界爱国团体给予支援，惩办罪魁祸首马良。天津爱国群众听到这个消息后，个个义愤填膺，对山东爱国运动深表同情。于是，学生爱国运动重新高涨起来。

在山东惨案发生后，周恩来主编的《天津学生联合会报》立即公开揭露卖国政府与人民为敌的残暴政策，指出惨案不断是山东马良的罪行，而且揭示了卖国政府敌视人民、致国家以灭亡的罪行，人民更须加紧团结斗争。《天津学生联合会报》直接推动了天津各界联合会派代表去北京请愿。学生联合会和女界爱国同志会在和周恩来商讨后，作了充分的估计，考虑到这次请愿，代表们可能被捕，因而在选派代表时推举斗争性坚强的人物，最后决定派刘清扬、郭隆真等10人赴京请愿。

8月23日早晨，刘清扬、郭隆真等10人和北京的代表15人一起到总统府门前递送请愿书，要求严惩马良以平民愤。代表们在总统府守候一整天，北洋军阀政府不但不理睬，还出动军警，将代表全部逮捕。

消息传到天津后，学生们十分激愤。周恩来冷静地说：这正是继续掀起爱国运动的时机，用不着惊慌紧张，依照计划进行就是了。被捕，只要经得起考验，不算什么！但营救他们，是我们的责任。他的简短话语，使

---

[1] 潘世纶：《周恩来和天津学生联合会报》，中国社会科学院近代史研究所编：《五四运动回忆录》（下），中国社会科学出版社1979年版，第576、577页。

大家振奋起来。马骏表示他要亲自带领代表再度进京营救被捕代表。

周恩来马上在《天津学生联合会报》上出号外，向社会宣传京津代表被捕的消息，号召大家群起反对，营救被捕代表。

8月26日，京津学生2000多人以马骏为总指挥，包围总统府、国会和国务院，斗争坚持三天。京师警察总监吴炳湘调动数千名全副武装的军、警、保安队，再加派骑兵，把请愿学生驱赶到天安门前，打伤100多人，逮捕马骏等代表。为了营救这些代表，周恩来与五六百天津学生再次赴京。他们同北京各界代表一起，连日在总统府门外露宿请愿，要求释放被捕代表。全国各地也纷纷声援。8月30日，两次被捕代表终于都被释放。

9月2日，周恩来和郭隆真、张若名、谌伊勋（小岑）等7人一起坐火车从北京返回天津。旅途中，他们漫谈起"今后怎么办？"这时有人建议：把学生联合会和女界爱国同志会合并，共同行动。周恩来很赞成这个建议，并倡议由两个爱国团体的一些积极分子，首先是我们这些最接近和相互了解的人组织起来，成立一个比学联的组织更严密的小团体，同时出版一个宣传刊物。他的建议，说出了大家内心的一致要求，大家都十分赞成。

经过10多天准备，9月16日，周恩来等在天津学生联合会召开杂志筹备委员会，决定出版一种不定期的小册子，名字叫《觉悟》。它不再用天津学生联合会和天津女界爱国同志会的名义，也不再受其约束，而成为一个独立的团体，叫作"觉悟社"。最早的会员共20人，为表示男女平等，男女会员各10人。他们中有周恩来、邓颖超、马骏、郭隆真、刘清扬、张若名、李毅韬、谌志笃、谌小岑、潘世纶、李锡锦、关锡斌、李震瀛等。

随着"觉悟社"成立，一批进步骨干青年团结在周恩来周围，将天津反帝爱国运动推向了新阶段。

在五四运动中，除前面提到的北京、长沙、天津外，其他地方的一批进步青年也受到锻炼并成长起来，如山东的王尽美、邓恩铭，湖北的陈潭秋、恽代英、林育南、施洋，浙江的俞秀松，江苏的张闻天，等等。他们或是学生领袖、骨干，或是办报宣传反对帝国主义对中国的侵略、反对政府的卖国罪行，推动了当地反帝爱国运动的发展。而各地学生反帝爱国运动的发展，又汇集成了中国近代历史上空前的席卷全国的爱国狂飙。

一个重要的事件发生

第一次世界大战期间，由于西方主要的帝国主义国家忙于在欧洲战场上厮杀，暂时放松了对中国的经济侵略，只有日本、美国在华的经济势力仍在扩张，中国的民族资本主义经济得到比较迅速的发展。与此相联系，中国的工人阶级和民族资产阶级的力量进一步壮大起来。1919 年五四运动前夕，产业工人已达 200 万人左右，成为一支日益重要的新兴社会力量。上海是中国最大的工商业城市，也是工人阶级最集中的地方，有工人 50 万，其中产业工人有 20 万。

中国工人阶级不但是伴随着民族资产阶级诞生而产生和发展起来的，而且首先是伴随着帝国主义在中国直接经营的企业而产生的，因此，中国工人阶级的很大一部分较之中国资产阶级的年龄和资格更老些，社会力量和社会基础也更广大些。

中国工人阶级是近代中国新生的伟大的革命阶级。它除了一般无产阶级的基本优点，即与最先进的经济形式相联系、富于组织性、纪律性、没有私人占有的生产资料外，还有自己的优点。由于深受帝国主义、资产阶级和封建势力的三重压迫，它具有坚决而彻底的革命性。尽管它的人数较少（和农民比较），年龄较轻（和资本主义国家的无产阶级比较），文化水准比较低（和资产阶级比较），然而在中国半殖民地半封建社会的土壤上，它必然成为革命的最基本的动力。

中国工人阶级在等待着历史赋予它们的使命。这一天来了，历史将记下这个日子：1919 年 6 月 5 日。

此前的 6 月 1 日，北京政府连下两道命令：一道命令是"表彰"被民众斥为卖国贼的曹汝霖、章宗祥、陆宗舆；另一道命令是取缔学生的一切爱国行动。卖国有功，爱国有罪，对照两道命令，北京政府的卖国嘴脸使学生们怒火万丈。更过分的是这时北京的警备司令段芝贵和 5 月 21 日接替李长泰任步军统领的王怀庆，依照大总统徐世昌的命令，竟然对贩售国货的学生实施逮捕。于是，学生们决定，自 6 月 3 日起，恢复街头讲演。

6 月 3 日上午，北京 20 余所学校各派了数百名学生，陆续集中在各自的预定地点，竖起讲演团的大旗，开展爱国宣传活动。这时，街头警察比往日增加了数倍，步兵、马队横冲直撞，驱散听众，侦缉队、保安队对学生进行逮捕。当晚，被捕学生 170 余人，其中大都是北大学生，也有清华学校、高等师范、汇文大学等校的，均被监禁在北大法科校舍中。被捕学生一天米水未进，加上天气骤变，夜间气温降低，几个体质弱的学生当即就生了病。

学生们没有被军警暴行所压倒，斗志反而更加旺盛。6 月 4 日上午 10 时左右，各校学生怀揣着讲演团的旗子，或五六人或十几人不等，悄悄上街。他们走到行人多的地方，就从怀中掏出旗子展开，大声疾呼地演说。这天，反动军警又抓捕 700 余名学生，北河沿北大法科校舍已经人满为患，马神庙北大理科校舍也被当作临时监狱。

6 月 5 日上午，学生再次上街讲演。这天，学生们更加激昂，上街的时候，干脆背着行李，带上了洗漱用具和吃的东西，准备去陪伴同学坐监。参加街头讲演的学生约有 2000 余人，分为三队：第一队，北京大学、第一中学、第四中学的学生，由东四经东单到崇文门一带讲演；第二队，法政专门学校、蒙藏专门学校、崇德中学学生，由西四经西单出顺治门一带讲演；第三队，高等师范学校学生，拟从前门到东西长安街一带讲演。反动军警干扰、破坏学生的讲演活动，由于已经没有地方再关押学生了，他们只是驱赶听众，没有再抓学生。为了营救被捕战友，2000 余名学生奔赴北河沿北大法科校外，要求军警将他们一同拘捕。校内被关押的学生知道了这个情况，情绪更加激动，也更加愤怒。他们纷纷登上法科大楼，通过临街窗户，向外高呼口号。校内和校外学生们战友情交织在一起，使人格外激动。

学生们的斗争，得到了北京各界团体的同情和支持，前去北大法科、理科慰问被捕学生者络绎不绝。

由于 6 月 3 日北京学生大批被捕的消息被北京政府封锁，6 月 4 日，上海学联从天津学联拍来的电报中才知道情况。天津学联在电报中要求上海学联给各省县学生及各界发电报火速营救。上海学联当日立即行动，向各省各界发出呼吁营救北京被捕学生的电报。下午，上海学生纷纷出现在街头。他们手持上有天津学联电报的传单，不顾反动军警的镇压，到处宣传，并挨户动员各商号自 5 日起一律罢市。在遭到店主的拒绝后，他们不惜以沿街跪求的办法，进行哀告。这一情景令观者动容。

一个令人意想不到的事件发生了。6 月 5 日上午，在没有学生动员和哀求的情况下，听到北京爱国学生大批被卖国政府逮捕的消息后，日商内外棉第三、第四、第五纱厂的工人首先罢工。接着，日华纱厂、上海纱厂的工人相继罢工。这天，罢工的还有商务印书馆、中华书局的工人及码头工人；沪宁、沪杭两铁路的部分工人也开始了罢工。在学生的要求和广大店员的支持下，上海各商号也在 6 月 5 日上午陆续罢市。至 12 时，各大小商店已无一开门营业，就连娱乐场所也都停止售票，理发店也不理发了。同时，不但大中学生坚持罢课，全上海的小学也一律罢课。至此，上海实现了三罢斗争。

上海工人罢工在继续扩大。6 月 6 日，华商电车公司、法商电车公司、求新机器厂、锐利机器厂、英商祥生铁厂等工人罢工；7 日，沪宁杭甬铁路总机厂、英商别发印书房、兴发荣机器造船厂、信通织布厂、闸北手工业等工人罢工；8日，日商内外棉第七、第八、第九厂，同济学校工厂、华界自来水厂等工人罢工；9日，英商耶松公司老船坞、瑞熔机器造船厂、江南船坞、各轮船公司、日商纱厂码头、叉袋角日商纱厂、上海电器公司、英美烟草公司及附属印刷厂、浦东美孚和亚细亚两火油栈等工人、水手，及全市司机、清洁工人，实行罢工。

时为上海太古公司海员的朱宝庭回忆罢工情况时说：

> 当时我在上海太古公司海船上做水手，同时在上海水手钧安公所（水手自己的组织）当董事。我们听到："拒绝和约签字"，"争回山东权利"，"废除二十一条"，"打倒日本帝国主义"的震天撼地的吼声时，我们抑止不住的爱国热情也在心头澎湃起来了。我就和几位海员工友谈这件事，大家都认为我们有起而声援的必要。于是我们印发传

1919年5月7日，上海各界两万多人在公共体育场举行集会，响应和声援北京各界的爱国运动

单，并到各公所（当时除钧安外还有炎盈社、善政公所、联益社等）去宣传，结果我们几个公社取得很好联系，决定罢工响应。

记得那天下着很大的雨，码头上除忙碌着的起卸工人以及坐客外没有吵杂闲人。北京号及宁绍号两船已坐满了四千多客人。正当他们归心似箭的时候，我们秘密宣告罢工，此两船为首当其冲者，自此从海上泊来之船只，无不立时罢工。第一天即罢下了五只船。罢工当中有不少买办阶级捣乱分子从中阻碍破坏，但我们始终不曾被威胁利诱。有一次，一位二买办因捣乱罢工被工友提来打屁股，结果他放鞭炮挂红（即给船上结挂红彩）才算了结。英领事不敢与我们正面交涉，迫上海总商会令我们开工。总商会会长亲到钧安公所见我，他叫我通知海员工人到四明公所（宁波同乡会的组织）开会。到会工友千余人，都被巡捕、暗探、包打听包围监视着。总商会副会长方椒柏向我们讲："……如再不开工，你们就不能吃饭……"他正要继续说下去，猛不防他身后一位体大力壮的工友，把住他的衣领，唰的一声撕破了他的绸衫。群众都鼓掌称快，并喊着："打！""打！"结果这位方先生默然而退。……

…………

这次海员参加五四运动，是中国海员工人的第一次罢工，罢工海船达数十只，工人有五千余，罢工时间四昼夜。在罢工过程中，虽组织较差，然工友的情绪高涨，精神不屈，始终出于自动自愿，实开中国海员运动的光明新纪元。[1]

这篇回忆录从一个侧面反映出五四运动中上海工人阶级的觉醒、爱国

---

[1] 朱宝庭：《五四期间上海海员工人的罢工》，中国社会科学院近代史研究所编：《五四运动回忆录》（下），中国社会科学出版社1979年版，第634—636页。

热情的高涨、罢工斗争的坚决，显示了中国工人阶级的伟大力量。

6月10日，上海工人罢工进入最高潮。这天，沪宁、沪杭铁路工人全体罢工，各马车行的工人也罢工了。全上海市内市外、海上陆上，交通完全瘫痪。同一天内，上海电话公司的接线生和工人也参加了罢工。电灯工人、卷烟工人、火柴工人、榨油工人、外商洋行中的中国职工，都相继罢工。至此，上海参加罢工的工人达六七万人。

上海工人罢工斗争推动了全国各地的罢工风潮，京汉铁路的长辛店工人、京奉铁路的唐山工人也相继罢工。罢工浪潮迅速蔓延到全国20多个省100多个城市。中国工人阶级特别是产业工人，以如此巨大的规模参加反对帝国主义和反对军阀政府的政治斗争，这在中国历史上是前所未有的。这表明，中国工人阶级开始以独立的姿态登上政治舞台。这样，五四运动突破学生、知识分子的狭小范围，发展成为有工人阶级、小资产阶级和资产阶级参加的全国范围的群众性反帝爱国运动。运动的中心由北京转移到上海，斗争的主力由学生逐渐转向工人。

在人民群众的巨大压力下，北洋军阀政府恐惧了，不得不于6月7日释放被捕学生，并于6月10日宣布罢免曹汝霖、章宗祥、陆宗舆三个卖国贼的职务。这是五四反帝爱国运动的一个胜利。

6月16日，全国学生联合会成立。6月17日，北京政府违背全国人民的意愿，悍然决定在巴黎和会上签字。全国学联立即号召和组织各地学生投入拒签和约的斗争。工人群众在这场斗争中表现得非常坚决，他们表示："若卖国首领未诛，卖国条约未废，亡国之祸终难幸免""签字而山东亡，山东亡而全国随之，亡国大难迫于眉睫。吾同胞忍坐视国家之亡而甘心作奴隶乎？"[1]6月18日，山东各界联合会派出80名代表进京请愿。北

---

[1] 中共中央党史研究室著：《中国共产党历史》（第一卷）上册，中共党史出版社2011年版，第42页。

京、上海等地的学生、工人和市民群众继续开展拒签和约的斗争。6月27日，在巴黎的华工、中国留学生和华侨数百人，包围中国代表团团长陆徵祥的住地，强烈要求拒绝在和约上签字。6月28日，中国代表终于没有出席和会的签字仪式。这是五四反帝爱国运动的又一个胜利。

五四运动是近代中国革命史上具有划时代意义的事件。它以辛亥革命不曾有的姿态，即彻底地不妥协地反对帝国主义和彻底地不妥协地反对封建主义，启导广大人民的觉悟，准备革命力量的团结。五四运动对社会主义思潮在中国的蓬勃兴起起到了极大的推动作用，促进了马克思主义在中国的传播及与工人运动的结合，为中国共产党成立在思想上、干部上做了准备。

五四运动，揭开了中国历史新的一页，标志着中国新民主主义革命的伟大开端。

第三章

历史打开了一扇新的大门

一、新思潮来势汹涌

令人眼花缭乱的各种社会主义流派

五四反帝爱国运动使中国人民有了新的觉醒，特别是经历五四运动洗礼的青年中的一批先进分子，以救国救民、改造社会为己任，面对北洋军阀政府的卖国行径，开始重新考虑中国的前途，探求改造中国社会的新方案。他们纷纷撰写文章、创办刊物、成立社团，以介绍、传播和研究国外的各种新思潮。当时，宣传新思潮的刊物如雨后春笋，先后出现400多种。这些刊物的绝大多数都宣称以改造中国社会为宗旨，有的还在文章中提出各种各样的改造中国社会的方案。

帝国主义列强在巴黎和会的分赃表演，彻底撕去了它们在国际事务中标榜的"平等""公理"面纱，使人们看清了它们狰狞丑恶的嘴脸。与此同时，社会主义的苏俄发表对华宣言，声明："凡从前与日本、中国及协约国所订的密约，一律取消。""把从前俄罗斯帝国政府时代所取于中国的，以及取于中国又转让与日本及协约国的，一概送还中国。""凡从前俄罗斯帝国政府时代在中国满洲以及别处用侵略的手段而取得的土地，一律放弃。""劳农政府把中东铁路、矿产、林业等权利及其它由俄罗斯帝国政府、克伦斯基（Kerensky）政府、土匪霍尔瓦特（Horvat）、谢米诺夫（Semenoff）和俄国军人、律师、资本家所取得的特权，都返还给中国，不受何种报酬。""凡俄国从前所获取底各种特权，以及俄国商人在中国内地所设的工厂，与夫俄国官员或牧师或委员等，所有不受中国法庭底审判等的特权，都一律放弃。"[1]

苏俄政府对华示好的态度，这在世界强国中还是第一次，立即得到了中国各界的热烈回应。

全国各界联合会表示：苏俄的对华宣言是"一种正谊人道之主张流露言表。凡世界各国人民中之宝爱正谊人道者，当无不表示赞同。吾人更信中国人民除一部分极顽朽之官僚、武人、政客外，皆愿与俄国人民携手"。"俄国人民极信仰之自由、平等及互助主义，推行于世界，""从此旧式政治家、资本家之迷梦，无由实现；而公正有力之声浪弥漫世界，则各国人民群起打破国家的、种族的、阶级的差别之期不远矣。"[2]

全国学生联合会称：苏俄对华宣言"足为世界革命史开一新纪元"。并"希望今后中俄两国人民在自由、平等、互助的正义方面，以美满的友谊戮力于芟除国际的压迫，以及国家的、种族的、阶级的差别，俾造成一个真正平等、自由、博爱的新局面"[3]。

中华劳动公会认为：俄国革命"是要恢复我们劳动者底权利，是为世界人类谋真正的自由、平等底幸福"。称赞"全俄底农民、工人和红卫兵，是世界上最可爱的人类"。表示"我们劳动界尤其欢欣鼓舞，愿与你全俄底农民、工人、红卫兵提携，立在那人道正义底旗帜下面，一齐努力，除那特殊的阶级，实现那世界的大同"[4]。

全国报界联合会、浙江学生联合会、杭州学生联合会、上海学生联合会等17个团体，以及上海各界联合会、上海各马路商界联合会、中华救

---

[1]《苏联第一次对华宣言原译文》，中国社会科学院近代史研究所编：《五四运动文选》，生活·读书·新知三联书店1959年版，第363、364、365页。

[2]《中国各群众团体和舆论界对于苏联对华宣言的反映》，中国社会科学院近代史研究所编：《五四运动文选》，生活·读书·新知三联书店1959年版，第373、374页。

[3]《中国各群众团体和舆论界对于苏联对华宣言的反映》，中国社会科学院近代史研究所编：《五四运动文选》，生活·读书·新知三联书店1959年版，第375页。

[4]《中国各群众团体和舆论界对于苏联对华宣言的反映》，中国社会科学院近代史研究所编：《五四运动文选》，生活·读书·新知三联书店1959年版，第375—376页。

国十人团联合会、商界救国总团、中华实业协会、宁波同乡会、旅沪四川同乡会、四川旅沪联合会等团体，纷纷发出致苏俄政府通电，赞扬苏俄对华友好举措。

与此同时，天津《益世报》、《上海学生联合会日刊》、上海《星期评论》、上海《正报》、上海《民国日报》、北京《晨报》等媒体，也纷纷发表文章和评论，赞扬苏俄政府的对华友好举动。

苏俄对华的友好态度与帝国主义列强在巴黎和会的丑恶表演形成了鲜明的对照，拉近了中国激进分子与社会主义苏俄的距离。因此，五四反帝爱国运动后中国思想界出现一个明显的特点，就是有相当一部分人在否定封建主义的同时，也开始怀疑以至放弃资产阶级共和国的方案，转而向往社会主义，认为"社会主义是现时和将来的人类共同的思想"。社会主义学说开始成为新思潮的主流。

然而，新思潮汹涌澎湃却又难免泥沙俱下、鱼龙混杂。五四时期被中国人当作新思潮传播的社会主义学说十分庞杂，既有马克思主义的科学社会主义，又有各种各样被称为"社会主义"的资产阶级和小资产阶级的思想流派。在资产阶级和小资产阶级的"社会主义"思想流派中，影响比较大的有以下几种：

1. 无政府主义

19 世纪法国人蒲鲁东是无政府主义的鼻祖，鼓吹否认一切国家和权威，主张不要政党，不要权力，要一切人和公民的绝对自由，反对政治斗争，主张社会改革。他把无政府主义与改良主义结合在一起，开出了一个"互助主义"的救世药方，主张生产者依据自愿的原则，通过订立契约进行互助合作，彼此等价交换各自的产品，认为这样可以形成生产者之间的永恒公平，防止他们遭受破产的厄运，使小私有制长久存在。这种主义，反映了在资本主义制度激烈的竞争之下，时时处在破产边缘的小资产阶级和流氓无产者对社会未来的设想。继蒲鲁东之后，俄国的巴枯宁和克鲁泡

同盟会机关报《民报》的创刊号

特金成为无政府主义的后起之秀。巴枯宁主张无政府工团主义，反对政治斗争，反对工人阶级政党的领导作用，认为工团是工人阶级的最高组织形式。克鲁泡特金主张无政府共产主义，认为互助是一种天赋本质，社会改革者应该将其从强权的束缚下解救出来，从而让人们能遵循合作的原则进行新社会建设。

在中国，梁启超接触到欧洲的无政府主义思潮，撰写过《论俄罗斯虚无党》一文，介绍了无政府主义的发展及它所主张的暴力革命和暗杀手段。1905年同盟会成立后，所办的《民报》也刊载了个别介绍无政府主义的文章。1907年，旅日的刘师培、张继发起组织"社会主义讲习会"，创办机关刊物《天义报》，刊登克鲁泡特金的《互助论》，宣传无政府主义。与此同时，李石曾、吴稚晖等在法国巴黎创办《新世纪》，宣传无政府主义。李石曾在《新世纪》上发表拉马克和克鲁泡特金的著作译文，受到中国思想界的颇高评价。1917年蔡元培就任北京大学校长后，李石曾、吴稚晖也被聘请到北大。他们到北大后，也就把无政府主义传播到这里。许德珩回忆：

无政府主义的思想在北大也很活跃。蔡元培校长到校后，聘请了前清大学士李鸿藻的儿子李石曾（煜瀛）来北大教生物学，聘请了当时伪装进步的反动分子吴稚晖（敬恒）当学监。李石曾只来了一个很短的时间，吴稚晖来到了学校未正式就职，但无政府主义思想却由他们传播到北大。李、吴这帮人，第一次世界大战时在巴黎开豆腐店，办了一个刊物叫《旅欧周刊》，大汉奸褚民谊做编辑，经常介绍蒲鲁东、巴枯宁、克鲁泡特金等人的思想，鼓吹无政府主义。同时也有人翻译克鲁泡特金、蒲鲁东的著作。蔡元培本人当时也有无政府主义的思想倾向，这就助长了他们在这方面的宣传。由于当时中国的政治腐败，学生们的哲学社会科学的知识水平低，又有社会上这些"名流"来鼓吹提倡，所以北大在最初一个时期，倾向于无政府主义思想的学生还不少。记得其中最活跃的有凌霜（黄）、声白（区）、太侔（赵）等人。[1]

无政府主义主张绝对的平等和自由，挑战一切权威，这在五四时期，对于面对北洋军阀政府腐败卖国，找不到救国方案，并且追求个人解放的青年学生来说，的确是很有吸引力的。

在五四运动之前，无政府主义者成立的较大的团体有：北京大学的实社、广州的心社、南京的群社。实社出版过不定期的刊物《自由录》。1919年1月，北京的实社、民声社、平社、群社等四个无政府主义团体

[1] 许德珩：《五四运动六十周年》，中国社会科学院近代史研究所编：《五四运动回忆录》（续），中国社会科学出版社1979年版，第42页。

合并为进化社，出版《进化》月刊。五四运动后不久，《进化》月刊被查封，进化社停止了活动。1920年1月，北京大学一些信仰无政府主义的学生又组织了奋斗社，出版刊物《奋斗》旬刊。刊物主要内容是反对马克思主义和布尔什维克党，宣传无政府个人主义和提倡所谓"奋斗主义"的人生观。此外，在上海、湖北武汉、湖南长沙、广东广州和新会以及四川、江苏、山西等地都有无政府主义的小团体。

2. 新村主义

新村主义来自日本的武者小路实笃。小路实笃生于日本东京，青年时受到托尔斯泰泛劳动、"躬耕"理念的影响，是小说家、剧作家，爱称"武者"。自1918年3月起，小路实笃先后发表三篇《关于新村的对话》，宣布他将在日本九州创办模范新村，新村本着劳动互助、共同生活的理念，实践其人道主义和理想主义的精神。同年，小路实笃创办了《新村》杂志。11月，小路实笃倾其家产，在九州日向的儿汤郡石河内购买了一块地，与追随者们一起，开始新村试验。

在日本留学的周作人，是小路实笃新村主义的追随者，回国后，仍同小路实笃保持联系。1918年，他在《新青年》上推介了小路实笃的《一个青年的梦》。次年3月，他又在《新青年》第六卷第三号上发表《日本的新村》一文，夸赞小路实笃的新村主义，认为这个主义"主张泛劳动，提倡协力的共同生活，一方面尽了对人类的义务，一方面也尽各人对于个人自己的义务，赞美协力，又赞美个性；发展共同的精神，又发展自由的精神，实在是一种切实可行的理想"。这篇文章曾引起不少青年对新村主义的关注。

1919年7月，周作人到日向参观了小路实笃的新村。之后，他又马不停蹄参观了大阪、京都、滨松、东京四处新村支部。回国之后，周作人写了《访日本新村记》，发表在《新潮》第二卷第一号上。这次日本之行，他看到新村面临的困境，不要说做不到各尽所能、按需分配，连伙食都难以为继，生活主要靠各地捐款和小路实笃的稿费来支撑。新村在日本社会并没有得到多少支持。然而，周作人对新村运动充满信心，认为这些困难是能够克服的。因而，他在回国后刮起了一阵"新村热"的旋风，一年内写了七八篇文章，鼓吹新村运动。11 月 8 日，他在天津学术讲演会上作了题为《新村的精神》的讲演。这篇讲稿先是发表在 11 月 23 日的上海《民国日报》副刊《觉悟》上，1920 年 1 月 1 日《新青年》第七卷第二号作了全文转载。2 月，他组织了"新村北京支部"，负责宣传和介绍人们去日本参观新村。6 月 9 日，他又在北京社会实进会讲演会上作了题为《新村的理想与实际》的讲演。

这时，一些报刊，如《东方杂志》《民国日报》《时事新报》《晨报》《国民》《每周评论》《新青年》《少年中国》《新潮》《劳动》等都发表了不少宣传和讨论新村主义的文章。

北京大学学生中的新村主义者于 1920 年 10 月组织了批评社，创办了一个小型刊物《批评》半月刊，宣传和讨论新村主义。郭绍虞在《批评》第四期《新村号》上发表《新村运动的我见》，表示："我是很赞成新村之人之一"。他认为"新村的组织，生活极合人道，而他的改造主义又极和平，所以认定、相信这一组织亦是进自由途径之一"，并主张新村运动不应停留在知识阶级的一种宣传运动，而应"兼顾到平民方面，行努力的鼓吹"。建立新村"最好选择贫民区域邻近的所在，不必一定在乡间，亦不必一定是农作；这样可使工作余暇再从事于贫民知识的灌输、贫民生活的改善，而于无形之中，得以传播新村的真精神，以与书报的传播互相并行"。[1]《批评》杂志还曾展开关于新村的讨论，黄绍谷提出了四个问题：（1）新村建设之困难；（2）事实上的不可能；（3）改造社会之迂缓；（4）新

---

[1] 郭绍虞：《新村运动的我见》，张允侯等编：《五四时期的社团》（三），生活·读书·新知三联书店 1979 年版，第 184、185、186 页。

村制度难普遍。他请周作人回答。

周作人对第一条的回答是："经济的困难这一层，我是承认的。""但我总以为新村是与我的理想适合的社会改造的一种办法，并希望他将来的实现。"黄绍谷第二条的意思是："于不洁的社会中推行新村计划"事实上是不可能的 。周作人的回答不明确，而是似是而非，即"社会的改变是接续的，不是整段的"，"不像一张碟子可以一下子翻转的。"对于第三条，周作人认为"新村既然重在和平的改革，所以不能责备他不做'斩伐的功夫'。究竟社会改造的急进的或是缓进的方法，那方面有效，此刻不能预定，不好说何者是必能，何者是绝不会；最好各依了自己所认为最适当的路走去，无论谁先走到，都是好的。"对于最后一条，他的回答是："新村的不容易普及"，我"也是承认的；不过这是就现在而言，将来还是希望能够发展的"。他认为"改造社会是一件极大的工程"，希望"社会改造的各派大家进行，合力造成一个新世界"。[1]新村主义本来就是一个脱离社会实际的虚幻空想，极力鼓吹新村主义的周作人，面对别人对新村主义的诘问，回答自然是十分苍白无力的。

在上海，新村主义者于 1920 年 4 月成立了新人社，社员有 50 余人，分布在上海、南京、江西、浙江、湖南等地，其中大部分为编辑、教员和学生，也有个别军人和书局老板。新人社出版有《新人》月刊和《新人丛书》。新人社成员大多数信仰新村主义，把新村看作是向"旧社会宣战的大本营"，认为新村是消灭体力劳动和脑力劳动的差别、进行"物心两面改造"的一种新型组织，它可以使社会中每个分子"都能得着平均发展个性的机会"，使他们"各尽所能，各取所需"，"碰不着使命障碍"。他们中有人在《新人》上设想过办"新人试工场"，具体办法是："（1）集同志

---

[1] 黄绍谷、周作人:《新村的讨论》，张允侯等编:《五四时期的社团》（三），生活·读书·新知三联书店 1979 年版，第 195、197、198、199 页。

十人以上，筹资千元以上，在上海附近购园地十亩以上，栽种农产物，这场所就名'新人试工场'。（2）场中共产共劳作。（3）场中成绩如好，更图扩充，以一年为试验成绩期间。"[1]

邰光典标榜：组织新村的目的是："第一，不满意现在旧社会的旧生活，想着解放改造他。第二，本我们彻底觉悟的精神，作一种革新的运动；按科学的研究，实现我们的理想社会——新村。"他认为"'组织新村'这话，空说无益，必要实在去运动"。那么如何去实行呢？他提出新村的第一步，要做两种文化运动："一个是'精神改造运动'。就是本着人道主义的神髓，宣传互助、博爱的道理，改造现代堕落的人心。我们'新村'里的人，都要把人的本来面目拿出来，把那占据的冲动变为创造的冲动，把那残杀的生活变为友爱的生活，把那侵夺的习惯变为同劳的习惯，把那营私的心理变为公善的心理。""一种是'物质改造的运动'。就是本着'勤工主义'的精神，创造一种'劳动神圣'的组织，改造现在游惰、本位、掠夺主义的经济制度。把那劳工生活从这种制度中解放出来。我们'新村'里人，人人都须工作；工作的人才有饭吃。须知'劳动神圣'的话断不配那一点不作手足劳动的人讲的。那不劳而食的'智识阶级'，在我们'新村'里，应当与那些资本家受同样的排斥。"[2]

新村主义者勾画了一幅理想社会的虚无缥缈图画，并大声叫喊要付诸实际行动。而实际上，包括周作人在内，都是雷声大、雨点小，极力鼓吹，却很少见付诸行动。

尽管新村主义是脱离实际的空想，但在当时情况下，它反对旧制度、旧生活，反对资本剥削，主张人人平等、共同劳动、劳动成果共享，还是

---

[1]《王无为赴湘留别书》，张允侯等编：《五四时期的社团》（三），生活·读书·新知三联书店1979年版，第231页。

[2] 邰光典：《文化运动中的新村谭》，张允侯等编：《五四时期的社团》（三），生活·读书·新知三联书店1979年版，第234、240页。

吸引了不少进步青年的。

3. 基尔特社会主义

基尔特是英文 guild 的音译，指欧洲中世纪手工业中的行会组织。因此，基尔特社会主义也被称为"行会社会主义"。第一次世界大战前夕，英国国内阶级矛盾激化，工人运动高涨，基尔特社会主义作为资产阶级的一种改良主义流行起来，其代表人物有阿瑟·约瑟夫·彭蒂、柯尔、贝兰特·罗素、塞缪尔·乔治·霍布逊等。基尔特社会主义主张把工会改成基尔特，吸收所有脑力劳动者、体力劳动者参加，生产资料归集体所有；在基尔特中，工人自己选举经理和监工，实现生产自治，产业民主；成立全国基尔特，管理全国生产，国家只是消费者的代表，负责产品分配和全民的消费。通过上述途径，和平地瓦解资本主义，实现社会主义。

研究系重要成员张东荪是基尔特社会主义传入中国的主要推手。1919年9月，张东荪在北京创办政论性杂志《解放与改造》。在创刊号上，张东荪亲自撰写创刊宣言，发表题为《第三种文明》的社论和《罗塞尔的"政治理想"》的长篇文章。在《罗塞尔的"政治理想"》一文中，他对罗素的基尔特社会主义思想作了系统介绍，并主张中国走基尔特社会主义道路。

《解放与改造》是介绍基尔特社会主义的主要阵地。此外，《学灯》《东方杂志》等报刊也刊载了一些关于基尔特社会主义的文章。

1920年3月，梁启超从欧洲考察后回国，与张东荪等人组织共学社；9月，又成立讲学社，并把《解放与改造》改名为《改造》，梁启超、蒋百里任主编。《改造》发刊词申明：要将基尔特社会主义精神向"实际的方面"贯彻。

基尔特社会主义传入中国，赞同者多为学者名流，对于当时的激进青年来说，远不及无政府主义、新村主义的吸引力大。

除了上述"社会主义"流派外，还有互助主义、合作主义、泛劳动主义、伯恩斯坦主义等。

面对令人眼花缭乱的各种非马克思主义的"社会主义"流派，广大进步学生一时难以辨别。邓颖超在回忆觉悟社时曾说："社员常在一起谈论研究一些新思潮。那时我是年纪最小的一个，不常参加正规的讨论，但常听到比我年长的男女社员们谈论着社会主义、无政府主义、基尔特社会主义等等。大家都还没有一定的信仰，也不懂得共产主义"[1]。

瞿秋白也曾这样说过：

> 社会主义的讨论，常常引起我们无限的兴味。然而究竟如俄国十九世纪四十年代的青年思想似的，模糊影响，隔着纱窗看晓雾，社会主义流派，社会主义意义都是纷乱，不十分清晰的。正如久壅的水闸，一旦开放，旁流杂出，虽是喷沫鸣溅，究不曾自定流出的方向。[2]

五四运动后绝大多数进步青年对社会主义还只是抱着一种朦胧的向往，对各种社会主义学说的了解并不十分清晰，这些主义和学说之所以吸引他们，是他们希望通过分析、比较和选择，从中找到挽救民族危亡和改造中国的良方。

工读互助团等试验的失败

1919年12月4日，北京《晨报》刊登了王光祈的《城市中的新生活》

---

[1] 邓颖超：《五四运动的回忆》，中国社会科学院近代史研究所编：《五四运动回忆录》（上），中国社会科学出版社1979年版，第75页。
[2] 瞿秋白：《五四前后中国社会思想的变动》，中国社会科学院近代史研究所编：《五四运动回忆录》（上），中国社会科学出版社1979年版，第80页。

一文。他在文中说:"数月以前我与左舜生君讨论小组织新生活问题,注重乡村间的新生活,今天我所提倡的是城市中的新生活。"为此,他提出建立男女生活互助社,"为新社会筑一个基础。"具体办法是:

(一)这种团体的名称,可以称为"工读互助团"。因为在这种团体里的团员,必要具备两种资格:

1. 作工;

2. 读书。

(二)生计方法暂时可以分出两种:

1. 手工　如织袜、织毛巾、装订书籍之类;

2. 贩卖　如贩卖国货及书报之类。

关于置备机械、租赁房屋的资本,我们愿意筹募。

(三)团员不限于男女,均在一处共同作工,惟寝室分作两处。

(四)每日作工六小时,读书三小时,其余时间作为娱乐及自修之用。

(五)共同工作所得之收入,为团体共有之财产。

(六)团员生活所必需的衣食住,皆由团体供给。

(七)团员所需之教育费、医药费、书籍费,皆由团体供给,惟所购之书籍报纸,均系团体共有。

(八)团体中须置备陶情悦性之音乐数具,随时举行各种游戏,共同娱乐,或结队郊外旅行,强健身体。

…………[1]

[1] 王光祈:《工读互助团》,张允侯等编:《五四时期的社团》(二),生活·读书·新知三联书店1979年版,第370、371页。

王光祈提出的这些建议，在当时来说，应该是最详细、最具体、最有可操作性的。他自己也认为，这种组织比新村更容易办到，新村需要土地，而青年学生又生活在城市，所以组织工读互助团的主张比较切实可行。并且认为，这种组织除首先在北京建立外，将来天津、南京、上海、武汉、广州等地也可以推行。

王光祈在提出建立工读互助团倡议前，就同陈独秀、李大钊进行过商议。这篇文章在《晨报》刊登后，受到思想界、教育界名流的支持，在募捐启事上，名列发起人的有：顾兆熊、李大钊、蔡元培、陈独秀、胡适、周作人、陶履恭、程演生、王星拱、高一涵、张崧年、李辛白、孟寿椿、徐彦之、陈溥贤、罗家伦、王光祈等 17 人。原计划募集 1000 元，实际募得现洋 1041 元、票洋 254 元。其中，陈独秀捐现洋 30 元，胡适捐现洋 20 元，李大钊捐现洋 10 元。

北京组织工读互助团的消息传出后，广大进步青年闻之非常向往，有数百人报名参加。甚至外地的青年，如杭州的俞秀松、施存统、周伯棣、傅彬然等，专程赶到北京参加工读互助团。1919 年底，工读互助团正式成立。

工读互助团成立后，王光祈自豪地宣称："工读互助团是新社会的胎儿，是实行我们理想的第一步。""若是工读互助团果然成功，逐渐推广，我们'各尽所能、各取所需'的理想渐渐实现，那么，这次'工读互助团'的运动，便可以叫做'平和的经济革命'。"[1]

正式成立后的工读互助团简章比王光祈在《晨报》文章中提出的办法略有变化，其一是增加了宗旨，内容为"本互助的精神，实行半工半读"。其二是将原先设想的工作时间 6 个小时改为 4 个小时。其三是将工

---

[1] 王光祈:《工读互助团》，张允侯等编:《五四时期的社团》（二），生活·读书·新知三联书店 1979 年版，第 369 页。

作种类将原先的两种细分为 9 种，即石印、素菜食堂、洗衣服、制浆糊、印信笺、贩卖商品及书报、装订书报、制墨汁及蓝墨水、其他等。

工读互助团成立之初分为三个组：

第一组设在北大附近的骑河楼斗鸡坑 7 号，原定 27 人，经营项目为素菜食堂、石印及装订、洗衣等三项，开办费为 400 元。开办时，实到人数包括杭州来的俞秀松等 4 人在内共 13 人，经营项目为食堂、放电影、洗衣三项。开办经费为 523 元，其中食堂股 160 元、洗衣股 40 元、预付房租 60 元、家具 123 元，其余杂费 40 元、电影股 100 元。

食堂取名"节俭食堂"，设在北京大学第二斋对门。电影股每星期一晚七时至九时在女子高等师范放映，每星期二、星期三晚 7 时半至 10 时在北京大学第二院大讲堂放映，每星期六及星期日晚 7 时半至 10 时在高等师范操场露天放映。洗衣股每日洗衣约 60 件。

第二组设在北京工业专门学校、法文专修馆、北京师范学校附近的西

北京女子工读互助团的团员在劳作

城翠花街北狗尾巴胡同 5 号，原定 19 人，经营项目为素菜食堂、洗衣、制造小工艺，开办费 300 元。开办时，实到人数为 11 人，经营项目为平民消费公社、平民补习学校、平民洗衣局、平民工厂、食堂等。开办费为 345 元，其中消费公社修理费 60 元、厨房 100 元、住房修理费并器具 86 元、洗衣局器具 40 元、预付房租 35 元、小工艺筹备费 20 元。

平民消费公社设在西城翊教寺高等法文专修馆旁，主要销售新出版的各种书报，如《新青年》《新潮》《觉悟》等，同时也销售文具、化妆品、日用品、食物等。平民补习学校学生自制的手杖、铜刀等也拿到这里销售。每日营业时间为早 7 点至晚 9 点。

平民补习学校原设在高等法文专修馆内，经费由法文馆负担。由于经费困难，由工读互助团第二组接办，共有男女学生 80 余人。因学生程度不一，采用复式教学，教职员由二组团员担任。学生不收学费，书籍、纸笔、石板、算盘等学习用具，由学校备发。这是第二组办的公益事业。

平民洗衣局设在狗尾巴胡同，成立时由于大家都不知道，客户很少，每天平均洗衣四五十件。洗衣局的团员们盼望天气转暖后洗衣的客户会增加些。第一个月聘请技师教大家洗衣服，收送衣服和补缀、折叠则由团员担任。

平民工厂也设在狗尾巴胡同，暂时分为化学工艺和铁木工艺两部。化学工艺部主要做浆糊、墨水、擦面、牙粉、润面膏、洗发香水、粉笔等，铁木工艺部主要做儿童玩具、教育用品等。由于受财力限制，规模很小。

平民食堂原定开在祖家街附近，但在这里找不到合适的房子，便承包了法文专修馆寄宿舍的食堂。但用餐人数过少，不能达到预料的成绩。

第三组原定设在女子高等师范附近，全部招女子，因此也称"女子工读互助团"。1920 年 1 月 21 日在《晨报》上登出招收第三组的消息和简章后，经过两个多月却迟迟未能建立起来。主要是在以下问题上遇到了瓶颈：

一是团员问题。当时到女子高等师范来报名的有 20 多人，但报名者对"工读"的意思没有弄明白。其一是家庭贫穷的人以为这是个慈善事业，像女子职业学堂，女儿送到这里，管吃管穿，养大了还可以学点职业技能。因此，一些十三四岁的小姑娘，其父母托穿长衫识字的人送来报名，要求收留。这些报名者，没有起码的文化基础，年龄也小，达不到 15 岁的要求。其二是一些曾经上过几年学，想进入女子高等师范，但文化程度不够，想通过参加工读互助团得到一个"女学生"的身份。这些人不了解"工读"的价值含义，个人的"人生观"也不正确。其三是富人家的太太们，听说工读互助团是"妇女解放的先声"，认为是谋自己独立的好机会，也前来参加。但她们一听说要住在团里，洗衣煮饭都要由自己做，读书做工都规定有时间，便拍屁股走人了。由于这几种原因，符合要求的团员达不到一定人数。

二是经费问题。原定由各发起人负责筹措经费，女子高等师范的学生开两天游艺大会进行募捐作为开办费的补助。不料游艺会筹办刚有点眉目，京、津又发生了学潮，游艺会没有办成，募捐自然也就泡了汤。没有办法，只好发行捐册，到各校请教师和学生捐款，但时间就往后拖了。

三是房子问题。在女子高等师范附近找房子，不是大了，就是小了。好不容易找到一两处合适的，房主听说是女学生租的，觉得靠不住，故意抬高租价，让她们租不起。无奈，只好改租东安门北河沿 17 号（椅子胡同东口）进行筹备。

大约在 3 月底或 4 月初，第三组正式成立，团员人数在 10 人左右，主要从事织袜、缝纫、刺绣、小工艺类的工作。毛泽东第二次来北京时，饶有兴趣地参观过女子工读互助团。

第四组于 1919 年 2 月 4 日正式成立，主要是法文专修馆的一些学生，因赴法勤工俭学遇到困难，于是将国外工读变成国内工读。原为 10 人，后因一人赴法，开办时为 9 人，地址在东城松公府夹道 8 号。开办费原定为 500 元，以 300 元经营及销售食品等，以 200 元办织袜事业。由于经费未筹齐，织袜事业暂缓开办[1]。据当时第四组的有关情况报告：

> 本组的工作，原以机织为主体，兼营贩卖食品杂物诸事。现时经费不足，又因机器不易购得（因为多半是日本货），暂成立第二部，在住所开铺贩卖。本"自食其劳"的意思，取铺子的名目叫作"食劳轩"。二月四日已开始营业了。
>
> 铺内又分食品与杂货二小部。杂货部售学校用品及日用品；食品部在内辟有食堂，所售多系清品，如像元宵、浆米酒糟等应时小品；外用四川乡土方法，自作各种腌肉、火腿、香肠、卤肚、卤肝、风鸡、咸菜……等等。加意清洁，售价极廉。食堂的布置不及北京小馆子的"小而臭"，也不及北京大馆子的"大而脏"！
>
> ……据现在营业概况，每日经常收入只能供给九人之伙食；将来发达，书籍房费诸种用度或可储蓄；有多款时，再办机织事业，逐渐推广技术工作。现在每日没有工作的时候，已按照指定科目、时间往北大上课。半工半读，乐观乐观！[2]

除北京工读互助团外，北京还办有中国大学工读互助团、交通部铁路管理学校毅士工读互助团。在外地，上海办的或拟办的有上海工读互助团、沪滨工读互助团、上海女子工读互助团、沪滨伙友工读互助团；湖北有武昌工学互助团；江苏有南京师范学校工读互助团、扬州第八中学工读互助团；天津有工读印刷社；广东有女子工读互助团。

开办工读互助团，出发点和设想都很美好，但一旦办起来之后，遇到

---

[1] 根据有关资料记载，第四组的织袜事业在 1919 年 9 月间办起来了。

[2] 照魂：《第四组的现在》，张允侯等编：《五四时期的社团》（二），生活·读书·新知三联书店 1979 年版，第 397—398 页。

实际问题，就不像原先设想的那么美妙了。参加第一组的傅彬然回忆：

> 我们做的工，起初是洗衣服、制信纸信封之类，但是收入都很少。后来在骑河楼街上开了一所名称叫"节俭食堂"的饭铺。来吃饭的主要是北大同学和教师。整个食堂的工作，除了请一位厨工做菜以外，其他如掌柜、采购、煮饭、跑堂、洗碗及其他清洁工作，都由团员轮值。食堂的墙壁上曾贴着一副对联："宁流额上汗，毋染手中血。"这是对当时打内战，敲剥人民骨髓以自肥的军阀的一种抗议。食堂办了几个月，收入比前虽然增多一些，可是要维持二十多人的消费，还是应付不了的。原来募集来的钱逐渐短少了，于是又在团内开设英文补习班，但学生来的并不多。后来有几个人去学印刷工人，我也在内。先去西城晨报馆印刷厂学排字，记得有一本翻译书《爱的成年》（英国嘉本特原著）一大半是我检的字。接着又到北大新成立的英文排字部学习过若干天。后来大概考虑到，即使成为熟练的排字工人，用半天时间工作，也未必能维持个人生活，于是又由互助团登报征求业余教师的工作。我曾到西城一个姓熊的大官僚家庭为他的孩子补习过英文、数学。[1]

施存统在北京工读互助团第一组的试验失败后，曾写过一篇《"工读互助团"底实验和教训》一文，其中对当时第一组的经济状况有详细的介绍。据该文介绍：

1.电影。放电影投资130元，办了一个多月，除收回资本130元外，还余存30元。能赚这30元，主要还是在女子高等师范放映了3场，每场

---

[1] 傅彬然：《忆北京工读互助团》，张允侯等编：《五四时期的社团》（二），生活·读书·新知三联书店1979年版，第494页。

卖 200 张左右的票。这是女同学们为支持第一组才来看的，带有捐助的意思。后来再放映，看的人就很少。于是，放电影这事就停下来了。

2. 洗衣股投资 40 元，每天四人工作，工作时间为 5 个小时，办了两个多星期，仅收入 70 几枚铜子。主要是客户少，到外面去收衣服，一连收了三四天，收的衣服还不到 20 件。于是委托人替他们收衣服，每件衣服给百分之三的报酬。结果是被委托人把收来的衣服暗地里送到洗衣铺里去了。因洗衣铺给的报酬更高。没有客户来源，再加上第一组租的房子没有晒衣服的地方，只好把洗衣这项也停了。

3. 印刷。分为印信纸、印信封。信纸每小时可以印三四百张，信封每小时可做二三十个。但是，这些产品做好之后，需要委托别人去卖，并非立刻赚钱到手。所以，印刷这项干了一个多月，才赚了 3 元钱。

4. 英算专修馆。初办时学生只有七八人，分初高两级。有两个团员担任这项任务，每天工作 6 个小时以上。后来学生人数多些，平均每月在 20 人至 30 人之间，所以每月能够收入四五十元。这是所办的工作项目中收入可观的。

5. 食堂。食堂是工读互助团第一组的根基，食堂办得好坏，决定着第一组的成败。食堂初办的时候，有 3 间房子，放 5 张饭桌，地方比较狭窄。办了两个月后，进行扩充，另租两间房子，增添 5 张桌子。扩大经营规模的目的，是想生意发达，维持团员的生活。谁知食堂规模扩大后，生意不见起色，开销反而猛增。食堂开办时，收支状况没有进行细算，加上头两个月开支还小，开办费还有，大家向负责管理账目的团员问起经营状况，他总是说可以维持吃饭。待到食堂扩大后，经费很快见底，发生了经济困难，大家才如梦方醒。这时，在食堂里做工的有 8 个团员，就连这 8 个团员的吃饭都成问题。而平均每天有 12 个团员在食堂吃饭，费用需要大洋一元五角钱。这样，食堂每天要亏本一元五角。这么亏下去，团员每天就吃不起饭了。食堂的垮台，是压倒工读互助团第一组的最后一根稻草。

　　工读互助团第一组从成立到解散，前后也只有 3 个月。先后进团的人员有 21 人，到解散时，只有团员 11 人。施存统认为该组失败的原因有二："一、经济的压迫；二、能力的薄弱。"他得出的失败教训是："（一）要改造社会，须从根本上谋全体的改造，枝枝节节地一部分的改造是不中用的。（二）社会没有根本改造以前，不能试验新生活；不论工读互助团和新村。"[1] 应该说，施存统总结的失败原因和教训基本上是正确的。

　　与施存统同为工读互助团第一组的俞秀松看了他的文章后，表示："大旨和我没有不同。不过他说：'感情不洽不是失败的真因'一句话，似乎对于我们工读互助团的真情有点不符。我们团员感情既然不洽，所以（一）工作不尽力，（二）不肯协力商量办法，（三）消费的不当。有这三个现象，对于团体的积极和消极两方面都受很大的影响。"因此，他的结论是："团员不是自由结合，以致感情不洽，也是这次失败的一个大原因！"[2]

　　工读互助团的倡导者王光祈自己没有参加工读互助团的试验，而是于 1920 年 5 月赴德国留学。他在与恽代英讨论工读互助团问题的通信中，不同意施存统总结的失败原因，赞同俞秀松的观点。他说："有许多人以为工读互助团的组织，在现代资本制度之下是绝对不行的。这句话在欧美大资本制度之国家中，或系如此。但是亦系一种相对的而非绝对的。（此系我数月来在欧洲所考察之结果。理由甚长，容缓再说。）若在中国更说不上受大资本家的压迫，以致工读互助团竟无成立的可能。"他拿自己现身说法，说：

　　　　我敢说我只要有大洋十元，无论在中国什么地方，我都可以生

---

[1] 存统：《"工读互助团"底实验和教训》，张允侯等编：《五四时期的社团》（二），生活·读书·新知三联书店 1979 年版，第 435、439 页。

[2] 存统：《"工读互助团"底实验和教训》，张允侯等编：《五四时期的社团》（二），生活·读书·新知三联书店 1979 年版，第 440 页。

活。这不是理想，这是我曾经经过的事实。我民国二年从家里起身，只有钱二千文（只合大洋一元半）；到了泸州只剩二百文；后来展转到了北京，只有旅费六元；到了青岛只有旅费四元半；到了上海只有旅费五角。我在北京曾经用过每日铜元四枚的生活费。其时我已能每月得薪三十元。不过我欲训练俭朴生活，早晚两餐均在市上极便宜之饭摊上吃饭，与一般洋车夫为伍。一个铜元的窝窝头（似系高粱所做），半个铜元的小米粥，半个铜元的小菜，每日吃得甚饱。如是者两月，我才晓得在号称生活昂贵之北京，每月有一两元的生活费，亦可以过活。以上系就消费而言。若以生产而论，无论从事贩卖，从事手工，每日得铜元数枚，亦系极寻常之事。故我觉得个人生活简直不成问题。从前寄人篱下之办法，是根本错误。我现在更觉得世界上无论什么地方，都是我们的舞台。只要有两只手、两只足，不是聋子，不是瞎子，必不会发生生活问题。其所以发生生活问题，都是自己懒惰；其所以不敢到世界各处奔走，都是自己胆怯。我既有这种信仰，所以我觉得在北京组织工读互助团是一件可能的事。后来工读互助团得各方面的同情，居然组织成立。我因为赴欧留学，匆匆出京。在上海的时候，屡接北京来信，知道第一组和第二组形势不佳。其原因甚为复杂：或由于感情不洽，或由于经济破产。而经济破产之原因又多由于团员不肯努力或和衷共济之故。故我遂敢断定此次之失败，完全是人的问题。[1]

王光祈与恽代英讨论这个问题时，北京工读团第三、第四组仍在惨淡支撑。于是，他就以第三、第四组为依据，认为当时筹集的 1000 余元钱

---

[1] 王光祈:《王光祈致恽代英》，张允侯等编:《五四时期的社团》（二），生活·读书·新知三联书店 1979 年版，第 442 页。

基本上都用在了第一、第二组，反而这两组都失败了；第三组是女子高等师范的几个同学组织的，第四组是高等法文专修馆的几个同学组织的，反而比前两组办理得法、维持较久。因而，他得出的结论是："（一）用公共的钱办事往往不如用自己的钱办事较有成绩。""（二）需要愈急切者则其成绩较佳。第一二组之团员，大半以此种团体聊作试验工读主义之工具，成功固佳，失败亦无大害。换言之，对于工读互助团尚不极感需要。至于女子工读互助团，则因现在女子受黑暗势力的压迫较男子烈，往往牺牲性命而不辞，故对于工读互助团之需要，较男子为急切。此所以女子工读互助团之成绩较第一二组为佳。"因而，他认定"北京工读互助团第一二组之失败，完全是团员的问题，而且是属于团员的心理问题，所以不能借经济压迫、能力不足等等理由以自解"[1]。

王光祈是工读互助团的倡导者、设计者，但不是实践者。他把工读互助团的失败的主要原因归结为"人的问题"，意在说明自己的设计没有问题，在中国工读互助团是能够生存下去的，为自己的空想进行辩护。他以自己只有两千文钱就能够到北京闯荡，以一两元也能在北京生活的经历，来说明工读互助团失败是团员不肯努力与和衷共济，犯了以个体代替组织这种在逻辑上叫偷换概念的错误。他曾标榜组织工读互助团的目的是"创造新社会"[2]，然而却用个人的谋生代替工读互助团改造社会的行动。王光祈的辩解是苍白无力的。难怪恽代英给王光祈复信中表示："我对于你始终只说是'人的问题'，不肯自己认错，我原亦不很满意。"恽代英认为"'人的问题'是有的，但所以集合这样些人的，自然要怪发起时办理步骤的不合，这亦应得你负些责任。若自己拟了法子，号召了起来，人家懵懂

---

[1] 王光祈:《王光祈致恽代英》，张允侯等编:《五四时期的社团》（二），生活·读书·新知三联书店 1979 年版，第 443 页。

[2] 王光祈:《工读互助团》，张允侯等编:《五四时期的社团》（二），生活·读书·新知三联书店 1979 年版，第 379 页。

的信了，失败了，人家吃了亏，你却轻轻淡淡说是'人的问题'，未免太严于责人而宽于责己了"。并指出"只盼望你注意，要组织工读互助团便要自己加入，不可只做个发起人"。[1] 恽代英戳到了王光祈的痛处。

胡适对于工读互助团出现的困境是这样看的："北京发起的工读互助团的计划，实在是太草率了，太不切事实了。""北京工读互助团的计划的根本大错就在不忠于'工读'两个字。发起人之中，有几个人的目的并不注重工读，他们的眼光射在'新生活'和'新组织'上。"他认为"新生活和新组织也许都是很该提倡的东西，但是我很诚恳的希望我的朋友们不要借'工读主义'来提倡新生活、新组织"[2]。那么，胡适心中的"工读主义"是什么呢？就像美国大学的所谓工读生活，即学生边上学边打工，作为解决经济困难的一种手段。他赞同办一个"工读介绍社"，介绍学生去各机关工厂服务，按小时给报酬，等等。胡适完全是站在资产阶级实用主义立场上看待工读互助团的失败，抹杀了其改造社会的"新生活、新组织"的积极意义。

北京工读互助团第一组于1920年3月下旬解散后，第二组也接着解散。从王光祈给恽代英的信看，第三、第四组应坚持到1920年12月还在，其后便没有消息了。看样子也就是在1920年底或1921年初解散。北京的中国大学工读互助团和交通部铁路管理学校毅士工读互助团，只有成立消息，没有活动消息。

上海工读互助团在筹办过程中困难重重，结果没有办起来。沪滨工读互助团于1920年6月成立，于1921年2月3日宣布解散。解散宣言中称："由经济紧急而经济困难，由经济困难而经济穷绝，以致于团体不得不解

[1] 恽代英：《恽代英复王光祈》，张允侯等编：《五四时期的社团》（二），生活·读书·新知三联书店1979年版，第445、448页。
[2] 胡适：《工读互助团问题》，张允侯等编：《五四时期的社团》（二），生活·读书·新知三联书店1979年版，第402、403页。

散。"认为"在此资本制度的底下，经济组织不平等，经济会枢的地方就是野心家赃物的地方，其防备无产阶级更见严密"。因而得出的结论是："'工读互助'的团体，实难存在于今日的社会里面，而更见难存在于经济会枢的地方。""资本制度不打破，工读互助团决没有存在的余地……"[1]

武昌、南京、天津、广东等地的工读互助团，也只有新闻界报道筹备或成立的消息，鲜见其活动的信息，情况应和北京、上海的工读互助团相似。

湖南的合作主义者曾于 1920 年 12 月在长沙小吴门外成立了一个大同合作社，有十几名社员。尽管这个团体主要标榜的是合作主义，但社员除生产外，每天还有固定的时间学习，实际上既是生产合作社，又是工读互助团。大同合作社在宣言中说："到处改造社会的呼声应声，不约而同的如雷震耳。黑暗、不平等、万恶的旧社会，到今天才完全显露出来。"认为"资本家刮削工人劳力和血汗的代价以自肥，商人贪得无厌，过取物品的价值以中饱，社会因此受重大的苦痛，就不能不有改造社会的问题发生。有人主张激烈，用破坏的手段从根本上来建设合理的新社会，这种理论和成效，我们何尝不觉得很快；但是未免有一番扰乱，似乎不妥。莫如采取较良好而又和平的方法，试办一办作为初步的救济，所以我们才组织这个团体"。[2] 尽管其不赞同暴力革命，主张以和平方法改造社会，但还是为反动军阀赵恒惕所不容，于 1921 年 11 月以"提倡过激主义"[3] 给封闭了。

从 1919 年底北京组织工读互助团开始，各地也继而组织工读互助团，工学主义者、合作主义者也组织了以改造社会为目的的与工读互助团相近

---

[1]《沪滨工读互助团的解散宣言》，张允侯等编:《五四时期的社团》（二），生活·读书·新知三联书店 1979 年版，第 470 页。

[2]《大同合作社宣言》，张允侯等编:《五四时期的社团》（四），生活·读书·新知三联书店 1979 年版，第 96 页。

[3] 张廷灏:《中国合作运动的现状》，张允侯等编:《五四时期的社团》（四），生活·读书·新知三联书店 1979 年版，第 56 页。

的小团体，前后持续了一年多的时间。工读互助团等小团体以改造社会为
目的的试验失败表明，在半殖民地半封建社会的中国，企图通过和平的、
一点一滴的方式去改造社会，建立新社会，是完全不可能的。参与这个试
验的一部分青年学生因此而消沉、苦闷，恢复了过去的学校生活，而先进
的青年学生们则进一步认识到空想社会主义和其他类似的改良主义思想的
谬误，抛弃不切合实际的空想，寻找能够根本改造中国的真理，走上革命
的道路。

二、选择马克思主义作为救国真理

马克思主义成为新思潮中最强音

在新思潮大量涌现、诸多流派争鸣斗胜的形势下，马克思主义以其高
度的科学性和革命性逐渐吸引越来越多的进步青年。

马克思的名字最早在中文报刊上出现是在 1899 年 2 月《万国公报》刊
载的《大同学》的文章中。1902 年梁启超在《新民丛报》上所发表的《进
化论革命者颉德之学说》一文，曾提到过马克思。当时梁启超译作"麦喀
士"。1903 年 2 月 16 日出版的《译文汇编》，刊登有马君武写的一篇《社
会主义与进化论比较》，在提到马克思时曾说：马克司者，以唯物论解历
史学之人也，马氏尝谓阶级竞争为历史之钥。在文末"马克司所著书"
中，曾提到《英国工人阶级状况》（恩格斯著）《哲学的贫困》《共产党宣
言》（马克思、恩格斯著）《政治经济学批判》《资本论》。1905 年，朱执
信在《民报》第二号上发表了《德意志革命家小传》，介绍了马克思、恩

马克思（后排右立者）、恩格斯和家人的合影

格斯的生平及《共产党宣言》的要点和"十条纲领"，并对《资本论》作了述评。这是中国历史上第一次对马克思和恩格斯的生平及学说所作的较多介绍。朱执信还在《民报》上发表的《论社会革命与政治革命并行》一文中，说马克思的学说为科学社会主义。

1907 年，中国留日学生在东京办的《天义报》，也多次提到马克思和恩格斯。《天义报》第 15 期，刊登了恩格斯 1888 年为英文版《共产党宣言》所写序言的译文；第 16 至 19 期上，刊登了《共产党宣言》第一章《资产者与无产者》的译文。1911 年，组建中国社会党的江亢虎，在《社会主义学说》中，也提到了马克思学说。1912 年，中国社会党绍兴支部刊物《新世界》刊登过《社会主义从空想到科学的发展》一书的译述。

马克思主义也引起了伟大的资产阶级革命先行者孙中山的注意。1912 年 10 月 14 日至 16 日，孙中山在上海应中国社会党本部邀请，以《社会主义之派别及其批评》为题，连续三天进行演讲，其中称赞马克思研究资本问题 30 年之久，写成《资本论》，使社会主义成为系统的理论。

尽管从 19 世纪末，中国的资产阶级知识分子已经提及马克思，进入 20 世纪后也曾对马克思学说作过零零碎碎的介绍，但只是作为欧洲的多种思想学说中的一种来介绍的。他们更看重的是西方资产阶级民主思想、资产阶级共和国方案，不可能把马克思学说当作改造中国的革命理论来完整介绍。因而，马克思学说在当时并没有引起人们的注意。

李大钊是中国系统介绍马克思主义的第一人。毛泽东曾经形象地指出："十月革命一声炮响，给我们送来了马克思列宁主义。"[1] 如前所述，李大钊在十月革命以后，发表了《法俄革命之比较观》《Bolshevism 的胜利》，作了《庶民的胜利》的讲演。五四运动后，他又用很大的精力去研究马克思主义，撰写了两万六千字的《我的马克思主义观》一文。

按照《新青年》轮流编辑的排序，第六卷第五号应是李大钊负责编辑，他决定集中刊出几篇介绍马克思和马克思主义的文章，出一期"马克思研究号"。在这一期中，刊载有顾兆熊的《马克思学说》、黄凌霜的《马克思学说批评》，在《马克思研究》栏目之下载有《马克思的唯物史观与贞操问题》《马克思的唯物史观》《马克思奋斗的生涯》三篇文章，其后是《马克思传略》。大概因为自己负责编辑，为了避嫌，李大钊把《我的马克思主义观（上）》放在最后，《我的马克思主义观（下）》则放在了《新青年》第六卷第六号上刊出。

李大钊在《我的马克思主义观》中认为，马克思主义为"世界改造原动的学说"，指出："马氏社会主义的理论，可大别为三部：一为关于过去的理论，就是他的历史论，也称社会组织进化论；二为关于现在的理论，就是他的经济论，也称资本主义的经济论；三为关于将来的理论，就是他的政策论，也称社会主义运动论，就是社会民主主义。""他这三部理论，

---

[1]《毛泽东选集》第四卷，人民出版社 1991 年版，第 1471 页。

都有不可分的关系，而阶级竞争说恰如一条金线，把这三大原理从根本上联络起来。所以他的唯物史观说：'既往的历史都是阶级竞争的历史。'他的'资本论'也是首尾一贯的根据那'在今日社会组织下的资本阶级与工人阶级，被放在不得不仇视、不得不冲突的关系上'的思想立论。关于实际运动的手段，他也是主张除了诉于最后的阶级竞争，没有第二个再好的办法。"[1]

接下来，李大钊对马克思主义的唯物史观、政治经济学和科学社会主义的基本原理进行了系统介绍。

《我的马克思主义观》的发表，标志着李大钊实现了从民主主义者向马克思主义者的转变。

《我的马克思主义观》发表的意义还在于，当中国先进分子急需新的思想武器时，它把最先进的科学的思想武器比较准确地介绍给他们，把五四运动后人们对新思潮的追逐导向追逐马克思主义。

除李大钊外，留学日本期间接触和研究过马克思主义的几位进步青年，对马克思主义在中国的早期传播也起到了重要的作用。

李达，字永锡，号鹤鸣，湖南零陵人，1890年生，早年在长沙、北京等地读书。1913年他以优异的成绩考取留日官费生，入东京第一高等学校读理科。1918年为抗议《中日共同防敌军事协定》，他参与组织中华留日学生救国团，罢课回国，与邓中夏、许德珩等共同发起向段祺瑞政府示威请愿运动。斗争失败后他再赴日本，放弃理科学习，专门研究马克思主义。1919年6月，他在上海《民国日报》副刊《觉悟》上，发表了《什么叫社会主义》一文，指出："社会主义和共产主义是有不同的""社会主

[1] 李大钊：《我的马克思主义观》，中国社会科学院近代史研究所编：《五四运动文选》，生活·读书·新知三联书店1979年版，第261、263、264页。

义和无政府主义是不同的。"[1]之后，他又发表了《社会主义的目的》等文章。从1919年秋到1920年夏，他翻译了《唯物史观解说》《马克思经济学说》《社会问题总览》三部著作，寄回国内出版。这些著作对马克思主义的各个组成部分作了比较系统的阐述，对国内传播和研究马克思主义起到了很大的推动作用。

杨匏安，原名锦涛，匏安是笔名，广东香山人，1896年生。1914年毕业于广雅书院，1915年赴日本横滨求学。在此期间，他寄居在一间小阁楼上，靠找些零活度日，并自编油印刊物《如此》，揭露国内军阀豪绅的残酷统治，在华侨中发行，以唤起他们的爱国心。因为他在国内时日文已有一定基础，加之刻苦攻读，很快就有了相当好的翻译能力。他经常跑图书馆、书店，寻找新思潮的书籍阅读，接触到马克思主义的日文译著。1916年他从日本回国，到澳门当教师。1918年初，他举家迁居广州，任广州时敏中学教务主任，兼任《广东中华新报》记者。1919年10月至12月间，他连续发表文章，对各派社会主义学说的要点及其创始人的生平进行介绍。他在同年11月至12月发表的《马克思主义》一文，对马克思主义的三个组成部分作了比较全面而简要的阐述。这是中国人所写的又一篇比较系统传播马克思主义的文章。

李汉俊，原名书诗，字人杰，汉俊是他的号，湖北潜江人，1890年生。他幼年读私塾，1902年赴日本，先后在经纬学堂和晓星中学读书。1912年入东京帝国大学土木工科学习，这期间深受河上肇、堺利彦等日本社会主义者的影响。1918年他从帝国大学毕业，回到上海，居住在其兄李书城的家里，从事著述和翻译工作，积极宣传马克思主义。他先后以"先进""人杰""汗俊""漱石""海镜""厂晶""汗"等笔名，在《星期评论》《建设》《新青年》《劳动界》《小说月报》《民国日报》上发表《怎样

[1]《李达文集》第一卷，人民出版社1980年版，第1页。

进化？》《劳动运动之指导理论》《改造要全部的改造》《社会主义是叫人穷么？》等文章。尤其是他所译的《马克思资本论入门》于 1920 年 9 月出版发行，成为介绍《资本论》的最早中文译本，对马克思主义在中国的传播起了积极的推动作用。

据统计，五四时期在报刊上发表的介绍马克思主义的文章多达 200 多篇，其中很大一部分是马克思、恩格斯著作的译作。这样集中地介绍国外的一种思想理论，在中国近代报刊史上极为罕见。特别值得一提的是，《每周评论》在摘译《共产党宣言》第二章的内容时，编者特意加了一段按语："这个宣言是马克思和恩格斯最先最重大的意见。他们发表的时候，是由 1847 年的 11 月到 1848 年的正月，其要旨在主张阶级战争，要求各地劳工的联合，是表示新时代的文书。"[1]

这时的新文化运动，已经发展成为以传播马克思主义为中心的思想运动。在五四运动后传播的各种新思潮中，马克思主义成为最强音！有人对这种情况作了这样的描述："一年以来，社会主义底思潮在中国可以算得风起云涌了。报章杂志底上面，东也是研究马克思主义，西也是讨论鲍尔希维主义；这里是阐明社会主义底理论，那里是叙述劳动运动底历史，蓬蓬勃勃，一唱百和，社会主义在今日的中国，仿佛有'雄鸡一鸣天下晓'的情景。"[2]

马克思主义在中国的广泛传播，为中国共产党的创建准备了思想条件。

---

[1]《每周评论》第十六号，1919 年 4 月 6 日。
[2]《近代社会主义及其批评》，《东方杂志》第十八卷第四号，1921 年 2 月 25 日。

马克思主义研究团体勃兴

为了宣传和研究马克思主义，还在 1918 年，李大钊就和北京大学教授高一涵等发起组织了一个研究马克思主义的团体。据朱务善回忆："为避免当局的注意，这个团体并不叫马克思主义研究会。因为当时'马克思'有译为'马尔格时'的，与马尔萨士之音相近似，所以他们把这个团体好像是定名为'马尔格士学说研究会'，以便在必要时对警察机构说这个团体是研究人口论的而非研究共产主义的。开始这个团体并没有展开它的工作，没有吸收广大的革命青年参加。"[1] 这个回忆反映出李大钊等人的警惕和机智，在当时北洋军阀政府认为马克思主义主张"过激"，形同"洪水猛兽"，严禁传播的情况下，他们这个研究马克思主义的团体范围很小，处于十分秘密的状态。

五四运动后，一批北大进步青年聚集在李大钊周围，赞成中国革命走俄国十月革命的道路，迫切需要学习马克思列宁主义。因此，在李大钊主持下，这些进步青年曾几次讨论组织马克思学说研究会的问题。1920 年 3 月，在李大钊的指导下，以北大学生为主、包括其他 8 个院校学生为成员的马克思学说研究会秘密成立。

马克思学说研究会成立后，除了组织会员学习马克思主义外，翻译马克思主义著作是其活动的重要内容之一。罗章龙在回忆中说：

> 在翻译马克思主义著作方面：研究会成立了一个翻译室，下设

---

[1] 朱务善：《回忆北大马克斯学说研究会》，张允侯等编：《五四时期的社团》（二），生活·读书·新知三联书店 1979 年版，第 293 页。

英文、德文与法文三个翻译组。英文组成员有：高尚德、范鸿劼、李骏、刘伯清。德文组的成员有：李梅羹、王有德、罗章龙、商章孙、宋天放。法文组的成员有：王复生、王茂廷。我们德文组曾译过《共产党宣言》，是从德文本翻译的，有油印本。我想，一九二〇年毛主席到北京时，大概已有一个《共产党宣言》的油印本了，也可能不是全译本。我还记得，《共产党宣言》很难翻译，译出的文字不易传神，所以当时翻译的进度很慢。如《宣言》的第一句话，"有一个幽灵，共产主义幽灵，在欧洲徘徊。"大家就议论说，"幽灵"这两个字不大好，但又找不到比这更合适的词句。有个同志说，直译，然后把这个意思作一个说明。在那时，我们认为"幽灵"在汉语中是一个贬义词，在德文中"幽灵"这个词也就是"鬼怪"的意思，我们还认为"徘徊"这个词也不好，因为它没有指出方向。所以后来我们加以说明，"欧洲那时有一股思潮，象洪水在欧洲泛滥，这就是共产主义"。类似这样的说明，在译文中大约有七、八处之多。《共产党宣言》这本书的部分译文曾被《京汉工人流血记》一书引用过。我们德文组还译过《资本论》第一卷，这是李大钊先生号召我们翻译的。当时，我们都觉得翻译这本书很难，啃不动，我们便请德文老师给我们讲解，德文老师也说：我认得文字，但不懂得意思。最后我们还是把它译出来了。我们把译稿交给了一个教经济学的老师，他参照我们的译稿，再将德文版《资本论》第一卷直接译出来，并将译稿油印了。我还将德文版《震撼世界的十日》翻译过来，作为学会的学习资料，后来送给广州人民出版社出版，但原稿被遗失了。[1]

---

[1] 罗章龙：《回忆北京大学马克思学说研究会》，中国社会科学院近代史研究所编：《五四运动回忆录》（上），中国社会科学出版社 1979 年版，第 414—415 页。

1921 年秋，北大马克思学说研究会的 19 名成员在中山公园今雨轩开会，讨论团体公开问题。与会多数人主张把团体公开出去，但也有人反对，认为公开出去问题不少。最后，大家还是决定在北大校刊上刊登一个启事，把马克思学说研究会的牌子打出去。研究会派两名会员去找校长蔡元培，要他同意将发起马克思学说研究会的启事刊登在《北京大学日刊》上。主张"思想自由，兼容并包"的蔡元培听了两名会员关于组织马克思学说研究会的原因后，看了启事和发起人名单，沉默了一会儿，同意刊登启事。

马克思学说研究会发起启事在《北京大学日刊》上登出后，一些顽固保守的人拿着启事找到蔡元培，说："今后学校不得太平了。"值得称道的是蔡元培没有理睬他们。马克思学说研究会在北大会议厅召开成立大会，蔡元培应邀出席了会议，并在会上作了简短扼要的讲话。开完成立大会后，他还与大家合影留念。

马克思学说研究会公开成立后，需要活动场所，蔡元培同意给两间房子，一间作办公室，一间作图书室。顽固保守分子同马克思学说研究会作对，不肯拨房子给他们。蔡元培对顽固保守分子们说："给他们房子，把他们安置好，学校才会太平。"他不仅给马克思学说研究会两间宽大的房子，而且书架、桌椅、火炉等设备齐全，并派了工友执勤。

这样，马克思学说研究会在蔡元培的支持下才算顺利成立，并解决了活动场所问题。在顺应历史发展的道路上，蔡元培又做对了一件事。

马克思学说研究会有了办公室和图书室，便给它取名"亢慕义斋"。"亢慕义"是英文 Communism 音译，"亢慕义斋"即"共产主义室"。在"亢慕义斋"中间的墙上，贴有一副对联："出实验室入监狱，南方兼有北方强。"这副对联是大家凑的。新文化运动时期的口号是民主与科学，对联中的"出实验室"就是搞科学，"入监狱"是搞革命准备坐牢的意思。"南方兼有北方强"是李大钊概括的一句话。李大钊认为加入马克思学说研究会的同学南北方的都有，南方之"强"再加上北方之"强"，象征着五湖四海的团结。这副对联是当时马克思学说研究会活动的概括和总结。由于"亢慕义斋"成为马克思学说研究会的代名词，当时凡是马克思学说研究会的图书，都盖有"亢慕义斋"的印。

北大马克思学说研究会公开后，即突破北京大学等高校的范围大量吸收会员，除在北京的直接入会，外地的也可通信加入，会员不仅有学生，而且吸收了不少工人会员。可以说，北大马克思学说研究会是北方传播马克思主义的中心。

在南方，陈独秀等于 1920 年 5 月成立的马克思主义研究会，是另一个传播马克思主义的中心。

陈独秀在北大任文科学长，怎么会在上海成立马克思主义研究会？这事还得从陈独秀如何成为马克思主义者说起。

1919 年 6 月 11 日，陈独秀因散发《北京市民宣言》而被捕，在狱中度过了 83 天后才获释。出狱后，陈独秀的思想开始朝着马克思主义者的方向发展。他在 12 月 1 日出版的《新青年》第七卷第一号上发表的《本志宣言》指出："世界上的军国主义和金力主义，已经造了无穷罪恶，现在是应该抛弃的了。"表示"我们主张的是民众运动社会改造，和过去及现在各派政党，绝对断绝关系"。[1] 这篇文章明显含有社会主义思想，表明陈独秀已经迈出了向马克思主义者转变的第一步。

同一天，陈独秀把目光对准了劳动者，在《晨报》上发表《告北京劳动界》，在开头即说："我现在所说的劳动界，是指绝对没有财产全靠劳力吃饭的人而言。"他认为各种靠出卖劳动力吃饭的人"合成一个无产的劳动阶级"，指出："如今二十世纪的'德莫克拉西'，乃是被征服的新兴无产劳动阶级，因为自身的共同利害，对于征服阶级的财产工商界要求权利

---

[1]《陈独秀著作选编（1919—1922）》第二卷，上海人民出版社 2009 年版，第 130、131 页。

的旗帜。"[1]文中，他还要求劳动阶级联合起来。

1920年2月，陈独秀应武昌文华大学邀请参加学生毕业典礼。他在2月5日出席文华大学协进会举办的欢迎会上，即席作了《社会改造的方法与信仰》的讲演。他认为，改造社会的方法是打破阶级的制度，实行平民社会主义；打破继承的制度，实行共同劳动工作，不使无产的苦、有产的安享；打破遗产的制度，不使田地归私人传留享有，应归为社会的共产，不种田地的人，不应该享有田地的权利。关于劳动的信仰，他认为人人应该受教育，应该常劳动，心理上总有平等的劳动与劳动的革命。他还认为，现在还不到流血革命的时候，到了那个时候，就非要与"那恶魔奋斗不可"[2]。这些主张，表明陈独秀已经有初步共产主义思想了。

陈独秀在武汉的讲演令武汉当局十分恼火，视其为危险分子，勒令他停止讲演，马上离开武汉。2月7日晚，陈独秀从武汉乘火车返回北京。回到北京后，陈独秀马上觉察到有警察跟踪他，于是逃到北大教授王星拱家暂时躲避。陈独秀在京时刻都有再次被捕的危险，李大钊决定护送他出逃天津。当时正值农历春节前夕，是北京一带生意人前往各地收账的时候，李大钊雇了一辆骡车，从朝阳门出走南下。这天，陈独秀头戴毡帽，身上穿的是王星拱家厨子的一件棉背心，布满油点子，油光发亮，坐在车子里。李大钊跨在车把上，携带几本账簿，印成店家红纸片子。沿途上住店等一切交涉都由李大钊出面办理，不让陈独秀开口说话，以免其露出南方人的口音。陈独秀被李大钊送到天津后，即买火车票，奔赴上海，脱离了险境。

上海是中国工人阶级集中的地方，陈独秀到上海后也就有机会近距离接触工人，调查中国工人阶级的状况，研究劳动运动。他一到上海，便开

---

[1]《陈独秀著作选编（1919—1922）》第二卷，上海人民出版社2009年版，第139页。

[2] 任建树著:《陈独秀大传》，上海人民出版社1999年版，第201—202页。

始对中华工业协会、中华总工会等团体进行调查。1920 年 3 月，他决定将 5 月 1 日出版的《新青年》第七卷第六号编辑成"劳动节纪念号"。他还直接写信向朋友约稿，让高君宇托太原的朋友调查那里的劳动状况。《新青年》"劳动节纪念号"刊登了陈独秀两篇文章:《劳动者的觉悟》和《上海厚生纱厂湖南女工问题》。

《劳动者的觉悟》是 4 月 2 日陈独秀出席上海船务栈房工界联合会发表的演说。他在演说中解释了劳动创造世界的道理，指出:"只有做工的人最有用最贵重。""社会上各项人，只有做工的是台柱子，因为有他们的力量才把社会撑住;若是没做工的人，我们便没有衣、食、住和交通，我们便不能生存"。并提出"世界劳动者的觉悟，计分二步:第一步觉悟是要求待遇，第二步觉悟是要求管理权"[1]。他要求中国的工人运动进行第一步和准备第二步。

《上海厚生纱厂湖南女工问题》是围绕 1920 年春发生的这样一件事的讨论:上海厚生纱厂总经理穆藕初到湖南招收 50 名女工，简章规定每日工作 12 小时，每月工资只给 8 元，其他待遇也很差，且应招女工尚须由家长签署志愿书和提供有力量的铺保。如此长的工作时间、如此差的待遇，以及有辱人格的条件，引起了长沙《大公报》《湖南日报》等媒体载文指责。穆藕初对于指责进行辩护，遭到朱执信等人的反驳。陈独秀将双方的言论综合在一起，发表了《上海厚生纱厂湖南女工问题》一文，并在自己的意见中指出:"大家要晓得二十世纪的劳动运动，已经是要求管理权时代，不是要求待遇时代了。无论待遇如何改良，终不是自由的主人地位;劳动者要求资本家待遇改良，和人民要求君主施行仁政是同样的劳而无功，徒然失了身分。"在中国，由于资本主义不发达，陈独秀认为"去劳动者要求管理权时代还远，眼前的待遇问题，还是不能放松的"。因

---

[1]《陈独秀著作选编（1919—1922）》第二卷，上海人民出版社 2009 年版，第 226 页。

诞生于民国初年的上海厚生纱厂

此，还有和穆藕初讨论劳动问题的必要。针对资本家的残酷剥削，陈独秀说："每月八元的工资，在长沙或者不算很少，在上海的生活程度，仅够做工的个人不至冻饿而死罢了。"他质问穆藕初："我们现在要请问上海纺纱厂底股东，去年得了几分息？中国人说的什么红利，工人照例得不着分毫（马克思说这是剩余价值，都应该分配给工人的）。照穆先生说，十年前每日工资只一角七八分，五年前只二角四五分，现在有三角左右，表面上已经是递加的现象；照马克思底学说，工人每日劳力结果所生——即生产物——底价值，就算是五年前比十年前只加一倍，现在又比五年前只加一倍，而两次工资增加都不及一倍，实际上岂不是递减的现象吗？这种递减去的不是都归到剩余价值里面，被资本家——股东——掠夺去了吗？"他驳斥了资本家借口"工作能力之大小，与责任心之有无"而限制工人工资的谎言，指出："'工值'是什么？是工人每日劳力结果的生产额在市面上的价值，不是资本家任意定的三角两角。三角两角以外的剩余价值，都被资本家——股东——用红利底名义抢夺去了，工人丝毫分不着；工值抢了去，反过脸来还要审问被抢者底工作能力大小与责任心之有无，这实在是清平世界里不可赦的罪恶！"[1]

一名化名为"知耻"的读者站在资产阶级立场上给陈独秀写信，说什么工人"增工资减工时之结果，不但出品减少，而且恶劣，因工人习于游惰，不能如前之尽心工作也"。提出"减少工作时间，必与施行强迫工人教育并行；如减少工作时间一小时，即以此一小时供强迫工人教育之用；而增加工资，又必须与强迫工人贮蓄并行；如此庶不致浪费时间及金钱，而于工人方面可得实益"[2]。对于"知耻"的谬论，陈独秀批驳说："工人底教育和储蓄固然是要紧，但是另外的问题，不能做减时增资底必须条件。社会上有钱不做工的人很多，因何理由要强迫穷人非增加教育时间不能减少做工时间呢？"他指出，工人创造的剩余价值都被资本家抢去了，"工人所得工资就是能够衣食饱暖，就是衣服楚楚，而被抢的权利，仍然是绝大的损失，终久是要大声叫冤的；因何理由必须强迫工人贮蓄才能增加工资呢？浪费时间及金钱与否，是工人自己利害所关，不劳他人强迫；若资本家借口教育、储蓄问题来阻止减时加资，实在是笑话。"[3]

陈独秀这时的思想与活动，有以下鲜明的几个特点：一是认识和宣传了工人阶级的重要社会地位和力量；二是宣传了工人阶级的历史使命，要求启发工人阶级的阶级觉悟；三是用马克思的剩余价值学说，揭示了资本家剥削的秘密；四是宣传了工人阶级的权利。

从以上几点看，陈独秀的思想已进入相当境界，但是，陈独秀的政治思想是很庞杂的，旧的东西很多，旧的包袱很沉重，即使他在接受马克思主义并宣传它的时候，也还掺杂了很多不正确的言论。他在接受马克思主义后，没有积极地对旧观念进行彻底的扬弃和改造。

---

[1]《陈独秀著作选编（1919—1922）》第二卷，上海人民出版社 2009 年版，第 228、229、230—231 页。

[2]《陈独秀著作选编（1919—1922）》第二卷，上海人民出版社 2009 年版，第 235 页。

[3]《陈独秀著作选编（1919—1922）》第二卷，上海人民出版社 2009 年版，第 234 页。

尽管如此，陈独秀接受马克思主义，对于这时马克思主义在中国的传播来说是有很大意义的。毛泽东说他是"五四运动时期的总司令"[1]，社会影响力和号召力很大，使马克思主义在中国的传播力量大为增强，影响力度和广度都得到了扩大。

当时在上海，有一份刊物《星期评论》，是在五四运动的影响下办起来的，主编是戴季陶，编辑有沈玄庐、李汉俊等。戴季陶当时看了一些马克思主义的书籍，写文章也引用过一些马克思主义观点。他打算在《星期评论》上连载《共产党宣言》，于是物色翻译人选，在《民国日报》主编副刊《觉悟》的邵力子给他推荐了在日本留过学的陈望道。陈望道是浙江义乌人，1919年5月从日本中央大学法科毕业后回国，带回一些日文版的马克思主义书籍。他回国后任浙江省立第一师范学校国文教员，从事新文化运动和宣传马克思主义的活动。1920年春，因浙江省立第一师范学校发生风潮，受学生欢迎的陈望道等四名教员被解聘。于是陈望道便应戴季陶之约，在老家——义乌西乡山区一个叫分水塘的小山村翻译日文版的《共产党宣言》。

为了翻译《共产党宣言》，陈望道在自家放柴用的茅草房里夜以继日地忙碌。母亲见儿子连日劳累，人都瘦了一圈，十分心疼。有一天，她给陈望道做了糯米粽子，外加一碟红糖，送到书桌前，催儿子快趁热吃了。母亲走了以后，陈望道一边吃着粽子，一边继续琢磨如何翻译《共产党宣言》中的句子，不知不觉，竟把墨汁当作红糖蘸着吃了，弄得满嘴都是墨汁。此事在中共党史上被传为美谈。

1920年四五月间，陈望道译出了《共产党宣言》，来到上海，并参加了《星期评论》的编辑工作[2]。这样，在《星期评论》这个平台，聚集了李

---

[1] 中共中央文献研究室编：《毛泽东在七大的报告和讲话集》，中央文献出版社1995年版，第9页。
[2] 陈望道到《星期评论》不久，该刊就停刊了。

汉俊、沈玄庐、陈望道、施存统、俞秀松等一批马克思主义的宣传者和研究者。陈独秀经常与李汉俊、陈望道等交流社会主义和改造中国的问题，便决定成立马克思主义研究团体。陈望道回忆："我们几个人，是被赶拢来的。此外，邵力子在复旦大学文学院任中文系主任。大家住得很近（都在法租界），经常在一起，反复的谈，越谈越觉得有组织中国共产党的必要，便组织了'马克思主义研究会'。这是一个秘密的组织，没有纲领，会员入会也没有成文的手续"[1]。研究会的负责人是陈独秀，成员有李汉俊、沈玄庐、陈望道、施存统、俞秀松、沈雁冰、邵力子等。戴季陶、张东荪等人，也参加过几次活动，但他们反对在中国实行社会主义，反对成立中国共产党，很快就退出了马克思主义研究会的活动。

关于马克思主义研究会的活动，陈望道回忆：

1. 办了一个平民女校：那时一些觉悟的女子，为反对三从四德，为她们的家庭、学校赶出来，我们办女校接收她们。丁玲就是这个学校的学生。

2. 办了三个工会：印刷工会、邮电工会和纺织工会。

3. 办了一个青年学校，当时叫 S.Y.（即社会主义青年团）。

4. 宣传工作方面：一九二一年元旦，我们曾经用贺年片，在正面写上"恭贺新禧"四个字，背后印上宣传共产主义的口号（抄自《共产党宣言》），到处分发。……除《新青年》外，我们争取在其他报纸的副刊上发表文章。当时曾经通过邵力子在《民国日报》副刊《觉

---

[1] 陈望道：《回忆党成立时期的一些情况》（一九五六年六月十七日），中国社会科学院现代史研究室、中国革命博物馆党史研究室选编：《"一大"前后》（二），人民出版社 1980 年版，第 20 页。

悟》上发表文章，因此，《民国日报》的副刊比较进步。[1]

陈望道把他译的《共产党宣言》稿子交给陈独秀和李汉俊，请他们校阅。陈独秀看完之后，十分欣赏，决定以"上海社会主义研究社"名义出版，列为社会主义研究小丛书第一种。

1920 年 8 月，陈望道翻译的《共产党宣言》最早的中文全译本在上海问世。由于排版工人的疏忽，封面上书名"共产党宣言"被排成"共党产宣言"印了出来。这一版本印刷了 1000 册。9 月，第二次印刷时，才将这个错误给订正过来。

陈望道翻译的《共产党宣言》的出版，是马克思主义研究会的重要成果之一。

北京大学马克思学说研究会及上海马克思主义研究会的成立和活动，推动了其他地方马克思主义研究团体的成立。

毛泽东于 1920 年 2 月就曾想组织赴俄罗斯勤工俭学，并打算组织"自由研究社"，为留俄做些准备工作。为此事，他和李大钊等商议过。他在致陶毅的信中说："我为这件事，脑子里装满了愉快和希望。"[2]

7 月底，毛泽东与彭璜、何叔衡等创办文化书社。他在 8 月 1 日起草的《文化书社缘起》中说："不但中国，全世界一样尚没有新文化。一枝新文化小花发现在北冰洋岸的俄罗斯"。他认为，"没有新文化由于没有新思想，没有新思想由于没有新研究，没有新研究由于没有新材料。湖南人现在脑子饥荒实在过于肚子饥荒。青年人尤其嗷嗷待哺"。表示"文化书社愿用最迅速最简便的方法介绍中外各种新书报杂志，以充青年及全体湖南

[1] 陈望道：《回忆党成立时期的一些情况》（一九五六年六月十七日），中国社会科学院现代史研究室、中国革命博物馆党史研究室选编：《"一大"前后》（二），人民出版社 1980 年版，第 21 页。
[2]《毛泽东给陶毅》（1920 年 2 月），海军学院政治理论教研室编：《新民学会资料选辑》，第 20 页。

何叔衡（1876—1935），湖南宁乡人，无产
阶级革命家，中国共产党创始人之一

人新研究的材料"[1]。可以看出，毛泽东已经开始把中国和世界的希望寄托
在马克思主义指引下的苏维埃俄国身上，要研究苏俄。

文化书社创办后，毛泽东与方维夏、彭璜、何叔衡等筹组湖南俄罗斯
研究会。8月22日，筹备会议在长沙县知事公署举行，确定以"研究俄罗
斯一切事情为宗旨"。具体工作安排是发行《俄罗斯丛刊》，派人赴俄实
地考察，提倡赴俄罗斯勤工俭学。同一天，长沙《大公报》刊登了《发起
留俄勤工俭学》的启事。9月15日，湖南俄罗斯研究会在文化书社正式成
立。与会者一致认为："研究俄国学术精神及其事情有十分必要；一班脑筋
成【陈】腐之人盲目反对是不中用的。"[2]会议推姜济寰为总务干事，毛泽
东为书记干事，彭璜为会计干事并驻会接洽一切。会议还决定派张丕宗赴
京转赴俄罗斯，郭开第在船山学社办俄文班，并讨论了发行俄罗斯丛刊的

---

[1]《文化书社缘起》，中共中央党史资料征集委员会编：《共产主义小组》（下），中共党史资料出
版社1987年版，第512页。

[2]《湖南之俄罗斯研究会》，中共中央党史资料征集委员会编：《共产主义小组》（下），中共党史
资料出版社1987年版，第528页。

问题。

俄罗斯研究会成立后，经毛泽东推荐，长沙《大公报》连续转载了上海《共产党》月刊上的一批重要文章，如《俄国共产党的历史》《列宁的历史》《劳农制度研究》等，在湖南青年中产生了广泛影响。俄罗斯研究会还先后介绍了刘少奇、任弼时、罗亦农、萧劲光等 16 名进步青年到上海外国语学校学习俄语，然后赴苏俄留学。他们后来成为中国共产党著名的领导者和重要干部。

在山东，王尽美、邓恩铭等在北京大学马克思学说研究会的直接影响下，组织了山东马克思学说研究会。

还在五四运动的时候，山东学生联合会就与北京学生联合会建立了密切的联系。当时，山东学生联合会经常有人来北京联系，而北京大学学联也经常派人到上海和南方，济南是京沪往来必经之地，因此北大学生代表常常中途在济南停留，同山东学生代表联系。一来二去，北大学生代表同王尽美等山东学生代表十分熟识。罗章龙回忆：

> 那时候，我们北京学生会的办公处设在校本部，王尽美同志为联系学生会的工作曾多次到西斋来找我。一九二〇年三月，以北京大学为主，由国立八个校院联合组织的马克思学说研究会成立以后，王尽美同志又来到了北京。我领他到北京大学图书馆、教室、学生宿舍等处转转看看，还去看了一些外面来旁听的学生，同时，向他介绍了北京马克思学说研究会的情况。……王尽美同志对这些都很感兴趣，他登记作为通讯会员加入了北京的马克思学说研究会。那时我任马克思学说研究会的书记，他回去之后经常和我通信联系，交换刊物。通过他，还介绍了一些别的通讯会员，名字记不清了。后来，他在济南仿照北京马克思学说研究会的形式组织了山东的马克思

学说研究会。[1]

五四运动后，济南地区著名的进步人士、老同盟会会员王乐平等于1919年夏创办了齐鲁通讯社，并在社内设立了贩书部。1920年秋，贩书部扩充为齐鲁书社，与北京、上海、广州等地的出版界建立联系，广为推销全国各地出版的新书、新刊物。这些出版物虽然内容庞杂，但主流是宣传马克思主义、宣传新思潮的。该社推销的《俄国革命史》《资本论入门》《社会科学大纲》《唯物辩证法研究》等介绍俄国十月革命和马克思主义的书籍，《新青年》《每周评论》《新潮》《莽原》等进步刊物，深受进步青年的欢迎。这样，在齐鲁书社的读者群中，聚集了一批向往共产主义的青年学生。王尽美、邓恩铭将这些人团结在周围，组织了马克思学说研究会[2]。马馥塘回忆：

> 一九二〇年暑假后，我进济南第一中学读书，由同乡贾石亭（商专学生）介绍参加"马克思学说研究会"，这是一个公开的进步分子的组织，会址设在当时省教育会，门口挂了一个长牌子，上面写着"马克思学说研究会"数字，每个会员还有一枚瓷质圆形小徽章，上面有马克思的像。研究会一起开会的有三、四十人，后来有的逐渐离开。会员多数是学生，第一师范四、五个人，第一中学、商专都有学生参加。……王翔千和邓恩铭（一中学生）、王尽美、贾石亭是研究会的负责人。[3]

---

[1] 罗章龙：《我对山东建党初期情况的回忆》（1981年），中共中央党史资料征集委员会编：《共产主义小组》（下），中共党史资料出版社1987年版，第652—653页。

[2] 一说为"康米尼斯特学会"（即共产主义学会）。

[3] 马馥塘：《党成立前后山东地区的一些情况》（1957年），中共中央党史资料征集委员会编：《共产主义小组》（下），中共党史资料出版社1987年版，第646页。

马克思学说研究会的活动，主要是组织读马克思主义的书籍（如读过《共产党宣言》《工资劳动和价值》等）、开读书报告会、对一些政治事件发表宣言、散发传单、在重要节日（如五一劳动节）开纪念会、进行演讲等。这些活动对马克思主义在山东的传播起了重要作用。

在湖北，五四运动后武汉逐渐形成了马克思主义研究小组，人数不多，中心人物有陈潭秋、恽代英、林育南等。施洋也是马克思主义研究小组的成员。由于小组的其他成员流动性比较大，为求方便，分几个小组分散举行会议。

吴德峰在有关回忆中曾说："马克思主义研究小组的周围，有许多小团体如'利群书社'和学生中的'读书会'、'学会'等等。'利群书社'是马克思主义研究小组的资料库。里面有许多书，只让看，不出卖，小组通过它联系进步分子。""马克思主义研究小组的一些讨论提纲和内部发行刊物《我们的》，就在这里油印。""马克思主义研究小组，实际上马克思主义的成份并不多，当时马克思主义的书籍还很少，记得读过一本《社会主义史》，一本布哈林的《共产主义 ABC》，小组主要是把大家对旧社会不满的情绪和爱国热情组织了起来。"[1]

武汉马克思主义研究小组的成员，大部分是知识分子。他们在各学校里，用各种各样的方式，团结教育学生，有的组织读书会，有的组织同乡会，有的组织学会，并利用学生联合会开展工作。他们还通过在工厂和农村办识字班的方式，同工农群众接近。

武汉马克思主义研究小组对于传播马克思主义、团结进步青年起了积极的作用。

马克思主义研究团体在中国大地上勃兴，加速了马克思主义的传播，

---

[1] 吴德峰：《党成立前后武汉地区的一些情况》（1956 年），中共中央党史资料征集委员会编：《共产主义小组》（上），中共党史资料出版社 1987 年版，第 455、456、457 页。

为中国共产党早期组织的建立打下了基础。

一批先进分子转变为马克思主义者

经过五四运动洗礼，在学习和宣传马克思主义的过程中，不仅李大钊、陈独秀相继转变为马克思主义者，一批先进分子也在实际斗争的激流中迅速成长起来，由激进的民主主义者转变为马克思主义者。

1919 年 12 月，毛泽东因领导驱逐湖南军阀张敬尧运动，第二次到北京。在北京期间，毛泽东与李大钊接触频繁。在李大钊的影响下，毛泽东对布尔什维克主义产生了浓厚的兴趣，很注意报刊上发表的介绍马克思主义的文章，特别留心寻找和阅读那时能够找到的为数不多的中文版马克思主义书籍。

这时，毛泽东和邓中夏、何孟雄、罗章龙过从甚密。他们 3 人都是北京大学马克思学说研究会的发起者，因而，毛泽东有机会看到当时别人看不到的马克思学说研究会翻译的《共产党宣言》油印本。对此，毛泽东曾回忆说："我第二次到北平[1]时，我读了许多关于苏联的事情，同时热烈地寻找当时中国所能见到的一点共产主义书籍。三本书特别深印在我脑子里，并且建立了我对于马克思主义的信仰，我一旦接受它是历史的正确解释后，此后丝毫没有动摇过，这几本书是：《共产党宣言》，（这是）第一本以中文印的马克思主义书籍，考茨基的《阶级斗争》和吉古柏的《社会主义史》。"[2] 可以说，毛泽东这时较多地受到马克思主义理论和俄国革命历史的影响，对社会历史的发展有比较正确的理解。

---

[1] 当时称北京。

[2]［美］埃德加·斯诺笔录，汪衡译、丁晓平编校：《毛泽东自传》，中国青年出版社 2013 年版，第 61 页。

1920 年春，北京工读互助团试验正在火热进行，也引起了毛泽东的关注。他曾参观女子互助团，并写信向长沙的新民学会会员陶毅作了介绍，但持怀疑的态度。他说："今日到女子工读团，稻田新来了四人，该团连前共八人，湖南占六人，其余一韩人一苏人，觉得很有趣味！但将来的成绩怎样？还要看他们的能力和道德力如何，也许终究失败。（男子组大概可说已经失败了）。"[1]

尽管毛泽东对工读互助团作为改造社会的方式持怀疑态度，但他注重实践，还是决定亲自体验一下工读互助生活。5 月上旬，毛泽东到达上海，在半淞园与新民学会会员彭璜、李思安等，为即将赴法的萧三等 6 人开送别会，同时讨论新民学会会务。送走会友之后，毛泽东应彭璜之邀，与湖南省立第一师范学校同学张文亮等，在上海民厚南里租了几间房，体验工读互助团生活。他们住在一块，共同做工，共同读书，有饭同吃，有衣同穿。毛泽东担任洗衣服和送报纸的工作。彭璜在复岳僧的信中认为："这种简单的生活，精神上真是十分快乐！要是将来试验成功，也许可以叫工读互助团，也许可用别的名目，总也是一种改造社会工具的新发明。"尽管精神上乐观，但现实不容乐观，彭璜承认："这种'无组织'的组织（自由的同志的组织），倒也发见些困难——仍是找工作的困难（读的方面已不成问题）。湖南人要做上海的工，多少有些不方便啊。"[2]经过体验，毛泽东很快发现这种生活存在难以克服的弊端，于 6 月 7 日在给黎锦熙的信中说："工读团殊无把握，决将发起者停止"[3]。

毛泽东在上海期间，同陈独秀讨论过组织湖南改造促成会的计划和自己读过的马克思主义书籍。陈独秀给毛泽东很大影响，毛泽东后来对斯诺

[1]《毛泽东给陶毅》（1920 年 2 月），海军学院政治理论教研室编：《新民学会资料选辑》，第 20 页。

[2]《彭璜复岳僧的信》，张允侯等编：《五四时期的社团》（二），生活·读书·新知三联书店 1979年版，第 456 页。

[3]《毛泽东给黎锦熙》（1920 年 6 月 7 日），海军学院政治理论教研室编：《新民学会资料选辑》，第 144 页。

说："陈独秀谈他自己的信仰的那些话，在我一生中可能是关键性的这个时期，对我产生了深刻的印象。"[1]

先后与李大钊、陈独秀这两位引领中国思想界潮头的巨人接触、晤谈，是毛泽东领导驱张运动离开湖南后的巨大收获。不过，毛泽东这时对马克思主义虽然有比较深入的了解，并朝着马克思主义者急速转变，但因正忙于湖南的自治运动，至于最终用什么方式改造社会，尚未定型。

7月7日，毛泽东回湖南后，曾经积极参与湖南自治运动。这时，取代张敬尧任湖南督军的谭延闿，声称将采取"湖南自治""还政于民"的政策，目的在于笼络人心，维护还没有巩固的统治，抵制北洋军阀政府的再度干预。由于饱受北洋军阀之苦，湖南各界被谭延闿的漂亮话迷惑，纷纷发表主张，提倡"民治主义""湖南自治"。毛泽东从9月开始，在一个多月时间里，以个人或联名的方式在长沙《大公报》和上海的报纸上连续发表14篇文章，系统提出实现湖南自治的具体主张。

当湖南人民对"湖南自治"满怀期冀、舆论之声日高，毛泽东也希望进一步推动这一运动时，谭延闿的真实面目露出来了。他怕湖南自治运动发展下去无法控制，匆忙于9月13日召集"自治会议"，决定由省政府和省议会各推举若干人充任"湖南自治会"起草员，来草拟一部"省宪法"，然后召开制宪会议。谭延闿这种企图一手包办"湖南自治"的方案，当然遭到湖南各界人士的反对。

谭延闿的"自治"方案刚公布，毛泽东、彭璜和《大公报》主编龙兼公就动议搞一个民办自治的方案，稿成之后题为《由"湖南革命政府"召集"湖南人民宪法会议"制定"湖南宪法"以建设"新湖南"之建议》，在10月5日至6日的长沙《大公报》上发表。这个建议提出：人民宪法

---

[1] ［美］埃德加·斯诺:《西行漫记》，董乐山译，生活·读书·新知三联书店1979年版，第133页。

会议代表，必须实行直接的平等的选举，每 5 万人中产生一个。由人民制宪会议制定宪法，根据宪法产生正式的湖南议会、湖南政府以及县、区、乡自治机关。至此，"新的湖南乃建设告成"。

毛泽东为了实现这个建议而多方筹划奔走。10 月 7 日，他参加湖南学联召开的省城各团体、各报馆代表联席会议。会议决定"双十节"举行自治运动游行请愿，推举龙兼公、毛泽东起草《请愿书》。次日，毛泽东又出席了省教育会召集的"第二次筹备自治运动之各界联系会议"。到会代表 436 人，毛泽东担任会议主席，详细讨论了宪法会议和组织法要点，并推举方维夏等将讨论结果提交湖南省政府。

10 月 10 日，长沙近 2 万群众冒雨上街游行，到达督军府，彭璜等代表向谭延闿递交了毛泽东起草的《请愿书》。谭延闿假模假样地接下了《请愿书》，但事后却对《请愿书》中提的各项要求断然拒绝。10 月 21 日，毛泽东代表制宪请愿团参加自治期成会等召开的各公团联席会议。自治期成会等六团体提出仍由省议会起草宪法，要求表决。毛泽东声明不加入表决。至此，湖南自治运动以失败而告终。

湖南自治运动失败后，毛泽东开始思考、另辟改造社会的新路径。

还在 8 月 13 日，在法国勤工俭学的蔡和森致信毛泽东。信中分析了世界革命运动的四种形势，介绍了无产阶级革命运动的四种组织、世界革命的联络方法、俄国十月革命后的情况，表示："我近对各种主义综合审缔，觉社会主义真为改造世界对症之方，中国也不能外此。社会主义必要之方法：阶级战争——无产阶级专政。""现世界不能行无政府主义，因为现世界显然有两个对抗的阶级存在，打倒有产阶级的迪克推多，非以无产阶级的迪克推多，非以无产阶级的迪克推多压不住反动，俄国就是个明证。所以我对于中国将来的改造，以为完全适用社会主义的原理和方法。""我以为先要组织党——共产党。因为他是革命运动的发动者、宣传者、先锋队、作战部。"[1]

由于蔡和森的信邮寄到国内是需要时日的，毛泽东接到信已是 11 月份，同时他还接到了萧子升、李维汉的信。这时，他已经抛弃实行湖南自治的幻想，在 12 月 1 日给蔡和森等人的回信中，对于萧子升、李维汉"不认俄式——马克斯式——革命为正当，而倾向于无政府——蒲鲁东式——之新式革命"表示不赞同，"而于和森的主张，表示深切的赞同"。认为"俄式的革命，是无可如何的山穷水尽诸路皆走不通了的一个变计"。[2] 这表明，在各种尝试失败后，毛泽东已经确定以马克思主义为指导，用俄国十月革命的方式来改造中国社会了。他从理论到实践上已成长为马克思主义者。

1920 年上半年，周恩来在汹涌的天津爱国群众运动中，开始急速向马克思主义者的方向转变。

1919 年 11 月 16 日，日本军国主义者制造了枪杀中国居民的福州惨案。消息传到天津后，1000 余名学生于 25 日进行游行演讲，散发传单，声援福州人民。12 月 10 日，天津中等以上学校学生联合会成立，号召抵制日货。15 日，作为天津新学联执行科长的周恩来，到天津总商会参加讨论抵制日货的具体措施。20 日，有 10 万多人参加的国民大会在南开操场举行，当场烧毁在街市检查所得的 10 多卡车日货。会后举行了声势浩大的示威游行。27 日，天津各界群众数万人又在南开操场召开了第二次国民大会，会后游行，高喊"救亡！爱国！牺牲！猛进！"等口号。

1920 年 1 月 23 日，天津学联调查员在魁法成洋行货庄检查日货，遭到三名日本浪人的毒打。各界代表向省公署请愿时，军警殴打学生，并逮捕了各界代表马骏、马千里等 20 人。25 日，天津当局将各界联合会、学

---

[1]《蔡和森文集》，人民出版社 1980 年版，第 50、51 页。

[2]《毛泽东给蔡和森肖旭东并在法诸会友的信》（1920 年 12 月 1 日），中共中央党史资料征集委员会编：《共产主义小组》（下），中共党史资料出版社 1987 年版，第 537、538 页。

生联合会等的办事机构一律查封，并贴出告示，严禁进行爱国活动。

面对反动当局的镇压，天津学生的反抗更烈。1月29日，以周恩来为总指挥，各校学生五六千人奔赴省公署请愿。周恩来、郭隆真、于兰渚（即于方舟）、张若名四位代表不顾军警阻拦，强行闯入省公署，即全遭逮捕。军警还对手无寸铁的请愿学生用枪托击打、刺刀直刺，致50余人重伤，造成天津"一·二九"流血惨案。

周恩来等被捕后，先是被关押在警察厅的营务处，经过他们的坚决斗争，于4月7日被移送到检察厅。他们把监狱当作特殊的学习场所，由周恩来、马千里、于兰渚三人主办读书团，带领大家研究社会问题，每星期一、三、五开讲演会，介绍各种新思潮。

周恩来在日本留学时已经读了许多日本学者介绍马克思主义的书，因此，在讲演会上介绍马克思主义非他莫属。5月28日、31日，6月2日、4日、7日，他分五次向同被关押的同学作了介绍马克思主义的讲演，其中：5月28日是"历史上的经济组织的变迁同马克思传记"；5月31日是"唯物史观"；6月2日是"唯物史观的总论同阶级竞争史"；6月4日是"经济论中的余工余值说"；6月7日是"经济论中的《资本论》，同《资产集中说》"。[1]可以说，周恩来的讲演是比较完整地介绍了马克思主义的各个组成部分。这说明他对马克思主义已经有较为深刻的认识。他的讲演，对马骏、郭隆真等影响很大。

7月上旬，周恩来出狱后，准备赴欧洲留学。他在回忆中说："在赴法国之前，我从译文中读过《共产党宣言》、考茨基的《阶级斗争》和《十月革命》。这些书都是由陈独秀主编的《新青年》所编印的。"[2]他赴欧洲求

[1]《检厅日录》（1920年11月24日），中共中央文献研究室、南开大学：《周恩来早期文集（一九一二年十月——九二四年六月）》上卷，中央文献出版社、南开大学出版社1998年版，第559、560、561页。

[2]《周恩来回忆五四前后的思想和活动》，中国社会科学院近代历史研究所编：《五四运动回忆录》（上），中国社会科学出版社1979年版，第17页。

学的目的是："唯在求实学以谋自立，虔心考查以求了解彼邦社会真相暨解
决诸道，而思所以应用之于吾民族间者"。[1] 很明显，这时已经 22 岁的周
恩来，在对马克思主义较有深度的认识基础上，要去欧洲考察一下西方资
本主义国家的社会真相，进一步了解欧洲各种改造社会的学说和主张，经
过充分的比较和选择，来最后确定自己所要走的道路。

11 月 7 日，周恩来与郭隆真、李福景、张若名等 197 人在上海登上了
法国邮轮"波尔多斯"号前往欧洲。12 月中旬，船到法国南部著名港口马
赛。周恩来登岸，由马赛坐火车于第二天抵达巴黎。他原本在巴黎只作短
暂停留，因为生了点小病，于 1921 年 1 月 5 日才渡过英吉利海峡到英国
首都伦敦，准备在英国留学。

刚到英国时，他给表哥陈式周的信中说："弟之思想，在今日本未大
定。"但在他列举的英国和俄罗斯两个成功模式中，认为"英之成功，在
能以保守而整其步法，不改常态，而求渐进的改革；俄之成功，在能以暴
动施其'迅雷不及掩耳'之手段，而收一洗旧弊之效。若在吾国，则积弊
既深，似非效法俄式之革命，不易收改革之效"。[2] 虽然周恩来这时思想未
定，但倾向俄式革命是明显的。

周恩来在英国认真考察了工人运动，最终确定，英国式的费边社会主
义是空想，俄国十月革命的道路才是正确的。

周恩来在英国停留了 5 个星期后到达法国。他到法国的原因是英国爱
丁堡大学虽然同意他免去入学考试，只试英文，但考试是在 9 月份，开学
则到 10 月了。这样，还要再等上半年多的时间，入学读书的事才能有着
落。当时英国的生活费用在欧洲是最高的，而留居法国则费用就低得多。
于是，周恩来决定到法国勤工俭学。

[1]《周恩来书信选集》，中央文献出版社 1988 年版，第 24 页。
[2]《周恩来书信选集》，中央文献出版社 1988 年版，第 23—24 页。

1921 年 2 月，周恩来（右）和同学李福景（左）、常策欧在伦敦合影

在法国，周恩来先在巴黎郊区的阿利昂法语学校补习法文，不久又转到法国中部的布卢瓦城继续学法语。在国内，马克思主义的书籍非常难找，而法国大不相同，马克思主义的书籍和报刊非常丰富，很容易得到。把研究主义放在第一位的周恩来，就像找到了梦寐以求的宝库一样，如饥似渴地阅读了英文版的《共产党宣言》《社会主义从空想到科学的发展》《国家与革命》等马克思列宁主义的经典著作及介绍马克思主义的《卡尔·马克思的生平与教导》等书籍。

经过对各种思想流派的分析、思索，周恩来确立了自己的马克思主义信仰。他在给觉悟社社员的信中说："觉悟社的信条自然是不够用、欠明了，但老实说来，用一个 Communism[1]……也就够了。""我们当信共产主义的原理和阶级革命与无产阶级专政两大原则，而实行的手段则当因时制宜！"并表示："我从前所谓'谈主义，我便心跳'，那是我方到欧洲后对

---

[1] 即共产主义。

于一切主义开始推求比较时的心理，而现在我已得有坚决的信心了。"[1] 在给觉悟社朋友的另一封信中，周恩来更加坚定地说："我认定的主义一定是不变了，并且很坚决地要为他宣传奔走。"[2]

参加过辛亥革命的董必武、林祖涵（即林伯渠）、吴玉章等一批先进分子，结合自己的亲身经历和实践，通过学习马克思主义，最终抛弃旧的主张，同样实现了思想上的转变，成为马克思主义者。吴玉章后来曾十分有感触地说过："我的前半生一直在一条崎岖不平的道路上摸索行进。从我少年时代听到中日甲午战争失败起，就为国家的忧患而痛苦、而焦虑、而奔走；我们在豺狼遍地的荒野中想寻找一条出路，许多我所敬仰的、熟悉的同志为此而献出了生命，但是直到五四运动以前，还没有找到一条光明出路。感谢十月革命，它的万丈光芒照亮了殖民地人民的前途，我们找到了'放之四海而皆准'的马克思列宁主义理论，这个理论武器一经与中国工人运动结合，立即发挥出无坚不摧的伟大力量。在这个新的历史条件下，我才能够通过自己的具体历程完成个人思想上的革命转变，参加了共产党，从一个民主革命者变成了一个共产主义者。"[3]

通过学习和宣传马克思主义，李达、邓中夏、蔡和森、杨匏安、高君宇、恽代英、瞿秋白、赵世炎、陈潭秋、何叔衡、俞秀松、向警予、何孟雄、李汉俊、张太雷、王尽美、邓恩铭、张闻天、罗亦农等一批先进分子，先后走上无产阶级革命道路，成为马克思主义者。

这些确立了马克思主义信仰的先进分子，在学习和宣传马克思主义并深入工人群众的过程中，在参加反帝反军阀的实际斗争中，不断砥砺自己，一步步成长起来，为中国无产阶级政党的创建准备了干部条件。

---

[1]《周恩来书信选集》，中央文献出版社 1988 年版，第 36、40、41 页。

[2]《周恩来书信选集》，中央文献出版社 1988 年版，第 46 页。

[3] 吴玉章：《回忆五四前后我的思想转变》，中国社会科学院近代历史研究所编：《五四运动回忆录》（上），中国社会科学出版社 1979 年版，第 69 页。

这些有着不同经历的先进分子殊途同归的事实表明，抛弃资产阶级民主主义的救国方案，走马克思主义指引的道路，是相当多的中国先进分子共同作出的历史性选择。

五四运动后，为什么马克思主义能够在中国得到广泛传播并被中国的先进分子所选择？对此，毛泽东作了精辟的回答：

> 在一个很长的时期内，即从一八四〇年的鸦片战争到一九一九年的五四运动的前夜，共计七十多年中，中国人没有什么思想武器可以抗御帝国主义。旧的顽固的封建主义的思想武器打了败仗了，抵不住，宣告破产了。不得已，中国人被迫从帝国主义的老家即西方资产阶级革命时代的武器库中学来了进化论、天赋人权论和资产阶级共和国等项思想武器和政治方案，组织过政党，举行过革命，以为可以外御列强，内建民国。但是这些东西也和封建主义的思想武器一样，软弱得很，又是抵不住，败下阵来，宣告破产了。

> 一九一七年的俄国革命唤醒了中国人，中国人学得了一样新的东西，这就是马克思列宁主义。……从此以后，中国改换了方向。[1]

自 1840 年鸦片战争起，西方列强连续不断的侵略打断了中国历史正常的发展轨道，帝国主义与中国封建主义相勾结，使中国一步一步堕入半殖民地半封建社会深渊。为寻找救国真理，无数仁人志士前仆后继，却迭遭失败。中国的出路在哪里？当先进的中国人在黑暗中呼喊，一些人陷于苦闷彷徨，一些人仍在摸索、艰苦寻找之时，马克思主义为中国打开了一扇新的大门，指出了一条通往民族独立、人民解放和国家繁荣富强、人民共同富裕，实现中华民族伟大复兴的光明大道。

---

[1]《毛泽东选集》第四卷，人民出版社 1991 年版，第 1513—1514 页。

唤起工人阶级的觉醒

中国工人阶级在五四运动中以独立姿态登上中国政治舞台，发挥了主力军作用，引起了各界的瞩目，更引起了中国早期马克思主义者和先进知识分子的重视。

李大钊不仅是中国最早的马克思主义者，也是最早提出了解工人群众生活状况、唤起工人觉醒者。1920 年 1 月，在他的号召和组织下，北京一些先进知识分子就到人力车工人居住区进行调查。工人的悲惨生活状况使他们大为震惊。据北京《晨报》报道说："调查回来，大家相顾失色，太息不止，都现出一种极伤心不平的样子。"[1]

5 月 1 日，李大钊等在北京组织了第一次纪念国际劳动节的群众活动。他在《新青年》"劳动节纪念号"上发表了《"五一"运动史》一文，介绍了五一劳动节的由来和各国纪念的情况，指出："这个运动，是因为政府屡次扬言改善劳工条件而不实行起来的。民众知道，希望不诚实的政府是绝望的事，要想达到目的，非靠自己努力不可，乃决定排去一切向人请愿的行动，对于资本家取直接行动，以图收预定的效果。所以'五一'纪念日，是由民众势力集中的协同团体涌现出来的。"并表示："我们今年的'五一'纪念日，对于中国的劳工同胞，并不敢存若何的奢望，只要他们认今年的'五一'纪念日作一个觉醒的日期。"[2]

五一劳动节当天上午 9 时，北京大学召开了有校工和学生 500 多人参加的纪念会。李大钊在会上发表了演说，宣传八小时工作制，盛赞俄国

---

[1]《晨报》1920 年 1 月 26 日。

[2]《李大钊文集》（下），人民出版社 1984 年版，第 216、230 页。

十月革命的成就。大会明确表示纪念五一劳动节的意义在于"当作我们一盏引路的明灯，我们本着劳工神圣的信条，跟着这个明灯走向光明的地方去"[1]。

同一天早8时，何孟雄等8名学生雇了两辆汽车，每车4人，每人手执一个旗子，上面写着"劳工神圣""资本家末日""劳动纪念"等字样。车上载着印有《五月一日北京劳工宣言》等多种传单。他们8时半从马神庙出发，一辆向后门驶去，一辆向东城驶去。沿途他们高呼"劳工万岁"，散发传单。向后门驶去这辆车行至西四牌楼时，被军警拦住；向东城驶去这辆车行至米市大街，也被巡警阻止。何孟雄等8位学生被警察厅拘捕。

北大平民讲演团于上午10时出发讲演。他们分为5组，每组10人，沿途讲演"五一历史"及将来之希望，听众很多。邓中夏带领几位同学，在当天赶到长辛店铁路工厂，对工人进行演讲，并散发了《五月一日北京劳工宣言》。该宣言说："今天是五月一日，是美国工党同盟罢工争得'每天八小时'的纪念日，全球的工人到了这一天，都是相率罢工，进行示威运动。但是我国的工人，还有很多不知道今天是什么日子。所以我们来告诉各位，自从今天起，有工大家做，有饭大家吃，凡不做工的官僚、政客、资本家……一律驱逐，不准他们留在我们的社会里来剥削我们。所以我们大家都要联络起来，把所有一切的土地、田园、工厂、机器、物资，通通取回到我们手里，这时候谁还敢来压制我们呢？"[2]

北京高等师范、北京师范学校、法政专门学校、北京大学、中国大学的学生，均在5月1日下午在学校附近散发"五一历史"等传单。一部分学生因怕白天遭军警镇压，于4月30日晚就将传单散发了。

---

[1]《昨日北京之劳动纪念》，中共中央党史资料征集委员会编：《共产主义小组》（上），中共党史资料出版社1987年版，第271页。

[2]《北京大学学生运动史》，北京出版社1979年版，第42页。

北京五一劳动节纪念活动产生了很大影响，有媒体说："五四运动以后，新文化的潮流滚滚而来，'劳工神圣'的声浪也就一天高似一天，到了今年，北京人士虽然感想不尽相同，但几乎没有一个人不晓得有劳动节。单看这一点，中国的这一年的进步不能算不快。"[1]

在北京举行五一劳动节纪念活动的同时，上海也举行了五一劳动节纪念活动。陈独秀参加了上海各工会纪念五一劳动节的筹备活动。

4月18日，中华工业协会、中华工会总会、电器工界联合会、中华全国工界协进会、中华工界志成会、船务栈房工界联合会和药业友谊联合会等七团体召开联席会议，筹备五一节纪念活动。出席会议的陈独秀等提出将纪念会的名称定为"世界劳动纪念大会"，并提议以各工会名义发起，每个工会推出3个筹备代表，分别进行。会议主席特请陈独秀讲劳动运动问题，陈独秀提出：要"注意各业分会之组织，并须急谋工人本身之利益，减少工作时间，增加工资，积极从经济方面着手，再图解决一切"[2]。会上推举陈独秀等为筹备世界劳动纪念大会顾问。

上海世界劳动纪念大会原定在西门公共体育场举行，反动当局听说后，惊恐万状，明令禁止，并实行戒严。工人们听到这个消息后，非常气愤，情绪激昂。中华工业协会等七团体经过商议，认为工会方面尚在萌芽时期，活动应当稳妥，况且劳动纪念大会又属于庆祝性的，希望能够和平开会，不与军警发生冲突。经过筹备会议多方向工人们劝解，于4月30日晚决定将开会地点改为美国租界精武体育会。

5月1日下午，上海工人5000余人到精武体育会举行庆祝大会，遭到军警的两次阻止，最后被迫在青年会操场举行。劳动纪念大会庄严提出了工人的要求。当晚，七团体发表宣言，表示："从今天起，我们中国工人觉

[1]《劳动节的北京》，《民国日报》1920年5月1日。
[2]《筹备劳动纪念大会》，中共中央党史资料征集委员会编：《共产主义小组》（上），中共党史资料出版社1987年版，第65页。

悟的团结的精神，已经足以使压制我们的人胆战心惊。"号召"全国生产的工人呵！我们惟有一致努力团结，为制造幸福而奋斗"！[1]

上海工人第一次大规模纪念五一国际劳动节的活动以及所提出的口号和发布的宣言，都是在陈独秀的指导下进行的。

北京、上海纪念五一劳动节的活动，在中国来说，是破天荒的第一次，是马克思主义与中国工人运动相结合的最初的尝试。

三、马克思主义者与反对者的思想交锋

李大钊与胡适，问题和主义之争

1919年6月9日，陈独秀为支持北京学生爱国运动，撰写了《北京市民宣言》，并于11日亲自到中央公园、城南游艺园、香厂新世界等处散发。陈独秀的行动引起暗探的注意和跟踪，当晚10时，他在散发传单时被捕。

陈独秀被捕后，李大钊也被反动当局监视。7月20日，李大钊为了怀孕的妻子和两个孩子的安全，带着他们连夜乘车离开北京，在家乡住了一个多月。

由于陈独秀的被捕和李大钊的被迫离京，他们创办的《每周评论》由胡适任主编。

---

[1]《上海工人宣言》，中共中央党史资料征集委员会编：《共产主义小组》（上），中共党史资料出版社1987年版，第69页。

胡适，原名嗣穈，学名洪骍，字希疆，后改名胡适，字适之，安徽绩溪人，1891 年生。他之所以改名胡适，字适之，是取达尔文的"物竞天择，适者生存"之意。

胡适的童年是不幸的，他 4 岁时，做过台东直隶州知州的父亲胡传因病去世。其母 23 岁便守寡，因而把所有希望都寄托在他身上，对他管束严厉，希冀他通过读书出人头地，改变一家人的命运。4 岁时，他进入绩溪上庄私塾读书，在这里度过了 9 年时光，熟读四书五经等儒家经典著作。

1904 年，胡适到上海，先后进入梅溪学堂和澄衷学堂，接受《天演论》等新思想，并开始在《竞业旬报》上发表白话文文章。1906 年考入中国公学。1910 年考取"庚子赔款"第二期官费生赴美国留学，先是在康奈尔大学读农科，这非他的兴趣所在，于是改读文科。1915 年，入哥伦比亚大学研究院攻读哲学，师从著名实用主义哲学家约翰·杜威，掌握了一套实用主义的思想方法，并获得博士学位，是杜威的得意门徒。与此同时，他坚持探索白话诗文写作和文学改革之路。1917 年 1 月，尚未回国的胡适在《新青年》上发表《文学改良刍议》，在新文化运动中声名鹊起。

1917 年夏天，灌满一肚子洋墨水的胡适回国，被广揽人才的北京大学校长蔡元培聘为北大教授。这年，胡适才 26 岁。蔡元培十分欣赏胡适的才华，曾这样评说胡适："那时候因《新青年》上文学革命的鼓吹，而我们认识留美的胡适之君，他回国后，即请到北大任教授。胡君真是'旧学邃密'而且'新知深沈'的一个人，所以一方面与沈尹默、兼士兄弟，钱玄同，马幼渔，刘半农诸君以新方法整理国故，一方面整理英文系；因胡君之介绍而请到的好教员，颇不少。"[1]

---

[1] 蔡元培：《我在北京大学的经历》，中国社会科学院近代史研究所编：《五四运动回忆录》（上），中国社会科学出版社 1979 年版，第 175 页。

1919 年五四运动前夕，受中国一些教育团体的邀请，胡适的老师杜威携妻女来华讲学，4 月 30 日，胡适与蒋梦麟、陶行知等亲到上海迎接。杜威原计划在中国讲学几个月，后来据说是对中国产生了"好感"，一直到 1921 年 7 月 11 日才离去。杜威在中国进行了"五大讲演"，即《社会哲学与政治哲学》《教育哲学》《思想之派别》《现代的三个哲学家》《伦理讲演纪略》，究其主要内容为：宣扬实用主义和社会改良主义；反对马克思主义和社会革命；宣扬西方资产阶级民主和美国的世界主义；宣扬教育万能，反对五四运动，等等。胡适对杜威的讲演佩服得五体投地，认为自从中国和西洋文化接触以来，没有一个外国学者在中国思想界的影响有杜威这样大，甚至认为在最近几十年中，也没有哪个西洋学者在中国的影响比杜威大。

五四运动后，马克思主义得到广泛传播并被先进分子所接受。胡适虽然在新文化运动中起过一定作用，但接受美国教育、本质是资产阶级知识分子的他看不过了，忍不住了，于 7 月 20 日在《每周评论》第 31 号抛出了《多研究些问题，少谈些"主义"！》一文。在文中，胡适认为："'主义'的大危险，就是能使人心满意足，自以为寻着包医百病的'根本解决'，从此用不着费心力去研究这个那个具体问题的解决法了。""高谈主义，不研究问题的人，只是畏难求易，只是懒。"他嘲讽说："空谈好听的'主义'是极容易的事，是阿猫、阿狗都能做的事，是鹦鹉和留声机器都能做的事。"他称：社会主义"都可用这一个抽象名词来骗人"，指责马克思主义先进分子"我们不去研究人力车夫的生计，却去高谈社会主义"，断言马克思主义者主张中国问题要"根本解决"，"是自欺欺人的梦话，这是中国思想界破产的铁证，这是中国社会改良的死刑宣告"，主张"多提出一些问题，少谈一些纸上的主义"。[1]

---

[1] 胡适：《多研究些问题，少谈些"主义"！》，中国社会科学院近代史研究所编：《五四运动文选》，生活·读书·新知三联书店 1959 年版，第 312、313、314、315 页。

1920 年 3 月，李大钊、胡适、蔡元培、蒋梦麟（从右至左）合影

　　胡适用尖刻的语言反对人们谈论各种主义，实际上是在这种说法之下反对马克思主义在中国的传播，宣扬实用主义和改良主义，宣扬中国不需要经过革命就能够解决他所说的一个个问题。他反对马克思主义的阶级斗争学说，不承认事实上存在着社会阶级斗争，因此才有这种学说的产生。他后来自己也承认，发表这篇文章的目的，是让人不要被马克思、列宁"牵着鼻子走"[1]。

　　李大钊对胡适是很尊重的，从 1916 年起，两人先后在《新青年》上发表文章。虽然两人关注的问题不同，但在宣传新思想、新文化，反对封建主义的旧思想、旧文化方面是一致的。胡适在 1917 年夏进入北大，李大钊在 1918 年初进入北大，二人成为同事，又一起参加《新青年》的编

[1]《胡适论学近著》（第一集）（卷五），商务印书馆 1935 年版，第 645 页。

辑工作，私下关系还是不错的。随着五四运动后新文化运动的深入发展，李大钊与胡适的思想朝着不同的方向发展：李大钊十分重视政治，赞成革命；胡适则热衷于思想文化，反对革命，赞成改良。李大钊重视俄国文明，热烈呼喊俄国革命，接受马克思主义；胡适崇尚美国式的自由主义，极力宣扬实用主义。

尽管与胡适的私交不错，但在大是大非面前，李大钊是不含糊的。看到胡适发表的《多研究些问题，少谈些"主义"！》之后，李大钊写了《再论问题与主义》，以与胡适通信的方式，发表在 1919 年 8 月 17 日出版的《每周评论》第 35 号上。

李大钊不赞同胡适把问题和主义对立起来，指出："'问题'与'主义'，有不能十分分离的关系。因为一个社会问题的解决，必须靠着社会上多数人共同的运动。那么我们要想解决一个问题，应该设法使他成了社会上多数人共同的问题。要想使一个社会问题，成了社会上多数人共同的问题，应该使这社会上可以共同解决这个那个社会问题的多数人，先有一个共同趋向的理想、主义，作他们实验自己生活上满意不满意的尺度（即是一种工具）。那共同感觉生活上不满意的事实，才能一个一个的成了社会问题，才有解决的希望。不然，你尽管研究你的社会问题，社会上多数人，却一点不生关系。那个社会问题，是仍然永没有解决的希望；那个社会问题的研究，也仍然是不能影响于实际。所以我们的社会运动，一方面固然要研究实际的问题，一方面也要宣传理想的主义。这是交相为用的，这是并行不悖的。"

针对胡适反对"高谈社会主义"，李大钊认为："大凡一个主义，都有理想和实用两面。"他指出，"在别的资本主义盛行的国家，他们可以用社会主义作工具去打倒资本阶级。在我们这不事生产的官僚强盗横行的国家，我们也可以用他作工具，去驱除这一班不劳而生的官僚强盗"。并明确表示"我是喜欢谈谈布尔扎维主义的"。"我总觉得布尔扎维主义的流行，实在是世界文化上的一大变动。我们应该研究他，介绍他，把他的实象昭布在人类社会"。

针对胡适反对"根本解决"的改良主义主张，李大钊指出："必须有一个根本解决，才有把一个一个的具体问题都解决了的希望。"他依据马克思主义的唯物史观，指出：经济问题是一切问题的基础，"经济问题的解决，是根本解决。经济问题一旦解决，什么政治问题、法律问题、家族制度问题、女子解放问题、工人解放问题，都可以解决。"他强调：阶级斗争学说是唯物史观的一个重要内容，要解决经济问题，就必须进行阶级斗争，进行革命；如果不重视阶级斗争，"丝毫不去用这个学理作工具，为工人联合的实际运动，那经济的革命，恐怕永远不能实现"。[1]

"问题"与"主义"之争，实际上是一次中国需要不需要马克思主义、需要不需要革命的争论。在其他一些团体内也进行过，在不少出版物上也有反映。许多进步青年撰文支持李大钊的观点，但赞同胡适或者具有类似观点的人也为数不少。在这场争论中，李大钊和各地年轻的马克思主义者依据他们当时的认识水平，论证了马克思主义适合中国需要，阐述了对中国社会进行一次彻底革命的必要性。这对于扩大马克思主义的影响，推动人们进一步探索如何改造中国社会起了积极的作用。

社会主义是否适合中国国情的论争

1920 年 9 月，应梁启超、张东荪的讲学社和北京大学的联合邀请，英国学者罗素赴华讲学。

---

[1] 李大钊：《再论问题与主义》，中共中央党史资料征集委员会编：《共产主义小组》（上），中共党史资料出版社 1987 年版，第 247、248、249、250、251、252 页。

罗素是著名的唯心主义哲学家，极力反对阶级斗争，宣扬劳资合作，主张基尔特社会主义。来华之前，他曾去过苏俄，对十月革命和苏维埃政权非常不满。罗素在华 10 个月，跑了许多地方，其讲演被称为"五大讲演"，与杜威的"五大讲演"有一比，《时事新报》《晨报》《东方杂志》上刊登的其讲演或文章有《布尔什维克与世界政治》《教育之效用》《物的分析》《社会结构学》《社会主义》《中国人到自由之路》等。

罗素在华讲演的主要内容为：反对俄国十月革命，宣扬帝国主义的世界主义；反对阶级斗争，宣扬和平长入社会主义；认为中国实业不发达，没有阶级差别和阶级斗争；中国当务之急是发展实业，兴办教育。

罗素在华的讲演，立马得到其中国信徒的一片喝彩声。张东荪于 10 月亲陪罗素到湖南，从湖南回到上海，便兴冲冲写了一篇《由内地旅行而得之又一教训》，发表在《时事新报》上。他在文中说："我此次旅行了几个地方，虽未深入腹地，却觉得救中国只有一条路，一言以蔽之，就是增加富力。而增加富力就是开发实业。因为中国的唯一病症就是贫乏，中国真穷到极点了。罗素先生观察各地情形以后，他也说中国除了开发实业以外无以自立。我觉得这句话非常中肯又非常沉痛。"[1]

12 月，张东荪又写了《大家须切记罗素先生给我们的忠告》一文，表示："罗素先生的人格，我觉得真可佩服到百二十分了。""他不单有真学问，而有真性情""对于不十分研究的东西决不乱讲。"并赞赏道："他在俄国很受劳农政府的优待，但是他为真理的缘故，他仍旧说劳农政府的办法是不合理的。他真是一个学者，真是个有良心的学者。"对于罗素讲的中国第一宜讲教育，第二是开发实业救济物质生活，"社会主义不妨迟迟"的观点，张东荪表示"完全赞同，至于劳农主义，我以为不患他不实现，

---

[1] 陈独秀辑：《关于社会主义的讨论》，中国社会科学院近代史研究所编：《五四运动文选》，生活·读书·新知三联书店 1959 年版，第 436 页。

而只患他实现得太早，故很以罗素先生的话为然。"要"大家须切记罗素先生的这番话""要去切实的实行"。[1]看来，张东荪简直把罗素看成神了，把他在中国短短日子的观察便哇啦哇啦下的结论当成了真理，要求人们切记、实行。

1920 年 12 月 15 日，张东荪又在《改造》第三卷第四号上发表《现在与将来》的长文，认为中国现在"开发实业为唯一之要求"，主张"温情主义"，资本家办学校、取消工头制度、办保险，等等，以此达到劳资合作。他认为"中国现在离劳动阶级的完成与自觉尚早，所以纵有人热心运动，然只能缩短程途，而断不能一跃而跻。这是说真正劳动者的国家之组织尚早"，"现在中国就要实行社会主义，似乎太越阶了"。他甚至表示"真的劳农制度决组织不成，而伪的劳农革命或可一度发生"，并解释："我所谓伪有二个意思：一个是破坏的意思，一个是假借名义的意思。"为什么可能会出现如此情况？他给出的答案是：

因为人心太不安，则人人都有一种奇怪的心理，就是觉得现在的环境太不堪忍耐了，赶紧离开了罢，无论变什么样子总比现在好些。这种心理乃是变动的促进力。还有一种，就是正在厌恶现在环境，而又未想出若何改变的时候，忽听见一种传说，这种传说又说得天花乱坠，于是便动了念。既经动念以后，加以环境的更加恶劣，迫得他不知不觉地愈加相信起来了。所以这种盲目的、厌恶现状的心理是非常可怕的。本来政治的腐败与内乱的频数，都是使生活日见艰难的。民不聊生则挺而走险，所以破坏是自然的趋势。至于假借名义，虽不敢断言，不过已经有些党人，一面干护法分赃的勾当，一面自命为社会

---

[1] 陈独秀辑:《关于社会主义的讨论》，中国社会科学院近代史研究所编:《五四运动文选》，生活·读书·新知三联书店 1959 年版，第 443、444 页。

主义者。这些人一旦把固有的招牌用完了，必定利用这个招牌，因为这是世界的新潮，可以骇倒一切。况且这个主义究竟没有试验过，一班人心容易倾向。我们推论到此，便知真的劳农主义决不会发生，而伪的劳农革命恐怕难免。至于伪劳农革命发生，不消说不能福民而必定是害民，则不必我多说，只须一想便可推知了。并且这个假东西亦断无继续存在下去的道理。天下凡成立的东西，必是实体不是假现。假现必是一刻即消灭的。所以我敢说，假定伪劳农革命发生，不过在已过的许多内乱上再添一个内乱罢了。这个内乱完了以后，差不多仍恢复未乱以前的状态。或则亦许弄假成真，但非经过长期的混乱不可，这事总是万中之一。[1]

在张东荪看来，人们面对社会政治腐败，接受马克思列宁主义，改变现存社会，是一种奇怪的、盲目的心理作用。一些"党人"会假借社会主义名义，进行伪劳农革命。而且伪劳农革命发生，必然造成内乱，使人们受害。如果说北洋政府视俄国十月革命为"洪水猛兽""过激主义"而禁止传播的话，张东荪则是用耸人听闻的"伪劳农革命"必然造成内乱甚至是长期内乱的语言，反对马克思主义在中国传播和中国走社会主义道路。

梁启超为张东荪助威，在《复张东荪书论社会主义运动》中称："吾以为社会主义所以不能实现于今日之中国者，其总原因在于无劳动阶级。"他把劳动阶级分为广义和狭义，认为"广义的解释，自然凡农民及散工悉含在内；狭义的解释，则专指在新式企业组织之下佣工为活的人"。因而，他的结论是中国没有劳动阶级，广义的劳动阶级为无业游民。认为"若利用游民以行社会主义运动，其结果必至毁灭社会主义"。因为"游民

[1] 张东荪:《现在与将来》，中国社会科学院近代史研究所编:《五四运动文选》，生活·读书·新知三联书店 1959 年版，第 469、471—472、475 页。

阶级运动之结果，只能增加游民"。[1]他主张奖励生产事业，待资本主义发展，劳动阶级形成，然后进行社会主义运动。

张东荪、梁启超发起了挑战，中国早期马克思主义者反击是必然的。

陈独秀针对张东荪依据罗素的"中国第一宜讲教育，第二宜开发实业，不必提倡'社会主义'"的观点，指出：中国人在知识方面和物质方面确实不发达，不如欧美、日本。但是资本主义存在种种弊病，中国"在资本制度还未发达的时候，正好用社会主义来发展教育及工业，免得走欧美、日本底错路"[2]。针对张东荪发展资本主义，才能使中国人从来未过过人的生活的"都得着人的生活"的说法，陈独秀指出："资本主义生产制下，无论资本家是外国人，或是本国人，决不能够使多数人'都'得着人的生活。"而"使中国人'都'得着人的生活，非废除资本主义生产制、采用社会主义生产制不可"。针对张东荪说的"现国内以缺少真正之劳动者，故止能建立兵匪阶级的国家，而绝对不能建设劳动阶级的国家"，陈独秀认为这是任意颠倒事实，反诘道："请问怎样才是真正之劳动者？请问中国若无劳动者，先生吃的米、穿的衣、住的房屋、乘的车船，是何人做出来的？先生所办的报，是何人排印出来的？"陈独秀认为，"中国一般的贫乏是完全由外国资本主义制下机器工业造成的"，"这种状态，除了中国劳动者联合起来，组织革命团体，改变生产制度，是无法挽救的。中国劳动（农工）团体为反抗资本家、资本主义而战，就是为保全中国独立而战。"[3]

针对梁启超中国没有劳动阶级、广义的劳动阶级为无业游民的观点，

---

[1] 梁启超：《复张东荪书论社会主义运动》，中国社会科学院近代史研究所编：《五四运动文选》，生活·读书·新知三联书店 1959 年版，第 515、516、520 页。

[2] 陈独秀辑：《关于社会主义的讨论》，中国社会科学院近代史研究所编：《五四运动文选》，生活·读书·新知三联书店 1959 年版，第 444、445 页。

[3] 陈独秀辑：《关于社会主义的讨论》，中国社会科学院近代史研究所编：《五四运动文选》，生活·读书·新知三联书店 1959 年版，第 458、461、462 页。

李达认为：由于受欧美、日本产业大革命的影响，中国旧有的小生产差不多完全破坏，而新式的生产组织又非常少，"中国大多数无产阶级的人民，遂由手工业者变而为失业者"，"所以中国的游民，都可说是失业的劳动者"。他指出："中国境内的资本家是国际的。""虽然有许多无业的游民，然而都可以叫做失业的劳动者。所以就中国说，是国际资本阶级和中国劳动阶级的对峙。中国是劳动过剩，不能说没有劳动阶级，只不过没有组织罢了。"他认为"将来社会的经济组织必归着于社会主义"，"中国要想追踪欧美和日本，势不得不于此时开始准备实行社会主义"。对于张东荪、梁启超主张的"温情主义"，他表示："这种滑稽的办法，我们实在不敢苟同。"他指出"无产阶级呻吟于资本家掠夺支配之下，绝对得不到丝毫的幸福"，"温情主义的主张是不能达到社会主义的"。[1]

针对张东荪、梁启超中国不能实行社会主义的观点，李大钊认为，"中国今日是否已具实行社会主义的经济条件，须先问世界今日是否已具实现社会主义的倾向的经济条件"。他指出："现在世界的经济组织，既已经资本主义以至社会主义，中国虽未经自行如欧、美、日本等国的资本主义的发展实业，而一般平民间接受资本主义经济组织的压迫，较各国直接受资本主义压迫的劳动阶级尤其苦痛。中国国内的劳资阶级间虽未发生重大问题，中国人民在世界经济上的地位，已立在这劳工运动日盛一日的风潮中，想行保护资本家的制度，无论理所不可，抑且势所不能。"他的结论是："所以今日在中国想发展实业，非由纯粹生产者组织政府，以铲除国内的掠夺阶级，抵抗此世界的资本主义，依社会主义的组织经营实业不可。"[2]

---

[1] 李达：《讨论社会主义并质梁任公》，中国社会科学院近代史研究所编：《五四运动文选》，生活·读书·新知三联书店 1959 年版，第 495、498、500、501、502、503 页。

[2] 李大钊：《中国的社会主义与世界的资本主义》，中国社会科学院近代史研究所编：《五四运动文选》，生活·读书·新知三联书店 1959 年版，第 488、489 页。

　　李大钊还组织马克思学说研究会在沙滩红楼的一个大教室里，开了为期两天的大辩论会，辩论"社会主义是否适宜于中国"的问题。参加辩论会的分为赞成与反对两派，李大钊为辩论会的评判员。参加这次辩论会的人都是北京各大学及专门学校的学生和教员，听众很多，座无虚席。由于没有座位了，很多人都站在教室外面听。辩论结束时，由李大钊作结论。朱务善回忆当时的情景说：

　　　　李大钊同志不慌不忙地走上讲台，手里拿着一张笔记大纲，开始用唯物史观的观点来解答这个问题。他慢慢地说明了人类社会发展的规律，证明资本主义社会转变到社会主义社会，正如封建制度因生产力的发展一定要转变到资本主义制度一样，不是人的意识与感情所能左右的。记得评判员用了河上肇所常用的譬喻来说明这一点：譬如雏鸡在孵化以前，尚在卵壳内部，及其孵化成熟以后，雏鸡必破卵而出，此为必然之理。李大钊同志最后说：赞成派若是拿唯物史观的观点来解答这个问题，就会更具有说服力。同时他着重指出：此地所说社会主义之必然到来，这绝不意味着工人阶级可以不要斗争而垂手以待社会主义之到来。李大钊同志说话声音不大，又很沉静，表现出一种高度自信心与坚定性，最能吸引听众的注意，使人悦服。会后，教室里还拥挤着很多人，在那里互相争论，喋喋不休。我还记得有一位反对社会主义的北大学生（好象是费觉天）最后对我说：李先生以唯物史观的观点论社会主义之必然到来，真是一针见血之论，使我们再也没话可说了。[1]

---

[1] 朱务善：《回忆北大马克思学说研究会》（1960 年 6 月 20 日），中共中央党史资料征集委员会编：《共产主义小组》（上），中共党史资料出版社 1987 年版，第 328—329 页。

这场辩论持续了一年多的时间，早期马克思主义者把握了时代前进的方向，他们运用刚刚学到的先进思想武器——马克思主义理论，剖析了资本主义制度固有的矛盾；揭示出资本主义最终必将在矛盾激化中走向灭亡，社会主义必将取代资本主义；肯定中国的出路只能是社会主义，等等。这些观点是正确的。

在早期马克思主义者犀利有力的反击下，张东荪、梁启超等节节败退，罗素在华的影响显著下降，最后灰溜溜地离开中国。

早期马克思主义者在辩论中也有弱点和不足，如对中国半殖民地半封建的社会性质还缺乏科学的认识，主张直接进行社会主义革命。他们没有看到在中国社会经济十分落后的情况下，民族资本主义在一定时期内和一定程度上的发展不仅是不可避免的，而且是有益的。他们不懂张东荪、梁启超等人的错误不在于说中国现实还不能实行社会主义，而在于认为既然不能马上实行社会主义，就不需要社会主义思想，不需要成立共产党。他们反驳张东荪、梁启超等人的观点，只是斥责资本主义的弊病、声讨资本主义的罪恶是不够的，还需要运用马克思主义对中国国情作深入分析，研究中国革命的发展道路，提出如何将马克思主义与中国国情相结合的具体主张。

尽管有缺点和不足，但早期马克思主义者的大方向是正确的。方向正确了，这些缺点和不足会在革命实践的发展中逐步得到解决。

批驳无政府主义

中国是一个小资产阶级众多的国家，大批的小资产阶级知识分子不满现状，具有反抗旧的社会制度的愿望。无政府主义以革命的面貌出现，很适合他们的需求。五四时期，无政府主义在青年知识分子中流传很广。无政府主义者在揭露和批判封建军阀的专制统治方面，在帮助人们了解十月革命和新思潮的过程中，曾起过一定的积极作用。但是，随着十月革命影响的扩大和马克思主义在中国的传播，无政府主义者感到十月革命的胜利和他们的无政府主义并不是一回事，因此，他们立即向十月革命和马克思主义展开进攻。

1920年2月，无政府主义者易家钺在《奋斗》第二期发表了《我们反对"布尔札维克"》一文。在文中，他开明宗义表示反对布尔什维克是从两个方面：一是从原理上，"换一句话，就是反对马克斯主义"；二是从方法上，不满意布尔什维克所作所为。"布尔札维克是马克斯主义的实行者，他对于马氏学说，真是'奉命维谨'；所以马克斯主义的不对，就无异乎说布尔札维克的不对。"可以说，无政府主义者是旗帜鲜明地反对马克思主义和俄国十月革命的。

易家钺以克鲁泡特金的"国家的存在，不外帮助资本发展。资本主义越盛，国家权力与基础亦越巩固"为理论依据，认为布尔什维克存在"二重矛盾"，即"主张劳动者专政""实行阶级战争"，但"只打倒资本家，不打倒由资本主义组织成的国家"，结果是"资本主义的个人虽渐消灭，资本主义的国家又发生了"，"自己变成了资本主义国家，却还大张旗鼓攻击他人的资本主义的国家"。他提出"布尔札维克真要讲什么主义，就应早早废止劳农政府，不要再将'国家'两个字抬出来出自己的丑"。

易家钺认为：苏俄"实行强迫主义，要将土地收归国有，不顾农民的生计如何"，"干涉婚姻、教育、言论及出版，布尔札维克党无所不用其强权手段，束缚人民自由。这种违反'德莫克拉西'的强权，我真想不到在实现革命后的俄国"。他表示"我们不承认资本家的强权，我们不承认政治家的强权，我们一样的不承认劳动者的强权"。他还把马克思主义的阶级斗争理论歪曲为"提倡战争"，把阶级斗争和各种非正义战争混为一谈，表示"对于主张战争的，不管是阶级战争、国际战争、国内战争，都是反对"。[1]

易家钺把国家的存在等同于资本主义存在，把废除封建土地制度，将土地收归国有，以及对婚姻、教育、言论出版等的管理等同于强权，将阶级斗争与一切战争等同，纯属强词夺理，是十分荒谬的。

另一个无政府主义者以 AF 的署名[2]，在《奋斗》第八、第九期上发表《为什么反对布尔雪维克？》一文，表达他反对布尔什维克的理由是："他抹杀个人，滥用强权，独裁专制，使人民的幸福和自由减削，使社会退化。"甚至认为"比专制魔王还要坏"。[3]

无政府主义者对马克思主义和布尔什维克党、苏俄发起攻击，中国早期马克思主义者不能置之不理。

针对无政府主义者反对国家、反对强权，陈独秀认为："强权何以可恶？我以为强权所以可恶，是因为有人拿他来拥护强者、无道者，压迫弱者与正义。若是倒转过来，拿他来救护弱者与正义，排除强者与无道，就不见得可恶了。"他进而指出："世界各国里面最不平、最痛苦的事，不是别的，就是少数游惰的消费的资产阶级，利用国家、政治、法律等机关，把多数勤苦的生产的劳动阶级压在资本势力底下，当做牛马、机器还不如。要扫除这种不平、这种痛苦，只有被压迫的生产的劳动阶级自己造成新的强力，自己站在国家地位，利用政治、法律等机关，把那压迫的资产阶级完全征服，然后才可望将财产私有、工银劳动等制度废去，将过于不平等的经济状况除去。"他质问无政府主义者："若是不主张用强力，不主张阶级战争，天天不要国家、政治、法律，天天空想自由组织的社会出现；那班资产阶级仍旧天天站在国家地位，天天利用政治、法律；如此梦

---

[1] AD：《我们反对"布尔札维克"》，张允侯等编：《五四时期的社团》（四），生活·读书·新知三联书店 1979 年版，第 194、195、196 页。

[2] 无政府主义者主张废姓，他们发表文章均以两个英文字母署名。

[3] AF：《为什么反对布尔雪维克？》，张允侯等编：《五四时期的社团》（四），生活·读书·新知三联书店 1979 年版，第 202、203 页。

想自由，便再过一万年，那被压迫的劳动阶级也没有翻身的机会。"

　　针对无政府主义者对苏俄的攻击，陈独秀指出："俄罗斯若以克鲁巴特金的自由组织代替了列宁的劳动专政，马上不但资产阶级要恢复势力，连帝政复兴也必不免。"认为"用革命的手段建设劳动阶级（即生产阶级）的国家，创造那禁止对内、对外一切掠夺的政治、法律，为现代社会第一需要"。[1] 上海共产党早期组织创办的《共产党》月刊也发文指出："有人责备俄国共产党主张劳工专政，不合乎德莫克拉西，我要问他，是不是要让资本家、帝制派都有政权才合乎德莫克拉西？有人责备俄国共产党用武力对待反对派，不合乎公理，我要问他，是不是要让资本主义的英、法军队打破莫斯科，驱逐共产党，或是让柯尔恰克、丹尼金统治俄国才合乎公理？"认为无政府主义是"空想"，主张"在现在及近的将来，政治上、经济上都要有相当强制力的法律，不赞成一概不加限制的自由"。[2]

　　针对无政府主义者尊重个人或小团体的绝对自由的观点，陈独秀指出："现代工业发达，一个工厂往往有数千数万人，而无政府主义要保护人人绝对自由，不许少数压多数，也不许多数压少数，九十九人赞成，一人反对，也不能执行，试问数千数万人的工厂，事事怎可以人人同意，如不同意，岂不糟极了么？""各个生产团体各个利害不同，若是没有一个统一机关用强制力去干涉调节，各个生产团体主张各个的绝对自由，这样能联合不能？无政府主义者用这种没有强制力的自由联合来应付最复杂的近代经济问题，试问怎么能够使中国底农业工业成为社会化？"他还认为，无政府主义者"主张人不干涉人，要根本废除法律，这件事也是很错的"。指出"凡有社会组织，必有一种社会制度，随之亦必有一种法律保护这种

---

[1] 陈独秀：《谈政治》，中国社会科学院近代史研究所编：《五四运动文选》，生活·读书·新知三联书店 1959 年版，第 418、419、420、425 页。

[2]《共产党的根本主义》，中国社会科学院近代史研究所编：《五四运动文选》，生活·读书·新知三联书店 1959 年版，第 522、523 页。

李达（1890—1966），湖南零陵（今
永州）人，马克思主义传播的先驱者

制度，不许有人背叛"。因而，他的结论是："无政府主义在政治、经济两
方面，都是走不通的路。"他告诫无政府主义者："明知此路不通，还要向
这条路走，非致撞得头破额裂不可，这是何苦呢？"[1]

李达对无政府主义的源流进行了剖析，认为"能够成为无政府主义
的，只有个人主义。"指出"一切无政府主义，对于人性的研究太乐观
了，对于政治太悲观了"。他主张，在将来要实现的新社会中，生产和消
费都不能放任，都要由中央管理；为了对付反对共产主义的人，监狱和警
察是必要的；为了对付敌对的资本主义国家，军队也是必要的。他奉劝无
政府主义者，"总要按照事实上理论上去为有效的努力，不要耗费有益的

---

[1] 陈独秀：《社会主义批评》，中国社会科学院近代史研究所编：《五四运动文选》，生活·读
书·新知三联书店 1959 年版，第 538、539 页。

精神"。并明确地说，干革命事业，"我要推荐马克思主义了"。[1]

批驳无政府主义的斗争规模较大，除在《新青年》《共产党》等刊物上进行外，还在一些社团和进步青年中展开。许多受无政府主义影响的青年知识分子是进步的，是有强烈的革命愿望的。他们的错误是在探索过程中认识上的错误。经过早期马克思主义者对无政府主义的批驳，无政府主义在青年知识分子中已没有什么市场，除少数无政府主义者仍然坚持自己的立场，大多数受无政府主义影响的青年抛弃了这种错误思想，接受马克思主义，成为无产阶级的忠诚战士。

早期马克思主义者同资产阶级改良主义者、无政府主义者之间的交锋，在中国思想领域里产生了重大而深远的影响。他们勇敢地拿起马克思主义这一先进思想武器，把资产阶级和小资产阶级的种种错误思潮打得落花流水、节节败退，一步一步地扩大了马克思主义的思想阵地。一批以救国救民为己任、立志改造中国社会的进步青年，经过这场交锋，已初步认识到马克思主义理论的科学性和真理性，认清了科学社会主义与资产阶级改良主义、无政府主义之间的本质区别，认识到只有科学社会主义才能达到救国救民和从根本上改造中国社会的目标。他们在确立自己的人生信仰和选择何种"主义"来改造中国社会的过程中，经过反复比较，最终抛弃了资产阶级改良主义和无政府主义，选择科学社会主义，转变为马克思主义者，并迅速投入宣传马克思主义、与工人群众相结合和创建中国共产党早期组织的行动中去。

---

[1] 江春：《无政府主义之解剖》，中国社会科学院现代史研究室、中国革命博物馆党史研究室选编：《"一大"前后》（一），人民出版社 1980 年版，第 249 页。

第四章
共产党早期组织悄然兴起

一、上海、北京共产党早期组织建立

来自苏俄的神秘客人

1920 年的 4 月，古都北京柳绿花红，燕子飞舞，春风和煦，到处都是踏青的游人。一个名叫维经斯基的俄罗斯人带着妻子、秘书及翻译，通过曲曲折折的路途来到北京。维经斯基原姓扎尔欣，曾化名为格里高里耶夫、格里高里、塔拉索夫、查尔金等。这个俄国人，到北京干什么呢？有什么目的？要了解此人到华的目的，让我们走进中国的邻国——当时已经是社会主义国家的苏维埃俄国。

对于开辟人类历史新纪元的俄国十月革命，旅俄数十万华工也做出了重大贡献。旅俄华工曾英勇参加了攻打冬宫的战斗和莫斯科十月武装起义。特别值得一提的是，在俄罗斯内战的岁月里，有 70 名华工在彼得格勒斯莫尔尼宫担任列宁的卫士。来自中国沈阳的工人李富清曾担任过列宁卫队的组长，负责保卫无产阶级革命导师的人身安全。1918 年，俄国苏维埃政府迁往莫斯科，李富清又随列宁一起前往莫斯科克里姆林宫。

苏维埃政权的重要武装力量工人赤卫队，其中就有许多华工，如明斯克的一个伐木场，听说巴赫巴契成立工人赤卫队的消息后，立即有 1000 余名华工前往参加。在柯林柯维契，有 2000 多名华工参加工人赤卫队。在莫斯科、彼得格勒、基辅、巴库等许多城市，大量华工参加了工人赤卫队。

1918 年 1 月，苏维埃政府决定成立工农红军，旅俄华工听到消息后纷纷报名参加。华工除参加当地红军部队和由国际共产主义者组成的红军部队"国际团""外国共产主义者营""国际支队",还在红军中组建了许多单独的建制,如"中国支队""中国团""中国营""中国红色大队""中国连",等等。苏俄红军第三军第二十九师的后备团,就是由来自乌拉尔煤矿、石棉矿和铁路上的华工组成的"乌拉尔中国团",主要由1915年底到阿拉帕耶夫斯克的几千名华工组建起来的。据有关资料记载,旅俄华工参加苏俄红军的达三四万人。

新生的苏维埃政权诞生不久即遭到帝国主义国家的干涉。1918年3月和8月,英、美、法干涉军近1万人先后占领了北方的摩尔曼斯克和阿尔汉格尔斯克,支持白卫分子成立"北方政府"。4月和8月,英、日军队和美国远征军相继在远东地区符拉迪沃斯托克(海参崴)登陆。8月,英军又从伊朗侵入南高加索,占领巴库和里海以东地区,并支持民族主义分子、右派社会革命党人和孟什维克颠覆了巴库苏维埃政权,成立了"外里海政府"。而德国军队也违反《布列斯特和约》,乘机占领了顿河区和克里木,支持白卫将军邓尼金和克拉斯诺夫等在那里叛乱。

更使苏维埃政府受到严重威胁的是,5月中旬中部地区发生的捷克斯洛伐克军团叛乱。捷克斯洛伐克军团本是第一次世界大战中俄国的战俘,共约5万人。十月革命后,苏维埃政府退出世界大战,允许这些战俘乘列车经西伯利亚和远东绕道法国,交由协约国安排。然而,在协约国的唆使下,他们在中途叛乱,两个月之内,占领了伏尔加河流域、乌拉尔和西伯利亚的一些主要城市和广大地区。立宪民主党人、社会革命党人和孟什维克则在他们占领下的萨马拉(后改名为古比雪夫)成立了反革命政府"立宪会议委员会"。在鄂木斯克,白卫分子成立了"西伯利亚政府"。

苏维埃政权被战火包围了,红旗只在四分之一的国土上飘扬。其粮食、原料和燃料的主要产地已被武装干涉者和白卫分子夺去,苏维埃政权处境极其困难,有被扼杀在摇篮中的危险。

在苏维埃政权面临生死考验的时候，旅俄华工同俄国人民一道浴血奋战，用鲜血和生命保卫这个红色政权。旅俄华工在沃罗涅什省组织了2个团3个营，在卢甘斯克和哈尔科夫组织了2个营，在莫斯科组织了1个支队，在彼尔姆组织了2个团4个营，在彼得格勒组织了2个支队。随着苏俄内战各条战线的开辟，参加红军的旅俄华工人数急剧增加，在东西南北各条战线上都有旅俄华工同苏俄红军并肩战斗。

在东部战线，由任辅臣任团长的中国团，在维亚车站和下图林斯克战斗了4天。他们在敌人的层层包围中，英勇无畏，打退了敌人一次又一次进攻，让敌人领教了中国团的顽强精神。战斗结束后，中国团仅撤出62人，团长任辅臣壮烈牺牲。中国团在东部战线打出了中国人的英名和精神，给其他俄国红军部队以很大鼓舞。

除了参加红军外，许多旅俄华工还组织游击队，配合苏俄红军作战。各地的旅俄华人积极向红军游击队提供食品、烟草，运送军事物资，募集钱款，救护伤员。在苏俄远东地区反对帝国主义干涉和与白卫分子斗争期间，没有发生过一起中国人参与叛变的事件。在同凶恶的敌人的殊死战斗中，任何一支苏俄红军队伍中，都有中国人参加战斗的身影。

在乌克兰和南部战线，为保卫顿巴斯矿区，苏俄红军领导人安东诺夫建立了一支有1800名华人组成的中国支队。中国支队在战斗中屡建奇功。在保卫南部战线的弗拉吉高加索（后改名为奥尔忠尼启泽市）的战斗中，包其山指挥的中国营因作战勇敢，受到军事领导人基洛夫和奥尔忠尼启泽的赞扬。在耶莫洛夫村附近的白刃战中，中国人组成的部队把敌人打得落荒而逃。在北高加索的一次战斗中，中国籍战士杨兴祥和敌人的装甲车相遇。敌人的装甲车横冲直撞，车上的机枪给红军战士造成重大伤亡。杨兴祥没有炸装甲车的手榴弹，又不能看着敌人的装甲车逞凶狂，于是瞅准机会，跳上装甲车，用步枪砸弯了炮塔上的机关枪筒。敌人的机枪哑巴了，装甲车成为红军的战利品。杨兴祥的勇敢行动，成为苏俄红军学习的榜样。

"一战"期间在欧洲的华工。后来他们在捍卫俄国苏维埃政权的战斗中表现突出

在其他战线上,许多旅俄华工为保卫苏维埃政权英勇奋战,献出了宝贵的生命。在遥远的异国他乡,苏维埃的红旗上,有中国人的鲜血;在苏俄的大地上,到处有中国人的忠魂;在十月革命的巍巍丰碑上,镌刻有为之奋斗的中国烈士的英名。

1917年4月,在彼得格勒留学的中国学生刘绍周(也叫刘泽荣)等人发起,成立了中华旅俄联合会,刘绍周任会长。1918年12月,根据十月革命后的新情况,中华旅俄联合会改名旅俄华工联合会。旅俄华工联合会为组织华工参加保卫苏维埃政权斗争做了大量工作。旅俄华工联合会中参加俄国共产党(布)的党员成立了党支部,并出版机关报《华工》。另外,在苏俄国内战争中,许多华人参加了俄共(布)。1920年6月25日,由旅俄华人中俄共(布)党员组成的俄国共产华员局正式成立。这个组织是由匈牙利著名的共产党员贝拉·库恩领导的俄共(布)外国人小组的一个组成部分。7月1日,俄共(布)中央委员会组织局批准俄国共产华员局为在苏俄的华籍共产党组织的唯一最高机构。俄国华员局设在莫斯科，与俄共（布）中央保持密切的联系。

旅俄华工在十月革命和保卫新生的苏维埃政权斗争中的坚决、英勇表现，使苏俄领导者认识到，对于正处在帝国主义包围之中的苏俄来说，最大的邻国中国正在兴起的反帝、反封建的民族解放斗争，将会缓解来自东方的巨大压力。因而，在苏俄政府两次发表对华宣言、向中国人民表示友好的同时，列宁领导建立的共产国际也十分关心中国人民的反帝反封建斗争。由于外国干涉和国内战争正在进行，俄共（布）和共产国际领导无暇分散精力，只好委托东部地区的共产党员和旅俄华侨左翼了解中国情况，与中国进步组织的代表建立联系。

1918 年 12 月 17 日，俄共（布）中央西伯利亚局正式成立，西伯利亚和俄国远东对东方各国的工作均属它领导。由于白匪军的进攻，该局的工作一度中断。直到 1919 年夏俄国红军击退白匪军后，该局才恢复工作。而就在这时，俄共（布）党员、后来担任俄共（布）中央委员会西伯利亚局东方民族处主任的布尔特曼从海参崴来到天津，并会见了李大钊。李大钊表示对布尔什维克组织工会方面的工作感兴趣。布尔特曼向李大钊了解了中国的五四运动情况。后来，布尔特曼称李大钊是"中国杰出的马克思主义者"。

1920 年 1 月，高尔察克匪军被苏俄红军粉碎，中俄之间的交通基本恢复。设在海参崴的俄共（布）远东地区委员会负责人库什纳列夫和萨赫扬诺娃向俄共（布）中央委员会请示，要求与中国革命者建立经常的联系。4 月，经共产国际批准，俄共（布）远东局[1]海参崴分局外国处派俄共（布）党员维经斯基携妻子库兹涅佐娃、秘书马马耶夫和妻子马马耶娃，以及翻译杨明斋等赴华。维经斯基领受的任务是：了解中国国内情况，

---

[1] 一说为远东州委。

与中国进步的力量建立联系，考察是否有可能在上海建立共产国际东亚书记处。

维经斯基 1893 年 4 月生于俄国维切布斯克州涅韦尔市一个森林工场管理人员的家庭。1907 年毕业于市四年制学校，之后到印刷厂当排字工人。1910 年后在白斯托鲁克当了三年会计。1913 年移居美国谋生，开始参加政治活动。1915 年加入社会党。俄国十月革命胜利后，他于 1918 年春回到俄国海参崴，立即加入了俄共（布）。苏俄国内战争爆发后，他离开海参崴，到克拉斯诺亚尔斯克。高尔察克叛乱期间，他从事地下活动，参加了反对高尔察克匪军的鄂木斯克暴动。击溃白匪军后，他又回到海参崴。1919 年 5 月，海参崴发生反革命暴动，他遭白匪逮捕，投入监狱，被判无期徒刑，流放到库页岛服苦役。他不甘于俯首帖耳受白匪奴役，于是组织岛上其他政治犯举行暴动，将白匪消灭，重获自由。1920 年 1 月，他又回到了已经被红军占领的海参崴，参加共产国际远东事务的工作。

由上可见，维经斯基当时虽然只有 27 岁，却有丰富的革命斗争经历。这也是他被赋予重任的原因。

陪同维经斯基一起赴华的翻译杨明斋，系山东平度马戈庄人，1882 年生，本名为好德，明斋是他的字。7 岁入私塾读书，16 岁开始务农。1901 年辗转到海参崴做工谋生。1908 年后在西伯利亚地区边做工边读书，并与在那里从事开矿、修路等的华工联系密切，积极参加布尔什维克党领导的工人运动，被推选为华工代表。十月革命前，他加入布尔什维克党。十月革命胜利后，他参加了保卫苏维埃政权的斗争。后入莫斯科东方劳动者共产主义大学学习。1920 年他又回到海参崴，任当地华侨联合会负责人。

这时已经 38 岁的杨明斋，有丰富的工人运动经验，又是俄共（布）党员，自 19 岁离开中国，在俄国生活了 19 年，汉俄双语无障碍，让他做维经斯基的翻译，应该是经过俄共（布）远东局海参崴分局外国处严格、认真挑选的结果。

维经斯基的秘书马马耶夫原是红军军官，懂一点中文。他的妻子马马耶娃原是莫斯科的舞蹈演员，随之同行，担任打字员。

维经斯基一行五人到达北京后，住在王府井外国公寓。为掩人耳目，他们作为俄华通讯社派往中国的一个"记者团"进行公开活动。这时，从海参崴来华的俄共（布）女党员萨赫扬诺娃和由哈尔滨来北京的俄共（布）党员斯托扬诺维奇（米涅尔）与他们会合。

维经斯基来北京后，首先见到的是李大钊。到中国要见什么人，维经斯基是预先做了一些准备的。北京大学经过五四运动后，在国际上有了一些声望，当时欧洲一些国家，渐渐与北大有往来：一是同北大交换图书；二是北大的学生出国留学，只要有北大出的证明学习过什么课程，国外大学都承认有效。因此，维经斯基就先到了北大，找到俄籍教师柏烈伟和伊凡诺夫（即伊文，中文名字伊凤阁），询问情况。李大钊是北京大学图书馆馆长兼教授，不仅发表了许多水平高、精彩的、宣传新思想的文章，而且是最早赞扬俄国十月革命伟大意义的中国人，享有很高的声望。柏烈伟是北大俄文系教师，与李大钊关系甚密，并常向图书馆提供一些莫斯科出版的书籍，布哈林的《共产主义ABC》英文版，就是他提供给北大图书馆的。因而，柏烈伟和伊凡诺夫，自然向维经斯基推荐了李大钊。

维经斯基与李大钊面谈后，说："东方局曾接到海参崴方面的电报，知道中国曾发生过几百万人的罢工、罢课、罢市的大革命运动，所以派我到中国来看看。"他提出想见一见北京大学一些参加过五四运动的学生。于是，李大钊便找了北京大学进步学生，在北大图书馆召开了同维经斯基一行的座谈会。罗章龙后来回忆：

> 会上，他首先介绍了十月革命。他还带来一些书刊，如《国际》、《震撼世界十日记》等。后者是位美国记者介绍十月革命的英文书。他为了便利不懂俄文的人也能看，所带的书，除俄文版外，还有

英文、德文版本。维经斯基在会上还详细介绍了苏俄的各项政策、法令，如土地法令，工业、矿山、银行等收归国有的政策，工厂实行工人监督与管理，苏俄国民经济最高委员会管理全国经济工作的制度，列宁提出的电气化的宏伟规划等。他还讲到苏俄在十月革命胜利后，面临种种困难，为了解决困难，不得不临时实行军事共产主义、余粮征集制等等。这次谈话内容相当广泛。当时我们很想了解十月革命，了解革命后的俄国，他谈的这些情况，使我们耳目一新，大家非常感兴趣。这就使我们对苏维埃从政治、经济、军事到文化都有一个比较清楚的认识，看到了一个新型的社会主义社会的轮廓。[1]

维经斯基工作很细致，在北京除了召开座谈会、介绍苏俄情况、了解中国情况，还找个别人谈话，以便了解在座谈会上了解不到的情况。他的英语很流利，会英语的北大学生，可以用英语与他交流。懂英语的张太雷就常和维经斯基接触，并在一些场合为维经斯基作英文翻译。

维经斯基学过经济统计，在和青年学生谈话时能准确列举俄国十月革命后工农业生产增长的数字，以说明十月革命前俄国经济是非常落后的，这些增长的取得主要是由于社会主义制度的优越性。

维经斯基同青年学生们的谈话很实际，很有说服力和感染力，满足了他们急切想了解社会主义国家苏俄的要求。他曾在座谈会上向青年学生们暗示说：你们在座的同学参加了五四运动，又在研究马克思学说，你们都是当前中国革命需要的人才。你们要好好学习，要了解俄国十月革命，中国应有一个像俄国共产党那样的组织。

在北京期间，维经斯基同李大钊谈得很融洽，对李大钊的评价很高。由张太雷作翻译，李大钊在自己的家中与维经斯基就在中国建立无产阶级

---

[1] 罗章龙：《椿园载记》，生活·读书·新知三联书店1984年版，第74—75页。

政党问题进行多次交谈，一致认为这是中国革命的当务之急。他们还讨论了马克思主义在中国传播和对工人运动的指导问题。李大钊告诉维经斯基，北京是当时中国北洋军阀盘踞的反动堡垒，没有很发达的工业，工人阶级的队伍不够强大，工人运动尚在初级阶段。而上海是中国最大的工业中心和工人阶级最早的集中地，工人运动开展得比较好，特别是陈独秀已在上海团结了一批倾向共产主义的知识分子，水平较高，力量较强，有更好地开展共产主义运动的基础和条件。他建议维经斯基到上海找陈独秀进一步商谈在中国建立共产党的问题。

维经斯基离开北京前，在北大图书馆办公室又召开了一次座谈会。维经斯基在会上说，他来华访问是双方共同的需要，参加座谈会的都是信仰共产主义的中坚分子，拥护十月革命，积极参加当前的革命斗争。李大钊在会上表示感谢共产国际对中国革命的关怀，并说：我们这些人只是几颗革命种子，以后要好好耕作，把种子栽培起来，将来一定会有收获的。

为了继续了解中国情况，帮助北京建立共产党组织，维经斯基让马马耶夫夫妇留在北京，他与夫人库兹涅佐娃和杨明斋，带着李大钊写的介绍信，踏上了前往上海会见陈独秀的旅程。

上海率先建立共产党早期组织

维经斯基一行到达上海后，下榻于霞飞路718号。他们很快就到法租界环龙路老渔阳里2号会见了陈独秀。

老渔阳里2号这幢房子是曾任安徽都督兼民政长柏文蔚的，陈独秀任过他的都督府秘书长。柏文蔚迁到新渔阳里之后，就把这幢房子让给了老同事、老朋友住。这是老式石库门房子，砖木结构，二层楼，二楼前面是统厢房，是陈独秀的卧室兼书房，厢房的隔壁是客堂楼，后有晒台。房子全部建筑面积约 140 多平方米。这就是陈独秀在上海的住所，《新青年》编辑部从北京又搬到上海后，也设在这里。中国共产党的第一个早期组织将在这里诞生。

陈独秀与维经斯基一见如故，谈得很投机。陈独秀介绍他会见了当时宣传社会主义的《星期评论》编辑戴季陶、李汉俊、沈玄庐，《时事新报》负责人张东荪，以及陈望道、俞秀松、施存统、沈雁冰、邵力子等人。会见形式同北京一样，是召开座谈会，由维经斯基介绍俄国十月革命的情况和苏俄现状，讨论宣传社会主义和改造中国的问题。最初参加座谈会的人还比较多，后来就只有当时还相信马克思主义的人与维经斯基交谈了。由于多次交谈，一些当时的马克思主义者更加了解苏俄和俄共（布）的情况，一致得出结论："走俄国人的路。"[1]

关于陈独秀等开始筹备成立共产党早期组织的情况，周佛海曾回忆，他在 1920 年夏到上海，与张东荪、沈雁冰一起到老渔阳里 2 号去拜访陈独秀，当时维经斯基在座。维经斯基在谈话中说："中国现在关于新思想的潮流，虽然澎湃，但是第一太复杂，有无政府主义，有工团主义，有社会民主主义，有基尔特社会主义，五花八门，没有一个主流，使思想界成为混乱局势。第二，没有组织。做文章，说空话的人多，实际行动，一点都没有。这样决不能推动中国革命。"对此，周佛海在回忆中认为："他的结论，就是希望我们组织'中国共产党'。"并说："当天讨论，没有结果，东荪是不赞成的，所以以后的会议，他都没有参加。我和雁冰是赞成的。经了几次会商之后，便决定组织起来。南方由仲甫负责，北方由李守常（大钊）负责。当时所谓南陈北李。"[2]

---

[1] 李达：《中国共产党的发起和第一次、第二次代表大会经过的回忆》（一九五五年八月二日），中国社会科学院现代史研究室、中国革命博物馆党史研究室选编：《"一大"前后》（二），人民出版社 1980 年版，第 7 页。

[2] 《周佛海关于维经斯基的回忆》，《维经斯基在中国的有关资料》，中国社会科学出版社 1982 年版，第 455 页。

李达回忆：

在这时候，"中国共产党"发起的事被列入了日程。威琴斯基（维经斯基——编者注）来中国的主要任务是联系，他不懂得什么理论，在中国看了看以后，说中国可以组织中国共产党，于是陈独秀、李汉俊、陈望道、沈玄庐、戴季陶等人就准备组织中国共产党。孙中山知道了这件事，就骂了戴季陶一顿，戴季陶就没有参加组织了。……当时还曾起草一个党章草案，由李汉俊用两张八行信纸写成，约有六、七条，其中最主要的一条是"中国共产党用下列的手段，达到社会革命的目的：一、劳工专政，二、生产合作。"我对于"生产合作"一项表示异议，陈独秀说："等起草党纲时再改。"[1]

李达回忆中列举的发起人有：陈独秀、李汉俊、陈望道、俞秀松、施存统、沈玄庐、李达等。

施存统关于上海共产党早期组织发起的回忆与李达略有不同，他在回忆中说：

一九二〇年六月间，陈独秀、李汉俊、沈仲九、刘大白、陈公培、施存统、俞秀松，还有一个女的（名字已忘），在陈独秀家里聚会，沈玄庐拉戴季陶去，戴到时声明不参加共产党，大家不欢而散，没有开成会。第二次，陈独秀、俞秀松、李汉俊、施存统、陈公培五人，开会筹备成立共产党，选举陈独秀为书记。并由上述五人起草党纲。不久，我和陈公培出国。陈公培抄了一份党纲去法国，我抄了一

[1] 李达：《中国共产党的发起和第一次、第二次代表大会经过的回忆》（一九五五年八月二日），中国社会科学院现代史研究室、中国革命博物馆党史研究室选编：《"一大"前后》（二），人民出版社1980年版，第7—8页。

份去日本。我没和李达、陈望道等一起讨论发起共产党。可能是我去日本后，陈独秀又找他们讨论组织共产党（我未参与其事，对此表示保留）。我在日本时，和陈独秀、李达有联系，所以李达回忆中提及我是发起人。陈公培去法国后，可能和他们没有什么联系，所以他记不起来。[1]

包惠僧在回忆中则有另外一种说法，说是维经斯基与戴季陶、沈玄庐、李汉俊、张东荪等会谈过好几次，"他们曾经有过这样的打算：把《新青年》、《星期评论》、《时事新报》结合起来，建立一个新中国革命同盟，并由这几个刊物的主持人联合发起组织中国共产党或是中国社会党。可是经过相当时间的酝酿，把这个意见正式提出来，首先吓倒了张东荪，他退出了这个运动，戴季陶最初还表示同意，但看到党纲草案中有一条规定：'共产党员不能做资产阶级政府的官吏，不加入资产阶级的政党'时，戴季陶也借口他不能同国民党断绝关系，申请退出了这一运动。"[2]

由于是在事隔数十年后回忆的，回忆者的记忆有误差，所以关于上海共产党早期组织的发起情况不尽相同。尽管如此，这些回忆反映了这样几种情况：其一，酝酿建立上海共产党早期组织是有一个过程的，经过多次会议协商；其二，通过什么样的方式组织，是有变化的；其三，参加发起的人员由于意见分歧和其他原因，有出有进；其四，是叫共产党还是叫社会党，尚未最后确定。

陈独秀对于党的名称叫什么也拿不准。张申府回忆："关于党的名称叫什么，是叫社会党，还是叫共产党，陈独秀自己不能决定，就写信给我，

---

[1] 施复亮：《中国共产党成立时期的几个问题》（一九五六年十二月），中国社会科学院现代史研究室、中国革命博物馆党史研究室选编：《"一大"前后》（二），人民出版社1980年版，第35—36页。

[2]《包惠僧谈维经斯基》，《维经斯基在中国的有关资料》，中国社会科学出版社1982年版，第438页。

并要我告诉李守常。""我和守常研究，就叫共产党。这才是第三国际的意思，我们回了信。"[1] 这件事说明，在建党问题上，陈独秀十分尊重李大钊的意见。南陈北李，相约建党[2]，是广为流传的佳话，也充分表明了二人在中共党史上的重要地位。

1920 年 7 月 19 日，陈独秀等召开共产党早期组织成立筹备会议。"这次会议为未来的中国共产党奠定了基础。会上，陈独秀、李汉俊、沈玄庐坚决赞成建立中国共产党。"[3]

8 月，上海共产党早期组织成立，这时的发起人一共有 8 个，即：陈独秀、李汉俊、沈玄庐、陈望道、俞秀松、施存统（时在日本）、杨明斋和李达。成立会是在《新青年》编辑部召开的，会议定名该组织为"中国共产党"，推举陈独秀为书记。除了上述发起人之外，在中共一大之前，先后参加上海共产党早期组织的还有邵力子、袁振英、林伯渠、沈雁冰、沈泽民、李启汉、李中、周佛海等。会议决定，上海共产党早期组织的工作为两部分：一是宣传工作，二是工运工作。会议还决定把《新青年》作为公开宣传的机关刊物，从第八卷第一号开始；另行出版《共产党》月刊，作为秘密宣传刊物。

在中国大地上，第一个共产党组织悄然破土而出了！中国黑暗的政治天空中，在上海这个地方，露出了一抹微微的红色。

上海早期共产党组织成立后，即通过写信联系、派人指导或具体组织等方式，积极推动各地共产党早期组织的建立，实际上起着中国共产党发

---

[1] 张申府：《建党初期的一些情况》（一九七七年九月十七日），中国社会科学院现代史研究室、中国革命博物馆党史研究室选编：《"一大"前后》（二），人民出版社 1980 年版，第 220、221 页。

[2] 一种说法是，在 1920 年 2 月中旬李大钊送陈独秀出北京的途中，两人详尽地讨论了在中国发起组织马克思主义政党的具体事宜。

[3] K.B. 舍维廖夫：《中国共产党成立史》（1980），中共中央党史研究室、中央档案馆编：《中国共产党第一次全国代表大会档案文献选编》，中共党史出版社 2015 年版，第 203 页。

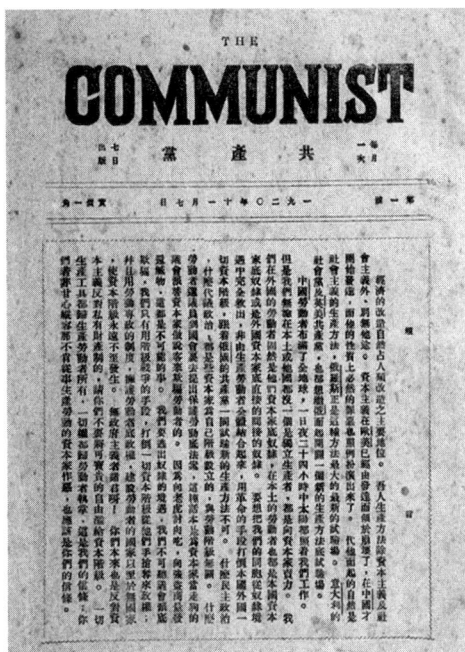

《共产党》月刊是中国共产党早期组织
主办的理论刊物，总共出版了 6 期

起组的作用。

　　8 月 17 日，维经斯基将上海共产党早期组织成立的消息报告俄共（布）中央西伯利亚局东方民族处，说："我在这里逗留期间的工作成果是：在上海成立了革命局，由五人组成（四名中国革命者和我），下设三个部，即出版部、宣传报道部和组织部。"接着，他介绍了三个部做的一些工作："出版部现在有自己的印刷厂，印刷一些小册子。几乎从海参崴寄来的所有材料（书籍除外）都已译载在报刊上。《共产党宣言》已印好。现在有 15 本小册子和一些传单等着付印。顺便说一下：《共产党员是些什么人？》、《论俄国共产主义青年运动》、《士兵须知》（由此间一位中国革命者撰写）等已经印好。""宣传报道部成立了俄华通讯社，现在该社为中国 31 家报纸提供消息，因为北京成立了分社，我们希望扩大它的活动范围。""组织部忙于在学生中间做宣传工作，并派遣他们去同工人和士兵建立联系。"他还报告："我们现在的任务是：在中国各工业城市建立与上海革命局相类似的局，然后借助于局代表会议把工作集中起来。"[1]

维经斯基的报告一方面说明，他们一行到中国后，工作取得了明显成果；另一方面反映出上海共产党早期组织在现有人力情况下，根据自己特长和力所能及的实际情况，有条不紊地开展卓有成效的工作。

11月，上海共产党早期组织拟定了《中国共产党宣言》，提出："共产主义者的目的是要按照共产主义者的理想，创造一个新的社会。"指出，"要使我们的理想社会有实现之可能，第一步就得铲除现在的资本制度。要铲除资本制度，只有用强力打倒资本家的国家"，"阶级争斗就是打倒资本主义的工具"，"要组织一个革命的无产阶级的政党——共产党。共产党将要引导革命的无产阶级去向资本家争斗，并要从资本家手里获得政权——这政权是维持资本家的国家的；并要将这政权放在工人和农人的手里，正如一九一七年俄国共产党所做的一样"。该宣言还指出，共产党领导无产阶级推翻资本家政府取得革命胜利后，还要通过无产阶级专政，"造出一条到共产主义的道路"。[2]

这个宣言鲜明体现出中国共产主义者初步以马克思列宁主义为指导，制定了组织无产阶级政党，走俄国十月革命道路，实现社会主义和共产主义的奋斗目标。该宣言当时并未公开发表，但上海早期共产党组织曾以此作为收纳党员的标准，为参加者规定了最初的基本遵循。

当时，有许多进步青年离开学校和家庭来到上海投奔《新青年》编辑部，如17岁的罗亦农，因受《新青年》影响，仅夹了一把雨伞，只身跑到上海找陈独秀，被陈独秀安排在一个小报馆当校对，边工作边学习。

[1]《维经斯基给俄共（布）中央西伯利亚局东方民族处的信》（1920年8月17日于上海），中共中央党史研究室第一研究部译：《共产国际、联共（布）与中国革命档案资料丛书·联共（布）、共产国际与中国国民革命运动（1920—1925）》第一卷，北京图书馆出版社1997年版，第31、32页。
[2]《中国共产党宣言》（1920年11月），中共中央党史资料征集委员会编：《共产主义小组》（上），中共党史资料出版社1987年版，第49、50、51页。

上海共产党早期组织决定把类似罗亦农的青年组成为社会主义青年团（英文简称 S.Y.），团部地址设在霞飞路渔阳里 6 号。这所房子也是两层楼，原来是戴季陶租住的，离老渔阳里 2 号比较近，上海共产党早期组织把它续租下来，挂了一个"外国语学社"的牌子，培养青年干部。团务工作由俞秀松主持，维经斯基的妻子库兹涅佐娃和杨明斋教俄文，李达教日文，李汉俊教法文，袁振英教英文。教室设在楼下厢房里，团员最初有二十几人，后来人数增加了，客堂也做了教室。湖南俄罗斯研究会介绍过来的刘少奇、任弼时、萧劲光等 16 名进步青年，就是在这里学习了俄文后到苏联去留学的。

维经斯基在上海期间，在陈独秀的建议下，于 11 月中下旬曾与孙中山会见了一次。孙中山当时住在法租界，由于他倚重的陈炯明援闽粤军于 10 月 28 日攻克广州，就任广东省省长兼粤军总司令，他准备动身前往广州。维经斯基之所以会见孙中山，是因为"在中国的革命知识分子中间关于这位陈将军流行着各种离奇的传闻，说他组织了许多研究社会主义的学校，邀请革命学生到他的军队里进行教育工作，有的说他几乎打算在中国南方建立一系列公社"。"认识了孙中山，我就有可能认识陈炯明将军和就近仔细观察他的'神奇的'空想和计划"。[1]

孙中山在自己的书房里会见了维经斯基等人。初见孙中山，维经斯基作了这样的描述：

> 他看上去象是四十五岁到四十七岁（实际上他已经五十四岁了）。他身材挺秀，举止谦和，手势果断。我的注意力不知不觉间已被他俭朴而整洁的衣着所吸引，他身穿草绿色制服，裤腿没有装在靴

[1] 维经斯基:《我与孙中山的两次会见》（1925 年 3 月 15 日），《维经斯基在中国的有关资料》，中国社会科学出版社 1982 年版，第 109 页。

筒里。上衣扣得紧紧的，矮矮的衣领，中国大学生和中国青年学生一般都穿这种上衣。[1]

孙中山让维经斯基等坐在桌子旁，马上直奔主题，询问俄国革命的情况。不久，话题就转到了辛亥革命。孙中山向维经斯基等讲述了袁世凯如何叛变革命、如何企图借助日本来复辟帝制，以及他是如何进行反袁斗争的。在维经斯基等人要告辞前，孙中山把话题又转回到苏维埃俄国上来。他感兴趣的是，怎样才能把刚刚赶走盘踞广州的旧桂系军阀的中国南方的斗争与远方的苏俄的斗争结合起来。由于苏俄与中国西北部、北部和东北部相邻，而广东处于中国南部，孙中山抱怨：广州的地理位置使我们没有可能与俄国建立联系。尽管如此，孙中山还是向维经斯基详细地询问是否有可能在海参崴或满洲里建立大功率的无线电台，他认为从那里苏俄就能和广州取得联系。

维经斯基会见孙中山，表明他们一行赴华目的，不仅仅是联系中国共产主义者和进步分子，宣传苏俄十月革命，而且也联系资产阶级民主革命的代表性人物。

其实，在维经斯基之前，一个中文名字叫刘江、俄文名字叫费奥多尔的俄共（布）阿穆尔州委中国部书记，曾在上海拜会过孙中山。他给俄共（布）阿穆尔州委的报告说：

> 到上海后，我首先拜会了中国著名社会主义者孙逸仙。现在他是南方革命运动的首领。我同他进行了会谈，会谈的实际内容和我同他达成的协议如下：（1）立即把华南、俄国中部和远东地区的中国革命

---

[1] 维经斯基：《我与孙中山的两次会见》（1925年3月15日），《维经斯基在中国的有关资料》，中国社会科学出版社1982年版，第109—110页。

力量联合起来，以便能够密切配合为反对北方现时的反动政府准备条件；（2）为此必须在远东地区设立一个领导中心，拟把布拉戈维申斯克[1]为中心，将从这里向南方和在苏俄的组织下达指示；（3）拟把新疆省作为驻扎苏俄军队和华南军队的集中地点，把军队集结在谢米巴拉金斯克州和谢米列钦斯克州的边界线上，在中国土耳其斯坦附近，那里现在正在部分地区征召志愿者。从战略上考虑，这是可以自由地向北方调遣军队的一个最好的地方。驻扎在俄罗斯中部的中国军队已同南方首领孙中山举行了军队合并的谈判，前者表示完全同意同南方配合行动。为了同孙逸仙保持密切联系，孙将向莫斯科派驻两名代表，他们不久就到这里来。……

……

目前中国南方省份的运动，可称之为社会主义运动，因此可以有把握地说，在南方，共产主义不受追究，而相反受到鼓励，甚至也不受当局反击。例如，革命军参谋长陈炯明是著名活动家之一，他在军队中正在开展强有力的宣传鼓动工作，在他的参谋部里设有专门的报道部，出版带有社会主义倾向的报纸和书籍。……[2]

刘江报告中所谈的与孙中山达成的协议是完全没有可操作性的，纯属空想。但报告明显把孙中山和陈炯明看作社会主义者，认为孙中山在广东建立南方政府，同北京的北洋军阀政府相对抗，是"社会主义运动"。这是被当时陈炯明在福建办《闽星报》，口头上提倡社会主义，赞扬俄国十月革命，伪装进步的假象所迷惑。

---

[1] 即海兰泡。

[2]《刘江给俄共（布）阿穆尔州委的报告》（1920年10月5日于布拉戈维申斯克），中共中央党史研究室第一研究部译：《共产国际、联共（布）与中国革命档案资料丛书·联共（布）、共产国际与中国国民革命运动（1920—1925）》第一卷，北京图书馆出版社1997年版，第44—45页。

维经斯基会见孙中山，虽不像刘江那样，把孙中山当作"社会主义者"，但也有联合孙中山之意。维经斯基更看重的是能否从孙中山那里观察一下陈炯明，因为他在到上海之后，"据当地的革命者说，陈将军[1]（在漳州）的革命活动有些夸大"。[2] 他对陈炯明可以说是半信半疑，一方面觉得陈若是真正的社会主义者的话，其握有兵权，控制着广东省，对中国的社会主义运动起的作用可就大多了；另一方面又怀疑陈是在说空话，伪装进步。同孙中山会见，从维经斯基的回忆看，得到的关于陈炯明的信息不多。

陈独秀于 1920 年 12 月接受陈炯明的邀请，担任广东省教育委员会委员长兼大学预科校长。他将上海共产党早期组织书记职务交由李汉俊担任，《新青年》杂志由李汉俊和陈望道担任主编，李达负责编《共产党》月刊。

为了进一步了解陈炯明，维经斯基也到了广州。1921 年 1 月初，维经斯基在广州访问了陈炯明。有关资料显示，陈炯明在一次会见中告诉了维经斯基整编广州军队的问题。维经斯基返回海参崴后，认为陈炯明和孙中山的意见不一致，孙中山"认为中国人民的主要敌人，是聚集在张作霖将军周围那些军阀，需要从政治上把这些人消灭掉"，"所以他建议，作为现时政治形势的公式是准备同北京作战"，而"陈炯明认为，现时任务不是同北京作战，而是在广州巩固政权的内部"。鉴于广州政府中存在意见分歧，维经斯基说"在广州可以感觉到对未来缺乏信心"。[3]

可见，经过近距离观察后，维经斯基对陈炯明有了比较清楚的认识。

---

[1] 指陈炯明。

[2]《维经斯基给某人的信》（1920 年 6 月于上海），中共中央党史研究室第一研究部译：《共产国际、联共（布）与中国革命档案资料丛书·联共（布）、共产国际与中国国民革命运动（1920—1925）》第一卷，北京图书馆出版社 1997 年版，第 30 页。

[3]《索科洛夫 – 斯特拉霍夫关于广州政府的报告》（1921 年 4 月 21 日），中共中央党史研究室第一研究部译：《共产国际、联共（布）与中国革命档案资料丛书·联共（布）、共产国际与中国国民革命运动（1920—1925）》第一卷，北京图书馆出版社 1997 年版，第 60 页。

北京建立共产党早期组织

送走维经斯基一行去上海后，李大钊与留下来的马马耶夫一起开展扎实的建党工作。他以马克思主义研究会为基础，通过收集宣传马克思主义的书籍、举办座谈讨论、组织出版工作，把活动开展得有声有色。同时，他与陈独秀还不断通信，讨论建党有关问题。他还积极联络北京、天津等地的先进分子，促成进步团体的联合，从中发现具有共产主义倾向的进步分子，为建立党组织打下了坚实基础。

8 月 16 日，少年中国学会、人道社、曙光社、青年互助团及天津觉悟社的代表 20 余人，在北京陶然亭举行茶话会。会议由觉悟社代表刘清扬主持，李大钊、周恩来、邓颖超、张申府在会上发言。刘清扬回忆说："李大钊同志在会上作了指导，他鼓励大家要有一个共同的主义，好团结一致"[1]。会议决定五个团体组合成"改造联盟"，并制订联盟的宣言和约章，促进各进步团体的协调和统一。

负责执笔起草《改造联合宣言》和《改造联合约章》的张申府，又名张崧年，河北献县人，1893 年生，1914 年进入北大读书，先是学物理，后改学数学。1917 年毕业后，他留校任数学助教，后又对哲学产生浓厚兴趣，进文科哲学研究所从事哲学研究。五四运动前后，他在《新青年》等进步报刊上发表了不少文章，崭露头角。他是北大新潮社的最早社员之一，在五四运动中十分活跃，与陈独秀、李大钊过从甚密。他还是少年中国学会的活动分子，在李大钊的指导下，与黄日葵等编辑《少年中国》杂

---

[1] 刘清扬:《觉醒了的天津人民》，中国社会科学院近代史研究所编:《五四运动回忆录》（下），中国社会科学出版社 1979 年版，第 563 页。

志，并随李大钊参与一些社交活动。他在北京建立共产党早期组织的过程
中发挥了穿针引线的作用。

1920 年 9 月中旬，张申府到上海迎接英国哲学家罗素到中国讲学，
住在陈独秀处，见到了上海共产党早期组织的许多成员。在上海期间，陈
独秀给他讲了上海共产党早期组织建立的经过，希望他回到北京转告李大
钊，在北京行动起来，能入党的人最好都要吸收到党内来。

罗素在上海待了几天，另有人陪着他到湖南长沙去讲学，于是张申府
在 9 月下旬就风风火火回到了北京。张申府回忆：

> 从上海回京后，我把和陈独秀谈的情况告诉了李守常。当时北京
> 只有我和李守常两个党员。我们一致认为要发展党员。发展谁呢，首
> 先想发展刘清扬，这时刘清扬回到了北京。刘清扬是天津人，五四运
> 动中表现很积极，是一个女界的学生领袖，曾被警察关过。一九一九
> 年成立全国学生联合会，她到上海出席了会议。一九二〇年七月，学
> 联决定到南洋去募捐，就派了刘清扬、张国焘两人参加。刘清扬很能
> 干。她九月底回到北京。我和李守常在图书馆主任室找她谈话，准备
> 吸收她入党。她不干，没有发展。不久，张国焘也回到了北京。张国
> 焘在五四运动中也很活跃。于是第三个党员就发展了张国焘。[1]

关于刘清扬为什么不参加北京共产党早期组织，她的回忆与张申府有
些不同。她说：

> 李大钊同志通过张国焘给天津写信，约我到北京谈话。我到北

---

[1] 张申府：《建党初期的一些情况》（一九七九年九月十七日），中国社会科学院现代史研究室、
中国革命博物馆党史研究室选编：《"一大"前后》（二），人民出版社 1980 年版，第 221 页。

京见了李大钊同志。他说：成立了共产主义小组，其中有张申府、张国焘等，并希望我成为一个妇女中的小组成员。但是我拒绝了，这是我终生的遗憾。拒绝的原因是我和张国焘有一个感情上的沟壑。"五四"运动时，我和马骏代表天津学生，出席全国各界联合会的成立大会（这个会是由天津发起的），张国焘代表北京学生出席，我们在一起工作。我感到他思想狭隘，既不善于团结人，又没有远大的革命理想。大约是在"五四"运动接近结束的时候，他向我提出恋爱要求。本来我们"觉悟社"的社员是不能过早地考虑个人问题的。虽说"五四"运动的火热斗争将要结束，但仍在作坚持长期革命斗争的准备，所以我根本没有考虑过什么个人的恋爱问题，因而我严肃拒绝了张国焘的要求。所以，当李大钊同志要我加入共产主义小组时，因为张国焘也在小组里，怕他再和我纠缠，我就表示拒绝了。我对李大钊同志说："我是要坚决革命到底的，但我还不懂得共产主义（当时我的思想认识水平确实很低），所以我必须学习懂了再入组，好为共产主义事业奋斗到底。"[1]

刘清扬回忆中关于她当时为什么没有加入北京共产党早期组织的小插曲说明，张国焘是北京共产党早期组织的第三个成员，在刘清扬之前。而刘清扬不是张申府回忆中要发展的第三个成员，是第四个成员。

张国焘是江西萍乡人，又名张特立，1897年生，1916年10月考入北京大学理科预科，在五四运动中也是一个风云人物，任北京大学学生联合会讲演部部长。五四运动后在李大钊的影响下，他开始热心马克思主义，了解俄国十月革命。1920年7月，北洋军阀中的直皖两系即将发生战争，北京

---

[1] 刘清扬：《北京、天津党组织的建立和发展》（节录）（1960年3月），中共中央党史资料征集委员会编：《共产主义小组》（上），中共党史资料出版社1987年版，第332—333页。

周恩来、刘清扬、张申府等人于1921 年上半年在巴黎成立了旅欧共产党早期组织。图为组织成员（左起）张申府、刘清扬、周恩来与赵光宸的合影

大学的学生们纷纷趁暑假离校。张国焘由于怕受到皖系军阀段祺瑞的迫害，于 7 月中旬由北京乘火车先到天津，再由天津乘火车南下到南京，停留了几天，游览了雨花台、清凉寺、莫愁湖、玄武湖、天王府后，又来到上海。

张国焘回忆，他到上海后即去访问陈独秀，并住在陈家。张国焘向陈独秀报告了北京的情况，陈独秀告诉他："现在需要立即组织一个中国共产党。"陈独秀还与张国焘讨论了党纲和政纲。陈独秀表示"上海小组将担负苏、皖、浙等省的组织和发展"，希望李大钊等"从速在北方发动，先组织北京小组，再向山东、山西、河南等省和天津、唐山等城市发展，如有可能，东北、蒙古和西北等广大地区的组织发展也应注意"。[1]

---

[1]《张国焘回忆中国共产党"一大"前后》（一九七一年），中国社会科学院现代史研究室、中国革命博物馆党史研究室选编：《"一大"前后》（二），人民出版社 1980 年版，第 133、139 页。

张国焘返回北京后，把陈独秀同他谈话的内容告诉了李大钊。李大钊也认为"现在起来组织中国共产党，无论在理论上和实际上的条件都较为具备"[1]，北京可以依照陈独秀在上海做的那样发动起来。张国焘在回忆中说，他和李大钊立即行动起来，请张申府同为发起人，他们三人在李大钊办公室进行过两次协商。

张申府和张国焘两人的回忆虽有不同，但共同的一点是，北京共产党早期组织最初的成员是李大钊、张申府、张国焘三人。

1920年10月，北京共产党早期组织成立[2]。不久张申府应聘到法国中法里昂大学教书。为了发展党员，李大钊做黄凌霜、陈德荣、袁明熊、张伯根、华林、王竟林等6名无政府主义者的工作，吸收他们加入共产党早期组织，接着，又发展刘仁静、罗章龙等人加入共产党早期组织。

北京共产党早期组织的分工是这样的：李大钊主持工作并担任内外联络任务；张国焘担任工运工作；黄凌霜、陈德荣创办《劳动音》周刊，并负责编辑和发行工作；罗章龙和刘仁静负责发起组织社会主义青年团。李大钊从自己担任北大教授的薪俸中每月捐出80元，作为北京共产党早期组织的活动经费。

北京共产党早期组织内部很快发生了共产主义者和无政府主义者的意见分歧。北大的无政府主义者黄凌霜等人，五四运动后对俄国十月革命表示同情，也常发一些与马克思主义者合作组成中国共产党的论调。当李大钊发展他们的时候，他们表示无政府主义者对无产阶级专政虽抱有不同意见，但对无产阶级革命则是赞同的，因而他们愿意参加北京共产党早期组织。然而，随着工作的开展，共产主义者和无政府主义者的分歧日益尖

---

[1]《张国焘回忆中国共产党"一大"前后》（一九七一年），中国社会科学院现代史研究室、中国革命博物馆党史研究室选编：《"一大"前后》（二），人民出版社1980年版，第144页。

[2]《北京共产主义组织的报告》（一九二一年七月），中共中央党史研究室、中央档案馆编：《中国共产党第一次全国代表大会档案文献选编》，中共党史出版社2015年版，第12页。

锐，主要集中在两点：一是组织问题。无政府主义者根据他们自由联合的观点，不赞成所谓全国性的和地方性的领导，以及职务衔名和纪律等。这点在实际工作中引起许多不方便，就连温和的李大钊也为之头疼；二是无政府主义者反对无产阶级专政。在一次解决争端的会议上，刘仁静特别强调无产阶级专政是马克思主义的精义，如果不承认这一点，现在就无法一起进行宣传工作。

李大钊对无政府主义者做了耐心的说服工作，但他们坚持自己的观点和做法，退出了北京共产党早期组织，他们主办的《劳动音》周刊交由罗章龙接办。无政府主义者加入和退出北京共产党早期组织，体现了李大钊团结一切可以团结的人一道前进的博大胸怀。李大钊相信，共产主义思想可以改造人、教育人，一些无政府主义者经过思想教育、改造，是可以转变为共产主义者的。

无政府主义者退出后，北京共产党早期组织只剩下李大钊、张国焘、刘仁静、罗章龙4人，于是李大钊等随即将北京社会主义青年团的骨干邓中夏、高君宇、何孟雄、缪伯英（女）等补为成员。其中，何孟雄就是在李大钊和缪伯英的帮助下，抛弃了无政府主义的影响，转变成为共产主义者的。

对于北京共产党早期组织中无政府主义者的退出一事，《北京共产主义组织的报告》是这样说的："在去年十月这个组织成立时，有几个假共产主义者混进了组织，这些人实际上是无政府主义分子，给我们增添了不少麻烦，可是由于过分激烈的言论，他们使自己和整个组织脱离了。他们退出以后，事情进行得比较顺利了。"[1]

1920年底，北京共产党早期组织召开会议，决定成立"北京共产党支部"，由李大钊任书记，张国焘负责组织工作，罗章龙负责宣传工作。随

---

[1]《北京共产主义组织的报告》（一九二一年七月），中共中央党史研究室、中央档案馆编：《中国共产党第一次全国代表大会档案文献选编》，中共党史出版社2015年版，第12页。

后，又陆续发展了一些成员。到 1921 年 7 月，北京共产党早期组织的成员有：李大钊、张国焘、邓中夏、罗章龙、刘仁静、高君宇、缪伯英、何孟雄、范鸿劼、张太雷、宋介、李梅羹、陈德荣等[1]。他们大多是北京大学的进步师生。

北京共产党早期组织诞生于北洋军阀统治中心后，北京这座古老的都城开始焕发出新的青春，点燃了北方地区的革命火种。北京共产党早期组织曾帮助天津、唐山、太原、济南等地的共产主义者开展工作，对中国北方地区共产党、青年团组织的建立起了促进作用。

到工人阶级中去

上海共产党早期组织建立后，即把开展工运作为一项主要工作。8 月15 日，由李汉俊、陈独秀联名发起，创办《劳动界》周刊，主要撰稿人为陈独秀、李汉俊、陈望道、袁振英等。李汉俊在《劳动界》发刊词中说："我们印这个报，就是要教我们中国工人晓得他们应该晓得他们的事情。"[2]次日，李汉俊、陈独秀在《民国日报》上发表《〈劳动界〉出版告白》，更明确地说："同人发起这个周报，宗旨在改良劳动阶级的境遇。"并希望劳动界"出力帮忙，好叫本报成一个中国劳动阶级有力的言论机关"。[3]

《劳动界》发表的文章，尽可能以通俗易懂的语言，告诉劳动者，他们是财富的创造者，使他们明白自己穷是因为受剥削。如陈独秀在《劳动

[1] 中共中央党史研究室著：《中国共产党历史》（第一卷）上册，中共党史出版社 2011 年版，第61 页。

[2] 汉俊：《为什么要印这个报？》，中共中央党史资料征集委员会编：中共党史资料出版社 1987年版，《共产主义小组》（上），中共党史资料出版社 1987 年版，第 85 页。

[3]《〈劳动界〉出版告白》，中共中央党史资料征集委员会编：《共产主义小组》（上），中共党史资料出版社 1987 年版，第 86 页。

界》第一册发表了《两个工人的疑问》，指出："劳动是什么？就是做工。劳动者是什么？就是做工的人。劳动力是什么？就是人工。""我们吃的粮食，住的房屋，穿的衣裳，都全是人工做出来的。""人工如此重要，所以有人说什么'劳工神圣'。"[1]

李汉俊在《劳动界》第二册上发表《金钱和劳动》一文，指出：

> 人人都说钱尊贵。钱为什么尊贵呢？因为有了钱，就有房子住，衣服穿，饭吃。但是房子、衣服、饭是从哪里来的呢？都是工人和农夫的劳力造出来的。那么，钱尊贵就是因为有工人和农夫的劳力了。钱是要有了工人和农夫的劳力，才尊贵的。如果没有工人和农夫的劳力，钱是没有甚么尊贵的，是没有甚么用处的。……

> 钱的尊贵用处是工人和农夫的劳力生出来的，劳力比钱还要尊贵。何以只有钱不做事的人，人人反而要尊贵他，叫他做甚么老爷太太小姐，用劳力的工人农夫，人人反轻视他，叫他做下等人呢？这都是因为我们工人农夫，不晓钱是代表劳力的东西。不晓得做了几多工就要几多钱，使做东家、有钱的人，把我们劳力做出来的钱拿去了，要压制我们的缘故。如果我们工人农夫，个个都晓得钱是代表劳力的东西，个个都晓得做了几多工就要几多钱，使做东家、有钱的人，不能够来把我们劳力做出来的钱拿去，来压制我们了，我们工人农夫就不会没有钱用，被人轻视了。这是我们工人农夫好好记着不要忘记的。[2]

《劳动界》刊登工人来稿，直接反映工人们的呼声。从创刊至1921年1月22日停刊，共出24册，发表工人来稿约30篇，这些工人来自本地与

---

[1]《陈独秀著作选编（1919—1922）》第二卷，上海人民出版社2009年版，第243页。

[2] 汉俊：《金钱和劳动》，中共中央党史资料征集委员会编：《共产主义小组》（上），中共党史资料出版社1987年版，第88、89页。

外地的灯泡厂、造船厂、兵工厂、冶炼厂、机器厂、印刷厂、人力车、木工、铁匠等行业。其中,《一个工人的报告》《一个工人的宣言》《做工的苦楚和选举的黑幕》《上海曹家渡安迪生灯泡厂底工头虐待工人的情形》《一个工人的觉悟》《现时中国劳动运动与劳动者》等篇,作者用切身经历控诉了中外资本家和工头的罪恶,反映了工人的要求和对工人运动的认识。

《一个工人的报告》揭露了工头制与抄身制,痛斥厂方把工人当成贼一样防着,是一种非人道的行为。《一个工人的宣言》提出:联络工人"成一个大团体。由我们大团体,再联络他一大团体,以成中国一大团体。……将来的社会,要使他变个工人的社会;将来的中国,要使他变个工人的中国"[1]。文章反映了工人团结起来、翻身做国家主人的要求。

由于《劳动界》语言通俗易懂,接地气,反映工人的要求,和工人很贴心,因而很受工人群众的欢迎。上海电灯厂工人陈文焕给陈独秀写信,说他买了几份《劳动界》送给同伴看,同伴们非常喜欢。湖南一个工人看了《劳动界》后很受启发,给编辑部来信,提出工人应有人格上的觉悟、待遇上的觉悟、教育上的觉悟、团体上的觉悟。由此说明,《劳动界》在工人中影响很大。

在创办《劳动界》向工人进行宣传的同时,上海共产党早期组织还把目光投向上海纱厂集中区、有几万纺织工人的沪西小沙渡。

1920年秋,上海共产党早期组织派李启汉在小沙渡创办"工人半日学校",校址设在安远路锦绣里。由于缺乏经验,学校初办时人数不多。于是,李启汉深入工人群众,了解情况。当了解到工人读书有种种困难之后,李启汉就改用开展文娱活动的方式入手,将工人组织起来。12月19

---

[1] 李中:《一个工人的宣言》,中共中央党史资料征集委员会编:《共产主义小组》(上),中共党史资料出版社1987年版,第104页。

日，在上海共产党早期组织领导下，上海工人游艺会在上海公学成立。李启汉任大会主席，到会会员有 400 多人，杨明斋、沈玄庐、邵力子等到大会发表演说。李启汉在报告开会宗旨及进行方针中指出："我们从前只是各人苦着，饿着；我们想要免去这些困苦，就要大家高高兴兴的联合起来，讨论办法；我们不独得到这样的游艺而已，什么金钱万能，劳工无能，我们都要改革，打破！"[1]

开展文娱活动的方式果然拉近了同工人群众的距离。1921 年春，工人半日学校重新开学，报名上学的工人比初办时增加了许多，学校在工人中的影响也日益增强。

当时，上海的工会团体或为资本家所控制，或为封建行帮所控制，或为政客利用，根本不能代表工人阶级的利益。陈独秀一针见血地指出："新的工会一大半是下流政客在那里出风头，旧的公会公所一大半是店东工头在那里包办。"而"工人要想改进自己的境遇"，不结团体是不行的，号召"觉悟的工人呵！赶快另外自己联合起来，组织真的工人团体呵！"[2]

说干就干，上海共产党早期组织把"组织真的工人团体"落实在行动上。陈独秀安排李中做这件事情。李中是个知识分子，因为常看《新青年》，思想进步很快。他多次找陈独秀请教，在陈独秀的鼓励下，到江南制造局（即江南造船厂）一面做工，一面联络工人，在厂内开展机器工会的筹备工作。1920 年 10 月 3 日，上海机器工会发起会在霞飞路渔阳里 6 号外国语学社召开。到会有各工厂代表 80 余人。筹备会书记李中担任临时主席，陈独秀、杨明斋、李汉俊、李启汉等作为参观者参加了会议。

李中在会上报告了发起上海机器工会的宗旨，即"谋本会会员底利益，除本会会员底痛苦"，提出"要达到这个宗旨，第一不要变为资本家

---

[1] 为人记录：《上海工人游艺会成立大会记》（节录），中共中央党史资料征集委员会编：《共产主义小组》（上），中共党史资料出版社 1987 年版，第 138 页。

[2]《陈独秀著作选编（1919—1922）》第二卷，上海人民出版社 2009 年版，第 245 页。

利用的工会；第二不要变为同乡观念的工会；第三不要变为政客和流氓把弄的工会；第四不要变为不纯粹的工会；第五不要变为只挂招牌的工会"，并要求大家"去大大地联络，建设一个强有力的工会"。[1]

杨明斋、陈独秀应邀在会上先后发表演说。陈独秀高兴地说："发起这个上海机器工会，算得是一个很好的事。我希望这个工会到了明年今天，就有几千或几万的会员，建设一个大力量的工会。"[2]

陈独秀等组织工会活动引起上海军阀当局的警惕，10月14日，淞沪护军使何丰林致电北京政府："社会党陈独秀来沪，勾结俄党与刘鹤林在租界组织机器工会，并刊发杂志，鼓吹社会主义，已饬军警严禁。"[3]10月28日，北京政府陆军部密电何丰林："俄过激党陈独秀等，在沪每星期出浅易小说煽惑工商各界劳动之人"，指令"设法严禁，如认为违犯刑法，即行缉拿惩办，以遏乱源"。[4]30日，北京政府陆军部再次致电何丰林："陈独秀提议联络机器工人罢工，以制政府之命"，"特电贵使核禁"。[5]

冲破军阀当局的重重阻挠，机器工会于11月21日在上海公学召开成立大会，近千人出席，陈独秀到会演说，再次指出："工人团体，须完全工人组织，万勿容资本家厕身其间，不然仅一资本家式的假工会而已。"[6]

上海机器工会是上海共产党早期组织领导建立的第一个工会。从此，

---

[1]《上海机器工会开发起会纪略》（节录），中共中央党史资料征集委员会编：《共产主义小组》（上），中共党史资料出版社1987年版，第116页。

[2]《上海机器工会开发起会纪略》（节录），中共中央党史资料征集委员会编：《共产主义小组》（上），中共党史资料出版社1987年版，第117页。

[3]《淞沪护军使向北洋政府发电指责陈独秀组织机器工会》，中共中央党史资料征集委员会编：《共产主义小组》（上），中共党史资料出版社1987年版，第120页。

[4] 中国社会科学院近代史研究所：《五四爱国运动档案资料》，中国社会科学出版社1980年版，第641页。

[5] 中国社会科学院近代史研究所：《五四爱国运动档案资料》，中国社会科学出版社1980年版，第642页。

[6]《上海机器工会成立记》，中共中央党史资料征集委员会编：《共产主义小组》（上），中共党史资料出版社1987年版，第133页。

上海工人阶级有了自己真正的团体。上海机器工会的建立，在中国工运史上翻开了新的一页。

上海机器工会一经建立，立即引起了世界工人组织的关注。12 月 14 日，世界工人联合会工人执行部总干事罗卜朗致信上海机器工会："我们从在美国的中国工人朋友们中，听到你们竭力组织和教育你们国里的工人。我们因此希望你们的成功，而且希望表示国际上的同情心。"[1]

12 月，上海共产党早期组织又领导成立了上海印刷工会，会员有 1346 人。该会出版《友世画报》，以"提倡劳工底生活增高，并以改造社会为主旨"[2]，开展宣传工作。

上海共产党早期组织对于上海机器工会和印刷工会的建立给予了高度评价，认为是"办理的有精神有色彩的工会"[3]。

上海共产党早期组织还积极支持工人的罢工运动，并于 1921 年 1 月成立了职工运动委员会，由俞秀松、李启汉负责。同年 3 月，上海法商电车工人要求改善待遇，遭到公司拒绝而发生罢工，李汉俊先后在 3 月 5 日、8 日的《民国日报》上发表《我对罢工问题的感想》和《法租界电车罢工给我们的教训》，批驳了"中国人没有团结性，尤其工人没有智识不行""中国与外国情形不同，不能说外国有劳动运动，中国也有劳动运动，在中国讲甚么劳动运动，就与无病呻吟无异"等谬论，认为工人"一致团结起来了"[4]。并认为，法商电车工人的要求得到解决，主要是"罢工同人齐心，稳静之所致"，"如果他们没有这样齐心的团结力，没有这样稳

[1]《世界工人联合会工人执行部总干事致上海机器工会书》，中共中央党史资料征集委员会编：《共产主义小组》（上），中共党史资料出版社 1987 年版，第 135 页。

[2]《上海印刷工会成立》，中共中央党史资料征集委员会编：《共产主义小组》（上），中共党史资料出版社 1987 年版，第 134 页。

[3]《上海劳动界的趋势》，中共中央党史资料征集委员会编：《共产主义小组》（上），中共党史资料出版社 1987 年版，第 178 页。

[4] 汉俊：《我对罢工问题的感想》，中共中央党史资料征集委员会编：《共产主义小组》（上），中共党史资料出版社 1987 年版，第 139 页。

静的态度，他们或许不能得到这样结果"。[1]

为纪念 1921 年的五一劳动节，上海共产党早期组织在霞飞路渔阳里6 号邀请工商界商讨五一节工人集会事宜，定名为"纪念劳动节筹备委员会"，李启汉、陈望道等出席会议。筹备会向上海各报馆、学校、商会等机关团体发出纪念五一节的通知，决定 5 月 1 日全市工人停工，在上海公共体育场举行纪念大会。租界工部局得到消息后，指令巡捕房于 4 月 29日搜查渔阳里 6 号，禁止工人集会和游行。由于租界当局的破坏，原定 5月 1 日举行纪念大会的计划未能实现。但 5 月 1 日当天，李启汉带领一些工人群众走上街头，在沪西和闸北散发传单。

1921 年 7 月 7 日，《共产党》月刊刊载《上海劳动界的趋势》一文，回顾了半年多来的工运斗争情况，指出："今年的上海劳动界，比以前更不相同，阶级的觉悟，也较前进步，罢工的呼声，差不多天天都可以听见。"尤其"最近两三月间，上海劳动界反抗资本家的空气愈益紧张，工人自动的组织工会，创办劳动学校，都是很好的现象"。并预见："照这样发展下去，不出三五年，上海劳动界，必定能够演出惊天动地打倒资本制度的事业来的。"[2]

历史的发展果然如此，在此后的几年内，上海工人阶级在中国革命斗争中上演出了惊天动地的活剧。

北京共产党早期组织建立后，除了加大马克思主义宣传力度、建立北京社会主义青年团组织和帮助其他地方建立团组织，也积极在工人中开展工作。

北京共产党早期组织创办的《劳动音》周刊，是一个面向工人群众的

---

[1] 汉俊：《法租界电车罢工给我们的教训》，中共中央党史资料征集委员会编：《共产主义小组》（上），中共党史资料出版社 1987 年版，第 143 页。

[2]《上海劳动界的趋势》，中共中央党史资料征集委员会编：《共产主义小组》（上），中共党史资料出版社 1987 年版，第 178—179 页。

1920年出版的《劳动音》杂志封面

在北京共产党早期组织支持下，《劳动音》于 1920 年 11 月 7 日在北京创刊。它是五四时期重要的通俗工人刊物，邓中夏、罗章龙等参与了编辑工作

通俗性刊物。邓中夏在《劳动音》的发刊词中开明宗义地指出："劳动就是进化的原动力，劳动就是世界文明的根源，劳动就是增进人生的幸福，故我们出版这个《劳动音》，来提倡那神圣的'劳动主义'，以促进世界文明的进步，增进人生的幸福。""我们出版这个《劳动音》，来介绍世界的智识，普通的学术及专门的技能，又纪述世界劳动者的运动状况，以促进国内劳动同胞的团结，及与世界劳动者携手，共同去干社会改造的事情。"[1]

《劳动音》非常重视对工人进行马克思主义教育，指出过去革命知识分子从事社会主义运动的主要缺点是只向知识分子作学理的宣传，而不向无产阶级做实际运动。认为社会主义已经不是空想的时候了，应积极从事实际的运动和教育与组织工人的工作。

---

[1]《邓中夏全集》（上），人民出版社 2014 年版，第 77、78 页。

《劳动音》对工人的教育是通过活生生的事例，如第一期用很大篇幅报道唐山煤矿的矿难，以"几十分钟内死工人五六百""矿局年利八倍于资本，然而工人一命只值60元"为标题，揭露资本家对工人的压榨、视工人为草芥的罪恶事实。又如第五期，详细报道了南京1万多名机织工人包围省议会，痛打议员的事件，并发表评论，赞扬工人起来反对腐败政府的胆量，启发工人的觉悟。

《劳动音》还对工人进行"劳工神圣""工人是未来社会的主人"等教育，向工人指明斗争方向，强调工人要求获得解放，必须组织工会，以便推翻现存腐败反动政府，实现社会主义。

《劳动音》出版后，很快成为工人的贴心朋友，到1920年12月，每期已由最初发行1000份增长到4000份。这个刊物受到工人欢迎，却遭到了军阀政府的嫉恨，在出了6期之后，即遭到查禁。

1921年，北京共产党早期组织创办了《工人周刊》，由罗章龙任主编。该刊出版后迅速销往北方各地，很受工人群众的欢迎，每期销售量在数千份，最多达两万份。此外，北京共产党早期组织编印的《工人的胜利》《五月一日》等小册子，宣传提高工人工资、缩短工时，对启发工人觉悟起了很大作用。

北京工业不发达，没有可以把工人联合起来的大工厂。在这种情况下，北京共产党早期组织决定把工作转到铁路员工方面。长辛店是京汉铁路北段的一个总站，距北京40华里，有工人3000余人。1920年五一节时邓中夏曾与几名同学到铁路工厂对工人进行演讲，并散发了《五月一日北京劳工宣言》。北京共产党早期组织成立后，以长辛店为重要基地，开展工人运动。12月中旬，受北京共产党早期组织委托，邓中夏、张太雷、张国焘等人到长辛店筹办劳动补习学校。邓中夏记述了他们一行去长辛店的情形：

今天因为长辛店的工人，所组织的劳动补习学校，开筹办会议，请我们去帮忙，所以我一早起来就和太雷、仁机、郭淘[1]三位同志跑出前门西车站，坐火车往长辛店去。长辛店距离北京四十二华里，约一点钟火车就到，是一个很大的乡村，有三个大工厂，共有工人二千五百多人。这些工厂，都是归京汉铁路局管辖的，按铁路的组织，共分三部，一是车务处，二是机器处，三是养路处。我们四人坐在车上谈谈笑笑，觉得很快乐，严酷的冷气，都退避了三舍。车过永定河，我望芦沟桥在晨曦的底下，趁着一座破塌的古城，有两三杆布帘随风飘摇，刹是好看，真一幅绝好的天然图画。那时就引起了我的画兴，我的手就痒了，可惜当时没有带写生器具去，且不在芦沟桥停，所以不能画。车愈走愈远，我的心愈记着他。车到了长辛店，而芦沟桥的风景，还在我的心头。

在长辛店下车的时候，我见了许多灾民——男女老幼的麕聚在站边的地方。那种憔悴枯黄的面色，千孔百结的衣服触在我的眼内，我的心就感着不快，表出一种痛苦的同情，不知在车上的那一种谈笑快乐心，和画画的兴趣，飞跑往那里去了，光觉得心中难受，好比我也在饥饿困苦中。我想起他们灾民在这严冬风寒雪冷，衣没有得穿，饭没有得食，屋没有得住，而那一班官吏政客资本家们却高楼大厦，衣锦食肉，还拥着他们的第几姨太太正围着炉子取乐，比那班灾民露天席地的受冻饿而死，其苦乐真有天渊的分别，唉，那真是社会上最不公道的事。为什么他们穷到那个地步呢？他们的财产给谁抢了去呢，我们捐了几个钱就可以救得他们吗？我有一句话要奉劝各位热心救灾的先生们，请你们放远一点，放大一点眼光，去谋他们永远的灾荒困穷，那就是根本打破社会上不公道的事，请各位设法子做去罢。

长辛店的工人见我们到了，十分欢迎。对于我们很亲热，我们

---

[1] 即张国焘。

也觉得他们很友爱，好比兄弟一般，而他们工人也互相亲爱。一种融和团结的气象，令我见了很喜欢。我常痛恨现在社会上的人群太无感情，互相诈虞倾轧，所以对于长辛店工人那样团结融洽，就生出无限希望。……[1]

邓中夏用文字给我们勾画出一幅20世纪20年代中国社会的生动画面：卢沟桥一带的风景很美；长辛店一带农民面黄肌瘦、衣衫褴褛，处于饥饿困苦之中；官僚、政客、富人们花天酒地、醉生梦死。这是一幅反差非常明显的图画，从一个侧面反映出旧中国社会的极端黑暗与不公。同时，他也用笔表现出了一个青年革命者的使命和担当，并对团结友爱的工人阶级充满着无限希望。

1921年1月1日，长辛店劳动补习学校正式成立，"以增进'劳动者'和'劳动者的子弟'完全智识，养成'劳动者'和'劳动者的子弟'高尚人格为宗旨"[2]。学校分日班和夜班：日班是工人子弟上课，课程与普通高等小学的课程略同；夜班为工人上课，设国文、法文、社会常识、科学常识、工场和铁路知识，等等。学校教员都是用北大学生会的名义派去的，常驻教员先是李实，后是吴汝明。后来由于教课任务增加，又加派了几名教员。李大钊和北京共产党早期组织的其他成员都曾到校巡察或讲课。

长辛店劳动补习学校的教材是由教员们自己编写的。教员讲课方式是先教识字，再讲革命道理，使工人们既能学习文化知识，又能听到革命道理，注意把提高文化水平和传播革命思想结合起来。教员们讲课通俗易懂，课堂气氛活跃，如在讲到工人阶级的作用时，不是讲一些空洞的概念，而是从织布、筑路、盖房等日常劳动讲起，阐明"工人的劳动创造了

---

[1]《邓中夏全集》（上），人民出版社2014年版，第80—81页。
[2]《邓中夏全集》（上），人民出版社2014年版，第84页。

世界一切"的真理。他们还用生动的事例说明当时中国社会存在的压迫和剥削的不合理现象，以及如何消灭这不合理社会的途径。为了说明团结起来力量大，教员通过"五人团结一只虎，十人团结一条龙，百人团结像泰山，谁也搬不动"这首歌谣，非常生动、浅显地说明团结的意义，工人一听就明白。

在课堂之外，教员们还坚持对工人进行家访，同工人交朋友，促膝谈心，了解工人的思想和生活状况。他们调查了一家由工头开办的小杂货铺的情况，得知其对贫苦工人进行高利贷盘剥，仅月息就达百分之十。由于是独门生意，许多工人不得不向他赊买东西，结果利滚利，工人欠他的钱越来越多，成为还不清的账。于是，教员们就通过这些发生在工人身边的事来启发工人们的阶级觉悟。

北京共产党早期组织通过办劳动补习学校这一形式，一方面运用马克思主义教育工人群众，启发工人的阶级觉悟，在工人中发现和培养骨干，并通过他们把工人群众组织起来进行革命斗争；另一方面，早期共产主义知识分子也通过与工人群众相结合，不断地改造自己的世界观。

邓中夏后来曾说："这个学校当然只是我们党在此地工作的入手方法，借此以接近群众，目的在于组织工会。"[1]

1921 年 5 月 1 日劳动节，长辛店 1000 余工人进行纪念大会，天津、保定的工人也纷纷赶来参加。会议在八点半开始，推选了大会主席后，由工界国民学校和劳动补习学校的学生唱纪念歌，其歌词为：

其一

美哉自由，世界明星。

---

[1]《邓中夏回忆中国共产党的成立及党领导的早期工人运动》（节录）（一九三〇年六月），中共中央党史研究室、中央档案馆编：《中国共产党第一次全国代表大会档案文献选编》，中共党史出版社 2015 年版，第 88 页。

拼吾热血，为他牺牲。

要把强权制度一切消除尽。

记取五月一日之良辰。

其二

红旗飞舞，走上光明路。

各尽所能，各取所需。

不分贫富贵贱责任惟互助。

愿大家努力齐进取。[1]

歌词表达了觉醒的工人群众努力奋斗、扫除旧制度、建立美好社会的愿望。

大会主席报告了开会宗旨，工会主任宣布长辛店工人俱乐部（即工会）成立的消息，各地来宾也分别讲了话，劳动补习学校的学生作了发言。会后举行了游行，途中工人群众高呼："劳工万岁""八小时工作""一小时教育""八小时休息""五一节万岁"等口号，并散发了传单、小册子数万份。

长辛店工人俱乐部成立后，工人群众加入者越来越多，影响日益扩大。各地纷纷派代表到长辛店参观，回去后也组织工人俱乐部。《共产党》月刊曾赞扬长辛店工人俱乐部"办得很有条理"，"不愧乎北方劳动界的一颗明星。"[2]

上海、北京共产党早期组织积极深入工人中间，启发工人阶级觉悟，

---

[1] 张锡彬：《劳动节之长辛店工人大会》，中共中央党史资料征集委员会编：《共产主义小组》（上），中共党史资料出版社 1987 年版，第 292—293 页。

[2]《长辛店工会成立》，中共中央党史资料征集委员会编：《共产主义小组》（上），中共党史资料出版社 1987 年版，第 295 页。

团结工人群众，创办工会，开展工人运动，带动其他地方建立的共产党早期组织和社会主义青年团组织也积极开展同样的行动，将马克思主义与工人运动相结合，为中国共产党的建立奠定了阶级基础。

二、长沙、武汉共产党早期组织建立

长沙建立共产党早期组织

湖南省省会长沙，又称星城，是有 3000 多年历史的古城，地处华中地区、湘江下游、长浏盆地西缘、湖南东部偏北，系我国南北交通要冲。五四运动以后，以毛泽东为代表的进步青年知识分子，在这里进行革命斗争，传播马克思主义，孕育了一批马克思主义者，在中国形成了又一处红色基地。

正是由于长沙有很好的建党基础，陈独秀在建立上海共产党早期组织时，将长沙同北京、汉口、广州等地一起，列入建立共产党早期组织的计划之中。张国焘在他的回忆中曾说："陈先生与在湖南长沙主办《湘江评论》的毛泽东等早有通信联络，他很欣赏毛泽东的才干，准备去信说明原委，请他发动湖南的中共小组。"[1]

1920 年 11 月，就在接到蔡和森从法国寄来的建立无产阶级政党的信的同时，毛泽东也接到了陈独秀、李达的来信，委托他在长沙建立共产党

---

[1]《张国焘回忆中国共产党"一大"前后》（一九七一年），中国社会科学院现代史研究室、中国革命博物馆党史研究室选编：《"一大"前后》（二），人民出版社 1980 年版，第 139 页。

《湘江评论》由毛泽东创办并主编，"以宣传最新思潮为宗旨"，李大钊称它为"全国最有分量、见解最深的刊物之一"

早期组织。陈独秀、李达还将上海成立共产党早期组织以及《中国共产党宣言》起草的情况告诉毛泽东，并且寄来了《共产党》月刊等宣传品。上海共产党早期组织成员李启汉、李中也把有关情况向毛泽东作了通报，李中还谈了自己在江南制造局做工的体验和协助陈独秀创办机器工会的情况。

经过慎重物色，毛泽东和何叔衡、彭璜等6人在建党文件上签了字，时间约在1920年11月的中下旬。于是，又一个共产党早期组织在长沙诞生了。至1921年7月中共一大前，湖南共产党早期组织的成员有：毛泽东、何叔衡、彭璜、贺民范、易礼容、陈子博、彭平之[1]。

---

[1] 中共湖南省委党史研究室著:《中国共产党湖南历史（1920—1949）》，湖南人民出版社2008年版，第79页。

就在长沙早期共产党组织建立后的 12 月底，新民学会的总干事萧子升从法国回国，带来了蔡和森 9 月 16 日写给毛泽东的长信。蔡和森在信中说："马克斯的惟物史观，显然为无产阶级的思想。"认为"俄社会革命出发点＝惟物史观。方法＝阶级战争＋阶级专政。目的＝创造共产主义社会；无阶级无反动社会组织完成、世界组织完成（列宁及共产党屡次如此宣言时），取消国家"。指出，"中国的社会革命，一定不能免的"。"党的组织是很重要的。组织的步骤：（1）结合极有此种了解及主张的人组织一个研究宣传的团体及出版物。（2）普遍联络各处做一个要求集会结社出版自由的运动，取消治安警察法及报纸条例。（3）严格的物色确实党员，分布各职业机关，工厂，农场，议会等处。（4）显然公布一种有力的出版物，然后明目张胆正式成立一个中国共产党。"[1]

1921 年 1 月 21 日，毛泽东给蔡和森回信，表示："唯物史观是吾党哲学的根据"。"你这一封信见地极当，我没有一个字不赞成。"并告知："党一层陈仲甫先生等已在进行组织。出版物一层上海出的《共产党》，你处谅可得到，颇不愧'旗帜鲜明'四字（宣言即仲甫所为）。"[2]

萧子升是毛泽东湖南省立第一师范学校的校友，与毛泽东、蔡和森同为杨昌济老师得意弟子，被称为"湘江三友"。新民学会成立时，他被推为总干事，是毛泽东的密友。毛泽东希望他能参加长沙共产党早期组织。萧子升回忆说：

> 一九二〇年，学会出现了分裂。在毛泽东领导下那些热中共产主义的人，形成了一个单独的秘密组织，所有非共产党的会员，除我之

---

[1]《蔡和森给毛泽东的信》（1920 年 9 月 16 日），中共中央党史资料征集委员会编：《共产主义小组》（下），中共党史资料出版社 1987 年版，第 519、520、526 页。

[2]《毛泽东给蔡和森的信》（1921 年 1 月 21 日），中共中央党史资料征集委员会编：《共产主义小组》（下），中共党史资料出版社 1987 年版，第 544 页。

外，都不知道暗中进行中的事情。因为毛泽东把他有关新组织的一切都告诉了我；希望我也能参加。同时蛮有信心，他认为我决不会出卖他们，虽然我对他们并不表赞成。

新组织却把我当作老大哥，我说的话他们十分严肃地听取。毛深怕我劝说他们，动摇他们对共产主义的信念。但他不敢公开地规劝我，耽心失去会员们的信任。当我不在场的时候，他告诉他们，虽然我是一个应该受到尊敬的人，是他的好朋友，但我有布尔普亚思想，我不是普罗阶级分子，因此我不愿接受共产主义云云。[1]

据萧子升回忆，他不参加长沙共产党早期组织是"不准备盲目地追随俄国的共产主义原则"[2]。

萧子升不愿参加长沙共产党早期组织，毛泽东希望其他新民学会会员能够走上共产主义道路。由于种种原因，新民学会已经有不少日子没有开会了，毛泽东和何叔衡商议，趁1921年元旦之际各处都放了假，有较长的时间聚在一起，讨论大家认为最急切的问题，定在1921年元旦至3日在潮宗街文化书社召开新民学会的新年大会。

元旦这天，长沙天降飞雪，满城一片银色，景象簇新。邹蕴真回忆："那天早饭后，一人徒步来到潮宗街文化书社。书社是租用旧公馆的一部分，坐北朝南，前面一道高墙，中间开个黑漆大门，进门是个方砖铺成的空坪，空坪北面有一长排房屋，靠东边的两间木房，就是书社作为营业处承租的铺面。空坪东边靠近营业处前面，有个长方形厅堂，里面放着一张长方桌和一些小方凳，就是我们开会的会场。开会期间，天气阴冷，时飞

---

[1] 肖子升：《毛泽东青年时代》（节录），中共中央党史资料征集委员会编：《共产主义小组》
（下），中共党史资料出版社1987年版，第575页。（肖子升，即萧子升，下同。——编者注）
[2] 肖子升：《毛泽东青年时代》（节录），中共中央党史资料征集委员会编：《共产主义小组》
（下），中共党史资料出版社1987年版，第577页。

小雪，但到会的仍踊跃，无中间缺席者。"[1]

到会者有十余人，会议在上午 10 时开始，由何叔衡主持，毛泽东报告了开会的理由和学会成立两年来会员在国内外各方面做事和求学的情况。当日讨论"新民学会应以甚么作共同目的？""达到目的须用甚么方法？""方法进行即刻如何着手？"。

由于上述三个问题是相互联系的，所以一起讨论。毛泽东将在法国巴黎勤工俭学的会员们在蒙达尔尼会议上讨论的结果告诉了与会者。他说："巴黎会友讨论的结果，对于（一），主张以'改造中国与世界'为共同目的；对于（二），一部分会友主张用急进方法，一部分则主【张】用缓进方法；对于（三），一部分会友主张组织共产党，一部分会友主张实行工学主义及教育改造"。[2]

在讨论中，有人认为，新民学会素来即抱"改造中国与世界"的主张，这个问题不必多讨论了。毛泽东不以为然，认为第一个问题还有讨论的必要。因为国内对于社会问题的解决分为两派主张：一派主张改造，一派主张改良。前者为陈独秀等人，后者为梁启超、张东荪等人。

有人认为改造世界太宽泛，主张"改造东亚"；有人不主张"改造"，主张改良。毛泽东认为，改良是补缀办法，应主张大规模改造。至于用"改造东亚"，不如用"改造中国与世界"。提出"世界"是说明我们的主张是国际的；提出"中国"是说明我们的着手处；"东亚"无所取义。中国问题本来就是世界的问题，如果从事中国改造不着眼于世界改造，则所改造必为狭义，必妨碍世界。至于方法，启民主用俄式，他表示十分赞成，因俄式系诸路皆走不通了新发明的一条路，只此方法较之别的

---

[1] 邹蕴真：《新民学会成立会和一九二一年新年会议概况》，《新民学会资料》，人民出版社 1979
年版，第 545 页。
[2] 《新民学会会务报告（第二号）》（节录），中共中央党史资料征集委员会编：《共产主义小组》
（下），中共党史资料出版社 1987 年版，第 548 页。

改造方法所含可能的性质为多。

大家对第一个问题讨论十分热烈，何叔衡看看时间已经不早了，宣布本日对这三个问题暂停讨论，转而讨论下面的"学会本体及会友个人应取甚么态度"和"会章之修正及会费之添筹"[1]问题。经过讨论，这两个问题或者得到大体解决，或者得到比较一致的解决。

1月2日，雪越下越大，不仅昨日到会者全到，而且到会者又增加了数人，达到了18人。由于有昨日未到会者，何叔衡将昨日讨论及议决过的问题简略介绍了一下，继续讨论昨天未完的第一个问题。

这次讨论采取循环发言法，从主持人何叔衡开始，其他出席者自左至右依次发言。每个人都发言完毕后，进行了表决，毛泽东等10人主张用"改造中国与世界"，何叔衡等5人主张用"改造世界"。这两种主张文字上稍有差别，实质是一致的。主张用"促社会进化"的有李承德、周惇元二人，其中周惇元声明他对于"改造中国与世界"和"促使社会进化"[2]两种主张都赞成。弃权者有邹泮清、张泉山二人。

讨论第二个问题时，仍由毛泽东先介绍巴黎方面蔡和森的意见。蔡和森把世界解决社会问题的方法归纳为五种："1.社会政策；2.社会民主主义；3.激烈方法的共产主义（列宁的主义）；4.温和方法的共产主义（罗素的主义）；5.无政府主义。"何叔衡第一个发言，表示："主张过激主义。一次的扰乱，抵得二十年的教育，我深信这些话。"毛泽东接着说："我的意见与何君大体相同。社会政策，是补苴罅漏的政策，不成办法。社会民主主义，借议会为改造工具，但事实上议会的立法总是保护有产阶级的。无政府主义否认权力，这种主义，恐怕永世都做不到。温和方法的共

---

[1]《新民学会会务报告（第二号）》（节录），中共中央党史资料征集委员会编：《共产主义小组》（下），中共党史资料出版社1987年版，第549、550页。

[2]《新民学会会务报告（第二号）》（节录），中共中央党史资料征集委员会编：《共产主义小组》（下），中共党史资料出版社1987年版，第552页。

产主义，如罗素所主张极端的自由，放任资本家，亦是永世做不到的。急【激】烈方法的共产主义，即所谓劳农主义，用阶级专政的方法，是可以预计效果的。故最宜采用。"[1]

对于第二个问题的表决结果是：毛泽东、何叔衡等 12 人赞成布尔什维克主义，赞成社会民主主义者 2 人，赞成温和的共产主义者 1 人，弃权者 3 人。

1 月 3 日，讨论"方法进行即刻如何着手"问题。经过讨论，与会者一致赞同眼前着手的方法为：（1）研究及修养；（2）组织；（3）宣传；（4）联络同志；（5）基本金；（6）基本事业。

这就是毛泽东的特点，把问题提出来，使大家充分发表意见，各抒己见，然后达成共识。通过巴黎蒙达尔尼会议和长沙会议，尤其是长沙会议，新民学会成为以马克思主义为主要信仰的革命团体，为中国共产党的成立和发展提供了源源不断的血液。74 名新民学会会员中，先后加入共产党组织的有 31 人，毛泽东、蔡和森、向警予、易礼容、李维汉、罗章龙、郭亮、夏曦担任过党的重要领导职务。其他有 30 多人长期从事教育和科学事业，并同情革命。只有熊梦飞等 2 人后来成为反共分子。

在筹建长沙共产党早期组织时，毛泽东同时着手进行湖南社会主义青年团的组建工作。

1920 年 10 月，毛泽东同时收到北京、上海寄来的社会主义青年团的章程，便在省立第一师范学校、商业专门学校、第一中学的在校学生中物色对象，建立团组织，第一师范学生张文亮就是毛泽东物色的建团骨干。张文亮在日记中记载：

---

[1]《新民学会会务报告（第二号）》（节录），中共中央党史资料征集委员会编：《共产主义小组》（下），中共党史资料出版社 1987 年版，第 553—554 页。

11月17日　接泽东一信，送来青年团章程10份，旨在研究并实行社会改造。约我星期日上午会他，并托我代觅同志。

11月21日　会见泽东（在通俗馆），云不日将赴醴陵考察教育，并嘱青年团此时宜注意找真同志；只宜从缓，不可急进。

12月2日　泽东来时，他说，青年团等仲甫来再开成立会，可分两步进行：一、研究，二、实行。并嘱我多找真同志。

12月7日　到文化书社见泽东、殷柏。

12月15日　接泽东复信，"师范素无校风，你应努力结些同志作中坚分子，造成一种很好的校风"。"青年团你可努力在校制造团员，尽可能于本学期开一次会。"

12月16日　泽东来此。青年团将于下周开成立会。

12月27日　泽东送来《共产党》9本。[1]

张文亮的日记说明，毛泽东对湖南组建社会主义青年团是很慎重的，把"找真同志"作为工作的重要内容。同时也看到，他曾邀请陈独秀到长沙来，参加湖南社会主义青年团组织的成立会。由于陈独秀应陈炯明之邀，南下担任广东省教育委员会委员长兼大学预科校长，无法分身到长沙来，所以湖南社会主义青年团的成立往后推迟了。

1921年1月3日，新民学会新年大会第三天开会讨论时，陈启民、熊瑾玎在发言中提出"有组党之必要"；彭荫柏认为"社会主义青年团，颇有精神，可资提挈"；易阅灰表示"社会主义青年团可资取法"。最后，何叔衡根据大家讨论的意见，将眼前着手方法组织一项中确定为"组织社

[1]《张文亮日记》（摘录）（1920年9—12月），中共中央党史资料征集委员会编：《共产主义小组》（下），中共党史资料出版社1987年版，第518页。

会主义青年团"。[1]

1921 年 1 月 13 日，即在新民学会新年大会结束后第十天，湖南社会主义青年团组织正式成立，毛泽东任书记，成立时有团员 16 人，到 7 月发展到 39 人，其中有毛泽东的小弟弟毛泽覃。

易礼容回忆湖南社会主义青年团有关情况时说："一九二〇年下半年，陈独秀把社会主义青年团的团章寄来了，内容是苏联式的。毛那时任第一师范附小主事，在接到陈寄的团章后，就开始发展团员。毛是团的书记。以后罗君强、萧述凡、田波扬先后当过书记。团员还有何叔衡、夏曦、郭亮等人。以后有些青年团员转入共产党。"[2]

长沙共产党早期组织成立后，立即开展各种工作，加强宣传马克思主义仍是主要工作。毛泽东不断向长沙《大公报》推荐转载上海共产党早期组织《共产党》月刊的文章和杨明斋负责的俄华通讯社介绍欧洲工人罢工情况的新闻稿；同时注意把《湖南通俗报》办得更好。负责办《湖南通俗报》的谢觉哉，按照毛泽东、何叔衡的要求，及时报道苏俄政府的消息和世界工人运动的情况，摘要介绍十月革命后苏维埃政府的十条施政方针。针对当时军阀政府对苏俄政府的污蔑，《湖南通俗报》载文批驳。《湖南通俗报》宣传革命思想，深受读者欢迎，发行量由最初的几百份增加到六七千份。由于《湖南通俗报》较好体现了长沙共产党早期组织所要宣传的革命思想，遭到湖南军阀赵恒惕的嫉恨。1921 年 6 月，他把何叔衡的通俗教育馆馆长的职务撤了，迫使《湖南通俗报》自然停刊。

启发工人觉悟，开展工人运动，是长沙共产党早期组织另一项重要工作。毛泽东亲自到工人中间去了解工人。萧三回忆：

---

[1]《新民学会会务报告（第二号）》(节录)，中共中央党史资料征集委员会编：《共产主义小组》（下），中共党史资料出版社 1987 年版，第 556、557、558 页。

[2] 易礼容：《党的创立时期湖南的一些情况》(一九七九年九月十一日)，中国社会科学院现代史研究室、中国革命博物馆党史研究室选编：《"一大"前后》（二），人民出版社 1980 年版，第 281—282 页。

　　毛泽东同志最初接触工人的办法是煞费苦心的。他曾作工人打扮，到工人们集聚的地方去和他们接近，到茶馆去和工人们一块喝茶，谈心，交朋友。

　　一天，毛泽东同志去长沙城的南门外和小吴门外一段铁路上散步，走来走去，总希望遇见个把工人。后来终于遇到火车头修理厂的工人陈地广。这人是广东人。毛泽东同志就和他"拉话"，然后去他住的地方"玩"，谈他的工作、工资……这工人觉得客人很亲切。

　　经过陈地广的介绍，他又认识了别的工人。彼此都熟了之后，泽东同志提议为他们办个学校，教他们识字。工人们都很赞成。

　　回来后，毛主席派郭亮同志去作工人夜校的教员……

　　突破了一点之后，毛主席运用这个经验到别的工人丛中去。

　　毛主席来到铜元局——湖南造币厂，找工人谈他们的生活、工资……工人觉得客人很关心他们。

　　毛主席走进成衣店，和裁缝们漫谈他们的工作、衣料、收入……

　　人们坐人力车来到家里，毛主席请车夫进来喝茶，和他谈话。后来派罗学瓒同志专作人力车夫的工作，常和车夫漫谈，长谈。为人力车夫办夜校时，毛主席曾亲自给他们教课。[1]

　　毛泽东利用他任第一师范附小主事的有利条件，创办了民众夜校和失学青年补习班，招收附近工厂工人学习文化，通俗宣传马克思主义的剩余价值学说和社会发展史。毛泽东解释"工人"二字联起来就是"天"字，生动说明"全世界无产者联合起来"，力量就是天那么大。周世钊后来在回忆中这样说："由于毛主席这样关心劳动人民的教育，这样千方百计解决

---

[1] 肖三：《毛泽东同志在五四时期》，中国社会科学院近代史研究所编：《五四运动回忆录》（上），中国社会科学出版社 1979 年版，第 489 页。（肖三，即萧三。——编者注）

他们的学习问题，一些在夜校和补习班的学生都觉得他是他们唯一的好老师、好朋友。第一师范附近的劳苦人民，认识他是办夜校的毛先生，对他表示非常亲切和尊敬。他也由此取得了一些联系工农的经验，并进一步和劳动人民建立了深厚的感情。"[1]

对于黄爱、庞人铨筹备的湖南劳工会，何叔衡、彭璜予以积极的支持和帮助，何叔衡是劳工会的名誉会员。1920年11月21日，湖南劳工会正式成立，在长沙共产党早期组织的支持下开办两所工人夜校，一所平民阅览室，还设立了女子职业学校，举办了工人读书会、星期讲演会，成立了女子新剧组，创办了《劳工》月刊，对工人开展思想文化教育，鼓励工人团结起来。1921年三四月间，湖南劳工会发动了湖南第一纱厂公有运动，遭到军警镇压，有四名代表被逮捕。4月28日，黄爱为营救被捕代表，前往省署交涉，也遭逮捕。由于五一劳动节将至，长沙当局害怕工人举行更大规模的游行示威活动，派出大批军警，四处戒严。因代表和领导人相继被捕，被激怒的湖南劳工会正准备在五一节举行游行。长沙共产党早期组织批评了湖南劳工会不讲策略的鲁莽行动和无政府工团主义观点，建议将"五一"游行大会改为游艺会，以避免流血牺牲。湖南劳工会接受了长沙共产党早期组织的建议。劳动节这天，千余名工人在第一师范大礼堂举办了游艺会。庞人铨在会上演说纪念"五一"的意义，会员和来宾也发表了演说。演说之后，进行游艺活动。会上除散发传单外，还出售印有"劳工神圣"的纪念面包。这是湖南省第一次纪念五一劳动节活动。

1921年3月，长沙共产党早期组织发起成立了"中韩互助社"，目的是支持在湖南的朝鲜同志进行反对日本帝国主义的侵略、争取民族独立的斗争。毛泽东、何叔衡、贺民范担任了这个组织的通讯部、宣传部、经济

---

[1] 周世钊：《湘江的怒吼——五四前后毛主席在湖南》，中国社会科学院近代史研究所编：《五四运动回忆录》（上），中国社会科学出版社1979年版，第462—463页。

部的中方主任。这是长沙共产党早期组织国际主义的鲜明体现。

　　长沙共产党早期组织成立后的工作是卓有成效的，为中国共产党成立后湖南党组织的发展奠定了坚实的基础。李达在回忆中共一大各地共产党早期组织报告工作经验时说："长沙小组，宣传与工运都有了初步成绩。看当时各地小组的情形，长沙的组织是比较统一而整齐的，其他各地小组的组织却比较散漫些。"[1]

武汉建立共产党早期组织

　　湖北省省会武汉，又称江城，有 3500 年的历史。武汉地处我国中部，京汉铁路贯穿南北，滚滚长江横穿东西，水陆两条大动脉在这里交织，素有"九省通衢"之称。第二次鸦片战争期间，英法联军强迫清政府签订了《天津条约》，汉口被辟为通商口岸。1861 年，英国首先在汉口建立租界，接着俄、法、德、日等帝国主义接踵而来，汉口沿江租界林立，一座座西洋式建筑与中式建筑相并列，显得格外另类。随着租界的建立，武汉成为帝国主义列强侵略中国的主要目标之一。

　　由于帝国主义的入侵，武汉开埠后外国资本家开办的工厂逐年增多，进口洋货充斥市场；加之洋务派官僚开办的军事工业和民用工业，以及在夹缝中生存的中国民族工业，到 1920 年，湖北全省有各类工厂 1000 家以上，成为中国近代工业基地之一，仅武汉地区就有 10 万余工人，仅次于上海，居全国第二。同时，封建地主的残酷剥削，使大批农民破产涌入城市，工人阶级队伍有了源源不断的后备军。工人阶级不甘受中外资本家的

---

[1] 李达：《中国共产党的发起和第一次、第二次代表大会经过的回忆》（一九五五年八月二日），中国社会科学院现代史研究室、中国革命博物馆党史研究室选编：《"一大"前后》（二），人民出版社 1980 年版，第 12 页。

奴役，屡屡进行自发的反抗斗争。1919年五四运动中，武汉工人阶级开始登上政治舞台，到这年年底，武汉工人罢工达13次之多，其中全行业罢工就有11次，千人以上的罢工有4次。这些罢工带有鲜明的反帝反封建性质。工人阶级的壮大和阶级觉悟的提高，为武汉地区的共产主义运动奠定了阶级基础。

五四运动后，恽代英、林育南等积极介绍和翻译马克思主义著作，特别是创办利群书社，扩大了与北京、上海、长沙等地进步团体和具有初步共产主义思想的知识分子的联系和往来。1920年初，恽代英到北京，受少年中国学会的委托，编辑"少年中国学会丛书"。他将马克思主义著作列在第一位，自己翻译了恩格斯的《家庭、私有制和国家的起源》中的部分内容。下半年，他又受陈独秀委托，翻译了考茨基的《阶级争斗》，成为新青年社出版的"新青年丛书"的一种。与此同时，武汉的先进分子深入产业工人中进行调查，撰写了《汉口苦力状况》《武汉织布、纺纱、铜币、麻布五局工人状况》等调查报告，发表在《新青年》上。利群书社的成员恽代英、林育南、李求实等，走上了马克思主义者的道路。

1920年春，一家私立的武汉中学开始招生。第一期招收甲、乙两班。校董董必武兼任甲、乙两班国文课教师，陈潭秋教英文课兼乙班班主任。董必武是武汉中学的创办人，他后来回忆说"武汉中学是为革命而办"[1]的。

董必武，原名贤琮，又名用威，字洁畲，号璧伍，湖北黄安（今红安）人，1886年生。他出身于一个清贫教书先生家庭，1903年考取秀才，1905年入武昌普通学堂读书，1909年被授予拔贡学衔。1911年任麻城高等小学堂教师，同年夏秋间任黄州府中学堂教员，讲授国语和英语。武昌

---

[1]《董必武的回忆》（摘录）（1961年），中共中央党史资料征集委员会编：《共产主义小组》（上），中共党史资料出版社1987年版，第428页。

1921 年 7 月，少年中国学会在南京合影。前排左二为恽代英

起义爆发后，他毅然剪掉辫子，星夜奔赴武昌，通过詹大悲的关系到政府军需部刘家庙第一粮台负责粮秣转运工作，曾参加三道桥附近的战斗。12月出任湖北军政府理财部秘书，与张国恩一起加入同盟会，参与组建同盟会湖北支部，被选为支部评议会评议员。1913 年参加"二次革命"，进行反对袁世凯的斗争。1914 年与张国恩一起东渡日本留学，入法政大学攻读法律专业，并在日本加入孙中山创建的中华革命党。1915 年 6 月回国从事反袁活动，两次被捕，直到袁世凯死后始得获释。1917 年，他再次赴日继续完成法律科学业，参加毕业考试后回国，与张国恩在武昌合办律师事务所。

1917 年段祺瑞掌握北京政府大权后，拒绝恢复民国元年约法和国会，孙中山发动护法战争。董必武辗转赴鄂西协助革命党人蔡济民的鄂西靖国军开展护法军事斗争。因鄂西靖国军内部矛盾，蔡济民被杀。董必武为查清此事件的内幕，于 1919 年 1 月到上海，向孙中山面陈了事件经过。这时，南北正在议和，孙中山受到排挤，处境十分困难，对董必武表示"实无办法"。然上海之行，却使董必武的人生轨迹发生了变化，他回忆说：

> 俄国二月革命，我在日本。十月革命，我在四川。看当天的报纸，要相隔 40 多天。报纸上俄国的消息很少。到上海后看了一些消息，有的是从日本来的。这时湖北旅沪学生成立了善后协会。我与张梅先（即张国恩）住此机关，房子是孙中山租用的。我们住渔阳里，詹大悲、李汉俊住路北，我们住斜对面路南。李汉俊刚从日本回国，常谈俄国消息。五四运动后，我们想俄国与中国问题，开始谈马克思主义。先看了一些无政府主义的书。从李汉俊那里知道许多俄国的消息。看《资本论入门》和考茨基的书。我们看到中国问题严重。又见"五四运动"是群众运动。从俄国革命中见到了搞群众运动。还未想到组党。如何搞群众运动？一想办报；一想办学校。我们想搞群众运动，想办报与办学，认为办报容易些。我参加孙中山领导的革命，结果依靠军阀对人民无益，认识到孙的办法不行。结论是搞人民武装。孙中山后来对此亦有认识。
>
> 五四运动开始是学生搞起来的，后来有工人参加，性质就变了。这时看书多点，有了阶级萌芽。自己想作启蒙运动。后到处集股，办报不成。
>
> 十月革命时，虽然材料不多，影响很大。
>
> 后受俄国革命的影响，对资本主义有了认识。从苏俄革命的成功与孙中山革命的失败中，很快对无政府主义无兴趣。[1]

---

[1]《董必武的回忆》（摘录）（1961 年），中共中央党史资料征集委员会编：《共产主义小组》（上），中共党史资料出版社 1987 年版，第 427—428 页。

这段回忆说明：其一，董必武在上海同湖北潜江籍的李汉俊认识后，开始了解更多的俄国十月革命的情况，并开始读马克思主义的书籍，受俄国革命的影响，思想上开始向马克思主义者转变；其二，他从事实中认识到，孙中山的革命是依靠军阀，对人民无益，这个办法不行；其三，他知道必须搞群众运动，并企图通过办报纸、办学校的方式，启发群众觉悟。由于办报纸缺乏经费，转而办学校。

在武汉中学同董必武一起教书的陈潭秋，名澄，字云先，"潭秋"是号，湖北黄冈人，1896 年生。1911 年就读于湖北省立第一中学，1916 年升入国立武昌高等师范学校英语部。1919 年毕业，在武昌高等师范学校附小任教。五四运动中，与武汉地区著名的学生领袖恽代英一起领导爱国学生举行示威游行、街头讲演、罢课和抵制日货等活动。同年夏天，他作为武汉学生代表赴南京、上海进行爱国活动。在上海经友人介绍与董必武认识。董必武与他交换了对国内外形势的看法，相互介绍了自己初学马克思主义的心得体会和对俄国十月革命经验的认识，见解不约而同。因此，董必武办武汉中学，陈潭秋是他的得力助手。

董必武和陈潭秋一起，将武汉中学办成了开展革命活动、宣传马克思主义、传播新文化、培养革命人才的重要阵地。

董必武、张国恩从上海回到武汉后，仍经常与李汉俊保持通信联系。上海共产党早期组织成立后，李汉俊给董必武等写信，要他们组织起来。董必武曾回忆："一九二〇年，李汉俊这个从日本归国的学生、我的马克思主义老师，计划在上海帮助建立中国共产党，并到武汉来同我商量。我决定参加，并负责筹组党的湖北支部的基础。这个组织于一九二〇年九月组成。"[1] 这说明，在上海共产党早期组织建立不久，李汉俊即到武汉，与董

---

[1] 董必武：《创立中国共产党》（节录）（1937 年），中共中央党史资料征集委员会编：《共产主义小组》（上），中共党史资料出版社 1987 年版，第 424 页。

必武商议武汉成立共产党早期组织的事情，董必武欣然表示参加，并答应筹备建立武汉共产党早期组织。

关于建立武汉共产党早期组织的情况，董必武回忆：

> 武汉中学开学后，到秋天，上海的李汉俊、刘伯垂征求我与梅先的意见，搞共产主义运动。我与潭秋谈搞共产主义小组，找了包慧生（即包惠僧）、梅先（即张国恩）、赵子健。
>
> 我的思想转变是1919年在申（即上海），北方李大钊文章有影响。1920年加入党组织，介绍者为李汉俊、刘伯垂两人。
>
> 组党是1920年，武汉中学头一年，在上海的李汉俊等谈的，办学他也知道。我们照俄国革命办法搞，与北京联系。李汉俊来信，介绍张国恩入党，我同意。
>
> 组党先与他（即陈潭秋）谈，他同意。陈一参加党，拼命干，湖北党的建立，主要是他（即陈潭秋）、我到处奔走。我有点火作用，潭秋把火搞大了。陈在党组织建设中起了作用。[1]

董必武在另一个回忆中还说："1920年冬，在武汉我和张国恩、陈潭秋三人组织了共产主义小组。起初主要是知识分子，是共产主义组织，是宣传马列主义的，反对军阀。"[2]

包惠僧关于武汉共产党早期组织建立情况的回忆与董必武的回忆有些不同，他说：1920年"夏秋之交，刘伯垂由广州过上海回武汉，他在上海同陈独秀谈了几次，陈独秀即吸收刘伯垂入党，并派他到武汉发展组织，

---

[1]《董必武的回忆》（摘录）（1961年），中共中央党史资料征集委员会编：《共产主义小组》（上），中共党史资料出版社1987年版，第428页。

[2]《董必武谈中国共产党第一次全国代表大会和湖北共产主义小组》（节录）（1971年8月4日），中共中央党史资料征集委员会编：《共产主义小组》（上），中共党史资料出版社1987年版，第433页。

介绍郑凯卿（文华书院的工友，是五四运动时陈独秀到武汉讲演时结识的）和我作他的助手。刘伯垂回到武汉，即找董必武、张国恩（他不久就脱党了）、陈潭秋、郑凯卿、赵子俊、包晦生（包惠僧）、赵子健[1] 等商谈，都同意加入共产党，即以上述几个人为基础成立武汉临时支部。第一次会议是在武昌抚院街董必武寓所内开的，推定包惠僧为临时支部书记，经常在机关部工作。张国恩管钱，租定武昌山前多公祠五号为机关部，刘伯垂的律师事务所的招牌亦挂在此处。刘伯垂带来了一个抄写的中国共产党纲领草案，详细内容记不清楚，大体不出《共产党宣言》的范围，对党员政治活动规定很严格，如不做资产阶级政府的官吏，不加入资产阶级的政党等，并带来一些新青年社出版的丛书及有关苏俄革命的小册子。"[2]

董必武最早的回忆是在武汉共产党早期组织建立 17 年之后，远的是在 40 多年和 50 多年之后。包惠僧则是在 20 世纪 50 年代回忆的，时间也已经过去了 30 多年。由于时间的久远和他们的记忆有误差，说法不尽一致是难免的。对他们的回忆进行梳理，拂去历史的尘埃，武汉共产党早期建立的情况大致是这样的：

提出建立武汉共产党早期组织动议的是李汉俊与董必武。李汉俊是湖北潜江人，自然关心湖北共产党早期组织的建立。董必武 1919 年 1 月到上海，与李汉俊结识，两个湖北籍的同乡一见如故，很谈得来。董必武从李汉俊那里接触到马克思主义书籍，了解了俄国革命，开始向马克思主义者转变。两人政治见解相同，董必武甚至称李汉俊为"我的马克思主义老师"，足见他们关系密切。上海共产党早期组织成立后，李汉俊最先回武汉找了董必武。在武汉共产党早期组织还未成立的情况下，董必武表示参加的应是上海共产党早期组织。同时，他开始了筹建武汉共产党早期组织

---

[1] 包惠僧在另一个回忆中说，武汉共产党早期组织成立一个月后，又发展赵子健为成员。
[2]《包惠僧回忆录》，人民出版社 1983 年版，第 18 页。

董必武（1886—1975），湖北黄安
（今红安）人，中国共产党的创始人之
一，中华人民共和国领导人

的行动。也就在这时，刘伯垂由广州来到上海，被陈独秀发展为上海共产
党早期组织成员，赋予了回湖北建党的任务。李汉俊、刘伯垂介绍董必武
加入了上海共产党早期组织。紧接着，李汉俊又给董必武写信，介绍张国
恩加入上海共产党早期组织，董必武赞同。

董必武、张国恩成为上海共产党早期组织成员后，把陈潭秋作为武汉
共产党早期组织首先发展的对象。在董必武找陈潭秋谈了之后，陈潭秋当
即表示答应。此即董必武在回忆中说的"1920年冬，在武汉我和张国恩、
陈潭秋三人组织了共产主义小组"。刘伯垂到武汉后，在董必武、张国
恩、陈潭秋之外，又按照陈独秀的要求找了郑凯卿、包惠僧，商议成立武
汉共产党早期组织事宜。因此，董必武在回忆中有"党支部由包括我在内
的五个人组成的"[1]之语。至于赵子俊和赵子健，应是5人之后又发展的。

---

[1] 董必武：《创立中国共产党》（节录）（1937年），中共中央党史资料征集委员会编：《共产主义
小组》（上），中共党史资料出版社1987年版，第425页。

由于包惠僧只是在刘伯垂来到后才参与武汉共产党早期组织创建活动的，此前的情况他不了解，且刘伯垂是上海共产党早期组织领导人陈独秀派来的，并带来了党纲草案，所以他把刘伯垂主持的在董必武寓所召开的 7 人参加的会议认定是武汉共产党早期组织的第一次会议。实际上，武汉共产党早期组织成立有一个过程。这是董必武和包惠僧的回忆不同的原因。

关于武汉共产党早期组织成立的时间，董必武自己的回忆就有"1920年9月""秋天""冬"之说。学术界对于武汉共产党早期组织成立的时间也是莫衷一是，有"1920年8月""9月""秋"和"秋、冬"说[1]。如何判定武汉共产党早期组织建立的时间？笔者认为可以从董必武的有关回忆和俄罗斯方面的资料进行分析。

董必武回忆说，武汉共产党早期组织建立不久，"我的最进步的十名学生组织了一个社会主义青年团支部"[2]。苏联鲍里斯·舒米亚茨基1928年写的《中国共青团和共产党的历史片断》一文，曾引用了武昌社会主义青年团支部1920年11月7日和14日两次会议的报告。关于第一次会议的内容有这样一段话："我们小组的第一次组织会议在十一月七日上午九时开始举行。出席会议的有十八人，其中十一人为大中学校的学生。"[3]这段话明确说明了武汉社会主义青年团支部成立的时间和参会人数，其中的十一人为大中学校学生与董必武回忆中的十名学生非常相近。这次会议报告中

---

[1] 中共中央党史研究室著：《中国共产党历史》（第一卷·上册）第61页，认为武汉共产党早期组织建于1920年8月；中共中央党史资料征集委员会编：《共产主义小组》（上）第357页，中共湖北省委党史资料征集委员会：《武汉共产主义小组综述》认为武汉共产党早期组织成立于1920年秋；沙健孙主编：《中国共产党通史·第一卷·中国共产党的创建》第305页，认为武汉共产党早期组织建立于秋、冬；马连儒：《中国共产党创始录》第213页，认为武汉共产党早期组织建立于1920年9月。

[2] 董必武：《创立中国共产党》（节录）（1937年），中共中央党史资料征集委员会编：《共产主义小组》（上），中共党史资料出版社1987年版，第425页。

[3] ［苏］鲍里斯·舒米亚茨基：《中国共青团和共产党的历史片断》（节录）（1928年），中共中央党史资料征集委员会编：《共产主义小组》（上），中共党史资料出版社1987年版，第412页。

曾提到"董同志""包同志"发言，应为董必武和包惠僧。而在 14 日的报告中，提到了刘伯垂和董必武参加会议，并作了发言。由此可见，武汉共产党早期组织成员参加了社会主义青年团支部的成立会和第二次会议。根据武汉社会主义青年团支部成立于1920年11月7日和董必武的回忆判断，武汉共产党早期组织成立的时间应为 10 月底或 11 月初。

武汉共产党早期组织后来又发展了进步教师刘子通、黄负生等为成员。1921 年春，包惠僧离开武汉去上海。1921 年 7 月中共一大前，武汉共产党早期组织成员为董必武、陈潭秋、刘伯垂、张国恩、郑凯卿、赵子健、赵子俊、刘子通、黄负生等 9 人。

在武汉共产党早期组织成立后，随维经斯基来华、留在北京的马马耶夫夫妇，由柏烈伟陪同到武汉。包惠僧回忆："1920年冬天，马迈也夫（马马耶夫）夫妇同鲍立维曾到上海、武汉等地，到武汉时是陈潭秋和我接待的。我们作过两次长谈，地点是在武昌多公祠五号。他谈了很多关于十月革命以后的苏俄情况。他能说一点不熟练的中国话和英国话。谈话时，我们手上拿一本英华字典，他拿一本英俄字典，一面说话，一面打手式。他鼓励我们学习理论，也鼓励我们努力工作，还谈到共产党的铁的纪律问题。"[1] 马马耶夫在武汉期间，曾到恽代英的利群书社参观过，同恽代英等进行了交谈。当时，武汉共产党早期组织拟办一个外国语学校作为宣传中心，拟让马马耶夫教俄语或音乐。但外语在武汉不很盛行，生源有困难，再加上他们夫妇是俄国人，在武汉不合适，外国语学校没有办成，马马耶夫夫妇只好离开到上海。马马耶夫离开时告诉包惠僧，说自己不久将回莫斯科进陆军大学学习，鼓励包惠僧到莫斯科去学习。包惠僧给上海共产党早期组织写信请求到莫斯科学习，得到同意。因他担任武汉共产党早期组

---

[1] 《包惠僧谈维经斯基》，《维经斯基在中国的有关资料》，中国社会科学出版社 1982 年版，第 438—439 页。

织的支部书记，一时没有人接替他的工作，不能在短期内成行。

武汉共产党早期组织成立后，十分注意提高马列主义理论水平。包惠僧回忆："我们当时感到关于马克思列宁主义的书籍读得太少，对苏俄的情况也知道不多，主要的时间放在读书上面。每一星期支部要开一次会，开会时就由这几个人轮流做读书报告。"[1]李汉俊于同年冬天由上海回潜江路过武汉，武汉共产党早期组织在董必武寓所请他作了一个《唯物史观》的报告。听了李汉俊的报告，大家都觉得很新鲜，眼界大开，了解了不少其他国家的社会主义流派。

在过去存在的马克思主义研究小组的基础上，武汉共产党早期组织成立了武昌马克思学说研究会，有会员20余人，多数为各学校的教职员。陈潭秋创办了《武汉星期评论》，作为马克思学说研究会的刊物。这个刊物先是由恽代英主编，恽代英去四川后，由黄负生主编。刘子通、李书渠也是这个刊物的主要编辑；主要作者有李汉俊、林育南等，董必武、陈潭秋等也曾给该刊写了不少短评，如陈潭秋写的《妇女运动》《五一史略》《快去！起来呀！》，等等。《武汉星期评论》宣传了马克思主义，在武汉教职员和学生中颇有影响。陈潭秋还在马克思学说研究会办了一个"湖北人民通讯社"，自任社长。由于买不起油墨，通讯社就用手抄写稿子，送给湖北的诸报馆，有的稿子也寄给上海的报纸。

与其他地方共产党早期组织不同的是，武汉共产党早期组织的成员董必武、陈潭秋、包惠僧、张国恩、郑凯卿、赵子健等也参加了社会主义青年团支部。董必武回忆："开始组织社会主义青年团，在学校见到陈潭秋（武昌高师毕业，在武汉中学教书）与他谈，他赞成。他介绍包惠僧（新闻记者）、张梅先（即张国恩）等四人参加。我另约了一些人（基本上是

---

[1]《包惠僧回忆录》，人民出版社1983年版，第62页。

陈潭秋（1896—1943），湖北黄冈人，
无产阶级革命家，中国共产党创始人之一

武汉中学学生）。我在女师教过课，影响了学生袁浦之、夏之栩等。"[1]武昌社会主义青年团的团章为："（1）名称——武昌社会主义青年团。（2）宗旨——研究社会主义、实践社会主义的思想。（3）团的会议预定每星期举行一次。（4）不论任何人，经我团团员一人介绍，就可以加入我们的社会主义青年团。（5）社会主义青年团的驻地暂设于武昌。"[2]根据团章，武昌高师毕业的陈潭秋负责吸收武昌高师的进步学生；包惠僧是湖北省立第一师范学校毕业的，负责吸收第一师范的进步学生；刘子通在女师教书，负责吸收女师的进步学生；董必武、陈潭秋负责吸收武汉中学进步学生。通过这种方式，武昌社会主义青年团便在各个学校发展起来，团结了进步青年。

---

[1]《董必武的回忆》（摘录）（1961 年），中共中央党史资料征集委员会编：《共产主义小组》（上），中共党史资料出版社 1987 年版，第 428 页。

[2]［苏］鲍里斯·舒米亚茨基：《中国共青团和共产党的历史片断》（节录）（1928 年），中共中央党史资料征集委员会编：《共产主义小组》（上），中共党史资料出版社 1987 年版，第 413 页。

与其他地方的共产党早期组织一样，武汉共产党早期组织深入工厂，对工人生活状况进行调查研究，促进了马克思主义与工人运动相结合。他们采取办夜校、识字班的方法和工人接近。董必武回忆："武汉中学有第一部和第二部，我在第二部，第二部的附近有个湖北纱厂，我们到厂里去办夜校。办学、访问学生家属和工人接触，做工人的工作，组织工会。首先组织铁路工人、交通工人、船舶工人、黄包车工人等，因为我们是知识分子，知识分子穿着长袍不好到工人中去，我们就找些熟人、同学介绍到工厂去，是介绍去的。"[1]

当时，办识字班的有武昌第一纱厂、汉口英美香烟厂、震寰纱厂、纱麻四厂、南洋烟厂等，铁路工人中也有这样的识字班。包惠僧曾写了一篇《我对于武汉劳动界的调查和感想》，发表在1921年4月8日上海《民国日报》副刊《觉悟》上。他在文章中号召工人快快团结起来，推翻资本主义，实现人类的福利。

武汉共产党早期组织对农民运动也开始注意，利用寒暑假学生回家做工作时进行调查。他们帮助最苦的农民，最初什么也不说，就是帮忙。通过接触，真心和贫苦农民交朋友，距离拉近了，农民也就给他们讲心里话。他们回校后，写出了农村调查报告。董必武就曾派进步学生在他的家乡黄安进行农村调查和宣传革命思想等工作，为此后这里的农民运动蓬勃开展打下了基础。土地革命战争时期，党在鄂豫皖地区率先领导黄安、麻城农民自卫军起义，占领黄安县城，开始了这里的最初的武装斗争。

武汉共产党早期组织成立后，积极开展各种工作，点燃了荆楚大地最初的革命火种。

---

[1]《董必武谈中国共产党第一次全国代表大会和湖北共产主义小组》（节录）（1971年8月4日），中共中央党史资料征集委员会编：《共产主义小组》（上），中共党史资料出版社1987年版，第434页。

三、济南、广州共产党早期组织建立

济南建立共产党早期组织

　　山东省省会济南，地处山东省中部、华北平原东南部边缘。境内泉水众多，拥有 72 处名泉，凭着"水涌若轮"的"天下第一泉"趵突泉，及"家家泉水，户户垂杨"的旖旎风光，济南赢得了"泉城"的美誉。

　　济南历史悠久，是史前文化中"龙山文化"的发祥地，建城有 2000 多年历史，是中国历史文化名城。

　　1919 年爆发的五四运动的直接起因是"山东问题"，山东工人阶级积极投入这一伟大斗争之中。早在 5 月 4 日之前，许多工人就参与集会演说，活跃在爱国斗争的舞台上。4 月 20 日，在有 10 万人参加的济南拒绝和约签字的国民请愿大会上，就有工人代表发表慷慨激昂的演说。5 月 2 日，济南 3000 多名工人举行收回青岛演说大会。此外，工人还在多地举行演说，其规模达数千人。五四运动爆发后，济南工人通过各种方式支援学生爱国活动。6 月 5 日以后，上海等各大城市相继举行罢工和罢市，济南也举行了罢工和罢市。7 月 21 日，济南爱国群众在工人的带领下，愤怒捣毁了段祺瑞安福系分子开办的《昌言报》报馆。在斗争中，工人们还组织了"劳动五人团""救国十人团"。济南工人的这些斗争，同全国其他地方的工人斗争一样，显示了工人阶级反帝反封建的坚决性和彻底性，说明工人阶级已经作为独立的力量登上政治舞台。

　　五四运动后，马克思主义在济南广泛传播。在五四运动中成长起来的学生领袖王尽美、邓恩铭等接受马克思主义，并成立了马克思学说研究会，聚集了一批进步力量，在华东形成了又一处共产主义运动基地。因此，上海共产党早期组织建立后，陈独秀在联络各地建立共产党早期组织时，把目光也投向了济南。他给济南的王乐平写信，约其在济南建立共产党早期组织。

陈独秀为何给王乐平写信？这王乐平又是什么人呢？王乐平，又名者塾，1884年生，山东诸城人。他自幼随父读书，1902年中秀才，1906年考入山东高等学堂，1907年加入同盟会，因有"革命嫌疑"被学堂开除，回诸城在相州中学任教。1909年他考入山东法政专门学堂。辛亥革命爆发后，他参与组织山东各界联合会，1912年当选为山东临时议会议员，不久参加山东军政府工作，并在登州、黄县、青州、诸城等地组织起义，任革命军总司令。1913年他参加"二次革命"，失败后逃至甘肃，曾任甘肃教育厅课长，1916年回山东，参加讨袁。袁世凯死后，他被选为国会议员。黎元洪在张勋的要挟下解散国会后，他又回到山东，1918年当选为山东省议会秘书长。五四运动爆发后，他积极投入山东人民的抗争活动。6月间，王乐平被选入83人组成的山东各界赴京请愿团，并为面见大总统徐世昌的6位代表之一。7月间，在济南爱国群众捣毁反动报纸《昌言报》的行动中，他挺身而出，主持正义，险些遭到坏人毒打。他还曾作为山东省议会代表到上海，请求各界声援。在这些活动中，他得以和陈独秀相识，所创办的齐鲁通讯社和齐鲁书社与陈独秀主办的《新青年》杂志有密切的联系。因而，陈独秀才给他写信，约他建立济南共产党早期组织。

王乐平是老同盟会会员，虽然他的齐鲁书社销售马克思主义书籍，但本人不是共产主义者，自然也就不会建立共产党组织。他向陈独秀推荐了在五四运动中与自己建立较深友谊且常到齐鲁书社阅读马克思主义书籍的王尽美和邓恩铭。

王尽美、邓恩铭在与上海共产党早期组织联系后，开始在济南筹建共产党早期组织。济南共产党早期组织建立过程中得到了北京共产党早期组织的帮助。如前所述，在五四运动中，山东学生组织就和北京学生组织联系密切，王尽美就经常到北京大学去。在北大马克思学说研究会的影响下，王尽美、邓恩铭等在济南成立马克思学说研究会。王尽美与李大钊、张国焘、罗章龙、刘仁静等北京共产党早期组织成员时有接触，北京的共产主义者也常到济南来。维经斯基、杨明斋等往来于北京、上海，与李大钊、陈独秀共商建党事宜，曾在济南停留，和王尽美、邓恩铭、王翔千等人会见，对济南共产党早期组织的建立起了促进作用。

关于济南共产党早期组织建立的情况，由于王尽美、邓恩铭于1925年、1931年先后牺牲，没有留下相关资料。根据其他了解一些情况的人的回忆，济南共产党早期组织应是在励新学会和马克思学说研究会的基础上建立起来的。

王尽美（1898—1925），山东诸城人，济南共产党早期组织的组织者和领导者之一，中国共产党创始人之一

邓恩铭（1901—1931），贵州荔波人，参与发起创建了济南共产党早期组织，中国共产党创始人之一

1920 年至 1922 年在济南女子师范学校上学并参加了马克思学说研究会的黄秀珍回忆："一九二〇年，以王尽美为首组织了'马克思学说研究会'，会员大约五、六十人。召集各种纪念会都是以马克思学说研究会的名义。后来这些人大部分参加了共产党和青年团。……在搞'励新学会'时，王尽美同志就同北京的马克思主义者发生了联系。我当时跟着父亲在济南读书。记得王尽美同志经常出发，作什么工作我不大了解，可能是搞共产主义小组的事；同北京什么人联系我也不了解，常听父亲同王尽美同志谈李大钊同志和刘仁静。"[1]

1921 年在济南参加马克思学说研究会的王翔千是这样回忆的："励新学会的成立，最初是济南第一师范和济南第一中学的进步青年所组成，工业专门、商业专门也有学生参加。虽然是由于爱国热潮所鼓荡，政治观点很不明确，但是从此奠定了革命的基础……过了不久的时间，会里起了分化"，一部分青年和国民党接近，"另一部分由王尽美等领导，先组成'马克思学说研究会'，继成立'共产主义小组'。"[2]

1924 年加入中国共产党的马保三关于励新学会情况的回忆与王翔千基本相同，但他对马克思学说研究会的回忆比王翔千详细。他说："在王尽美等几个人的倡导下，在一九二〇年夏秋之交，组成了'马克思学说研究会'。这一组织开始是公开的学术研究团体，在一九二一年，经反动政府及警察厅认为是宣传过激思想，明令取缔以后，曾半公开地活动了一个时期。以后，会员思想上发生了分化。于是王尽美、邓恩铭几个忠实可靠的革命青年，便成立了'共产主义小组'，后逐渐有一些发展。"[3]

[1] 黄秀珍：《从"五四"到山东党组织的成立》，中共中央党史资料征集委员会编：《共产主义小组》（下），中共党史资料出版社 1987 年版，第 638 页。

[2] 王翔千：《山东共产党的发端》（节录）（1951 年），中共中央党史资料征集委员会编：《共产主义小组》（下），中共党史资料出版社 1987 年版，第 636 页。

[3] 马保三：《山东党组织的发端》（一九五一年七月），中国社会科学院现代史研究室、中国革命博物馆党史研究室选编：《"一大"前后》（二），人民出版社 1980 年版，第 393 页。

1920 年来到山东女子师范学校，以代课教师身份为掩护开展革命宣传活动的侯志在回忆中说："我是一九二〇年夏天去济南的，第二年我就开始参加王尽美他们组织的一些活动。据我所知，山东的共产主义小组是在一九二〇年以前建立的，开始时有王尽美、王翔千、邓恩铭，可能还有王天生"[1]。

1919 年曾在周恩来等领导下参加五四运动的丁君羊回忆："在山东首先接受马克思主义的人，当时有王尽美、邓恩铭、王翔千、王象午等人，他们在一九二〇年成立了共产主义小组。""王尽美、邓恩铭是山东党的创立者，也是初期领导人。"[2]

上述回忆，对于济南共产党早期组织成立的时间和成员不尽一致。1920 年以前成立说是不能成立的。1920 年说没有具体时间，从上海、北京、湖南、湖北共产党早期组织成立的时间看，济南共产党早期组织建立得要更晚些，这年年底成立的可能性不大。马保三回忆的 1921 年济南马克思学说研究会被取缔后，王尽美、邓恩铭成立共产党早期组织的说法，可能性比较大。据此，判断济南共产党早期组织成立的时间，应在 1921 年春天。至于成员，有的回忆说有七八个人，如张国焘在回忆中说有 8 个人，但目前能够确定的是王尽美、邓恩铭、王翔千[3]，其他人无从查考。

济南共产党早期组织成立后，继续利用励新学会组织进步青年和宣传马克思主义。王尽美担任《励新》杂志编辑部主任，邓恩铭担任学会庶务。励新学会的会员逐渐发展到二三十人，其活动一直持续到 1921 年 7 月。

---

[1] 侯志：《大革命时期情况回忆》（1981 年 4 月），中共中央党史资料征集委员会编：《共产主义小组》（下），中共党史资料出版社 1987 年版，第 649 页。

[2] 《丁君羊回忆山东党的早期情况》，中共中央党史资料征集委员会编：《共产主义小组》（下），中共党史资料出版社 1987 年版，第 651 页。

[3] 参见中共中央党史研究室：《中国共产党的九十年》（新民主主义革命时期），中共党史出版社、党建读物出版社 2016 年版，第 30 页。

为了从事工人运动，王尽美、邓恩铭等人组织励新学会会员和进步青年深入到新城兵工厂、鲁丰纱厂、电灯公司等企业工人中活动，并吸收少数工人参加励新学会组织的一些活动。王尽美等在津浦铁路济南大槐树机厂培养了李广义、黄锦荣、刘乃泮等一批工运骨干。1921年夏初，王荷波到济南大槐树机厂开展工运工作，在李广义、黄锦荣的协助下，通过组织工人识字读书等活动，启发工人的斗争觉悟。他们学习北京共产党早期组织创办长辛店工人俱乐部的经验，正式成立了济南大槐树机厂工人俱乐部。俱乐部的成立，为此后该厂工人运动的开展奠定了基础。

为了宣传马克思主义和推动济南工人运动的开展，王尽美、王翔千、王复元等创办了劳动周刊社，于1921年5月1日在《大东日报》副刊上正式出版《济南劳动周刊》。创刊号上发表了出版宣言，说明办刊的目的是促进一般劳动者的觉悟，好向光明的路上去寻人的生活；办刊方针是：增进劳动者的知识；提高劳动者的地位；改造劳动者的生活。[1] 这说明，《济南劳动周刊》与上海的《劳动界》、北京的《劳动音》一样，都是向工人进行马克思主义宣传、推动工人运动发展的刊物，体现了济南共产党早期组织将马克思主义与工人运动相结合。

随着济南共产党早期组织的建立和开展活动，共产主义的种子在齐鲁大地开始生根、发芽，呈现出顽强的生命力。

广州建立共产党早期组织

广东省省会广州，地处中国南部、珠江下游，濒临南海。广州又称羊城、五羊城、穗城，与一个美丽的传说有关。相传在周朝时，广州连年灾

---

[1] 中共山东省委党史研究室：《中共山东地方史》第一卷，山东人民出版社1998年版，第23页。

荒，田野荒芜，农业无收。一天，南海的天空忽然传来一阵悠扬的音乐，出现五朵祥云，上有五位仙人，分别骑着毛色不同、口衔优质稻穗的仙羊，降临在广州。五位仙人把稻穗赠予人们，祝愿这里永远没有饥荒。祝罢仙人腾空而飞，五只仙羊化为石羊留了下来。从此，广州稻穗飘香，年年丰收，成为岭南最富庶的地方。

广州是广府文化的发祥地，系历史文化名城，建城有 2200 余年历史，从秦朝开始一直是郡治、州治、府州治所在地，华南地区的政治、军事、经济、文化中心。从公元 3 世纪开始，广州成为海上丝绸之路的主港，唐宋时期成为中国第一大港，是世界著名的东方港口城市，明清时期是中国重要对外贸易大港，也是世界唯一的 2000 多年长盛不衰的大港。

广东是中国的南大门，对外通商很早，受外国侵略也早，1840 年英国发动鸦片战争，就是从进攻广东开始的。1842 年清政府与英国签订屈辱的《南京条约》，割让香港，开辟广州等五地为通商口岸。从 19 世纪 40 年代起，外国资本主义势力逐步侵入广东，他们不仅输入商品，而且在广州、香港直接投资经营航运、船舶修造、机器等行业。外国资本主义企业雇用中国工人，由此产生了广东第一代产业工人。

19 世纪 70 年代，广州及其附近地区开始有洋务派官僚办的军用企业和官商合办的企业，以及中国民族资本主义企业。1914 年第一次世界大战爆发后，由于帝国主义国家忙于战争，暂时放松了对中国的侵略，广东的民族工业得到进一步发展，广州地区的纺织、橡胶、机器碾米、榨油、火柴、印刷等企业不断兴起或扩大，工人阶级队伍不断发展、壮大。1921 年，香港、广州、澳门工人总数超过 50 万人，其中产业工人 30 万左右，为广州共产党早期组织的建立奠定了阶级基础。

广东是中国近代革命思潮传播较早的一个地区，是伟大的革命先行者孙中山领导的资产阶级民主革命的策源地。列宁领导的俄国十月革命在这里引起深刻反响。在五四运动以前，广东已有许多青年为寻求救国救民真理先后到北京、上海，以至日本、欧洲求学。1915 年陈独秀创办的《新青年》掀起新文化运动后，各种宣传新文化、新思想的报刊先后传到广州。广州也出版有《中华新报》《粤报》《羊城报》《国民报》《大同报》《岭海报》等，都在不同程度上介绍了俄国十月革命，宣传民主主义思想，分析国内外重大问题，在各阶层人士中产生了很大影响。

五四运动爆发后，广州青年学生积极行动起来，声援北京学生爱国运动，并带动社会各界，以抵制日货为中心，推动运动向纵深发展。在反帝爱国斗争中涌现出杨匏安、阮啸仙、刘尔崧、周其鉴等一批先进分子。他们是广东第一批具有初步共产主义思想的知识分子，其中杨匏安就是马克思主义在中国的早期传播人之一。

广东工人阶级深受外国资本主义、本国封建官僚和民族资本主义重重压迫和剥削，具有坚决的革命斗争要求，很早就开展反抗斗争。五四运动后，随着马克思主义传播，具有初步共产主义思想的知识分子向工人群众灌输马克思主义，逐步与工人运动结合起来，推动了广东工人运动的进一步发展。从 1920 年 1 月至 12 月，仅广州、香港两地举行的罢工就达 17 次以上。马克思主义与广东工人运动相结合，为广州共产党早期组织的建立创造了有利条件。

1920 年 7 月，在北京大学学习并受过五四运动洗礼的谭平山、陈公博、谭植棠等毕业后，途经上海回到广州，分别在广东省高等师范学校和公立法政学校任教。他们利用自身的有利条件，经常向学生和青年群众宣传五四运动的精神和历史意义，传播马克思主义，并与杨匏安、阮啸仙、刘尔崧、周其鉴等取得联系。

为了宣传新文化，改造社会，谭平山、陈公博、谭植棠等决定创办一份报纸。这一想法得到了在上海的陈独秀的大力支持，并来信予以鼓励。10 月 20 日，他们创办的《广东群报》出版，由陈公博任总编辑，谭平山负责编辑新闻版，谭植棠负责编副刊，谭天度负责组稿和征求订户。陈独秀在该刊创刊号上发表《敬告广州青年》一文，殷切希望青年们"切切实实研究社会实际问题彻底解决办法""做贫苦劳动者底朋友，勿为官僚资本家佣奴""努力扫除广州坏到无所不至的部分"[1]。《广东群报》在传播新思想、宣传社会主义、启发和提高广东工人阶级觉悟等方面，发挥了重要作用。

上海共产党早期组织成立后，陈独秀函约各地共产主义者成立共产党组织，作为陈独秀学生的谭平山、陈公博、谭植棠起而响应，决定先组织社会主义青年团。1920 年 11 月，广州社会主义青年团在广东省高等师范学校举行成立大会，先后有高等师范学校、第一甲种工业学校、省立第一中学等学校的教师及学生杨匏安、阮啸仙、刘尔崧等数十人参加。

为了能在广州建立共产党早期组织，维经斯基特意把在天津的斯托扬诺维奇[2] 派往广州，要他"在那里组建一个革命局，下面暂设两个部，即宣传报道部和组织部"[3]。维经斯基对广州共产主义者的情况不了解，没有向陈独秀询问有关情况，就冒冒失失派对广州情况两眼一抹黑的斯托扬诺维奇去组建共产党早期组织，显然是一个失策。

1920 年 9 月下旬，斯托扬诺维奇和另一个俄国共产主义者别斯林由北大学生黄凌霜陪同前往广州。黄凌霜是铁杆的无政府主义者，到广州后，就把斯托扬诺维奇和别斯林引荐给与自己有同样信仰的梁冰弦、区声白、刘石心等。两个俄国人到达后，以俄罗斯电讯社驻广州记者身份开展活动。谭祖荫回忆：

---

[1]《陈独秀著作选编（1919—1922）》第二卷，上海人民出版社 2009 年版，第 286 页。

[2] 在中国化名米诺尔。

[3]《维经斯基给俄共（布）中央西伯利亚局东方民族处的信》（1920 年 8 月 17 日于上海），中共中央党史研究室第一研究部译：《共产国际、联共（布）与中国革命档案资料丛书·联共（布）、共产国际与中国国民革命运动（1920—1925）》第一卷，北京图书馆出版社 1997 年版，第 33 页。

两个俄国人在广州永汉北租了"光光"眼镜店的二楼……一九二一年一月中旬，我就住在这里，还有梁一余（一向在报馆做校对）的弟弟梁雨川（常做生意，我们叫他做"生意佬"），也同住在二楼。梁一余兄弟可能由于"晦鸣学舍"的宣传影响，也是无政府主义者，当时负责招呼俄国人，帮助他们租屋、请保姆等。经常到这里来的还有区声白、梁冰弦、刘石心、黄尊生等人。上列七个人，即区声白、梁弦冰、刘石心、黄尊生、谭祖荫、梁一余和梁雨川，当时都是无政府主义者。当时我们不公开自称为无政府主义者，但两个俄国人知道，不当面说我们是无政府主义者。这七个人当时没有什么组织，没有头头，谁要做头头就会被别人反对。……俄国人另在东山租屋住。两个俄国人同我们每周开一次会，多数在"光光"二楼开，有一次在黄尊生家开，我们开会是汇报本星期宣传的经过，下一步应如何做。会上使用英语，一般由区声白当记录，区当时在岭南大学教书，有时他来不了，就由我当记录。黄尊生英语好，由他当翻译，梁冰弦和我也会听、讲英语。当时两个俄国人知道我们是无政府主义者，和我们讲的是关于开展工人运动的事情，并由波金用英文起草向工人宣传的提纲，内容主要是揭露工人如何受资本家的剥削和压迫，不合理、不平等，要起来斗争，也讲到关于社会主义的道理，然后由区声白、黄尊生翻译成中文，由黄尊生、刘石心去协同和机器厂工人俱乐部作宣传。[1]

刘石心回忆说，他当时见到两个俄国人，"一个叫米诺，四、五十岁，还有一位夫人；另一个晚来一点，年青，二十多岁，懂英语，名字

---

[1]《谭祖荫的回忆》，中共中央党史资料征集委员会编：《共产主义小组》（下），中共党史资料出版社1987年版，第761—762页。

我已忘记，可能是谭祖荫所说的 Perkin（波金）。是由梁冰弦介绍给我们认识的。两个俄国人对我们说，我们苏俄革命已告一段落，我们对亚洲有革命倾向的，要联络，希望帮助各地开展社会革命活动。我们听说俄国人来广州帮助我们搞革命，大家都很高兴。此后，我就常常同梁一余、谭祖荫、黄鹃声、梁冰弦、区声白等人，与这两个俄国人一起活动，研究工人运动的事情。""两个俄国人和我们也讲过合作问题，但合作的意义很广泛，每次谈无结果，只有《劳动者》是合作的结果之一。"[1]

《劳动者》周刊由刘石心任编辑，梁一余负责印刷和发行，梁冰弦、黄凌霜为主要撰稿人。刘石心回忆说该刊是在陈炯明率粤军回广东前办的，经济很困难，斯托扬诺维奇和别斯林到广州后，给予资助，主要是解决印刷费，他们没有给这个刊物写过文章。该刊刊登过一些宣传劳工神圣、号召工人团结起来成立工会、反对资本家压迫的文章。但这些文章是从无政府主义的立场撰写的。

《劳动界》共出版 8 期，发行量达 3000 份，1921 年 1 月因经济困难停刊。

1921 年 7 月的《广州共产党的报告》曾说斯托扬诺维奇和别斯林到广州后，曾与无政府主义者组织了共产党，认为"尽管组织了共产党，但是与其称作共产党，不如称作无政府主义的共产党。党执行委员会的九个委员当中，七个是无政府主义者，只有米诺尔和佩斯林同志是共产主义者"[2]。对此，属于 7 个无政府主义者的谭祖荫和刘石心在回忆中都予以否认。

谭祖荫在回忆中说："当时两个俄国人没有和我们谈到成立共产党的问

[1]《刘石心的回忆》，中共中央党史资料征集委员会编：《共产主义小组》（下），中共党史资料出版社 1987 年版，第 767、768 页。

[2]《广州共产党的报告》（一九二一年七月），中共中央党史研究室、中央档案馆编：《中国共产党第一次全国代表大会档案文献选编》，中共党史出版社 2015 年版，第 15 页。

题。我们与共产党不同，各走各路，自己喜欢怎么搞就怎么搞。如果提出组织就会马上反对。""当时确实是没有谈到成立共产党的问题，因为我们是无政府主义者，是不主张受什么组织、纪律约束的。当时两个俄国人也不可能找几个无政府主义者组织共产党。""两个俄国人和我们七个无政府主义者没有成立广东共产党，也没有以《劳动者》周刊为机关刊物。"他推断，"两个俄国人，可能是为了邀功而虚报在广东同七个无政府主义者成立了广东共产党小组"。[1]

刘石心在回忆中说："当时两个俄国人的确没有找我们组织共产党，只讲合作，决定不合作时就分手了。""广州在俄国人来后，我们只是合作，没有建立组织。"[2]

斯托扬诺维奇是带着"组建一个革命局"即组建共产党早期组织的任务到广州的，但他与别斯林在广州没有为找到马克思主义者和进步分子而作出努力，更不要说建立共产党早期组织并下设宣传报道部和组织部了，甚至连宣传马克思主义也没有做到。他们唯一做的就是和无政府主义者合作，出点钱帮助办《劳动者》周刊。可以说，斯托扬诺维奇和别斯林的所作所为，与赋予他们的任务是完全相悖的，不仅没有将广州的马克思主义者和先进分子组织起来、凝聚起来，而且浪费了宝贵的时间和经费。

1920年12月，陈独秀应陈炯明邀请赴广州任广东省教育委员会委员长。行前，他曾给其他地方的共产党早期组织写信征求意见。张国焘在回忆中说："李大钊先生和我去信表示赞成。我们认为他去领导广东的教育工作，有两个重要作用：一、可以将新文化和社会主义的新思潮广泛的带到

---

[1]《谭祖荫的回忆》，中共中央党史资料征集委员会编：《共产主义小组》（下），中共党史资料出版社1987年版，第762、763、764页。

[2]《刘石心的回忆》，中共中央党史资料征集委员会编：《共产主义小组》（下），中共党史资料出版社1987年版，第772、773页。

广东去；二、可以在那里发动共产主义者的组织。"[1]

陈独秀到广州后，就找谭平山、谭植棠、陈公博等人，商议成立共产党组织的问题。谭植棠回忆：

> 他到广州之后，了解我们在广州领导的群众组织基础，他常常向我们提出关于领导民众运动的意见，指出有组织领导比个人领导的重要。他有一次特约我们谈话，指出我们以小集团领导民运是担负不起的，为使广东民运获得更大的发展，必须建立一个领导组织，并说北京上海各地已有共产主义集团的组织，征求我们参加这个组织，我们同意了。乃于一九二一年三月在广州建立了一个中国共产党广东支部，以陈独秀为支部书记。从此以后我们（谭平山陈公博谭植棠）就在党的领导下而进行工作。同时正式决定把我们原日的"广东群报"改为党的机关报，宣传马克思共产主义和发布第三国际及各地的工人农民运动与其他群众运动的消息情况。[2]

谭天度的回忆也说："陈到广州后，住在九曲巷一幢有三层的楼房，他住第二层，自榜其门曰'看云楼'。大概因为要展开共产主义的宣传，常找谭平山等人谈话，交换在广东建党的意见，经过一个时期后，就以谭平山、陈公博、谭植棠三人为基础来组织广东党。""他们的分工大概是书记谭平山，组织谭植棠，宣传陈公博。"[3]

---

[1]《张国焘回忆中国共产党"一大"前后》（一九七一年），中国社会科学院现代史研究室、中国革命博物馆党史研究室选编：《"一大"前后》（二），人民出版社 1980 年版，第 165 页。

[2] 谭植棠：《关于广东共产党的成立》（1951 年），中共中央党史资料征集委员会编：《共产主义小组》（下），中共党史资料出版社 1987 年版，第 736—737 页。

[3] 谭天度：《广东党的组织成立前后》（一九六四年二月——四月），中国社会科学院现代史研究室、中国革命博物馆党史研究室选编：《"一大"前后》（二），人民出版社 1980 年版，第 460 页。

由于斯托扬诺维奇、别斯林和无政府主义者有合作关系，陈独秀曾找他们开过两次会，讨论合作问题。参加会议的有区声白、梁冰弦、刘石心、谭祖荫等 5 位无政府主义者，这时到广州的维经斯基也参加了会议，斯托扬诺维奇和别斯林没有参加。谭祖荫回忆："开了两次会，第一次谈在广州开展工人、农民运动问题；第二次谈到共产主义者和无政府主义者的合作问题。陈独秀说无政府主义者与共产主义者的目的不同，手段也不同。我们认为如果合作，我们可以跟你们做，革命成功后再分家。陈独秀说这样不对。我们知道合作不了，就分手了。"[1]刘石心的回忆与谭植棠有些不同，他说，当时"陈独秀来提出要组织广东共产党，要合作的人，要么加入共产党，要么退出合作"[2]。

尽管两人回忆稍有不同，但说明当时由于无政府主义者反对无产阶级专政，反对共产党的纲领，也不想加入共产党受组织纪律约束，陈独秀没有与他们谈拢，也就没有继续合作。此后，陈独秀等同无政府主义者在报纸上展开激烈的论战，以至于包惠僧后来到广州后，陈独秀对他说："无政府党的一群青年，如区声白、朱谦之等都是我们的敌人……我们在《群报》上经常同无政府党打笔墨官司……区声白是个小鬼，朱谦之是个疯子。"[3]

广州共产党早期组织建立后，加强了宣传马克思主义的力度。《广东群报》版面发生了明显变化，大量转载《共产党》月刊的文章，加大了对苏俄等各国共产党情况的报道，辟有马克思研究、俄国研究、莫斯科通信、留法通讯、工人消息等栏目；以显要位置刊登或转载陈独秀、李大

---

[1]《谭祖荫的回忆》，中共中央党史资料征集委员会编：《共产主义小组》（下），中共党史资料出版社 1987 年版，第 763 页。

[2]《刘石心的回忆》，中共中央党史资料征集委员会编：《共产主义小组》（下），中共党史资料出版社 1987 年版，第 768 页。

[3]《包惠僧的一封信》（一九六一年一月二十九日），中国社会科学院现代史研究室、中国革命博物馆党史研究室选编：《"一大"前后》（二），人民出版社 1980 年版，第 433、434 页。

谭平山（1886—1956），广东高
明人，爱国民主人士。1921 年春
参与发起广州共产党早期组织

钊、李达、谭平山、陈望道、沈雁冰、瞿秋白宣传马克思主义，介绍苏俄
历史和现状，分析中国实际问题的文章；特别注意对于工人运动的报道和
指导，发表过不少关于劳工调查和工会问题的文章。该报深受进步读者的
欢迎，有力推动了马克思主义的传播和广东革命运动的发展。此外，1921
年 2 月，随陈独秀到广州的沈玄庐创办了《劳动与妇女》周刊，主要撰稿
人有陈独秀、沈玄庐、谭平山等。由于陈独秀到广州，《新青年》杂志编
辑部也迁到了广州。

为了培养革命骨干，广州共产党早期组织做的工作有：其一是组织
了马克思主义研究会，会员约有 80 多人，其中一部分是高等、中等学校
的学生。阮啸仙、周其鉴、张善铭、黄学增等都是该会的主要成员。其二
是办"宣讲员养成所"，主要培养向广大工农群众进行革命宣传，传播马
克思主义的宣传员。该所由陈独秀在广东省教育委员会中拨出经费，由宣
传委员会直接领导，地址在高第街素波巷内，陈公博担任所长，谭植棠为

教务主任，教员有谭平山、谭天度、杨甫章、邓瑞仁等。学员除由各县选送，还在广州招专门班和通俗班学员各 30 人。学员毕业后由教育委员会分派到基层工作。学习内容有国语、常识、三民主义和社会科学、共产主义知识等。其三是办"注音字母教导团"。由陈独秀指定的张毅汉担任主任，学员有 100 多人，多是广州在职的中小学校教师，谭平山、谭植棠、陈公博、陈独秀都曾来进行过马克思主义宣传。

广州共产党早期组织积极开展工人运动，成立各种工会。1921 年 2 月，广州理发工会成立，陈独秀、谭平山、陈公博、沈玄庐等到会讲演。同月，广州成立了广东土木建筑工会，有会员 4000 多人。工会成立不久，即领导工人向资本家提出了增加工资、减少工时的要求。广州警察局派警察前去镇压，捕走六七名工人。工会由王寒烬发动 3000 多名工人包围警察局两天两夜，迫使其释放被捕工人，资本家只好答应工人的要求，斗争取得胜利。同年春天，谭平山派梁复然、王寒烬等到佛山发动工人组织工会，成立了佛山土木建筑工会，有会员 1500 多人。

为了启发工人阶级觉悟，广州共产党早期组织在机器总会内开办了机器工人补习班。开办时没有经费，也没有经验，有人缺乏信心。陈独秀说：机器工人比较先进，革命要发动和依靠他们，我们得设法在那里做做试验。于是，谭天度等到工厂找工人商量，受到工人们的欢迎。接着，向社会人士筹捐了一些经费后，他们把机器工人补习班办起来了。补习班开办后，工人积极性很高，每天都有 100 多人参加。

广州共产党早期组织成立时，最初成员有谭平山、陈公博、谭植棠等，再加上陈独秀、斯托扬诺维奇、别斯林，共有 9 人，先后由陈独秀、谭平山任书记。上海共产党早期组织成员沈玄庐、袁振英以及李季到广州后，也参加了广州共产党早期组织的活动。1921 年 5 月，受上海共产党早期组织派遣到广州的包惠僧，也参加了广州共产党早期组织的活动。广州共产党早期组织的建立及其活动，在中国南部播撒了最初的红色种子。

四、旅日、旅法中国共产党早期组织建立

旅日中国共产党早期组织建立

1920 年 6 月 20 日，一艘客轮由上海开往日本，船上有一位 21 岁的青年。这个青年的名字叫施存统，他前往日本的目的是留学。

施存统，浙江金华人，1899 年生。出身于农民家庭，10 岁入私塾读书，12 岁上初小。18 岁时，由伯父资助，进入浙江省立第一师范学校读书。省立一师校长经亨颐厉行教育改革，聘请刘大白、陈望道、夏丏尊、李次九等具有新思想的教员，把新文化运动的精神带进了学校。施存统深受影响，并与在这里读书的俞秀松、傅彬然、周伯棣结为挚友。

1919 年五四运动爆发后，施存统积极参加杭州的爱国学生运动。当时，杭州工业学校和第一中学的学生在 10 月 10 日办了一个《双十》半月刊。施存统刚从家里回到省立一师，见到了这个刊物，非常喜欢，就与傅彬然商议，打算加入双十社。他们把要求告诉双十社后，对方欣然同意。于是，施存统、傅彬然邀请省立一师的俞秀松、周伯棣和双十社一起开会，决定将《双十》半月刊改为《浙江新潮》周刊，经费自由捐助，编辑由各校轮流。《浙江新潮》第一期由工业学校编辑，施存统将自己写的《非孝》交给他们。由于稿子积压较多，《非孝》在第一期没有安排上，便在第二期登出。

据施存统后来在回忆中说，他写《非孝》的原因，是母亲有病，家里没钱医治，而他借的十几块钱，父亲也不让他给母亲买药，说是叫他借来

做寿衣的。此事给他很大刺激，两夜都睡不着，反复思考："我还是做孝子呢，还是不做孝子呢？我还是在家呢，还是回校呢？我要做孝子是做得到么？""我在家里看到母死就算是孝子么？"到了第三天，他决定："我想在社会上做一个很有用的人，我还要替社会做许多事情，我不能做家庭的一个孝子！我即使要做家庭一个孝子，也万万做不到，有人不许你做！我在这种环境，绝对没有做孝子的方法！我此时惟一的方法，只有硬着心肠回到学校里去！我不回到学校里去，不是气杀，一定要闷杀！气杀、闷杀，于父母都没有益处，于社会上却少了一个有用的人！我要救社会，我要救社会上和我母一样遭遇的人！我母已无可救，我不能不救将成我母这样的人！"有了这样的决定后，他在第四天含泪离开垂死的母亲，决然返回学校。他说，受了此事的刺激，得出了"私有财产是万恶之源""家庭制度利用名分主义不知造了多少罪恶""'孝'是一种戕贼人性奴隶道德"的结论。而他写《非孝》的目的在于"改造社会非从根本改造不可"，"是要想借此问题煽成大波，把家庭制度根本推翻，然后从而建设一个新社会"。[1]

《非孝》发表不到一个月，施存统的母亲便去世了。母亲去世时，他不知道，也没有回去奔丧。听说母亲去世的消息后，他就"决计献身革命"，"安心从事社会改造。"

《非孝》问世后，立刻激起轩然大波，反动当局指责其为"主张社会改造、家庭革命，以劳动为神圣，以忠孝为罪恶"，扣上"贻害秩序，败坏风俗"[2]的罪名，将《浙江新潮》查禁。施存统在学校被指为大逆不道，处境十分困难，遂于1920年1月与俞秀松、傅彬然、周伯棣到北京参加

---

[1] 施存统：《回头看二十二年来的我》（节录），张允侯等编：《五四时期的社团》（三），生活·读书·新知三联书店1979年版，第134—135、136页。

[2] 《卢永祥致大总统等密电》（1919年11月27日），张允侯等编：《五四时期的社团》（三），生活·读书·新知三联书店1979年版，第142页。

工读互助团。

北京工读互助团很快失败，施存统与俞秀松于 3 月 27 日回到上海。他们原本是想经上海到福建漳州投靠被称为"社会主义将军"的陈炯明，然而《星期评论》改变了他们的人生方向。沈玄庐和戴季陶这时负责编辑《星期评论》，劝说施存统、俞秀松不要去陈炯明处，建议到工厂中去。二人接受了沈玄庐和戴季陶的建议。于是，俞秀松到虹口厚生铁厂当工人，而施存统由于生肺病，暂时在《星期评论》参加一些编务工作。

当时在《星期评论》社周围聚集了一批马克思主义宣传者，近朱者赤，施存统当然受到影响。陈独秀到上海后，以《星期评论》社为基础，先后建立马克思主义研究会与上海共产党早期组织，施存统都参与其中，并且是参与起草党纲的五人之一。

由于《星期评论》的停刊，施存统由戴季陶介绍去日本留学兼治疗肺病。到达日本后，他于 6 月 26 日找到东京的宫崎龙介家。宫崎龙介是戴季陶的朋友，戴季陶托他帮助施存统在日本留学。

施存统暂时寄宿在宫崎龙介家，一边治疗肺病，一边补习日语。他极有学习日语的天赋，到年底，竟然可以向《民国日报》投寄长篇日文译稿了。

在日本留学期间，施存统一边和陈独秀、李达等上海共产党早期组织成员保持联系，商谈建党的有关问题，一边和正在筹备成立日本共产党的堺利彦、高津正道接触。陈独秀、李达介绍他与在日本鹿儿岛第七高等学校读书的周佛海取得联系，成立旅日中国共产党早期组织。施存统回忆："陈独秀来信，指定我为负责人。"[1]

周佛海，湖南沅陵人，1897 年生。少年时读私塾，1913 年入沅陵高

---

[1] 施复亮：《中国共产党成立时期的几个问题》（1956 年 12 月），中共中央党史资料征集委员会编：《共产主义小组》（下），中共党史资料出版社 1987 年版，第 787 页。

等小学堂，1914 年考入长沙兑泽中学，1915 年考入湖南省立第八联合中学。1917 年在好友帮助下，东渡日本留学。1918 年因反对中日签订军事协定而回国，不久又返回日本，从预备学校考入东京第一高等学校，并在一年后转入鹿儿岛第七高等学校。此时，周佛海已经读了许多宣传社会主义和民主主义及介绍国际形势发展的书籍和文章。1919 年，他开始专门研究社会主义问题，开始翻译《社会问题概观》，撰写宣传社会主义的文章投给张东荪主办的《解放与改造》杂志。

1920 年暑假，周佛海回国度假，在西湖住了两个月。9 月初，他到上海《解放与改造》社拜访张东荪，并由张东荪介绍认识了沈雁冰。张东荪、沈雁冰带他拜访陈独秀，被陈独秀吸收参加了上海共产党早期组织。不久，鹿儿岛第七高等学校开学，周佛海就赶回日本了。

施存统、周佛海分别是上海共产党早期组织的发起者和参加者，因此，陈独秀要他们在旅日学生中建立中国共产党早期组织。周佛海于 1921 年 4 月 19 日给施存统写信，表示此地发展组织存在困难，说自己明年将离开鹿儿岛，因为此地偏僻，什么事也干不了，很感惭愧。他认为施存统在东京极为方便，言外之意是让施存统在发展组织方面多费些心。其实，施存统在东京也未发展新成员，到 1921 年 7 月，旅日中国共产党早期组织仍为施存统、周佛海两个成员。施存统回忆："后来发展到十余人，现在记起来的，有：彭湃、杨嗣震、林孔昭等人。小组成员多数是留学预备生。"[1] 这应是中国共产党一大后的事情。

旅日中国共产党早期组织的活动主要是给国内写一些宣传马克思主义的文章，如施存统先后在《新青年》和《民国日报》副刊《觉悟》上发表《马克思底共产主义》《唯物史观在中国的应用》等文章；周佛海先后在

---

[1] 施复亮：《中国共产党成立时期的几个问题》（1956 年 12 月），中共中央党史资料征集委员会编：《共产主义小组》（下），中共党史资料出版社 1987 年版，第 787 页。

《新青年》上发表《实用社会主义与发展实业》，在《共产党》月刊上发表
《我们为什么主张共产主义？》《夺取政权》等文章。

旅法中国共产党早期组织建立

旅法华人在 20 世纪初主要是由华工和勤工俭学学生组成。在欧洲工
人运动的影响下，旅法华工逐渐觉悟到组织起来进行斗争的必要。1919 年
10 月，旅法的华工工会、中华工团合并，成立旅法华工会，会员达 4000
余人。巴黎和会召开期间，旅法华侨（主要是华工）数百人包围中国出席
和会的代表团团长陆徵祥驻地，反对在和约上签字。五四运动前后，旅法
华工已经充分显示出阶级力量。

在五四爱国运动的推动下，留法勤工俭学掀起热潮。从 1919 年春至
1920 年底，先后有 1600 余名青年学生赴法勤工俭学。其中湖南、四川、
广东三省最多，仅湖南就去了 300 多人。不仅是青年，甚至连年过 40 岁
的教育家徐特立、王若飞的舅舅黄齐生，以及年过 50 岁的蔡和森的母亲
葛健豪等，也远涉重洋到法国勤工俭学。他们同法国工人和华工一起劳
动、生活，帮助华工补习文化，在华工中传播新思想，许多人在马克思主
义和俄国十月革命的影响下，在同旅法华工的结合中，逐步接受马克思主
义，成为共产主义知识分子。

萧子升、罗学瓒等新民学会会员是在 1919 年春赴法勤工俭学的。
10 月底，李维汉、张昆弟等又一批新民学会会员赴法勤工俭学。李维汉
回忆：

我和张昆弟等于一九一九年九月到上海，和许多湖南学生一起
住在静安寺路民厚里，候船赴法。位于霞飞路的上海华法教育会，人

来人往，大都是到这里来办理手续，请购船票，打听消息准备赴法的学生。报纸的"要闻"栏里刊载许多有关勤工俭学的报道，称赞赴法青年为"探险远征队"。我们于一九一九年十月三十一日乘法国邮船"宝勒加"号自沪起航。同批赴法的有一百六十二人，内有湖南青年四十二人，张昆弟、李富春、李林、贺果、余增生、任理、张增益等在内。我们坐的号称四等舱，实际是底层无等统舱。在海上航行了近四十天，许多人因船身颠簸、震动，头晕呕吐，食量锐减。尤其是臭虫多得吓人，扰得我们夜夜不得安宁。一些人只好把袜子套在手上，把裤角扎紧，用毛巾把脸和脖子包住，只露出鼻子和眼睛，以求睡个安稳觉。……十二月七日，我们到达马赛。[1]

这段回忆，向我们再现了老一辈革命家到异国他乡寻找救国真理的艰苦旅程。

华法教育会派人把李维汉、李富春、张昆弟这批赴法勤工俭学的学生接到巴黎，安排在西郊哥伦布华侨协社住下。他们住的是一座第一次世界大战后美国人留下的军用活动帐篷，自愿结合在一起做饭吃。李维汉、李富春、张昆弟、李林、贺果、任理、张增益等人结成一个单位，凑钱买了一个煤油炉，吃的主要是通心粉、马铃薯、面包，有时炒点卷心菜、买点熟肉打打牙祭。他们一边候工，一边学法文、看书报。1920 年 2 月，他们几个人组织了勤工俭学励进会（简称工学励进会），在蒙达尼勤工俭学的罗学瓒随后也参加了这个组织。

1920 年春，李维汉、李富春等被华法教育会介绍到施耐德钢铁厂工作。这是一家大型军火工厂，下设好几个分厂。李维汉、李富春、贺果和李林在法国西北部的勒哈佛尔分厂，张昆弟、任理、欧阳钦、刘明俨在圣

---

[1] 李维汉：《回忆与研究》（上），中共党史资料出版社 1986 年版，第 12—13 页。

蔡和森（1895—1931），湖南湘乡人，中国共产党早期领导人。1918年同毛泽东等人组织新民学会，创办《湘江评论》

伯尼分厂，罗学瓒在法国南部的克勒左总厂。通过在工厂的劳动，他们对资本家剥削工人和管制方法有了初步的认识。李维汉在一篇研究勤工俭学的文章中写道："现在社会的一切不平等都带着十分或九分的经济压迫的原因……布尔塞维克的俄国，凡是封建的遗物，如那些军阀、地主、资本家一概扑灭之，以组织世界经济，这样的改革就是马克思主义学说的实现。"[1]

1920年2月，蔡和森等也来到法国蒙达尼。他是新民学会的发起者之一，新民学会在法的会员中心很快转移到蒙达尼。同年6月中旬，前后分批到达法国的新民学会会员已达18人。7月6日至10日，旅法新民学会会员在蒙达尼召开会议，讨论会务。蔡和森主张"组织共产党，使无产阶级专政，其主旨与方法多倾向于现在之俄"。萧子升"主张温和的革

[1] 李维汉：《回忆与研究》（上），中共党史资料出版社1986年版，第15页。

命""以工会、合社为实行改革之方法"[1]。

这次会后，一些在其他地方勤工俭学的新民学会会员也搬到了蒙达尼。会员们采取共同研究和分门研究两个方法，以主义为纲，以书报为目，分别阅读，互相交流。李维汉回忆："我和几个迁来的会友在附近一个胶鞋厂做工，在工余学习。约在八月至九月的时间内，我有机会集中阅读了和森以'蛮霸'精神从法文翻译过来的《共产党宣言》、《社会主义从空想到科学的发展》、《国家与革命》、《无产阶级革命和叛徒考茨基》、《共产主义运动中的'左派'幼稚病》和若干关于宣传十月革命的小册子。此外，我同和森做了多次长谈，涉及范围很广，包括欧洲革命斗争形势、俄国十月革命经验、布尔什维克与孟什维克的区别、共产国际的性质与任务、第三国际与第二国际的决裂等等内容。通过阅读和谈话，我深知只有走十月革命的道路才能达到'改造中国与世界'的目的。"[2]

同年8月，工学励进会改名工学世界社，社员发展到30多人。九十月间，工学世界社开了三天会。经过热烈讨论，大多数成员赞成以信仰马克思主义和实行俄国式的社会革命为工学世界社的宗旨。萧三说："这个组织已不简单的是个学会组织，而实际上是共产主义小组性质的团体了。"[3]

1921年2月，在法国勤工俭学的李立三、赵世炎、刘伯坚、刘伯庄、陈公培等人，成立了劳动学会。李立三回忆："我们本想定名为'共产主义同盟会'但因为当时的八个人中有的还不完全是拥护马克思主义，所以叫做'劳动学会'。"[4]李立三在《自述》中还这样说过："1920年底，我和赵

[1]《肖旭东给毛泽东的信》（节录）（1920年8月初），中共中央党史资料征集委员会编：《共产主义小组》（下），中共党史资料出版社1987年版，第812页。

[2] 李维汉：《回忆与研究》（上），中共党史资料出版社1986年版，第18页。

[3] 萧三：《对赵世炎事迹的回忆》（1960年7月30日），中共中央党史资料征集委员会编：《共产主义小组》（下），中共党史资料出版社1987年版，第941页。

[4] 李立三：《对世炎的回忆》（节录）（1960年9月3日），中共中央党史资料征集委员会编：《共产主义小组》（下），中共党史资料出版社1987年版，第960页。

世炎、鲁易、刘伯坚、袁庆云等人一起组织了留法中国工人学生中第一个
共产主义小组。"[1] 尽管回忆略有区别，但反映出当时他们已有建立共产主
义组织的意向。

工学世界社和劳动学会这两个带有共产主义性质团体的产生，为旅法
中国共产党早期组织的建立创造了条件。

3月，李立三与赵世炎等以劳动学会为核心，成立勤工俭学会。他们
于下旬联名给蔡和森写信，建议联合起来。赵世炎又亲去蒙达尼，同蔡和
森会谈3天，确定要在马克思主义的基础上联合起来。4月，李立三与赵
世炎又联名给蔡和森写信，建议共同创建共产主义同盟。蔡和森回信建议
共同创建少年中国共产党。双方统一了创建共产主义组织的意向。由于后
来发生进驻里昂中法大学的斗争，蔡和森、李立三等被法国当局押送回
国，他们的愿望没有能够实现。

1920年12月底，作为北大讲师的北京共产党早期组织成员张申府到
达巴黎。张申府为什么去法国呢？他在回忆中说：

> 十月十几号我先到上海，还是住在渔阳里二号，在一起住的有几
> 个人，这几个人比较年轻，名字记不清了。我为什么要到法国去呢？
> 我不是去学习的，而是去教书的。一九二〇年下半年，我在北大是讲
> 师了，我在北大原很活跃，经常写文章，跟校长蔡元培也很接近。蔡
> 同李石曾、吴稚晖他们在法国办里昂大学。当时的"里大"要办一个
> 中国学院，缺教授，头一个就找到我。所以我出国的目的，不是去学
> 习，而是去教书。当时蔡元培也到法国去考察，所以赴法同路的有
> 蔡元培。我先到上海住在陈独秀家里。……刘清扬也和我们乘同一艘

---

[1] 中共中央党史研究室第一研究部编：《李立三百年诞辰纪念集》，中共党史出版社 1999 年版，
    第 530 页。

船去的。同船去的还有广东的郑毓秀，她带了二十来个女学生，她是个法国通。当时法国通第一个是李石曾，第二个就是郑毓秀。那时提倡勤工俭学，说做半年工，可以读半年书。我们坐的是法国高尔基尔号船。一九二〇年十二月三十日到马赛。然后坐火车到巴黎。到巴黎后，因中国学院尚未开学，我住在巴黎大学对面的学校街五十号。刘清扬是俭学生，不勤工，自费读书。我跟刘清扬不住在一起。我每月拿薪水是八百法郎，生活没问题。[1]

张申府出国时，陈独秀、李大钊委托他建立海外组织。到了法国后，张申府很快与刘清扬结为夫妻。于是，他首先把北京共产党早期组织建立时就想发展的刘清扬介绍加入了中国共产党早期组织。

就在张申府、刘清扬到巴黎后一个多月，原先想到英国伦敦爱丁堡大学读书的周恩来，由于那里的生活费用高，于1921年2月上旬又回到法国，在巴黎郊区阿里昂法语补习学校补习法文。就这样，他们在巴黎相聚了。张申府后来回忆："刘清扬和总理（指周恩来——引者）都是天津觉悟社的。刘清扬在'五四'时期在天津严氏小学教书，周总理在南开中学读书。李大钊在'五四'后常去天津讲演（李过去是天津法政学校的学生），天津学生对北京很羡慕。一九二〇年八月（暑假期）觉悟社全体社员到北京来了。有二十多人（一说十九人）到北京来访问，到了北大。后来觉悟社在陶然亭开了一个招待会，李大钊和我都去了。刘清扬是招待会的主席，周总理在会上讲了话。我和李大钊也在会上讲了话。所以同总理

---

[1] 张申府：《建党初期的一些情况》（一九七九年九月十七日），中国社会科学院现代史研究室、中国革命博物馆党史研究室选编：《"一大"前后》（二），人民出版社1980年版，第221—222页。

熟。"[1]

他乡遇故知，周恩来十分高兴，经常去张申府、刘清扬住处，讨论各种问题。1921 年二三月间，张申府、刘清扬介绍他加入了中国共产党早期组织。张申府将此事写信向陈独秀作了报告。不久，赵世炎和陈公培也先后到了法国。赵世炎在上海由陈独秀介绍加入共产党早期组织。陈公培曾参与筹备上海共产党早期组织，并是参加起草纲领的五人之一，赴法国时带来了一份他们起草的党纲。张申府、周恩来、刘清扬、赵世炎、陈公培 5 人成立了旅法中国共产党早期组织，并报告了陈独秀。

旅法中国共产党早期组织成立后，创办了一个油印刊物《少年》。张申府说，由于要买油印机和纸张，章士钊捐了 1000 法郎。张申府、周恩来、赵世炎、刘清扬都为《少年》写过文章。张申府用的笔名为"R"，周恩来用的是"伍豪"，刘清扬用的是"念吾"。

1921 年，旅法勤工俭学学生进行了二二八运动、拒款运动和进军里昂中法大学的三次大规模群众斗争。旅法中国共产党早期组织没有出面领导这三次斗争，但成员周恩来、赵世炎、陈公培参加了这些运动并起了重要的作用。陈公培与蔡和森、李立三等一起被法国当局押送回国。周恩来还把这三次斗争的情况写成通讯，寄给天津《益世报》发表。张申府回忆："他们活动我是知道的，但我没有出面。"[2]

旅法中国共产党早期组织努力把旅欧的进步青年组织起来，建立青年团。1922 年 2 月，张申府辞去里昂中法大学教职，没有了固定收入，在法国生活困难。而这时战败后的德国马克贬值，有外币的外国人到德国生

---

[1] 张申府:《建党初期的一些情况》（一九七九年九月十七日），中国社会科学院现代史研究室、中国革命博物馆党史研究室选编:《"一大"前后》（二），人民出版社 1980 年版，第 222—223 页。

[2] 张申府:《中国共产党建立前后情况的回忆》（一九七七年三月，一九七八年九月），中国社会科学院现代史研究室、中国革命博物馆党史研究室选编:《"一大"前后》（二），人民出版社 1980 年版，第 550 页。

活费用低廉，在巴黎一个月的生活费，在柏林可以用 3 个月。于是周恩来同张申府、刘清扬一起来到德国柏林，住在南郊一个小镇上。到德国后，张申府同留在法国的赵世炎联系密切，经常给他写信督促建立青年团的工作。4 月份，张申府、周恩来、刘清扬等联名致信赵世炎，希望能够在 5 月 1 日建立旅欧青年团。周恩来按照党组织的要求经常往来于柏林、巴黎之间，在勤工俭学学生中作过多次讲演，推动了青年团组织的筹备工作。

在克服了各种困难后，6 月份，来自法国、德国、比利时的 18 名代表，其中包括赵世炎、周恩来、李维汉、王若飞、陈延年、陈乔年、萧子璋、刘伯坚、傅钟、佘立亚等，在法国巴黎西郊布伦森林中开会。会议由赵世炎主持，并报告了筹备经过。接着，由周恩来报告组织章程草案。周恩来最初提议组织的名称是共产主义青年团，但多数人不赞同，主张叫少年共产党。会议开了 3 天，确定组织的名称为"旅欧中国少年共产党"，选出中央执行委员会委员 3 人：赵世炎为书记，周恩来负责宣传，张伯简负责组织（由于张伯简在德国，由李维汉代理，不久李正式接替张）。旅欧中国少年共产党的成立，为党培养了一批骨干人才，这些人在此后的中国革命和建设中发挥了重要作用。

第五章

红船启航：
朝着中华民族复兴的方向前进

一、召开中国共产党全国代表大会提上日程

召开中国共产党全国代表大会最初的提出

1921 年春，随着各地共产党早期组织的建立，召开中国共产党全国代表大会、正式成立中国共产党开始提上议事日程。

查阅有关历史资料，能见到的最早提及召开中国共产党代表大会的是维连斯基 1920 年 9 月 1 日就国外东亚人民工作给共产国际执行委员会的报告。报告说：第三国际东亚书记处"中国科的工作进行得较顺利。依靠工人和学生组织，该科在北京、上海、天津、广州、汉口、南京等地为共产主义组织打下了基础。最近要为最终成立中国共产党举行代表大会。"[1]

维连斯基这个报告写成于上海共产党早期组织成立还不到一个月的时间，其他地方的共产党组织还未成立。那么为什么维连斯基这时就提出成立中国共产党举行代表大会呢？有必要对维连斯基本人和这个报告作些分析。

维连斯基曾任苏俄红军总参谋部学院政治委员，在 1919 年 8 月向俄共（布）中央政治局提出一个在东亚各国人民当中开展共产主义工作的提纲，很快得到了赞同。9 月，他被任命为苏俄外交人民委员部远东事务全

---

[1]《维连斯基—西比里亚科夫就国外东亚人民工作给共产国际执委会的报告》（摘录）（1920 年 9 月 1 日于莫斯科），中共中央党史研究室第一研究部译：《共产国际、联共（布）与中国革命档案资料丛书·联共（布）、共产国际与中国国民革命运动（1920—1925）》第一卷，北京图书馆出版社 1997 年版，第 40 页。

权代表，赴西伯利亚，其任务之一就是"努力支援东亚各国人民的革命运动。还应同日本、中国和朝鲜的革命组织建立牢固的联系，并通过出版铅印刊物、小册子和传单来加强鼓动工作"[1]。1920年2月，他又遵照苏俄中央的决定到海参崴执行防止同日本发生冲突的任务。他说："从我在海参崴露面时起，中国和朝鲜革命组织的许多代表来到我这里，后来同他们建立了牢固而密切的联系。"[2] 维经斯基等人被俄共（布）远东局海参崴分局外国处派往中国时，维连斯基由于其身份应该是参与此事的，并且委托维经斯基考察是否有可能在上海建立共产国际东亚书记处。

就在维经斯基离开海参崴后的一个多月，维连斯基于1920年5月到上海，建立了"第三国际东亚书记处"，下设中国科、朝鲜科和日本科。而几乎同时，维经斯基等人从北京也到了上海。从维连斯基给共产国际的报告看，他是把维经斯基到上海后与陈独秀等人会见，促进上海共产党早期组织建立的活动等，纳入了第三国际东亚书记处中国科的工作内容。7月5日，维连斯基与他的几名助手来到北京，并事先打电报把在上海、天津等地的俄共组织的代表也召集来，从5日至7日召开了在华工作的俄国共产党员第一次代表会议。会议的其中一项内容是就"即将举行的中国共产主义组织代表大会和中国共产党的成立"[3]交换了意见。可见，在上海共

---

[1]《维连斯基—西比里亚科夫就国外东亚人民工作给共产国际执委会的报告》（摘录）（1920年9月1日于莫斯科），中共中央党史研究室第一研究部译：《共产国际、联共（布）与中国革命档案资料丛书·联共（布）、共产国际与中国国民革命运动（1920—1925）》第一卷，北京图书馆出版社1997年版，第39页。

[2]《维连斯基—西比里亚科夫就国外东亚人民工作给共产国际执委会的报告》（摘录）（1920年9月1日于莫斯科），中共中央党史研究室第一研究部译：《共产国际、联共（布）与中国革命档案资料丛书·联共（布）、共产国际与中国国民革命运动（1920—1925）》第一卷，北京图书馆出版社1997年版，第39页。

[3]《维连斯基—西比里亚科夫就国外东亚人民工作给共产国际执委会的报告》（摘录）（1920年9月1日于莫斯科），中共中央党史研究室第一研究部译：《共产国际、联共（布）与中国革命档案资料丛书·联共（布）、共产国际与中国国民革命运动（1920—1925）》第一卷，北京图书馆出版社1997年版，第41页。

产党早期组织尚在筹备还未成立时，维连斯基及其他在华俄共人员已经讨论成立中国共产党问题，表明了当时他们工作的发展意向。

维连斯基是在这次会议之后回到苏俄远东的。而维经斯基于 8 月 17 日给新成立的俄共（布）西伯利亚局东方民族处写信，报告了上海共产党早期组织成立并计划在北京、广州及其他工业城市建立类似共产党组织的消息。维连斯基得到这个消息无疑受到鼓舞，因而他在回到莫斯科后，向共产国际执行委员会报告东亚书记处成立及所做的工作时，有中国科"在北京、上海、天津、广州、汉口、南京等地为共产主义组织打下了基础。最近要为最终成立中国共产党举行代表大会"之语。

从当时情况看，在中国召开共产主义组织代表大会成立中国共产党是不可能的，维连斯基给共产国际的报告信息来源，一是他在中国上海的经历及在北京召开的在华俄共党员第一次代表大会；二是维经斯基给俄共（布）西伯利亚局东方民族处的报告，其中包含有他推测的成分。因此，他的报告有不少不实之处。尽管如此，维连斯基的报告向共产国际传达了在中国有建立共产党并推动革命发展的可能，为俄共（布）、共产国际决定对华策略提供了依据。

1921 年 1 月中旬，维经斯基回国路过北京，与北京共产党早期组织负责人李大钊等又进行了会谈。张国焘回忆："我和威金斯基在李大钊先生的办公室用英语会谈过好几次，多数是李大钊先生和我两人都在座，有时是我一个人，还有一次是北京支部全体党员共同参加的会谈。我们所谈论的问题很广泛，如共产党人的基本信念、组织原则、共产国际成立的经过、俄国革命的实况、中国革命运动的发展等等。我们主要只是交换意见，而不是企图立即得出确定的结论。"[1]

---

[1]《张国焘回忆中国共产党"一大"前后》（一九七一年），中国社会科学院现代史研究室、中国革命博物馆党史研究室选编:《"一大"前后》（二），人民出版社 1980 年版，第 156 页。

维经斯基（1893—1953）是苏俄向中国派出的第一位"使者"，帮助筹建中国共产党

　　由于北京共产党早期组织的成员们对共产国际与苏俄的关系和俄共与共产国际的关系非常关心，维经斯基对此作了比较详细的解释。他说，苏俄从国家层面与各国政府建立外交和通商关系，而共产国际却是另外一回事，是由各国共产党共同组织起来的世界革命的大本营，总部虽设在莫斯科，但不能与苏俄混为一谈。拿中俄关系为例，苏俄政府的外交对象是北京政府，它有必要与北京政府建立关系，不过这并不表示苏俄同情和支持中国人民所不喜欢的北京政府。至于共产国际所要联络的对象则是中国共产党。中国革命是中国共产党和中国人民自己的事情，苏俄自然不能干预，而共产国际站在国际主义的立场上，当然予以支持。维经斯基希望苏俄和共产国际的政策能趋于一致，就中国的情况看，首先需要一个革命政府。否则，苏俄和共产国际就其不同的角度推行不同的策略，也没有什么矛盾的地方。

　　关于俄共与共产国际的关系，维经斯基介绍了共产国际的成立经过，指出俄共不过是共产国际的一员，根据国际主义的精神，尽一个支部的义务，享受一个支部的权利。共产国际的一切决议都须有多数通过才算有效，并不是俄共所能操纵的。不过，俄共在各兄弟党中，因为是革命获得胜利的唯一的一个，它的领袖列宁具有极高的国际声望，所以事实上它在共产国际具有领导党的地位。

维经斯基对这两个问题的解释是比较清楚的，有助于中国共产主义者们理解当时苏俄对北京政府采取的政策，弄清各国共产党与共产国际的关系。因此，北京共产党早期组织的成员们听后普遍赞许。

维经斯基还和北京共产党早期组织成员们探讨了工人运动问题。北京共产党早期组织有的成员主张目前应注重经济斗争，维经斯基主张进行政治斗争，没有取得一致意见。

维经斯基路过北京时，各地共产党早期组织已经基本建立，他在临动身回国前向李大钊等表示：希望中国的共产主义者和他们所建立起来的各地的雏形组织能够从速联合起来，举行第一次全国共产党代表大会，正式成立中国共产党，并迅速加入共产国际，成为它的一个支部。

陈独秀在北京共产党早期组织建立后，就多次与李大钊等通信提起过这件事，因而，李大钊等对维经斯基的建议非常赞同。

维经斯基回国，要汇报他在华工作的结果。与维连斯基相比，他掌握的情况比较多，也更真实，且召开中国共产党各地早期组织的代表大会的条件趋于具备，能够使俄共（布）、共产国际决策机构得到关于中国革命和中国共产党早期组织更准确的信息，从而及时作出加快中国共产党成立的决策。

张太雷苏俄之行

维经斯基在北京时，虽然提议中国各地共产党早期组织联合起来，召开全国代表大会，正式成立中国共产党，但大会如何进行，他并没有提出具体意见。

维经斯基离开中国后不久，陈独秀就在 1921 年 2 月与李汉俊往来通信，商谈正式建立中国共产党的问题。筹备建党，起草党章是其中最重要的工作。李达回忆：

> 一九二一年二月，陈独秀起草了一个党章，寄到上海，李汉俊看到草案上主张党的组织采取中央集权制，对陈独秀甚不满意，说他要党员拥护他个人独裁，因此他也起草了一个党章，主张地方分权，中央只不过是一个有职无权的机关，陈独秀看了李汉俊这个草案，大发雷霆，从广州来信责备我一顿，说上海的党员反对他，其实我当时并不知道这件事。从此以后，陈独秀和李汉俊二人之间的裂痕愈来愈深，我觉得党刚才发起就闹起分裂来，太不象话，只得调停于二者之间，要大家加强团结，但李汉俊态度坚决，不肯接受调停，并连书记也不做了，《新青年》也停刊不编了，他就把党的名册和一些文件移交于我，要我担任书记，我为了党的团结，只好接受了。[1]

根据张太雷 1921 年春向共产国际远东书记处的报告，1921 年 3 月间

---

[1] 李达：《中国共产党的发起和第一次、第二次代表大会经过的回忆》（一九五五年八月二日），中国社会科学院现代史研究室、中国革命博物馆党史研究室选编：《"一大"前后》（二），人民出版社 1980 年版，第 9—10 页。

各地共产党早期组织曾开过一个代表会议，"当时以会议的名义发表了关于我们的目标和原则的共同声明。这次会议还制定了临时纲领。这个纲领规定了我们组织的机构与工作计划，表明了我们对待社会主义青年团、对同业公会和行会，对军队中的工作以及对于利用文化教育团体的态度，同时，也表明了我们共产党对于工会当前的任务的态度"[1]。

这个报告所提到的 3 月间召开的各地共产党早期组织代表会议，未见有其他档案文献资料提及和各地负责人的回忆，推断应是这时陈独秀起草的党纲等文件，以信函的方式在上海、北京共产党早期组织负责人之间征求意见。

那么，什么时候确定的召开党的第一次全国代表大会的时间表呢？对此，张国焘曾有这样的回忆："一九二一年四月间，我们——中国共产党的主要发起人——觉得各地的工作都已有一个良好的开始，组党的时机已经成熟了。上海北京和广州各地同志们互相函商的结果，决定于六月中旬在上海举行中国共产党第一次全国代表大会。"[2]

张国焘回忆的时间是可靠的。1919 年至 1921 年在华工作的俄共党员之一，回国后任共产国际执委会远东部书记的索科洛夫·斯特拉霍夫，在 1921 年 4 月 21 日给莫斯科的报告中说："我从上海动身前，中国共产党人在积极筹备召开共产党全国代表大会，会上要选举产生中央委员会。"[3] 由此可以说明，在 4 月份，中国共产党第一次全国代表大会的筹备工作正在紧锣密鼓地进行。

---

[1]《张太雷向共产国际远东书记处的报告》（1921 年春），中共中央党史研究室第一研究部编：《共产国际、联共（布）与中国革命档案资料丛书·共产国际、联共（布）与中国革命文献资料选辑（1917—1925）》第二卷，北京图书馆出版社 1998 年版，第 96 页。

[2]《张国焘回忆中国共产党"一大"前后》（一九七一年），中国社会科学院现代史研究室、中国革命博物馆党史研究室选编：《"一大"前后》（二），人民出版社 1980 年版，第 168 页。

[3]《索科洛夫—斯特拉霍夫关于广州政府的报告（1921 年 4 月 21 日）》，中共中央党史研究室第一研究部译：《共产国际、联共（布）与中国革命档案资料丛书·联共（布）、共产国际与中国国民革命运动（1920—1925）》第一卷，北京图书馆出版社 1997 年版，第 59 页。

成立中国共产党，必须得到共产国际的承认。因此，在积极筹备中国共产党全国代表大会的同时，须派人向共产国际介绍中国的共产党早期组织及其活动的情况。张太雷被赋予了这个任务。

张太雷，原名曾让，又名椿年、春木，字泰来，江苏武进（今常州市钟楼区）人，1898年生，1911年小学毕业，考入常州府中学堂，与瞿秋白为同班好友，1915年考入天津北洋大学法科学习。1919年五四运动爆发，他积极参加，为天津地区的爱国骨干之一。在斗争中，他与李大钊建立了联系，同时与周恩来、于方舟等结下革命友谊。在李大钊的影响下，他开始接触马克思主义，并参加了北京大学马克思学说研究会。维经斯基一行到北京时，他为李大钊等做翻译工作。北京共产党早期组织成立后，他为成员之一。后到天津组织社会主义青年团。

有关资料显示，张太雷是在1921年3月中旬左右到达共产国际远东书记处所在地伊尔库茨克的。派他去的应是北京共产党早期组织。之所以派他到共产国际远东书记处有这几个原因：其一，他毕业于天津北洋大学，文化水平高，英语也好，曾为维经斯基做过翻译，彼此比较熟悉，便于同共产国际人员交流。其二，他是北京共产党早期组织成员，对各地建党情况有一定的了解；同时，他又负责天津社会主义青年团的组建，对青年团的情况了解得更多一点。其三，当时张太雷在天津，天津是港口，走海路去伊尔库茨克方便些，也更快些。因而，张太雷是派赴共产国际的比较合适的人选。

张太雷到伊尔库茨克后，于3月22日被共产国际远东书记处任命为中国科书记。考虑到这时尚未召开中国共产党成立大会，远东书记处将张太雷的任期定为到中国共产党成立后派出的新书记到任为止。

张太雷是中国共产党早期组织成立后，第一位派到共产国际机构的代表。尽管他任共产国际远东书记处中国科书记是带有临时性的，但对于直接沟通中国共产党早期组织与共产国际及其下属机构之间的联系起了重要作用。

到伊尔库茨克后，共产国际远东书记处指示张太雷准备一份报告，提交给即将于莫斯科召开的共产国际第三次代表大会。

张太雷利用自己所了解的国内各地共产党早期组织的有关情况和苏俄在华人员发回的有关材料，撰写出这份报告。其中除了前面提到的3月份召开的各地党的早期组织代表会议内容外，还介绍了中国各地共产党早期组织领导的工运和宣传出版情况，以及党组织确定的当前任务。报告还说："截止于1921年5月1日，中国共产党已经有了七个省级党组织（均有选设的委员会）即：上海、广州、北京、天津、武汉和香港等。"[1]这与事实稍有出入，不算海外的旅日、旅法中国共产党早期组织，国内党的早期组织有六个，而报告中的天津和香港两地当时是没有党的早期组织的。这也说明，无论是张太雷还是苏俄在华人员，当时获得的信息是不对称的。虽稍有出入，张太雷的报告仍基本上反映了中国共产党早期组织当时的情况。

张太雷给共产国际远东书记处的报告的时间被注明为"1921年春"，从文中看，应在这年的5月份。

约在1921年6月上旬，上海共产党早期组织派出的代表杨明斋抵达伊尔库茨克。杨明斋与维经斯基一起于1920年4月到北京时，就与张太雷认识。他们俩与远东书记处的代表举行了多次会议，决定建立共产国际远东书记处的中国支部。在一次会议上，张太雷提出了中国支部的任务为：

（1）兹建立（设在伊尔库茨克）远东书记处中国支部，以关照解决涉及中共中央和共产国际关系的问题，给中国共产党和苏俄提供情况，并向中国共产党传达共产国际执行委员会的指示。

[1]《张太雷向共产国际远东书记处的报告》（1921年春），中共中央党史研究室第一研究部编：《共产国际、联共（布）与中国革命档案资料丛书·共产国际、联共（布）与中国革命文献资料选辑（1917—1925）》第二卷，北京图书馆出版社1998年版，第97页。

（2）由两个书记负责这个支部：一个是中国共产党中央委员会派出任此工作的代表，另一个代表由远东书记处派出。

（3）按照常例，各个国家的共产党都要成为第三国际属下的支部，中国支部也隶属于共产国际组织。因此，中国共产党中央委员会和共产国际远东书记处之间的关系也必须遵循同样的组织联系的原则，即远东书记处中国支部的全体成员，应由驻远东书记处的中国共产党中央委员会所属的各地区代表组成，这个支部本身隶属于远东书记处。[1]

这份文献资料透露了这样几个信息：其一，杨明斋到伊尔库茨克，向共产国际远东书记处和张太雷通报了中国共产党早期组织准备于6月中旬召开全国代表大会，成立中央领导机构等情况；其二，理顺即将成立的中国共产党与共产国际之间的关系；其三，建立渠道，加强中国共产党与苏俄、共产国际之间的联系。

尽管6月中旬，中国共产党第一次全国代表大会并没有如期召开，张太雷与俞秀松[2]仍作为中国共产党的代表参加了6月22日至7月12日召开的共产国际第三次代表大会。

在共产国际第三次代表大会上，张太雷主要做了这几件事：

1. 向大会提交书面报告。报告比较详尽地介绍了中国的政治形势、经济状况、知识分子、社会主义运动、妇女运动、工人和农民的状况、工人运动、共产主义运动等情况。报告在"我们的前景"中指出："中国共产党至今只是做了筹备性工作。它力求扩大自己对广大工农群众的影响基础。现在它已经拥有一大批共产主义组织和训练有素的工作干部。"强调"中

---

[1]《张太雷关于建立共产国际远东书记处中国支部的报告》（1921年6月），中共中央党史研究室第一研究部编：《共产国际、联共（布）与中国革命档案资料丛书·共产国际、联共（布）与中国革命文献资料选辑（1917—1925）》第二卷，北京图书馆出版社1998年版，第98—99页。

[2] 原定杨明斋参加共产国际三大。

国共产党是中国无产阶级的政党""一个基本目标是加紧把分散的无产阶级力量联合成一些强大的阶级组织，把所有至今还处于分散状态的分子聚集在一起，并把他们吸收到这些组织中来，将他们组成一支无往而不胜的无产阶级革命大军，使之成为整个世界无产阶级的一个组成部分。"[1] 这个报告使共产国际对于中国的情况有一个全面的了解，特别是把即将成立的中国共产党作为一个无产阶级政党及其发展前景，展现在各国共产党面前，对国际共产主义运动是一个很大的鼓舞。

2. 向大会提出关于殖民地问题提纲草案。提纲草案认为："从东方各国革命组织的任务，以及领导所有国家民族革命运动的方法来说，不能认为所有东方国家都是完全一样的。"提出"东方殖民地半殖民地国家共产主义者的任务是：不要丢掉自己纲领和组织的独立性，要掌握住各国的民族革命运动，要把参加运动的群众从资产阶级的领导下争取到自己一边来，并且要尽可能暂时迫使资产阶级跟随革命运动，迫使他们在'打倒帝国主义'和'民族独立万岁'的口号下参加斗争，并在必要的时候将他们从这个运动中驱逐出去"。[2] 提纲草案所指出的东方各国有不同的国情，初步提出无产阶级政党在保持独立性的前提下，同资产阶级争夺群众，并迫使其参加民族革命斗争的策略，是有一定价值的。

3. 与俞秀松一起给共产国际主席季诺维也夫写信，揭露社会民主党江亢虎的真实面目，将其逐出共产国际第三次代表大会。共产国际第三次代表大会召开时，江亢虎以"左派社会主义党"身份被邀参加，并得到了发

---

[1] 张太雷：《致共产国际第三次代表大会的书面报告》（1921 年 6 月 10 日），中共中央党史研究室第一研究部编：《共产国际、联共（布）与中国革命档案资料丛书·共产国际、联共（布）与中国革命文献资料选辑（1917—1925）》第二卷，北京图书馆出版社 1998 年版，第 177、179 页。

[2] 张太雷：《关于殖民地问题致共产国际"三大"的提纲（草案）》（1921 年 6 月），中共中央党史研究室第一研究部编：《共产国际、联共（布）与中国革命档案资料丛书·共产国际、联共（布）与中国革命文献资料选辑（1917—1925）》第二卷，北京图书馆出版社 1998 年版，第 180、182 页。

言权。张太雷和俞秀松发现后，先是两次写信就大会资格审查委员会承认江亢虎代表资格一事提出抗议，接着他们又第三次写信抗议，并由张太雷寄给季诺维也夫。他们担心季诺维也夫忘记看信，于是又给季诺维也夫写了一封信。信中说："由于这件事对中国的共产主义运动至关重要，我们再一次提醒您。"他们提出抗议江亢虎代表资格的理由为："1. 他并不代表任何一个中国政党。他自称代表的社会党在中国并不存在。他是中国反动的北京政府总统的私人顾问。2. 中国青年对他并不尊重，也不信任。如果他以青年代表的身份参加共产国际，那就肯定会妨碍共产国际和中国共产党的工作，破坏他们的声誉。3. 他是十足的政客，他善于利用一切机会来达到自己的目的。他会利用他是共产国际承认的代表这一事实，在中国从事卑鄙的勾当，从而损害中国共产党。"[1]

张太雷、俞秀松给季诺维也夫的信起作用了，共产国际收回了江亢虎的代表证，剥夺了他出席共产国际第三次代表大会的权利。这样，江亢虎就无法利用共产国际的招牌在国内招摇撞骗、混淆视听了。

时年 23 岁的张太雷不辱使命，第一次在共产国际展示了中国共产党人生机勃勃的形象，对于此后中国共产党与共产国际关系的良性发展起了非常重要的作用。

马林、尼克尔斯基到达上海

1921 年 6 月 3 日，意大利劳尔·特斯提诺公司的一艘客轮"阿奎利亚"号驶进上海港。船靠码头后，陆续走出船舱的旅客中，有一位年近 40 岁的荷兰男子。当天，这个男子以安德烈森的名字和日本《东方经济学

---

[1]《张太雷文集》，人民出版社 2013 年版，第 35—36 页。

家》杂志记者的身份住进了南京路东方饭店。6月14日，他又住进了公共
租界麦根路32号，其后，又住到汇山路6号。

这个荷兰男子1883年生于鹿特丹，本名是亨德立克斯·斯内夫利特。
1900年到铁路上做工，开始参加工人运动。1902年加入荷兰社会民主党。
1913年赴荷属东印度（今印度尼西亚）。1914年在爪哇岛建立社会民主联
盟。1915年创办荷兰文《自由呼声报》。第一次世界大战期间，他思想左
倾，同情俄国十月革命。1918年创办印尼文《人民呼声报》。同年12月，
他多次撰文抨击荷属东印度当局的殖民统治，被驱逐出境。1920年，他那
些社会民主联盟的同志们成立了印度尼西亚共产党。同年，他以"马林"
的名字作为荷属东印度的代表参加了共产国际第二次代表大会，并因其在
殖民地工作的经历当选为共产国际执行委员会委员。

那么，马林为什么这时到中国来呢？对此，他本人是这样说的：

> 我被派往中国，是由于我参加了一九二〇年共产国际第二次代
> 表大会。在那次会上，我代表爪哇党。我是一九一九年被驱逐出爪哇
> 的，一九二〇年初，在荷兰被邀前去参加共产国际的代表大会。我被
> 指定参加殖民地问题委员会。列宁是这个委员会的主席，里面还有罗
> 易。我任秘书。我们依据列宁和罗易的两组提纲进行工作。
>
> 当时，虽有共产国际伊尔库茨克局在进行与远东的联系工作，莫
> 斯科仍想派一个共产国际的直接代表驻在中国。我是一九二〇年八月
> 被委派的。[1]

1920年7月19日至8月7日召开的共产国际第二次代表大会，其中一

---

[1] 伊罗生：《与斯内夫利特谈话记录》，《马林在中国的有关资料》，人民出版社1980年版，第
22页。

马林（1883—1942），荷兰共产主义者。
1921 年，马林接受列宁的派遣来到中国，
帮助筹建并参加中国共产党第一次全国代表
大会

个主要讨论议题是关于民族殖民地问题。列宁提交了《民族和殖民地问题提
纲初稿》，并在会上作了《民族和殖民地问题委员会的报告》，阐述了马克
思主义关于民族和殖民地问题的重要思想，指出了民族解放运动的前途和方
向，为共产国际制定了共产党人在民族和殖民地问题上所应采取的路线、
方针和政策。罗易从印度等国的情况出发，认为列宁的提纲低估了印度等
亚洲国家中无产阶级的存在及其意义，低估了这些国家中与资产阶级民族
民主运动同时发展起来的工农运动的作用。他主张共产国际不要支持落后
国家的资产阶级民主运动，而只帮助无产阶级政党领导的共产主义运动。

　　共产国际第二次代表大会民族和殖民地问题委员会就列宁和罗易的提
纲进行了热烈讨论。经过讨论，民族和殖民地问题委员会表示赞成列宁的
观点，并决定把提纲初稿中"资产阶级民主"运动一词改为"民族革命"
运动。列宁对罗易的补充提纲作了必要的修改，删去了其中有严重错误和
模棱两可的观点，重新改写了一些地方，用正确的表述取代了错误的观

点。7月26日，列宁和罗易的提纲提交大会审议，7月28日在大会上得到通过。

马林在共产国际第二次代表大会上作了两次发言。他在发言中介绍了荷属殖民地民族革命斗争的经验，说：

> 这个运动是1907年产生的民族运动，它一开始就带有革命性质。印度式的祖巴托夫[1]改变了这个运动的性质，可以说，现在在荷属印度，真正革命的民族运动的作用，已经微不足道了。现在有一个重要得多的群众性运动，它的成员大约有150万人，从1912年起就联合成为一个工农联盟，取得了很大成果。这个组织虽然用的是宗教名称——伊斯兰教同盟，但却具有阶级性。如果注意到，这个运动把同罪恶的资本主义作斗争列入纲领，而且它不仅同政府作斗争，还同爪哇的贵族作斗争，那就明确了，社会主义的革命运动是必须同这个群众性组织——伊斯兰教同盟建立密切的联系。[2]

马林希望大会"能重视我这个革命的马克思主义者在这些地区中所取得的经验"[3]。

马林的发言果然得到了列宁的赞许，因而派他作为共产国际代表到中国。给予他的任务是"查明是否需要在那里建立共产国际的办事机构。同时，责成他与中国、日本、朝鲜、东印度、印度支那和菲律宾建立联系，

---

[1] 祖巴托夫，俄国人，主张建立在警察保护下的合法工人组织。

[2]《马林在第五次会议上的发言》（1920年7月28日），中共中央党史研究室第一研究部编：《共产国际、联共（布）与中国革命档案资料丛书·共产国际、联共（布）与中国革命文献资料选辑（1917—1925）》第二卷，北京图书馆出版社1998年版，第134页。

[3]《马林在第五次会议上的发言》（1920年7月28日），中共中央党史研究室第一研究部编：《共产国际、联共（布）与中国革命档案资料丛书·共产国际、联共（布）与中国革命文献资料选辑（1917—1925）》第二卷，北京图书馆出版社1998年版，第132页。

并报告它们的社会政治情况"[1]。共产国际派马林到中国，应该说是派对了人。从马林到华后的活动看，可以说他是作出了重要贡献的。

马林接受任务后，并没有马上赴华，而是于1920年9月参加了在巴库召开的东方各民族第一次代表大会，此后经莫斯科回到荷兰。1921年初，他在荷兰作了最后一次努力，想使自己的驱逐令得到撤销。据马林自己说，他在为共产国际在意大利、维也纳处理了一些事情后，重回莫斯科，于1921年3月才起程赴华。在赴华之前，有人告诉他，共产国际将在伊尔库茨克建立一个远东书记处，由这个机构在日本、朝鲜和中国从事宣传工作。

马林赴华的旅途是曲曲折折的。4月份的时候，他在维也纳取得签证时被捕。维也纳当局派出专员带着马林的护照，专程来到荷兰驻奥地利大使馆，荷兰大使明确告诉他们，马林是共产党。6天后，经过弗里德利希·阿德勒和一位律师的营救，他被释放，即被驱逐出境。然而，事情还没有完结，维也纳警方致函荷兰公使馆，对马林的行踪给予详细的通报。通报说：1921年4月15日，马林离此前往意大利威尼斯市，并拟自威尼斯乘直达上海的轮船继续旅行。同时，维也纳警方也将马林赴上海的消息通知了英国、日本驻奥地利大使。接到维也纳警方通知的英国当局，把马林视为危险分子，在科伦坡、槟榔屿、新加坡和香港等港口对他实行了严格控制。荷属印度尼西亚政府把他要到上海去的消息立即通知驻上海的总领事馆，迫使他到上海后马上去总领事馆报到登记。一路折腾，他历时3个来月才到达上海。

与马林前后脚，另一个受共产国际远东书记处派遣的代表尼克尔斯基也到达上海。尼克尔斯基曾在赤塔的商业学校学习过，1919年至1920年

---

[1] 道夫·宾（Dov Bing）：《斯内夫利特和初期的中国共产党》，《马林在中国的有关资料》，人民出版社1980年版，第34页。

尼克尔斯基（1889—1938），出生于俄国后贝加尔省。1921 年 6 月他受共产国际远东书记处派遣，赴上海了解中国共产党建党的筹备工作，对中国共产党的创建做出了贡献

参加远东共和国人民革命军，1921 年加入俄国共产党，同年参加共产国际的工作。到上海时，尼克尔斯基还兼着赤塔国际工会联合会远东局代表的身份。他的任务是准备和出席中国共产党第一次全国代表大会，负责向中国共产主义运动提供资金，安排向即将在苏俄召开的远东各国共产党及民族革命团体代表大会派遣代表。

上述情况表明，马林和尼克尔斯基分别作为共产国际和共产国际下属机构派的代表，其任务不同。马林的任务比较空，弹性比较大；尼克尔斯基的任务比较实和具体。对此，马林抱怨共产国际："没有给我什么专门的指示。我仅有的事先准备就是共产国际第二次世界代表大会的讨论和提纲。之所以没有其它指示是由于没有什么指示可给，因为只有伊尔库茨克局了解一些中国动态的情况。"[1]

---

[1] 伊罗生：《与斯内夫利特谈话记录》，《马林在中国的有关资料》，人民出版社 1980 年版，第 23 页。

到上海后，马林很快与尼克尔斯基取得联系。两人合作不错，几乎每天见面。然而，马林同共产国际远东书记处的关系却不甚融洽。马林在后来给共产国际的报告中说："我到上海后过了一些时候，伊尔库茨克来的信使通知我说，执行委员会已指定我为书记处成员。伊尔库茨克那里决定让我留在上海。实际我只是名义上参加了书记处。我从未收到过伊尔库茨克来的任何文件，我收到的少量共产主义文件是来自爪哇。虽然从伊尔库茨克到上海可能只用两个星期的时间，可是在我离开之前，始终没有人给我送过文件。由于我从来没有收到过任何直接寄给我名下的文件，所以我没有参与过书记处的决策和全盘工作。我和尼克尔斯基同志在上海期间，我只局限于帮助他执行书记处交给他的任务，我从不独自工作，以避免发生组织上的混乱。"他对共产国际远东书记处的工作颇有微词："在伊尔库茨克设一个共产国际办事处，实际上对远东毫无用处。那个城市太偏远了，不可能经过中国东北同东方国家保持经常联系。就连赤塔也不适宜于同东方国家保持经常联系。"[1]

这个报告说明，马林到上海后地位很尴尬。他本是共产国际的代表，这时表面上为共产国际远东书记处成员，却不被信任，实际上成为尼克尔斯基的副手。尽管如此，他还是积极配合尼克尔斯基的工作，推进中国共产党第一次全国代表大会的召开。

中国共产党第一次全国代表大会原定于 6 月 20 日召开，由于经费的短缺以及上海共产党早期组织的成员忙于教书和写作，筹备开会的工作进展缓慢。马林和尼克尔斯基会见了李达和李汉俊，商谈了工作计划和经费支持问题。李达回忆："六月初旬，马林（荷兰人）和尼可洛夫（俄人）由第三国际派到上海来，和我们接谈了以后，他们建议我们应当及早召开全

---

[1] 马林：《向共产国际执行委员会的报告》（1922 年 7 月 11 日），中共中央党史研究室第一研究部编：《共产国际、联共（布）与中国革命档案资料丛书·共产国际、联共（布）与中国革命文献资料选辑（1917—1925）》第二卷，北京图书馆出版社 1998 年版，第 225 页。

国代表大会，宣告党的成立。于是由我发信给各地党小组，各派代表二人到上海开会"[1]。李达、李汉俊作为上海共产党早期组织的代表，承担起筹备和联络各地共产党早期组织的任务。

随着马林和尼克尔斯基的到来，中国共产党第一次全国代表大会的筹备工作进入了快节奏。

各地代表聚集申城

召开中国共产党第一次全国代表大会，陈独秀应该成为主角。因此，无论是马林、尼克尔斯基，还是上海共产党早期组织，都希望陈独秀能够回上海主持会议。广州共产党早期组织于 6 月中旬接到李汉俊等人的来信，包惠僧回忆：

> 有一天，陈独秀召集我们在谭植棠家开会，说接到上海李汉俊的来信，信上说第三国际和赤色职工国际派了两个代表到上海，要召开中国共产党的发起会，要陈独秀回上海，请广州支部派两个人出席会议，还寄来了二百元路费。陈独秀说第一他不能去，至少现在不能去，因为他兼大学预科校长，正在争取一笔款子修建校舍，他一走款子就不好办了。第二可以派陈公博和包惠僧两个人去出席会议，陈公博是办报的，又是宣传员养成所所长，知道的事情多，报纸编辑工作可由谭植棠代理。包惠僧是湖北党组织的人，开完会后就可以回去（会前陈独秀与我谈过，还让我回湖北工作，大概他已经接到上海的

---

[1] 李达：《中国共产党的发起和第一次、第二次代表大会经过的回忆》（一九五五年八月二日），中国社会科学院现代史研究室、中国革命博物馆党史研究室选编：《"一大"前后》（二），人民出版社 1980 年版，第 10 页。

信了）。其他几个人都忙，离不开。陈独秀年长，我们又都是他的学生，他说了以后大家就没有什么好讲的了，同意了他的意见。[1]

陈公博的回忆与包惠僧有些不同，他说："上海利用着暑假，要举行第一次代表大会，广东遂举了我出席"。"迩时仲甫以主持广东教育会的关系，且为上海租界当局所注意，故未来沪"。[2]

关于包惠僧的代表资格问题，史学界有不同看法。党的一大代表有12名和13名两种说法，就是因包惠僧而起。12名说是不包括包惠僧，13名说是包括包惠僧。包惠僧在回忆中说他是广州共产党早期组织参加党的一大的两个代表之一，但其他参加会议的代表却说广州的代表只有陈公博，而没有包惠僧，说包惠僧不是代表。如董必武在回忆中说："广州是一个人，实际到了两个，有一个包惠僧，他是一个新闻记者，是列席的，不是代表。"[3]

包惠僧回忆说，他与陈公博都是陈独秀指定的，并说让他到上海出席党的一大，开完会后回湖北。这个理由也是说得通的，符合陈独秀的性格，且包惠僧的确在党的一大后又回湖北工作。

前面已经提到，包惠僧是武汉共产党早期组织成员，那么他又是为什么到广州呢？事情是这样的：1920年底，包惠僧带着3个社会主义青年团员到上海，准备去莫斯科学习。他们住在新渔阳里6号。这时，陈独秀已去广州，上海共产党早期组织书记由李汉俊接任。由于此时去海参崴的船

[1] 包惠僧：《我所知道的陈独秀》（一九七九年五月），中国社会科学院现代史研究室、中国革命博物馆党史研究室选编：《"一大"前后》（二），人民出版社1980年版，第386页。
[2]《陈公博回忆中国共产党的成立》（一九四四年），中国社会科学院现代史研究室、中国革命博物馆党史研究室选编：《"一大"前后》（二），人民出版社1980年版，第419页。
[3]《董必武谈中国共产党第一次全国代表大会和湖北共产主义小组》（一九七一年八月四日），中共中央党史研究室、中央档案馆编：《中国共产党第一次全国代表大会档案文献选编》，中共党史出版社2015年版，第119页。

不通航，经大连、满洲里到赤塔的路也不通，包惠僧等人去莫斯科的计划一时无法实现，李汉俊留他暂时在上海工作。根据李汉俊的安排，包惠僧与杨明斋负责教育委员会的工作，主要工作是选派学生赴莫斯科留学，办俄文补习班，并参加一些宣传组织活动。1921年五一劳动节，上海共产党早期组织计划搞一些活动。由于反动当局控制得很严，五一节这天没有发生大规模的群众游行示威活动。但当局还是吓坏了，法国租界巡捕房派人搜查了新渔阳里6号。李汉俊有点紧张，暂停了上海共产党早期组织机关的活动，派包惠僧到广州找陈独秀，请他决定如何开展工作的问题，或者将上海共产党早期组织搬到广州去。包惠僧在5月底到达广州，报告了上海的情况。陈独秀说：上海无工作做，广州的工作很多，你就暂在广州工作。从这个情况看，包惠僧不是广州共产党早期组织成员，到广州后工作时间很短，将他算作广州共产党早期组织的代表，也不甚合适。

陈独秀不能出席党的一大，那么李大钊呢？

北京共产党早期组织接到李达等召开党的一大的通知是比较早的。当时正值暑假，刘仁静、张国焘、邓中夏等人在西城租了一所房子，办补习学校，一方面为报考大学的青年学生补习功课，另一方面借以传播革命思想。张国焘教数学、物理，邓中夏教国文，刘仁静教英文。北京共产党早期组织推选出席党的一大代表的会议就是在这所补习学校举行的。在推选代表时，大家考虑到李大钊虽然是北京共产党早期组织的领导人，但他正担任北京大学图书馆主任，并兼任教授和北京八校教职员代表联席会议主席等职，当时正值两个学年的交替期间，公务繁忙，难以脱身；再加上他是社会名人，其行踪令人瞩目，突然南下会让外界有诸多猜测。由于上述原因，大家没有推选李大钊为出席党的一大的代表。

刘仁静回忆了推选北京代表的经过：

我们接到上海的来信（可能是李达写的），说最近要在上海召开中国共产党第一次全国代表大会，要我们推选出两个人去参加。我们几个人——张国焘、我、罗章龙、李梅羹、邓中夏就开会研究，会议是谁主持的我已记不清楚。李大钊、陈德荣没有参加这次会议。会前是否征求过李大钊先生的意见我不知道，李先生很和气，就是征求他的意见他也不会反对。在会上，有的人叫邓中夏去上海开会，邓中夏说他不能去，罗章龙也说不能去，于是就决定由我和张国焘两个人去出席"一大"。[1]

南陈北李，陈独秀与李大钊，由于各种原因，没有能够出席党的第一次全国代表大会，实属遗憾！

在各地共产党早期组织中，张国焘是最先到达上海的代表。由于北京共产党早期组织的地位仅次于上海，张国焘到上海后还负有参与大会筹备工作的任务。他先后见了李达、李汉俊。两人告诉他马林和尼克尔斯基到后的一些情况。李汉俊还告诉张国焘，他对马林的工作作风有看法，发生过争执和不愉快的事。马林碰了钉子后，急盼与陈独秀和李大钊见面，而陈、李二人又不能来。因此，李汉俊要张国焘与马林晤谈，以期获得谅解。

张国焘到马林的住处之后，马林并没有向他提起与李汉俊等人相处不快之事。他们比较轻松地谈了北京共产党早期组织在北方进行的工作，并对北方的工人运动表示了很大兴趣。接下来，他们谈了关于大会的筹备问题，彼此相当融洽。由于张国焘与马林谈得来，李达、李汉俊也就让他当代表同马林沟通关于筹备大会的一些具体问题。

刘仁静赴上海大约是在6月底。他是少年中国学会会员，少年中国

---

[1] 刘仁静：《回忆党的"一大"》（节录），中共中央党史资料征集委员会编：《共产主义小组》（上），中共党史资料出版社1987年版，第325页。

刘仁静（1902—1987），湖北应城人，
1921 年出席中国共产党一大

学会要在南京召开年会，他与邓中夏、黄日葵等一起到南京出席会议。少年中国学会的年会是在 7 月 2 日召开的，刘仁静在会上作了两次发言。会后，他在南京停留了 3 天，再以学习德文的名义赴上海，参加党的一大。

张国焘在赴上海路过济南时，曾经停留一天。由于济南共产党早期组织是在北京共产党早期组织帮助下建立的，王尽美、邓恩铭对张国焘很尊重，约其他成员与张国焘在大明湖游船上谈了一天，向张国焘请教了许多问题。张国焘离开后不久，王尽美、邓恩铭也乘火车南下。因而，他们到上海比较早，应在 7 月 1 日之前。他们年轻，到上海后，十分努力地阅读上海共产党早期组织的马克思主义书刊，并虚心向其他到会的代表请教。

长沙共产党早期组织接到通知后，以毛泽东、何叔衡为出席党的一大代表。6 月 29 日下午 6 点，毛泽东与何叔衡一道，在长沙小西门码头登上一艘开往武汉的小火轮。他们走得很秘密，没有让亲友送行。谢觉哉在 1921 年 6 月 29 日的日记中这样写道："午后六时，叔衡往上海，偕行者润之，赴全国○○○○○之招。"[1] 日记中的五个圈，谢觉哉后来解释说是"共产主义者"，当时他知道这是件大事，怕泄露，只能以圈代替。毛泽东与何叔衡乘小火轮到武汉后，再换船去上海。到上海时，应在 7 月上旬了。毛泽东到上海后，由于有些地方的代表尚未动身，所以他又就近到杭州、南京一带游历。

武汉共产党早期组织推选的代表董必武、陈潭秋，是 7 月 15 日左右动身去上海的。他们到上海已是 7 月 20 日左右了。

广州共产党早期组织的代表陈公博，是带着他的新婚妻子李励庄于 7 月 14 日由广州启程，先到香港，然后坐邮船赴沪的。他没有把参加一大作为一个光荣的使命，而是借机带新婚妻子进行蜜月旅行。因此，到上海后，他没有和其他代表住在一起，而是单独住在大东旅馆。

包惠僧赴沪比陈公博晚一天。他由广州坐船直接到上海，大约在 7 月 20 日到达。

上海共产党早期组织也把召开一大的通知发给了旅日中国共产党早期组织。接到通知后，施存统和周佛海互推代表。施存统由于到日本不久，功课也很紧，便推周佛海回国出席会议。周佛海在回忆中说："接着上海同志的信，知道七月间要开代表大会了，凑巧是暑假期中，我便回到上海。"[2] 由于是放暑假后才动身，且周佛海读书的地方是鹿儿岛，回国需要经过辗转，因而他到上海已经是 7 月下旬了。

各地代表到上海后住在哪里呢？上海共产党早期组织对此作了周密的安排。李达委托他的夫人王会悟办理此事。王会悟在参加上海女界联谊会的活动中，结识了法租界博文女校校长黄绍兰。博文女校离准备召开的党

---

[1]《谢觉哉日记》（摘录）（1921 年 6 月），中共中央党史资料征集委员会编：《共产主义小组》（下），中共党史资料出版社 1987 年版，第 547 页。

[2]《周佛海回忆中国共产党的成立》（一九四二年一月），中国社会科学院现代史研究室、中国革命博物馆党史研究室选编：《"一大"前后》（二），人民出版社 1980 年版，第 491 页。

的一大的会址很近，而且正值暑假，学生和老师都离校，各地代表来此，易于保密。考虑到以上有利条件，王会悟以"北京大学师生暑假旅行团"的名义，向黄绍兰租借了博文女校的房子。

住在博文女校的代表有毛泽东、何叔衡、董必武、陈潭秋、王尽美、邓恩铭、刘仁静、包惠僧、周佛海等。这里环境清静，但房间陈设简单，有的房间内只有简易的木板床，有的房间只在地上铺了凉席。好在是炎热的夏季，睡在地上也挺凉快。陈潭秋回忆："他们都下榻于这学校的楼上。在学校的楼下，除掉厨子和校役以外谁也没有，因为学生和教员都放了暑假。一个认识的校役则被请为大家每日做饭。另外他的任务，注意不放一个生人进来。假使不是认识的人向厨子解释，那他会根本不知他们是谁，因为他不懂他们的土话，他们讲的都不是上海话。有的讲湖南话，有的讲湖北话，而有些则讲北京话。"[1]

当时有谁会想到，住在博文女校的这些操着南腔北调的人，是来参与一个与中华民族的前途和命运有关的大事？

随着各地代表齐聚申城，在中国、在世界，一个伟大的无产阶级政党即将诞生！

---

[1] 陈潭秋:《中共第一次大会的回忆》(一九三六年六七月间)，中共中央党史研究室、中央档案馆编:《中国共产党第一次全国代表大会档案文献选编》，中共党史出版社 2015 年版，第 123 页。

二、开天辟地的大事变

望志路 106 号迎来民族曙光

1920 年秋，上海法租界贝勒路（今黄陂南路）和望志路的交叉口建起了一条典型的石库门弄堂，名字叫树德里。树德里内有前后两排砖木结构的楼房，沿马路一排五幢石库门房屋，为望志路 100 号至 108 号（今兴业路 70 号至 78 号），都是一上一下的单开间房屋，各有一个大门和天井。这些房子是一位陈姓老太太出资建的，专门用于出租。房子建成时，马路对面还是一片菜地，菜地旁只有一所庵堂；沿马路西边，是一些平房和几家小手工作坊。这里是上海市区和郊区的接合部，人口不多。

就在树德里的房子建好不久，李汉俊之兄李书城租下了望志路 106 号和 108 号两幢作为寓所。他将两幢房子的内部打通，前门通常不开，日常出入走的是 108 号后门。李汉俊随其兄李书城和嫂嫂薛文淑从白尔路三益里《星期评论》社搬过来之后，这里也被称为"李公馆"。

李书城早年追随孙中山从事反清革命。1921 年初，湖北人民不堪忍受北洋军阀王占元的残酷统治，掀起驱王自治运动，李书城返鄂任湖北自治军司令，讨伐湖北督军王占元。这时，"李公馆"只有李汉俊一个人住。

由于"李公馆"地处偏僻，不易引人注意，再加上李书城又是国民党要人，有很好的掩护作用，此处便是召开党的一大的理想会址。

中华民族的历史记下了这个日子，1921 年 7 月 23 日。这一天，中华民族迎来了前途和命运的新曙光。当晚 8 时，具有划时代意义的中国共产党第一次全国代表大会在法租界望志路 106 号举行，出席会议的有：李达、李汉俊、董必武、陈潭秋、毛泽东、何叔衡、王尽美、邓恩铭、张国焘、刘仁静、陈公博、周佛海、包惠僧，以及马林和尼克尔斯基。由于陈独秀和李大钊都不能参加大会，而大会的主持者又必须经常与马林、尼克尔斯基以及各地代表联系，李达和李汉俊都是不善与人交往的人，张国焘善言辞，与马林关系比较融洽，因而被推为会议主席，毛泽东和周佛海担任会议的秘书。

大会开始后，先由张国焘向代表们报告了会议筹备的经过，说明了这次大会的意义，并提出大会应当具体讨论和要解决的问题，主要是制定党的纲领和实际工作计划。

在讨论决定了大会的日程之后，马林作了即席讲话。李达回忆当时开会的情景时说：

> 代表们交换了一些意见之后，马林即席讲话，大意是说，中国共产党的成立，在世界上有很重大的意义，第三国际添了一个东方支部，苏俄（布）党添了一个东方的朋友。世界无产阶级联合起来了。他在演说中，强调着要致电第三国际，报告中共的成立。并希望中国共产党的同志努力革命工作，接受第三国际的指导。他讲话的时间约十多分钟，声音宏大，马路上的人都可听到。[1]

关于马林的报告，包惠僧在回忆中是这样说的："第一天是马林作报告，题目是《第三国际的历史使命与中国共产党》。马林当时是四五十岁的年纪，高大身材，连鬓胡子，他对马克思、列宁的学说有精深的素养，

---

[1] 李达：《中国共产党的发起和第一次、第二次代表大会经过的回忆》（一九五五年八月二日），中国社会科学院现代史研究室、中国革命博物馆党史研究室选编：《"一大"前后》（二），人民出版社 1980 年版，第 11 页。

他声如洪钟，口若悬河，有纵横捭阖的辩才，从下午8时讲到夜里1时结束。他是用英语作报告，李汉俊、刘仁静、周佛海作翻译，我们在他的词锋下开了眼界。""马林也指出，我们的党工人太少，今后要向工厂工人进军。"[1]

根据有关资料，马林在讲话中还"谈到了他在爪哇的活动，并向我们建议，要特别注意建立工人的组织"。[2]这点值得注意。马林是带着共产国际第二次代表大会的讨论和提纲到中国来的，初到上海，他就认为上海"虽然是中国最大的工业中心之一，却没有我们所理解的那种工人运动"。中国"除了唯一的北京附近的铁路工人组织外，只有广东省的工人建立了现代的工会组织。中国工人组织的旧形式，行会和秘密结社，如上海的红帮、青帮，倒不如说是开展正常的工人运动的障碍。现代产业工人的人数甚少。固然，现代工业，特别是外国办的工业，发展得相当迅速，可是产业工人仍然是中国人口中很少的一部分"[3]。他一方面要大家注意建立工人的组织，一方面介绍他在爪哇活动的经验，说明此时已经在思考即将诞生的中国共产党在革命中应采取什么策略的问题。

马林在会上还建议，选出一个起草纲领和工作计划的委员会。这个建议被大家所接受。

尼克尔斯基在会上也讲了话。他首先祝贺中国共产党的成立，接着把共产国际远东书记处成立的消息告诉与会代表，并向大家介绍了苏俄和赤色职工国际的情况。他建议向共产国际远东书记处打电报，报告会议的

---

[1] 包惠僧：《回忆马林》（1979年6月），中共中央党史研究室、中央档案馆编：《中国共产党第一次全国代表大会档案文献选编》，中共党史出版社2015年版，第176页。

[2] 《中国共产党第一次代表大会》（一九二一年），中共中央党史研究室、中央档案馆编：《中国共产党第一次全国代表大会档案文献选编》，中共党史出版社2015年版，第26页。

[3] 马林：《向共产国际执行委员会的报告》（1922年7月11日），中共中央党史研究室第一研究部编：《共产国际、联共（布）与中国革命档案资料丛书·共产国际、联共（布）与中国革命文献资料选辑（1917—1925）》第二卷，北京图书馆出版社1998年版，第225页。

进程。尼克尔斯基是共产国际远东书记处派来出席中共一大的，他的讲话应是代表远东书记处的，并非像有关回忆说的很简短，而是内容挺多挺重要的。

尼克尔斯基讲完话后，当晚会议结束。

7 月 24 日，代表大会进行第二次会议，由各地代表向大会报告本地区党团组织成立的经过、所开展的主要活动，以及进行工作的方法和经验。因各地共产党早期组织成立的时间都不长，工作只是初步开展，代表们的报告都比较简单。一些地方的代表在大会上汇报工作时，还写了书面发言。目前保留下来的有《北京共产主义组织报告》和《广州共产党的报告》。

7 月 25 日、26 日，大会休息两天，由张国焘、董必武、李达等人组成的委员会，用两天的时间起草纲领和今后的实际工作计划。

7 月 27 日至 29 日，大会进行第三、第四、第五次会议，讨论起草委员会提交的党纲和今后实际工作计划。

代表们在讨论党的性质、纲领和奋斗目标时，没有产生什么分歧，意见基本一致。但在讨论党当前的斗争目标和手段、党员是否可以在现政府做官问题时，却发生了激烈的争论。

关于党在当时的斗争目标和手段，李汉俊认为，"无产阶级尚很幼稚，不了解马克思主义的思想，需要长期的宣传教育工作"。在这一基础上，他认为"无需建立真正无产阶级政党，反对专政，拥护资产阶级民主"，指出"就是在资产阶级民主范围内，亦可以公开的组织和教育无产阶级的，用不着组织职工会，最好还是用一切力量去发展学生运动和文化教育工作"。"首先应真正的组织知识分子，用马克思理论给他们武装起来，然后，当知识分子已掌握了马克思主义时，才能有力组织和教育工人。"因此，他认为"无产阶级的党，用不到有纪律的战斗的党"。他心目中的中国共产党，实际上是由知识分子组成的研究和宣传马克思主义的组织。因而，他主张"凡承认和宣传马克思原则的都可为党员""参加党某一组织和在里面进行实际工作""是不必要的"。[1]

刘仁静反对李汉俊的观点，"认为无产阶级的专政是斗争的直接目标，反对任何用公开的形式的工作，一切知识分子都为资产阶级思想的代表者"，"应拒绝知识分子入党"。[2]他主张党应该立即向产业工人进军，在工人中发展党员。

上述两种观点，都有正确的一面，也有不足的一面。在讨论时，两种观点都有支持者。最后，大多数人不同意李汉俊的意见。李汉俊本人在会上虽然坚持自己的观点，但表示可以服从多数人的意见。于是，大会通过的纲领写道："中国共产党彻底断绝同黄色知识分子阶层及其类似党派的一切联系。"[3]

关于党员是否可以在资产阶级议会中当议员和到现政府中做官的问题，在会上引起了更为激烈的争论。

对于这个问题有两种意见：一种认为我们的党员做官没有任何危险，并建议挑选党员到国会做议员，但他们必须在党的领导下进行工作。另一种意见认为党员不能到国会做议员和到现政府做官。在大会举行的第三次会议上，代表们没有得出任何结论。

在大会的第四次会议上，代表们对这个问题展开了更加激烈的辩论。

一方坚持认为，采纳国会制就会把我们的党变成黄色的党。他们以德国社会民主党为例子说明如下事实：人们进入国会，就会放弃自己的原

---

[1] 陈潭秋：《中共第一次大会的回忆》（一九三六年六七月间），中共中央党史研究室、中央档案馆编：《中国共产党第一次全国代表大会档案文献选编》，中共党史出版社 2015 年版，第124 页。

[2] 陈潭秋：《中共第一次大会的回忆》（一九三六年六七月间），中共中央党史研究室、中央档案馆编：《中国共产党第一次全国代表大会档案文献选编》，中共党史出版社 2015 年版，第124 页。

[3]《中国共产党第一个纲领》（1921 年 7 月），中共中央党史研究室、中央档案馆编：《中国共产党第一次全国代表大会档案文献选编》，中共党史出版社 2015 年版，第 3 页。

则，成为资本家阶级的一部分，变成叛徒，并把国会制看成是斗争和工作的唯一方式。为了不允许同资产阶级采取任何联合行动，为了集中我们的进攻力量，我们应当在国会外进行斗争。况且，利用国会也不可能争得任何改善，而进入国会，就会使人民有可能认为，只有利用国会，我们才能改善自己的状况和发展社会革命事业。

另一方坚持主张，应当把公开工作和秘密工作结合起来。这一方认为：如果我们不相信在24小时内就可以把国家消灭掉，或者说，如果我们不相信总罢工会被资本家镇压下去，那么，政治活动就是必要的。起义的机会不会常有，只是在极少数时候才会到来，但在和平时期，我们就应做好起义的准备。我们应该改善工人的状况，应该开阔他们的眼界，应该引导他们参加革命斗争和争取出版自由、集会自由的斗争，因为公开宣传我们的理论，是取得成就的绝对必要条件。利用同其他被压迫党派在国会中的联合行动，也可以部分地取得成就。但是，我们要向人民指出，想在旧制度范围内建立新社会的企图是无益的，即使我们试图这样做也是徒劳的。工人阶级必须自己解放自己，因为不能强迫他们革命。否则，他们就会对国会抱有错误的看法，采取和平时期的方式，而不采取急进的手段。

由于两种意见相持不下，各有道理，会后在给共产国际的报告中说："这个问题我们还是不能作出结论。只好留到下次代表大会去解决。至于谈到我们是否应该做官的问题，这个问题有意识地回避了，但是，我们一致认为不应该当部长、省长，一般说不应当担任重要行政职务。在中国，'官'这个词普遍应用在所有这些职务上，不过，我们允许我们的同志当类似厂长这样的官。"[1]

关于这个问题，大会通过的纲领这样规定："党员除非迫于法律，

---

[1]《中国共产党第一次代表大会》（一九二一年），中共中央党史研究室、中央档案馆编：《中国共产党第一次全国代表大会档案文献选编》，中共党史出版社2015年版，第27页。

不经党的特许，不得担任政府官员或国会议员。士兵、警察和职员不受此限。"但这条规定又在括号中注明："此条款引起激烈争论，最后留至一九二二年第二次会议再作决定。"[1] 这说明，尽管当时两种相反意见相持不下，最后在纲领中还是同意了反对共产党员到国会做议员和到现政府做官的意见。但同时又说明，这个规定是暂时的，在中共二大上仍可讨论修改。

陈公博是坚持共产党员可以到现政府做官的人。他在回忆中说："当时有几件提案竟把我气的差不多退席，其中一件是禁止共产党人员参加政治，甚至乎不许当校长。我争辩着，共产党是应该斗争的，为甚么连校长都不可干。"[2] 他是个政治投机分子，一心想当官，从他在党的一大的表现，就可以看出以后所走道路的苗头。

在半殖民地半封建社会的中国，建立一个什么样的无产阶级政党？怎样建党？对于参加党的一大的代表来说，由于他们马克思主义的理论水平不同、实践情况不同、个人阅历不同，产生争论是必然的。

毛泽东担任大会的记录工作，发言是比较少的。包惠僧回忆："毛主席在一大会上，只是代表湖南作了一次简短的发言，其他没谈什么。"[3] 他在另一次回忆中又说："在第一次代表会议中我对他的印象是老成持重，沉默寡言，如果要说话即是沉着而有力量。"[4] 刘仁静也说："在一大会议上，毛主席很少发言，但他十分注意听取别人发言。""会议结束后，毛主席曾对我说，你今后要多做实际工作。他对我讲这句话，可能与他当时是搞实际

---

[1]《中国共产党第一个纲领》（一九二一年七月），中共中央党史研究室、中央档案馆编：《中国共产党第一次全国代表大会档案文献选编》，中共党史出版社 2015 年版，第 4 页。

[2]《陈公博回忆中国共产党的成立》（一九四四年），第中国社会科学院现代史研究室、中国革命博物馆党史研究室选编：《"一大"前后》（二），人民出版社 1980 年版，第 420 页。

[3] 包惠僧：《回忆党的创立时期》（一九七八年十一月九日），中国社会科学院现代史研究室、中国革命博物馆党史研究室选编：《"一大"前后》（二），人民出版社 1980 年版，第 380 页。

[4]《包惠僧回忆录》，人民出版社 1983 年版，第 27 页。

工作并在实际斗争中研究马列主义有关系，也可能是认为我在一大的发言有点夸夸其谈。"[1]

爱夸夸其谈的张国焘，说毛泽东的"常识相当丰富，但对于马克思主义的了解并不比王尽美、邓恩铭等高明多少。他在大会前和大会中，都没有提出过具体的主张"[2]。

毛泽东勤于思考，重视实践，善于把理论与实践结合起来，并认真总结实践经验。李达回忆毛泽东在党的一大时的情况时说："毛泽东同志在代表住所的一个房子里，经常走走想想，搔首寻思，他苦心思索竟到这样的地步，同志们经过窗前向他打交道的时候，他都不曾看到，有些同志不能体谅，反而说他是个'书呆子'、'神经质'，殊不知他是正在计划着回到长沙后如何推动工作，要想出推动中国革命事业发展的办法。毛泽东同志后来做全党领袖，在这时已显露了端倪。"[3]

参加党的一大的 13 名代表，虽然有各种不同的结局，但毛泽东始终代表着党的正确发展方向。

法国巡捕突然搜查会场

7 月 30 日，大会举行第六次会议。据记载："代表大会的第六次会议是深夜里在一个同志家召开的。会议刚开始，就有一个侦探闯进屋里，

---

[1] 刘仁静：《回忆党的"一大"》（一九七九年三月十四日、十七日），中共中央党史研究室、中央档案馆编：《中国共产党第一次全国代表大会档案文献选编》，中共党史出版社 2015 年版，第 149 页。

[2]《张国焘回忆中国共产党"一大"前后》（一九七一年），中国社会科学院现代史研究室、中国革命博物馆党史研究室选编：《"一大"前后》（二），人民出版社 1980 年版，第 172 页。

[3] 李达：《中国共产党的发起和第一次、第二次代表大会经过的回忆》（一九五五年八月二日），中国社会科学院现代史研究室、中国革命博物馆党史研究室选编：《"一大"前后》（二），人民出版社 1980 年版，第 12 页。

他道歉说走错了，可是终究使我们不能再继续开会。这个侦探的到来，没有使党受到损失，尽管在他来过之后，很快警察就突然前来进行了搜查。在这以后，我们提高了警惕，为了继续开会，只好到附近一个小城市去。"[1]

关于党的一大开会期间突然发生的变故，参加会议的当事者在回忆中基本都提到了，但说法不尽一致。陈潭秋回忆："大会的参加者晚八点集合于李汉俊的家中，主席宣布大会继续工作时，在隔壁房间内发现了一穿长褂的可疑人物，追问这不知名的人，问他是谁，他回答说找社联组织的主席姓王的一个人，后又说找错了，即很快出去了。对的，离李汉俊房子经过三幢房子的地方，有一个社联组织。但大家知道这一组织并没有主席，更没有姓王的人在。因此这人对我们非常可疑，我们即很快收集了文件隐藏起来了。只剩下李汉俊和陈公博。"[2]

李达的回忆是在召开第一次会议时，马林致辞之后，"忽有一个不速之客闯进会场来，张目四看，我们问他'找谁？'他随便说了一个名字，匆忙的下楼去了。马林很机警（富有地下工作经验），他说'此人很可疑，我们赶快转移。'我们离开会场不到一刻多钟，法租界巡捕房开了两架卡车，载了十多个巡捕，拥进那个会场，结果扑了一个空，连片纸只字都没有得到。这房子的主人是李汉俊，能说法国话，他和那些巡捕说他家里并无人开会，那些巡捕只好走了。这真危险，假设没有马林的机警，我们就会被一网打尽了。这是因为马林用英文大声演说，夹杂着说了好几次

---

[1]《中国共产党第一次代表大会》（一九二一年），中共中央党史研究室、中央档案馆编：《中国共产党第一次全国代表大会档案文献选编》，中共党史出版社 2015 年版，第 27 页。

[2] 陈潭秋：《中共第一次大会的回忆》（一九三六年六七月间），中共中央党史研究室、中央档案馆编：《中国共产党第一次全国代表大会档案文献选编》，中共党史出版社 2015 年版，第 124 页。

中国共产党，被法国巡捕听去了，所以才有那一场风波。"[1]

在李达看来，是马林在讲话中声音太大，其中有中国共产党之语，才引来了法国巡捕的搜查。

张国焘在回忆中说，大会的前几次会议都是在博文女校召开的，马林和尼克尔斯基都未参加会议，"我们决定在讨论党章[2]结束时，即请他出席演说。为便于马林与尼科罗夫斯基出席起见，大会并改在李汉俊家里举行"。他认为，会场受到法国巡捕搜查，"可能当大会在博文女校进行时就已为警探所注意，那次改在李家举行也未逃掉他们的耳目，而且他们很可能有一网打尽之计，故选择马林与尼科罗夫斯基参加时下手"。[3]

张国焘把遭到搜查的原因归之于会议保密不够，引起了法国巡捕房侦探的注意。

陈公博的回忆恰恰与张国焘的相反，他说："原议每日开会均须更换地点，以免被人注意。但一连四日都在李汉俊的贝勒路家内开会，我觉得有些诧异，那天恰恰早上张国焘来找我，我问他为甚么与原议不符。他说李汉俊是有问题的，他的主张不是列宁理论，而是柯茨基理论，他是黄色的，不是红色的，我们在他家内开会，他似乎有些恐慌。他愈恐慌，我们偏要在他那里开会。我听了这句话，默然不答，心想，呵，原来如此！""连日开会均没有更换地点，终于一天晚上，变故遂降临了。我们在汉俊楼上开会，人还没有到齐，俄代表马令和吴庭斯基[4]也到了，忽然有一个仆人跑上楼来报告，说有一个面生可疑的人问他经理在家否，这个仆人也算机警，急急上楼报告。俄国代表一听这样说，或者因为长期经验关

---

[1] 李达：《中国共产党的发起和第一次、第二次代表大会经过的回忆》（一九五五年八月二日），《"一大"前后》（二），人民出版社 1980 年版，第 11—12 页。

[2] 应为党纲。

[3]《张国焘回忆中国共产党"一大"前后》（一九七一年），中国社会科学院现代史研究室、中国革命博物馆党史研究室选编：《"一大"前后》（二），人民出版社 1980 年版，第 178、179 页。

[4] 陈公博这里回忆有误，把尼克尔斯基当作维经斯基了。

张国焘（1897—1979），江西萍乡人，北京共产党早期组织创建者之一，1921年出席中国共产党一大。后来他走上了分裂党的错误道路，背叛了中国共产党和中国革命

系罢，立刻主张解散"。[1]

陈公博的回忆认为是张国焘与李汉俊有矛盾，刻意不更换开会地点，才引起侦探注意的。

在李达、张国焘、陈公博的回忆中，关于会场被搜查的原因差别很大，那么，究竟是什么原因呢？根子还是出在马林身上。如前所述，马林4月份在维也纳被捕，警方把他的情况通知了荷兰、英国、日本驻奥地利使馆。当时各国使馆和情报机关虽不知道马林来华的具体使命，但其共产党员的身份，肯定会使他们加强监视行动。马林到上海后，荷兰驻华公使即通知中国政府，说他是共产国际派到远东进行革命煽动的。因此，马林在法租界的活动是受到监视的，他多次出入望志路106号，必然会引起巡

---

[1]《陈公博回忆中国共产党的成立》（一九四四年），中国社会科学院现代史研究室、中国革命博物馆党史研究室选编：《"一大"前后》（二），人民出版社1980年版，第420、421页。

捕房的警觉。

根据日本方面的资料可知，日本警视厅1921年6月29日得到情报，说"上海支那共产党"近期将召集北京、上海、广州、苏州、南京、芜湖、安庆、镇江、蚌埠、济南、徐州、郑州、太原、汉口、长沙代表开会，日本人也将参加。开会地点是"上海法租界贝勒路"[1]。这个情报除去列出的各地代表比较多和有日本人参加之外，其他还是比较准确的。以笔者之见，日本警视厅情报中的有日本人参加，可能是把旅日中共早期组织的代表误认为是日本人了。

尽管各帝国主义之间有矛盾，但他们反对共产主义是一致的，得到情报后，日本方面肯定会通报给上海法租界当局的。因而，法租界当局加强了防范措施，并派出侦探在贝勒路一带打探开会者的踪迹。

再说马林、尼克尔斯基和代表们先后离开之后，会场只留下李汉俊和陈公博。没过多久，法国巡捕便开着警车前来搜查。事后不久，陈公博写了一篇《十日旅行中的春申浦》，用比较隐晦的笔法记述了这次搜查的过程，刊载在《新青年》第九卷第三号上。他在文中说：

> 我到上海的翌日，就碰到两个从前外国的教授，我们见面之后，因为两年不见，少不得要攀荆道故，听夕往来，因此之故，便动了几个侦探先生的疑心，时时在暗里踪迹。有一天夜里，我和两个外国教授去访一个朋友，谈了片刻，两个外国教授因事先行，我因为天热的原故，不愿匆忙便走，还和我的朋友谈谈广州的情形，和上海的近状；不想马上便来一个法国总巡，两个法国侦探，两个中国侦探，一个法兵，三个翻译，那个法兵更是全副武装，而两个中国侦探，也是睁眉怒目，要马上拿人的样子。那个总巡先问我们，为什么开会？我

---

[1] ［日］石川桢浩：《中国共产党成立史》，袁广泉译，中国社会科学出版社2006年版，第272页。

们答他不是开会，只是寻常的叙谈。他更问我们那两个教授是那一国人？我答他是英人。那个总巡很是狐疑，即下命令，严密搜查，于是翻箱搜箧，骚扰了足足两个钟头。他们更把我和我朋友隔开，施行他侦查的职务。那个法国侦探首先问我懂英语不懂？我说略懂。他问我从那里来？我说是由广州来。他问我懂北京话不懂？我说了懂。那个侦探更问我在什么时候来中国？他的发问，我知道这位先生是神经过敏，有点误会，我于是老实告诉他：我是中国人，并且是广州人，这次携眷来游西湖，路经上海，少不免要遨游几日，并且问他为什么要来搜查；这样严重的搜查。那个侦探才告诉我，他实在误认我是日本人，误认那两个教授是俄国的共产党，所以才来搜检。是时他们也搜查完了，但最是凑巧的，刚刚我的朋友李先生是很好研究学问的专家，家里藏书很是不少，也有外国的文学科学，也有中国的经史子籍；但这几位外国先生仅认得英文的马克斯经济各书，而不认得中国孔孟的经典，他搜查之后，微笑着对我们说："看你们的藏书可以确认你们是社会主义者；但我以为社会主义或者将来对于中国很有利益，但今日教育尚未普及，鼓吹社会主义，就未免发生危险。今日本来可以封房子，捕你们，然而看你们还是有知识身分的人，所以我也只好通融办理……"其余以下的话，都是用训戒和命令的形式。……一直等他走了，然后我才和我的朋友告别。[1]

由于文章写于事情发生还不到一个月之后，尽管比较隐晦，还是可以看出这两点：一是马林和尼克尔斯基两个外国人到上海后频繁与中国人往来，引起了侦探的注意，他们认为两人为俄国共产党；二是说明法租界当

[1] 陈公博：《十日旅行中的春申浦》（摘录）（一九二一年八月），中国社会科学院现代史研究室、中国革命博物馆党史研究室选编：《"一大"前后》（二），人民出版社1980年版，第409—410页。

局得到日本警视厅关于上海共产党早期组织召集各地代表开会并有日本人参加的通报后，误把陈公博当作日本人，跟踪他搜查党的一大会场。但恰恰这一天，旅日中国共产党早期组织代表周佛海因闹腹泻没有参加会议。他如果参加这次会议，被法租界巡捕堵在会场审问的话，结果就很难预料了。

由于陈公博的文章是发表在《新青年》上，文中对一重要细节没有讲。在后来的回忆中，他说法国巡捕搜查时，"摆在抽屉一张共产党组织大纲草案，却始终没有注意，或者他们注意在军械罢，或者他们注意在隐密地方而不注意公开地方罢，或者因为那张大纲写在一张薄纸上而又改得一塌糊涂，故认为一张无关重要的碎纸罢，连看也不看"[1]。

试想，如果法国巡捕认真看了这张纸，那么，一切就明白了，历史就会重写。幸而，他们忽略了这张有着涂涂改改文字的纸，党的一大虽经历这惊险一幕，但并没有造成损失。

法国巡捕离开后，李汉俊与陈公博由于被审问了两个钟头，感觉口渴，让用人煮水沏茶喝。就在这时，听到有人上楼来。两人以为是法国巡捕又回来了，心头一阵紧张，谁知来人是包惠僧。原来，代表们离开会场后，大部分都到了老渔阳里2号李达住的亭子间。过了一些时间，张国焘要包惠僧去李汉俊家看看。李汉俊一见包惠僧，就说：你怎么又回来了？你们走后，就来了十几个包打听和巡捕，搜查了一番，我对他们说是北大几个教授在这里商量编现代丛书问题。李汉俊还告诉他，十分侥幸的是，一份党纲放在写字台的抽屉里，没有被发现。李汉俊认为，不能再在这里开会了，必须改换地点，让包惠僧赶快离开这里。

包惠僧走后，陈公博与李汉俊又聊了几句，看看时间已经晚上10点

---

[1]《陈公博回忆中国共产党的成立》（一九四四年），中国社会科学院现代史研究室、中国革命博物馆党史研究室选编：《"一大"前后》（二），人民出版社1980年版，第422页。

了，便离开回家。

陈公博走出李家后，被侦探跟踪。他快走几步，侦探也快走几步，他慢走几步，侦探也慢走几步。他不敢直接回大东旅馆，因为那里放有文件，侦探跟到那里一搜查，就露馅了。恰巧路边有一个商店，橱窗里摆放了许多商品，他装作看商品的样子，心里想着怎样摆脱侦探跟踪。突然，他想起去年由北京经上海回广东时，曾逛过一次"大世界"。大世界在夏天有两处上映露天电影，一处在地面，一处在屋顶。屋顶这个地方很黑暗，容易脱身。

主意已定，陈公博立刻叫了一辆黄包车前往大世界。那个侦探也雇了一辆黄包车，跟在后边。陈公博到了"大世界"后，什么地方都逛一逛，先是说书场子，接着到演戏的场子，又到地面露天电影处看了三四分钟，便上楼到屋顶的露天电影处，在人丛里绕了一个圈，从别的门下楼雇车回到大东旅馆。

回到自己的房间后，陈公博让妻子李励庄关好房门，自己打开箱子，把文件放在痰盂里，一口气烧完。没有了证据，他心里安稳了，才把巡捕搜查李汉俊家及他被跟踪的经过详细告诉了李励庄。

谁知，当夜又发生了一件事，让陈公博的心一下子又提到了嗓子眼。7月底，正是中伏天，晚上闷热异常，陈公博两口子热得喘不过气来，在床上怎么也睡不着，于是把席子拖到地板上，才睡着了。至后半夜，天刮起了大风，下起了大雨。天色微明时分，陈公博忽然听到一声枪响，同时又听到一声惨叫。他从地板上跳起来，打开房门一看，见走廊里空无一人，只听得狂风呼叫、急雨拍打窗子的声音。他想，明明听到枪声和惨叫声，怎么不见动静了呢？他把李励庄叫起来，告诉她刚才自己听到了异响。两人都猜想不出发生了什么事。陈公博怀疑自己做了一个梦。两人又继续睡了。

第二天上午9时，旅馆一个茶房（即旅馆服务员——作者注）跑进来，告诉陈公博夫妇，你们隔壁房间一个女子被人谋杀了。陈公博忙问：怎么回事？茶房说，前日有一对男女住进旅馆，今早那个男的起床后还叫了一碗面，吃了以后出去。他住进来时只交了5块钱，我们向他要钱，他说很快便回，我们也没有注意。不料我刚才进入房间打扫时，发现那个女的已经死在床上。我们经理进去查看，见她身中一枪，并且脖子上还被毛巾缠住，看起来大概男的打了她一枪，没有打死，又用毛巾把她勒死的。陈公博听完之后，马上想到，隔壁出了命案，巡捕来了，会让他做证人的，会弄出许多麻烦事来。接着，他又一想，如果有法租界的巡捕和侦探来侦查，说不定会认出他就是昨晚在李汉俊家被盘查的人之一。于是，他决定赶快离开这个是非之地。

陈公博找到旅馆总经理郭标。郭标是广东人，广东人和广东人说话方便些。他告诉郭标，说他隔壁房间出了命案，他太太非常害怕，所以今日要去杭州一游，把所有行李暂存旅馆，等他们回来后再换一个房间。郭标没有怀疑陈公博夫妇匆忙离开的动机，答应了其要求。于是，陈公博夫妇乘着巡捕和侦探没有到来的时候，赶快离开了大东旅馆。陈公博先在一家饭馆安顿了李励庄，自己跑到李达的住处，告诉李达大东旅馆发生了命案，他和太太下午要到杭州去。由于李汉俊家遭到搜查，需要另找地方开会，什么时间开会还未定，李达也就没有要他必须参加会议而阻止他们去杭州。

陈公博本来就是借着参加党的一大的机会带着新婚妻子度蜜月的，有了这两次遇险经历后，他便更有借口不参加会议而到杭州西湖游山玩水了。

在杭州，陈公博从报纸刊登的新闻中知道了那件命案是情杀。女的名叫孔阿琴，是一家丝厂的女工，男的是一家洋行的买办。两个人相恋，遭到阻挠不能结婚。男的趁老板去青岛避暑，偷了他一把手枪，带孔阿琴到大东旅馆开了房间，准备一起殉情。天快明时，男的拿手枪朝孔阿琴开了

陈公博（1892—1946），广东南海（今广州）人，中共一大代表。后脱党。抗日战争全面爆发后，他追随汪精卫，叛国投敌，沦为汉奸，1946年被执行枪决

一枪，不料没有打死，就用毛巾将她勒死。把恋人勒死后，男的却不想自杀了，写了一封自白的长信，又叫了一碗面吃，然后大摇大摆而去。看到这些，陈公博一直悬着的心才算落了地。

嘉兴南湖游船见证伟大开端

党的一大由于发生的突然变故而不能在李汉俊家召开了，在已经惊动了法租界巡捕房的情况下，这十几个操着南腔北调的人在上海如果再聚在一起，难免被反动当局盯上。那么新的开会地点安排在什么地方安全呢？对此，参加党的一大的代表们有不同的回忆。

陈潭秋是这样回忆的："在上海找不到大会工作继续的适当地点。决定了到杭州西湖去，但是在到出发前，又得出了结论，西湖不是适当地点，

因为那里游人太多。因此即在离上海三北里城的南湖^[1]举行。"^[2]

包惠僧则说："当夜我们到李达家里会谈（在渔阳里二号，是陈独秀的住宅，李达也住在此处）。大家的意见，明天的会，要改地方，即决定以游览的姿态到嘉兴南湖找一只大船，尽一日之辰来结束这个会。"^[3]

张国焘的说法是：

这个意外事件发生后，我们为了避开警探的视线，决定第二天停会，并通知各代表俟找到妥当开会地点后再行复会。我不便立即与仍在被监视中的李汉俊接触，乃于第二天清早到公共租界大东旅馆去看陈公博，问明他在李家所目击的情形，并告诉他博文女校距李家很近，大概同在警探注意之中，须另觅开会地址。那时李达夫妇也来了，他是处理大会事务工作的负责人。他的太太王会吾是社会主义青年团团员，也帮着她的丈夫工作。我们大家便商讨开会的地址问题。王会吾非常热心的表示：如果在上海一时找不着适当的地点，可以到她的家乡去。她家住在浙江嘉兴的南湖湖畔，从上海去只需一个多钟头的火车旅程。她并说明：南湖风景幽美，她可以立即去雇好一只大画艇，准备我们一面游湖一面开会，并由她布置大家寄宿的处所，即使在那里开几天会也是不成问题。我们对于她的提议极表赞成。认为这样是万无一失的。她即根据这个决定回去布置。我也通知各代表明

---

[1] 原文如此，应是"离上海三百里的嘉兴南湖"。

[2] 陈潭秋：《中共第一次大会的回忆》（一九三六年六七月间），中共中央党史研究室、中央档案馆编：《中国共产党第一次全国代表大会档案文献选编》，中共党史出版社2015年版，第124—125页。

[3] 包惠僧：《共产党第一次全国代表会议前后的回忆》（一九五三年八九月），中共中央党史研究室、中央档案馆编：《中国共产党第一次全国代表大会档案文献选编》，中共党史出版社2015年版，第159页。

周佛海（1897—1948），湖南沅陵县人，中共一大代表。1924年脱党，后成为汪精卫集团叛国投敌的主要策划者，沦为汉奸，1948年死于狱中

早搭车前往。[1]

　　法租界巡捕搜查李汉俊家那晚，周佛海因肚子疼、腹泻，没有参加会议，在博文女校住所睡大觉。大约在晚上12点，毛泽东在外面兜了几个圈子后回到博文女校，告诉了他发生的事情。他在回忆录中写道："我听了毛泽东的报告以后，觉得功亏一篑，实在可惜，和他商量明日一定继续开会，但是上海租界内恐怕不行了。我忽然想起李鹤鸣（达）的夫人是嘉兴人，何不去嘉兴开会。于是便力疾跑到渔阳里去商量，因为鹤鸣住在仲甫家里的。我们商量决定，鹤鸣夫人明日早车赴嘉兴，先雇一只大船等着，我们第二班车去，乘船游南湖。于是连夜分头通知各人。到了第二天，

[1]《张国焘回忆中国共产党"一大"前后》（一九七一年），中国社会科学院现代史研究室、中国革命博物馆党史研究室选编：《"一大"前后》（二），人民出版社1980年版，第180页。

三三两两的到北站上车，我也抱病前往。"[1]

上述回忆不尽一致，原因有各种，但可以说明代表们是在李达的住处商量的新的开会地点，确定在浙江嘉兴南湖开会，具体操办人为李达夫人王会悟。

按照大家商量的决定，李达当晚叫王会悟到上海北站了解去嘉兴的火车班次。第二天一早，代表们分两批去嘉兴[2]。负责安排此次会务的王会悟多年后对当时的情景仍然记忆犹新：

> 到嘉兴时已八点多钟了，先到城市张家弄鸳湖旅馆落脚，开了两个房间休息，洗脸吃早饭，叫旅馆账房给雇船。当时准备雇只大的，但他们要雇大的需提前一天预订。现在大的已没有了，只有中号船了，便雇了一只中号船，船费四元五角，中饭一桌酒菜三元，连小费共花八支洋，当时把钱付清，并对旅馆账房说，给留两个好的房间，如好玩我们晚上回来住宿。九点多钟离开旅馆去南湖。到南湖，部分代表如毛主席、董必武、何叔衡、陈潭秋等同志由我陪同先到烟雨楼玩了一回，也没有坐下吃茶，主要目的是为了观察下船依靠哪里比较合适。代表们到船上开会时已快十一点钟了，约开了一个钟头，即在船上吃午饭，酒菜是由船上备的。吃饭时在八仙桌上又放了一个圆的台面，十几个人吃饭也不拥挤，代表们吃饭时，我没有一道吃，当时也还不想吃，我一个人坐在船头上。
>
> 船的式样大小，据我记忆不到14公尺，中间有一个大舱，大舱后面有一个小房间，内放一只铺，有漂亮的席枕，房间后面船艄住船

---

[1]《周佛海回忆中国共产党的成立》（一九四二年一月），中国社会科学院现代史研究室、中国革命博物馆党史研究室选编：《"一大"前后》（二），人民出版社 1980 年版，第 493 页。

[2] 关于党的一大最后一天在浙江嘉兴南湖召开的日期，史学界有 7 月 31 日、8 月 1 日、8 月 2 日、8 月 3 日、8 月 4 日、8 月 5 日六种意见。2013 年，中共嘉兴市委专门成立了党的一大南湖会议日期课题组。2018 年，课题组的研究结论是：党的一大南湖会议的时间为 1921 年 8 月 3 日。

老大夫妇，中舱和船头中间有一个小舱，可睡一个人（有栏槛和中舱隔开），船的右边有一个夹道，左边没有夹道，中舱内靠后边放有几枕俱全的烟榻一只，上边挂有四扇玻璃挂屏，两边玻璃窗上挂绿色窗帘，放大八仙桌一张，还有凳子。……[1]

南湖会议主要讨论党的实际工作计划。在讨论对待其他政党的态度时，代表们又产生了争论。

一部分代表坚决主张，无产阶级在理论上和实践上都应该始终与其他政党作斗争。另一些代表主张，在行动上与其他政党合作反对共同的敌人，同时又在我们的报纸上批评他们，这并不违背我们的原则。我们自己即使不能立即夺得政权，至少可以加强自己，以利于今后的行动，因为我们的力量会因这个进展而强大起来，而代替当前统治者的那个统治阶级或许不会像封建老爷那样进行压迫。这样，我们就可以集中自己的革命力量，扩大自己的革命活动。这样，即使无产阶级现在不能取得政权，我们也应该联合其他阶级打倒共同的敌人，加强自己，使我们能够领导以后的斗争，推翻那个将要夺得政权的阶级。这样，我们联合其他阶级，仅仅是为了进行破坏性斗争。

限于当时代表们的理论认识水平，会议接受了第一种意见。在通过的决议中写道："对现有其他政党，应采取独立的攻击的政策。在政治斗争中，在反对军阀主义和官僚制度的斗争中，在争取言论、出版、集会自由的斗争中，我们应始终站在完全独立的立场上，只维护无产阶级的利益，不同其他党派建立任何关系。"[2]

[1] 王会悟：《"一大"在南湖开会的情况》（一九五九年三月三十一日），中共中央党史研究室、中央档案馆编：《中国共产党第一次全国代表大会档案文献选编》，中共党史出版社 2015 年版，第 186—187 页。
[2]《中国共产党第一个决议》（1921 年 7 月），中共中央党史研究室、中央档案馆编：《中国共产党第一次全国代表大会档案文献选编》，中共党史出版社 2015 年版，第 7—8 页。

代表们在船上开会的时候，王会悟坐在前舱放哨。这天是个阴天，又下了雨，南湖的游人不多。湖中的游船总共 5 只，其中一只是城内一个商户为儿子办满月酒雇的，另一只是乡下一个土财主携家眷进城游玩的。到下午 3 点以后，小游艇逐渐增多。其中有一只小汽艇，是城内一位姓葛的士绅的私家汽艇。这只小汽艇的出现，曾引起王会悟的警惕，怀疑为嘉兴政府的巡逻船，通知大家临时休会。后来得知是私家汽艇，代表们继续开会。

会议在讨论通过了党纲和劳动运动计划后，开始讨论宣言，又出现了争论。争论的原因是如何对待孙中山的问题。李达回忆说："宣言草稿中也分析了当时南北政府的本质，主张北洋封建政府必须打倒，但对于孙中山的国民政府也表示不满。因此有人说'南北政府都是一丘之貉'"[1]。

包惠僧反对孙中山是最激烈的，他认为共产党与孙中山代表两个不同阶级，在中间不应有任何妥协。因此，对孙中山应和北洋军阀一样看待，甚至要更坏些。他在回忆中说："当时有很多同志同意我的意见，董必武同志反对这个意见。讨论了一会儿，结果好象是把这一段删去了。"[2]

陈潭秋的回忆则说："这一种思想受到了大会代表的打击，对这个问题通过了以下的方针：一般的对孙文学说应带有批评性的来对待。但个别的实际上进步的行动应拥护，采取党外形式的合作。通过了这一原则，可以说与今后共党和国民党中间的合作放下了基石，同时也为发展反军阀和反帝运动的基础。"[3]

[1] 李达：《中国共产党的发起和第一次、第二次代表大会经过的回忆》（一九五五年八月二日），中国社会科学院现代史研究室、中国革命博物馆党史研究室选编：《"一大"前后》（二），人民出版社 1980 年版，第 13 页。
[2] 包惠僧：《共产党第一次全国代表会议前后的回忆》（一九五三年八九月），中共中央党史研究室、中央档案馆编：《中国共产党第一次全国代表大会档案文献选编》，中共党史出版社 2015 年版，第 163 页。
[3] 陈潭秋：《中共第一次大会的回忆》（一九三六年六七月间），中共中央党史研究室、中央档案馆编：《中国共产党第一次全国代表大会档案文献选编》，中共党史出版社 2015 年版，第 125 页。

李达的回忆与陈潭秋基本相同，他说："多数意见则认为孙中山的政府比较北洋政府是进步的，因而把宣言中的语句修正通过了，宣言最后以'工人们失掉的是锁链，得到的是全世界'一句话结束"[1]。

目前没有发现党的一大通过的宣言。据李达说，这个宣言后来放在陈独秀的皮包里，之后就没有下落了。

由于党员这时只有 50 多名，会议没有讨论组织农民和军队问题，决定集中党的全部精力组织工厂工人。为了把可靠的同志吸收进党内，会议决定发展党员要特别谨慎，严格审查。鉴于党这时几乎完全是由知识分子组成的，会议决定要特别注意组织工人，以共产主义精神教育他们。

考虑到党员数量少和地方组织尚不健全，会议决定暂不成立中央执行委员会，只设立中央局作为临时领导机构。代表们经过无记名投票，选举陈独秀、张国焘、李达组成中央局，选举陈独秀担任书记，张国焘负责组织工作，李达负责宣传工作。

党的一大通过的纲领，确定党的名称为"中国共产党"，规定党的纲领是："革命军队必须与无产阶级一起推翻资本家阶级的政权，必须支援工人阶级，直到社会的阶级区分消除为止"；"承认无产阶级专政，直到阶级斗争结束"；"消灭资本家私有制，没收机器、土地、厂房和半成品等生产资料，归社会公有"；"联合第三国际"。纲领明确提出："承认苏维埃管理制度，把工农劳动者和士兵组织起来，并承认党的根本政治目的是实行社会革命"[2]。

从上海望志路 106 号到浙江嘉兴南湖的游船上，中国共产党诞生了！从此，古老落后的中国出现了全新式的，以马克思列宁主义为行动指南的

---

[1] 李达:《中国共产党的发起和第一次、第二次代表大会经过的回忆》(一九五五年八月二日)，中国社会科学院现代史研究室、中国革命博物馆党史研究室选编:《"一大"前后》(二)，人民出版社 1980 年版，第 13 页。

[2]《中国共产党第一个纲领》(1921 年 7 月)，中共中央党史研究室、中央档案馆编:《中国共产党第一次全国代表大会档案文献选编》，中共党史出版社 2015 年版，第 3 页。

1921 年夏秋之交的一天，嘉兴南湖上的一艘画舫中，十几位年轻人秘密举行会议，庄严宣告了中国共产党的诞生

无产阶级政党。这是开天辟地的大事变！

中国共产党一诞生，就旗帜鲜明地把实现社会主义、共产主义作为自己的奋斗目标。中国先进分子经过长期的艰难探索，终于选择了马克思的科学社会主义作为改造中国社会的武器，选择了走俄国十月革命的道路，并根据列宁的建党学说组建起中国无产阶级的政党。中国共产党的创建，适应了近代以来中国社会进步和革命发展的客观需要，是近代中国历史选择的必然结果，是中国人民选择的必然结果。

自从有了中国共产党，灾难深重的中国人民有了可以依靠的组织者和领导者，中国革命有了坚强的领导力量。尽管这时她在中国政治舞台上还只是一个很小的政党，但她拥有最先进的思想武器，所提出的纲领和奋斗目标代表着中国社会发展的正确方向，代表着中国无产阶级和劳动群众的根本利益。因此，她从诞生之日起，就充满着勃勃生机和活力，预示着中国的光明和希望。

中国共产党满怀信心，把推翻帝国主义和封建主义的统治，实现民族独立和解放，彻底改变国家贫穷落后的面貌，实现国家繁荣富强和人民共同富裕，实现中华民族伟大复兴的历史重任扛在肩上。

由中国共产党驾驶的红色航船从南湖启航，朝着实现中华民族伟大复兴的宏伟目标，开始了艰苦卓绝而又光辉的航程！

踏上新征程

中国共产党从 1921 年 7 月诞生至 2021 年 7 月，整整走过了 100 年的历程。

100 年来，一代又一代中国共产党人"不忘初心，牢记使命"，风雨兼程，始终把实现中华民族伟大复兴的历史重任扛在肩上。

经过 28 年的浴血奋战，党领导中国人民取得了新民主主义革命的伟大胜利，完成了民族独立、人民解放的第一大历史任务，于 1949 年 10 月 1 日建立了中华人民共和国，为完成国家富强、人民富裕的第二大历史任务，实现中华民族伟大复兴的宏伟目标，创造了有利的政治条件和群众条件。

毛泽东在全国革命胜利前夕曾指出：夺取全国革命胜利，这只是万里长征走完了第一步，中国革命是伟大的，但革命以后的路更长，工作更伟大，更艰苦。因为"从将来建设新中国来说，道路还是很长的"。毛泽东还提出了"两个务必"，即"务必使同志们继续地保持谦虚、谨慎、不骄、不躁的作风，务必使同志们继续地保持艰苦奋斗的作风"[1]。事实证

---

[1]《毛泽东选集》第四卷，人民出版社 1991 年版，第 1438—1439 页。

明，毛泽东的预见是英明的。的确，完成第二大历史任务要比完成第一大
历史任务更艰巨。

在旧中国，工业基础十分薄弱，现代工业约占 10%，农业和手工业占
90%。因此，党是在"一穷二白"的基础上领导中国人民开启完成第二大
历史任务征程的，必定要经过一个艰辛探索、曲折发展的过程。

在新中国成立后的前 7 年，党领导人民迅速医治了长期战争造成的创
伤，恢复了国民经济；顺利地进行了经济社会发展的第一个五年计划；基
本完成了对农业、手工业和资本主义工商业的社会主义改造，初步建立了
社会主义的基本制度。一个几亿人口的大国，实现了复杂、深刻的社会变
革。这是一个伟大胜利，是中华民族历史上一个重要的里程碑。

从 1956 年到 1966 年，我国进行了大规模的社会主义建设，党为社会
主义建设道路进行了艰辛的探索。然而，党对什么是社会主义，怎样建设
社会主义的认识，虽然取得了初步的理论成果，但是"并没有完全搞清
楚"[1]。同时，党对中国这样一个幅员辽阔、人口众多、经济文化落后、地
区发展很不平衡的大国建设社会主义的艰巨性、复杂性估计不足，因而出
现了"大跃进"、人民公社化运动这样脱离中国社会生产力发展水平，违
背经济和社会发展客观规律的严重失误。这是党在领导全面的社会主义建
设、探索自己的建设社会主义道路过程中的一次严重挫折，其教训是非常
深刻的。在这 10 年中，党虽然遭受了严重的挫折，但仍然取得了巨大的
成就，初步奠定了进行现代化建设所必需的物质技术基础，培养了经济文
化建设等方面的骨干力量，积累了党领导社会主义建设的重要经验。

党内"左"倾错误的发展，导致了从 1966 年至 1976 年长达 10 年的
"文化大革命"。这场内乱使社会主义中国偏离了正确的发展方向，同世
界经济和科学技术发展的时代潮流相脱节，拉大了同一些国家在经济社会

---

[1]《邓小平文选》第三卷，人民出版社 1993 年版，第 137 页。

发展方面的差距，给党、国家和人民带来深重灾难，留下了深刻的教训。
"文化大革命"期间，党的领导层及党内外广大干部群众，对"左"倾错误和林彪、江青两个反革命集团的斗争一直没停止过。正是由于全党和广大人民群众的共同斗争，"文化大革命"的破坏才受到一定程度的限制。我国国民经济虽然遭到巨大损失，但仍然取得了一定进展，尖端科学技术也有新的发展，人民解放军仍然英勇地保卫着祖国的安全，外交工作也打开了新局面。"文化大革命"是党在探索中国的社会主义道路过程中犯的错误。1976年10月，党领导人民最终依靠自己的力量结束了"文化大革命"内乱。

"文化大革命"结束后，经过两年的徘徊，1978年12月，党的十一届三中全会冲破了长期"左"的错误的严重束缚，重新确立了正确的思想路线、政治路线和组织路线，决定把党的工作重点转移到经济建设上来，作出实行改革开放的历史性决策，实现了伟大的历史转折。党的十一届三中全会标志着党从严重的历史挫折中重新奋起，扬起了改革开放、走中国特色社会主义道路的风帆。自此，在党的领导下，中国人民在中国特色社会主义道路上阔步前进。

1982年9月，党的十二大把"小康"作为全党全国人民奋斗的主要目标及国民经济社会发展的阶段性标志，提出力争在20世纪末全国工农业的总产值翻两番，即由1980年的7100亿元增加到2000年的2.8万亿元左右。1987年10月，党的十三大正式提出了"三步走"的发展战略，即：第一步，1990年实现国民生产总值比1980年翻一番，解决人民的温饱问题；第二步，到20世纪末，使国民生产总值再增长一倍，人民生活达到小康水平；第三步，到21世纪中叶，人均国民生产总值达到中等发达国家水平，人民生活比较富裕，基本实现现代化。

1990年底，我国全年国内生产总值达18547.9亿元，超过了党的十二大及十三大提出的1.42万亿元、比1980年7100亿元翻一番的任务，提前实现了第一步战略目标。我国工业生产能力扩大，技术水平提高，教育、科技和各项社会事业获得进一步发展，人民生活水平进一步提高，全国绝大多数地区解决了温饱问题，开始向小康社会迈进。

2000年，我国国内生产总值达89403.6亿元，人均国民生产总值比1980年翻两番的目标在1997年提前3年完成。主要工农业产品产量位居世界前列，商品短缺的状况基本结束。我国实现了党的十二大、十三大提出的现代化建设第二步战略目标，人民生活总体上达到小康水平，为迈向第三步战略目标奠定了良好的基础。这是我国改革开放和社会主义现代化建设事业的伟大成就，是中华民族发展史上一个新的里程碑。

1997年9月，党的十五大在我国经济发展"三步走"战略的第二步目标即将实现之际，对如何实现第三步目标作出进一步规划，提出了新的"三步走"发展战略，即：新世纪第一个10年实现国民生产总值比2000年翻一番，使人民的小康生活更加宽裕，形成比较完善的社会主义市场经济体制；再经过10年的努力，到中国共产党成立100周年时，使国民经济更加发展，各项制度更加完善；到下个世纪中叶中华人民共和国成立100周年时，基本实现现代化，建成富强民主文明的社会主义国家。这个新"三步走"战略，是最初提出的两个"一百年"目标。

根据党的十六大、十七大提出的全面建设小康社会的具体目标和部署，2010年我国顺利完成了国民生产总值比2000年翻一番的任务，国内生产总值超过40万亿元，经济总量由2005年的世界第五位跃升至第二位，先后超过德国和日本，成为仅次于美国的世界第二大经济体。

2012年11月，党的十八大为确保到2020年实现全面建成小康社会的宏伟目标，根据我国经济社会发展的实际，在党的十六大、十七大确立的全面建设小康社会目标的基础上，提出了努力实现的新要求，即经济持续健康发展，在发展平衡性、协调性、可持续性明显增强的基础上，实现国内生产总值和城乡居民人均收入比2010年翻一番；人民民主不断扩大；

文化软实力显著增强；人民生活水平全面提高；资源节约型、环境友好型社会建设取得重大进展。

11 月 29 日，党的十八大新当选的总书记习近平同志率中共中央政治局常委和中央书记处的同志在国家博物馆参观《复兴之路》展览时，首次提出为实现中国梦而奋斗。习近平同志指出，实现中华民族伟大复兴，就是中华民族近代以来最伟大的梦想。这个梦想，凝聚了几代中国人的夙愿，体现了中华民族和中国人民的整体利益，是每一个中华儿女的共同期盼。历史告诉我们，每个人的前途命运都与国家和民族的前途命运紧密相连。国家好，民族好，大家才会好。实现中华民族伟大复兴是一项光荣而艰巨的事业，需要一代又一代中国人共同为之努力。到新中国成立 100 年时建成富强民主文明和谐的社会主义现代化国家的目标一定能实现，中华民族伟大复兴的梦想一定能实现。习近平同志的精辟论述，为全党和全国各族人民明确指明了前进的方向。党的十八大以后，以习近平同志为核心的党中央团结带领全党全国各族人民，走进中国特色社会主义新时代。

2017 年 10 月，党的十九大提出，从现在到 2020 年，是全面建成小康社会的决胜期。要按照十六大、十七大、十八大提出的全面建成小康社会的各项要求，紧扣中国社会主要矛盾的变化，统筹推进经济建设、政治建设、文化建设、社会建设、生态文明建设，坚定实施科教兴国战略、人才强国战略、创新驱动发展战略、乡村振兴战略、区域协调发展战略、可持续发展战略，突出抓重点、补短板、强弱项，特别是要坚决打好防范化解重大风险、精准脱贫、污染防治的攻坚战，使全面建成小康社会得到人民认可、经得起历史考验。

党的十九大指出，从十九大到二十大，是"两个一百年"奋斗目标的历史交汇期，我们既要全面建成小康社会、实现第一个百年奋斗目标，又要乘势而上开启全面建设社会主义现代化国家新征程，向第二个百年奋斗目标进军。大会还提出了从 2020 年到 21 世纪中叶的两个阶段的部署：第一个阶段，从 2020 年到 2035 年，在全面建成小康社会的基础上，再奋斗 15 年，基本上实现社会主义现代化。第二阶段，从 2035 年到 21 世纪中叶，在基本实现现代化的基础上，再奋斗 15 年，把中国建成富强民主文明和谐美丽的社会主义现代化强国。

2022 年 10 月，党的二十大指出，从现在起，中国共产党的中心任务就是团结带领全国各族人民全面建成社会主义现代化强国、实现第二个百年奋斗目标，以中国式现代化全面推进中华民族伟大复兴。

大会提出：到 2035 年，我国发展的总体目标是：经济实力、科技实力、综合国力大幅跃升，人均国内生产总值迈上新的大台阶，达到中等发达国家水平；实现高水平科技自立自强，进入创新型国家前列；建成现代化经济体系，形成新发展格局，基本实现新型工业化、信息化、城镇化、农业现代化；基本实现国家治理体系和治理能力现代化，全过程人民民主制度更加健全，基本建成法治国家、法治政府、法治社会；建成教育强国、科技强国、人才强国、文化强国、体育强国、健康中国，国家文化软实力显著增强；人民生活更加幸福美好，居民人均可支配收入再上新台阶，中等收入群体比重明显提高，基本公共服务实现均等化，农村基本具备现代生活条件，社会保持长期稳定，人的全面发展、全体人民共同富裕取得更为明显的实质性进展；广泛形成绿色生产生活方式，碳排放达峰后稳中有降，生态环境根本好转，美丽中国目标基本实现；国家安全体系和能力全面加强，基本实现国防和军队现代化。在基本实现现代化的基础上，我们要继续奋斗，到本世纪中叶，把我国建设成为综合国力和国际影响力领先的社会主义现代化强国。

党的二十大指出，未来五年是全面建设社会主义现代化国家开局起步的关键时期，主要目标任务是：经济高质量发展取得新突破，科技自立自强能力显著提升，构建新发展格局和建设现代化经济体系取得重大进展；改革开放迈出新步伐，国家治理体系和治理能力现代化深入推进，社会主义市场经济体制更加完善，更高水平开放型经济新体制基本形成；全过程人民民主制度化、规范化、程序化水平进一步提高，中国特色社会主义法治体系更加完善；人民精神文化生活更加丰富，中华民族凝聚力和中华文化影响力不断增强；居民收入增长和经济增长基本同步，劳动报酬提高与劳动生产率提高基本同步，基本公共服务均等化水平明显提升，多层次社会保障体系更加健全；城乡人居环境明显改善，美丽中国建设成效显著；国家安全更为巩固，建军 100 年奋斗目标如期实现，平安中国建设扎实推进；中国国际地位和影响进一步提高，在全球治理中发挥更大作用。

党的十八大以来，以新的理念引领发展，以推进供给侧结构性改革为主线，经济实现中高速增长，经济实力实现历史性跃升。我国国内生产总值从 54 万亿元增长到 114 万亿元，经济总量占世界经济的比重达 18.5%，提高 7.2 个百分点，稳居世界第二位；人均国内生产总值从 3.98 万元增加到 8.1 万元。谷物总产量稳居世界首位，14 亿多人的粮食安全、能源安全得到有效保障。城镇化率提高 11.6 个百分点，达到 64.7%。制造业规模、外汇储备稳居世界第一。建成世界最大的高速铁路网、高速公路网，机场港口、水利、能源、信息等基础设施建设取得重大成就。我国加快推进科技自立自强，全社会研发经费支出从 1 万亿元增加到 2.8 万亿元，居世界第二位，研发人员总量居世界首位。基础研究和原始创新不断加强，一些关键核心技术实现突破，战略性新兴产业发展壮大，载人航天、探月探火、深海深地探测、超级计算机、卫星导航、量子信息、核电技术、新能源技术、大飞机制造、生物医药等取得重大成果，进入创新型国家行列。

与此同时，党和国家坚持精准扶贫，打赢了人类历史上规模最大的脱贫攻坚战，全国 832 个贫困县全部摘帽，近 1 亿农村贫困人口实现脱贫，960 多万贫困人口实现易地搬迁，历史性地解决了绝对贫困问题，为全球减贫事业作出了重大贡献。

第一个百年的奋斗目标——全面建成小康社会已经胜利实现，这是中华民族伟大复兴进程中一座新的里程碑，社会主义中国以更加雄伟的身姿屹立在世界东方！

中国共产党 100 年波澜壮阔的历史证明：没有中国共产党就没有中华民族的独立和人民的解放，就没有新中国！只有社会主义才能够救中国！只有在中国共产党领导下，走中国特色社会主义道路，才能实现中华民族的伟大复兴！

全面建设社会主义现代化国家的新征程已经开启，在以习近平同志为核心的党中央的正确领导下，中国人民一定能够不断取得新胜利，一定能够实现中华民族伟大复兴的第二个百年奋斗目标！到那时，中华民族将进入一个更加辉煌灿烂的时代！

参考文献

[1]《马克思恩格斯选集》第一、四卷，人民出版社 2012 年版。

[2]《毛泽东选集》第二、三、四卷，人民出版社 1991 年版。

[3] 中共中央文献研究室编:《毛泽东在七大的报告和讲话集》，中央文献出版社 1995 年版。

[4]《毛泽东诗词选》，人民文学出版社 1986 年版。

[5] 中共中央文献研究室、南开大学:《周恩来早期文集（一九一二年十月——一九二四年六月）》上卷，中央文献出版社、南开大学出版社 1998 年版。

[6]《周恩来书信选集》，中央文献出版社 1988 年版。

[7]《邓小平文选》第三卷，人民出版社 1993 年版。

[8]《李大钊选集》，人民出版社 1959 年版。

[9]《陈独秀著作选编（1919—1922）》第二卷，上海人民出版社 2009 年版。

[10]《蔡和森文集》，人民出版社 1980 年版。

[11]《张太雷文集》，人民出版社 2013 年版。

［12］《邓中夏全集》（上），人民出版社 2014 年版。

［13］《李达文集》第一卷，人民出版社 1980 年版。

［14］《鲁迅著译编年全集》（壹）（叁）（肆），人民出版社 2009 年版。

［15］《新民学会资料》，人民出版社 1979 年版。

［16］海军学院政治理论教研室编：《新民学会资料选辑》。

［17］中央档案馆编：《中共中央文件选集（1921—1925）》第一册，中共中央党校出版社 1989 年版。

［18］中共中央党史研究室、中央档案馆编：《中国共产党第一次全国代表大会档案文献选编》，中共党史出版社 2015 年版。

［19］中共中央党史资料征集委员会编：《共产主义小组》（上）（下），中共党史资料出版社 1987 年版。

［20］中共中央党史研究室第一研究部译：《共产国际、联共（布）与中国革命档案资料丛书·联共（布）、共产国际与中国国民革命运动（1920—1925）》第一卷，北京图书馆出版社 1997 年版。

［21］中共中央党史研究室第一研究部编：《共产国际、联共（布）与中国革命档案资料丛书·共产国际、联共（布）与中国革命文献资料选辑（1917—1925）》第二卷，北京图书馆出版社 1998 年版。

［22］中国社会科学院现代史研究室、中国革命博物馆党史研究室选编：《"一大"前后》（一）（二），人民出版社 1980 年版。

［23］中国社会科学院近代史研究所编：《五四运动文选》，生活·读书·新知三联书店 1959 年版。

［24］中国社会科学院近代史研究所、中国第二历史档案馆史料编辑部编：《五四爱国运动档案资料》，中国社会科学出版社 1980 年版。

［25］张允侯等编：《五四时期的社团》（二）（三）（四），生活·读书·新知三联书店 1979 年版。

［26］《维经斯基在中国的有关资料》，中国社会科学出版社 1982 年版。

［27］《马林在中国的有关资料》，人民出版社1980年版。

［28］《甲寅》日刊。

［29］《北京大学日刊》。

［30］《每周评论》。

［31］《东方杂志》。

［32］《民国日报》。

［33］《晨报》。

［34］［美］埃德加·斯诺笔录，汪衡译、丁晓平编校:《毛泽东自传》，中国青年出版社2013年版。

［35］［美］埃德加·斯诺:《西行漫记》，董乐山译，生活·读书·新知三联书店1979年版。

［36］李维汉:《回忆与研究》（上），中共党史资料出版社1986年版。

［37］《吴玉章回忆录》，中国青年出版社1978年版。

［38］罗章龙:《椿园载记》，生活·读书·新知三联书店1984年版。

［39］《包惠僧回忆录》，人民出版社1983年版

［40］《胡适论学近著》（第一集）（卷五），商务印书馆1935年版。

［41］中国社会科学院近代史研究所编:《五四运动回忆录》（上）（下）（续），中国社会科学出版社1979年版。

［42］陈占彪编:《五四事件回忆》，生活·读书·新知三联书店2014年版。

［43］中共中央党史研究室:《中国共产党历史》第一卷，中共党史出版社2011年版。

［44］中共中央党史研究室:《中国共产党的九十年》，中共党史出版社、党建读物出版社2016年版。

［45］中共中央文献研究室编:《毛泽东传（1893—1949）》，中央文献出版社1996年版。

［46］中共中央文献研究室编:《毛泽东年谱（1893—1949）》（修订本）

（上卷），中央文献出版社 2013 年版。

［47］中共中央文献研究室编：《毛泽东年谱（1949—1976）》（第二、三卷），中央文献出版社 2013 年版。

［48］中共中央文献研究室编：《周恩来传（1898—1949）》（修订本）（上），中央文献出版社 1998 年版。

［49］中共中央文献研究室编：《周恩来年谱（1898—1949）》，中央文献出版社 1998 年版。

［50］中共中央党史研究室第一研究部编：《李立三百年诞辰纪念集》，中共党史出版社 1999 年版。

［51］中共湖南省委党史研究室著：《中国共产党湖南历史（1920—1949）》，湖南人民出版社 2008 年版。

［52］中共山东省委党史研究室著：《中共山东地方史》第一卷，山东人民出版社 1998 年版。

［53］中共广东省委党史研究室著：《中国共产党广东地方史》第一卷，广东人民出版社 1999 年版。

［54］《中国近代史》编写组：《中国近代史》，中华书局 1983 年版。

［55］《北京大学学生运动史》，北京出版社 1979 年版。

［56］范文澜：《中国通史简编》，华东师范大学出版社 2014 年版。

［57］胡绳：《从鸦片战争到五四运动》，人民出版社 1981 年版。

［58］沙健孙主编：《中国共产党通史·第一卷·中国共产党的创建》，湖南教育出版社 1996 年版。

［59］彭明：《五四运动史》，人民出版社 1984 年版。

［60］黄修荣：《共产国际与中国革命关系史》，中共中央党校出版社 1989 年版。

［61］任建树：《陈独秀大传》，上海人民出版社 1999 年版。

［62］海外寻档联合报道组：《中共早期海外秘档珍闻》，中央民族大学出

版社 2011 年版。

［63］［英］李约瑟:《中国科学技术史》第五卷第一分册，科学出版社 1975 年版。

［64］［美］斯塔夫里阿诺斯:《全球通史：从史前到 21 世纪》，吴象婴、梁赤民译，北京大学出版社 2020 年版。

［65］［日］石川桢浩:《中国共产党成立史》，袁广泉译，中国社会科学出版社 2006 年版。

后　记

2021 年是中国共产党成立 100 周年的伟大时刻，是实现第一个百年奋斗目标——全面建成小康社会之后，实现第二个百年奋斗目标——中华民族伟大复兴宏伟目标的开局之年。100 年来，中国共产党团结带领全国各族人民披荆斩棘、百折不挠，取得一个又一个伟大的胜利，铸就了百年辉煌。作为一个老党史工作者、研究者，应该以什么样的形式反映党的辉煌历史，是我一直思考的问题。

十几年前，我还没有退休，参加了党史基本著作《中国共产党的九十年》的撰写工作。我写的文章《试论中央革命根据地发展战略的历史经验与教训》，入选中央组织部、中央宣传部、中央党校、中央文献研究室、中央党史研究室、教育部、中国社会科学院、解放军总政治部举办的"纪念中国共产党成立 90 周年理论研讨会"。另外，我还参加了其他一些有关纪念活动。可以说，自己还是为党成立 90 周年纪念活动尽了一份力的。2014 年 8 月我退休了，人生角色发生了阶段性的变化，即不再以主要精力去完成单位交办的任务，有更多的时间去研究一些自己过去想深入研究的党史问题，并尝试用新的大众易于接受的叙事方法去写党史书籍。在 2016

年纪念红军长征胜利 80 周年的时候，我撰写了《穿越历史时空看长征》一书。这本书得到了社会认可，荣获"2016 年中国好书"奖和第七届中华优秀出版物奖。因而，我想用同样的写作方法，写一本关于中国共产党成立的书，献给广大读者。

史学界出版的关于中国共产党成立的书籍已经很多了，站在 21 世纪的今天，用什么角度更能反映中国共产党成立的必然性、必要性，这是我思考的重要问题。经过反复思考，我决定以中华民族 5000 年文明的历史发展进程为视角，以近代以来中国饱受外国列强欺凌、堕入半殖民地半封建社会深渊，推翻帝国主义和封建主义压迫、实现中华民族独立和人民解放、实现国家富强和人民富裕、实现中华民族伟大复兴为主线，写一本中国共产党诞生的书，定名为《启航：1921》；力图以丰富可靠的史料、最前沿的学术研究成果，阐述中国共产党诞生的必然性、必要性，告诉广大读者：没有中国共产党就没有中华民族的独立和人民解放！只有社会主义才能够救中国！只有在中国共产党领导下，走中国特色社会主义道路，才能实现中华民族的伟大复兴！

本书写作起始于 2020 年。这是不平凡的一年，我们国家乃至全世界都遭受到突如其来的新型冠状病毒肺炎特大疫情。在以习近平同志为核心的党中央的坚强领导下，我国各族人民万众一心抗疫，迅速控制了疫情，彰显了社会主义制度的优越性。我国伟大的抗疫斗争，为全世界抗疫提供了宝贵的经验，作出了巨大贡献。2020 年也是我本人难忘的一年，1 月份、5 月份，身体出现了问题，先后两次住进医院；11 月又得了一次阑尾炎，医生建议我住院手术治疗，我坚持不住院，保守治疗。与往年相比，今年我的身体要差得很多，对于完成《启航：1921》这本书，是需要勇气和直面挑战的。同时，由于疫情，外出不方便，增加了查找资料的难度。面对困难，我曾一度想打退堂鼓。但一想到建党 100 周年，是百年一遇的大事，党领导全国各族人民完成全面建成小康社会的第一个百年奋斗目标，在中华民族历史上具有里程碑意义。我是一个老党史工作者，在这么重大的纪念活动中，如果无所作为，将会留下终生的遗憾。因而，我还是咬牙坚持克服种种困难，终于在2021年初将这本书完稿，完成了自己的心愿。

2022年10月召开的党的二十大，为全国人民描绘出了一幅美好的宏伟蓝图，阐明了以中国式现代化全面推进中华民族伟大复兴的光荣使命。我们要紧密团结在党中央周围，坚定信心、同心同德，埋头苦干、奋勇前进，为全面建设社会主义现代化国家、全面推进中华民族伟大复兴而贡献自己的力量。期盼《启航：1921》的出版，能使读者从中受到启迪，增添使命感和力量，在实现第二个百年宏伟目标的过程中谱写精彩的人生华章。为此，我对书稿部分内容做了更新。

本书能够得以问世，得益于我的家人的大力支持。爱人关红是我强大的后盾，她不仅在我生病住院期间陪护，而且还数十次陪我到医院看病拿药，同时承担了几乎所有的家务，使我能够全身心投入到写作之中。本书含有她的大量劳动。

感谢四川天地出版社，为本书的出版给予大力支持。

感谢所有学术界的朋友们多年来的支持和帮助。

由于时间仓促，本书难免会存在一些不足之处，敬请广大读者批评指出，以便再版时修改。

王新生

2022年11月15日